纪念中国共产党成立100周年
学术研究专辑

将学术写在
祖国大地上

蒋传光　贺朝霞　主编
樊志辉　执行主编

中国出版集团　东方出版中心

图书在版编目（CIP）数据

将学术写在祖国大地上 / 蒋传光，贺朝霞主编. —
上海：东方出版中心，2023.4
ISBN 978-7-5473-2173-7

Ⅰ.①将… Ⅱ.①蒋… ②贺… Ⅲ.①社会科学－文
集 Ⅳ.①C53

中国国家版本馆CIP数据核字(2023)第051384号

将学术写在祖国大地上

主　　编　蒋传光　　贺朝霞
执行主编　樊志辉
特约编辑　刘　旭
责任编辑　冯　媛
封面设计　钟　颖

出版发行　东方出版中心有限公司
地　　址　上海市仙霞路345号
邮政编码　200336
电　　话　021-62417400
印 刷 者　上海盛通时代印刷有限公司

开　　本　710mm×1000mm　1/16
印　　张　21
字　　数　303千字
版　　次　2023年5月第1版
印　　次　2023年5月第1次印刷
定　　价　88.00元

序

经过认真的筹备，体现哲学与法政学院多学科特色的出版物——"思想与时代"系列正式出版了，这是学院学科建设和科研工作的一件大事。该系列将以每年举办的"哲学与法政学院学术论坛"收录的论文为基础，同时收录全院师生（含博士和硕士研究生）在各学科领域的高质量科研论文，每年出版两本，为全院师生的科学研究提供学术园地和科研支撑平台。

习近平总书记在哲学社会科学工作座谈会上的讲话中指出："新形势下，我国哲学社会科学地位更加重要、任务更加繁重。""历史表明，社会大变革的时代，一定是哲学社会科学大发展的时代。当代中国正经历着我国历史上最为广泛而深刻的社会变革，也正在进行着人类历史上最为宏大而独特的实践创新。这种前无古人的伟大实践，必将给理论创造、学术繁荣提供强大动力和广阔空间。这是一个需要理论而且一定能够产生理论的时代，这是一个需要思想而且一定能够产生思想的时代。"习近平总书记的讲话使我们每个哲学社会科学工作者感到使命光荣、责任重大，我们不能辜负这个时代。

哲学与法政学院现有哲学、法学、政治学、公共管理学、社会学等一级学科，是一个多学科并存，以应用文科为主的学院，在上海师范大学的哲学与社会科学学科建设和科学研究中居于重要地位。学院各学科的师生结合自己的专业，从不同的领域积极开展研究，为党和人民述学立论、建言献策，为国家和地方决策提供咨询服务，为繁荣我国的哲学社会科学贡献力量，这是我们应当承担的，义不容辞承担的社会责任。

哲学与法政学院出版的"思想与时代"这个系列，是学院学科建设、学术研究和学术交流的一项重要举措。因此，把这个系列持续做下去，并不断提高其质量，努力将其打造成学院的学术品牌和名片，是我们的目标。今后，学院将对如何办好"思想与时代"系列进一步认真谋划和设计，精心策划研究主题和研究栏目，鼓励学科融合和跨学科交叉研究，并加大支持力度。因为，办好"思想与时代"系列，对学院的学科建设、提高学院整体科研水平，加强学院内部和学科之间的学术交流，营造学院良好的学术氛围具有重要的促进作用。具体地说，出版"思想与时代"系列的意义体现在以下方面。

第一，有利于学院学术研究氛围的形成。学术研究是学科建设的支撑。大学承担着培养人才和知识创新的双重任务。高水平人才的培养和知识的创新，都是以高水平的学科建设为基础的，而高水平的学科建设又是以高水平的学术研究成果为支撑的。哲学与法政学院的学科建设和学术研究取得了一定的成绩，但与高水平学科建设的要求相比还存在着很大的差距，无论是科研产出的数量和质量，还是为国家和地方提供高质量决策咨询的能力都有待提高。出版本系列就是要以此推动学院各学科的学术研究，为广大师生提供科研平台，以此促进产出更多高质量的成果，使学院的学科建设在现有的基础上再上一个台阶。

第二，学术研究需要思想的交流和启迪。学术研究不能想当然，问题意识的形成一方面来自自己知识的积累、学术敏感性和深入的思考，以及实践的需求；另一方面来自学术交流中的思想碰撞和启迪。通过交流，可以双向获得收益，一是从别人的观点、看问题的视角、分析论证问题的方式方法中可以获得启示，触发自己的灵感；二是自己的观点、结论，经过别人的批评、质疑、追问，可以进一步得到完善和深化。本系列一方面就是要解决学院老师和研究生学术成果发表难问题；另一方面是给学院同一学科之间、不同学科之间的老师和研究生们互相交流、学习提供机会，进一步调动老师和研究生们从事科研的积极性。

第三，学术创新需要学科的交叉协作。在实现国家治理体系和治理能力现代化的过程中，面临同样的社会问题，可以从不同的学科视角去解读和探讨，并寻求相应的解决方案。这就意味着，研究同一社会问题的社会科学不同分支学科之间，存在着交叉、重合的部分。这种交叉、重合就为学科合作的可能性提供了前提。此外，同一社会问题的解决，手段往往也不是单一的，可能需要多种手段的综合并用。如何做到多种手段的协同并进，就需要不同学科之间联合攻关和学科之间的交叉，形成新的交叉学科。哲学与法政学院是社会科学门类较为集中的一个学院，而且哲学、法学、政治学、公共管理、社会学等学科之间有着较强的关联度，这就为学院内部各学科的合作研究提供了便利和基础。学院出版"思想与时代"系列，为各学科的合作起到牵线搭桥的作用。

第四，为学院各学科老师和研究生展示自己的研究领域或最新研究成果搭建平台。不同学科的老师和研究生在学习与研究中都有自己关注的领域和所思所想，并形成了相应的成果，如何把自己的学术智慧和成果与大家共享，需要一个平台，"思想与时代"系列就为每位老师和研究生搭建了这样一个展示和交流的学术平台。

"思想与时代"系列主要体现哲学与法政学院学科建设特色，在为本学院师生的科研提供服务平台的同时，对符合系列风格和内容要求，来自校内外的高质量稿件也持欢迎态度。

"思想与时代"系列这棵幼苗破土而出了，希望她能够顺利、苗壮成长！

严传亮

2023 年 3 月 3 日

目　录

政治、意见与真理

——以汉娜·阿伦特的柏拉图解释为中心的考察

乐小军[①]

摘 要

　　阿伦特认为西方政治哲学传统是从哲学的逻辑模式来理解政治的存在条件，它的最大问题在于它对政治的偏见和敌视，它在这个传统的创立者柏拉图的哲学中有确定的开端。柏拉图是根据哲学家对城邦的态度来描述真理与意见的关系的，这个关系在他那里表现为把一个绝对的标准引入到人类事务领域作为行动的尺度，也就是用制作来取代行动，这导致了对人的复数性这个政治本质特征的抹杀。阿伦特要寻求的是一种属于政治世界而不是外在于政治世界的真理，它能够最大程度地保证政治的复数性条件，这就是以视角的复数性向我们显现的意见。

　　关键词：政治；意见；真理；复数性

一

　　尽管汉娜·阿伦特以政治哲学家名世，但是她在1964年接受德国记者京

---

① 作者简介：乐小军，上海师范大学哲学系副教授，研究领域为德国观念论和古希腊哲学。
　本文为国家哲学社会科学基金重大课题"西方伦理思想通史研究"（12ZD122）。

特·高斯（Günter Gaus）采访时说她不属于哲学家的圈子，她也一直避免政治哲学这个措辞。[1]这是因为，政治哲学在阿伦特看来是一个缺乏正当性的用语，它关涉的是两种相互对立的生活方式。由于存在条件的不相容，这两种生活方式之间始终存在着一种张力关系。既然哲学与政治无法和谐共存，那么它们之间必定是一场彼此争夺霸权的斗争。斗争的最终结果必定是一方统治而另一方被统治，西方政治哲学传统就是哲学支配政治这一模式的固化。阿伦特之所以对这个传统不满，是因为这个传统是从哲学的逻辑模式来理解政治的存在条件，它的最大问题在于它对政治的偏见和敌视，这一点清晰地呈现在这个传统的创立者柏拉图的哲学中，因此认真对待柏拉图就成了题中应有之义。

从哲学史上看，哲学与政治的紧张肇始于城邦对苏格拉底的审判及定罪，换句话说，"自从苏格拉底审判，即城邦审判哲学家以来，这里就存在着政治与哲学之间的一种冲突"。[2]苏格拉底之死"使柏拉图对城邦的生活感到绝望"，因为像苏格拉底这样的好公民却被城邦处死，同时也"使他怀疑苏格拉底学说的某些基本原则"，[3]也就是说，柏拉图从苏格拉底向雅典人提出自己的意见（doxa/opinion）时并未令城邦相信其清白这个事实中，认识到基于意见的说服（peithein/persuasion）缺乏有效性。意见（doxa）源自dokei moi，它的原初含义是向我显现（it-appears-to-me）。[4]尽管每个人都会有自己的意见，然而由于每个人在政治世界中所处的位置不同，因此他们关于这个世界的意见也是不同的，意见的这种复数性会导致它们之间的竞争关系。苏格拉底的意见败于雅典人的不负责任的意见这个事实使得柏拉图把意见与真理对立起来，同时他渴望某种可以用来判断人类行为的绝对标准。

在柏拉图看来，解决哲学与政治之间的冲突的办法在于从哲学中而不是从

① Hannah Arendt, "'What Remains? The Language Remains': A Conversation with Günter Gaus", *Essays in Understanding (1930–1954)*, ed. Jerome Kohn, New York: Schocken Books, 1994, p.1.

② Hannah Arendt and Karl Jaspers, *Correspondence, 1926–1969*, ed. Lotte Kohler and Hans Saner, trans. Robert Kimber and Rita Kimber, New York: Harcourt Brace Jovanovich, 1992, pp.228–289.

③ Hannah Arendt, "Philosophy and Politics", *Social Research*, Vol.57, No.1(1990), p.73.

④ Hannah Arendt, "Philosophy and Politics", *Social Research*, Vol.57, No.1(1990), p.80.

政治中派生出政治标准。[①]这意思是说，我们用来衡量和评价政治领域的标准是一种处于政治领域之外、高于政治领域的超越性的标准。如果没有这样的绝对标准，那么政治领域中的任何事情都会是相对的。柏拉图的政治哲学实际上是从哲学经验而不是政治自身的经验来检视政治，它是基于哲学的反思而不是真正的政治经验。换句话说，柏拉图是根据哲学家对政治的偏见和敌视来描述哲学与政治之间的关系，《理想国》中著名的"洞穴比喻"就给出了这个描述。阿伦特把这个洞穴比喻看作柏拉图政治哲学的中心，[②]由此可以想见这个比喻的重要性。当柏拉图在洞穴比喻中根据黑暗、混乱和欺骗来描述人类事务领域时，[③]他对政治的态度是显而易见的。哲学家不仅应该逃离这个混乱不堪的领域，而且也不必过于认真对待人类事务的整个领域。但是柏拉图仍然把人类事务领域当回事，因为他想用他的理念论来改造政治。[④]正如米古尔·阿本索所指出的那样，这种暧昧性构成了洞穴比喻的基本结构。[⑤]

对阿伦特来说，洞穴比喻讲述了一个哲学家的生命历程，这个历程可以分为三个阶段，每个阶段标志着一个转向，三个转向加在一起构成了灵魂的转向，即哲学家的诞生。第一次转向发生在洞穴中，有些人从小就居住在洞穴里，他们的腿脚和头颈被捆绑着，以至于他们只能呆坐在同一个地方直视着正对面的洞壁屏幕上的影像。这个未来的哲学家在摆脱了捆绑之后第一次转头看见了照

---

① Hannah Arendt, "Introduction into Politics", *The Promise of Politics*, ed. Jerome Kohn, New York: Schocken Books, 2005, p.130.

② Hannah Arendt, "Philosophy and Politics", *Social Research*, Vol.57, No.1(1990), p.94.

③ Hannah Arendt, "Tradition and the Modern Age", *Between Past and Future: Eight Exercises in Political philosophy*, New York: Penguin Books, 2006, p.17.

④ Hannah Arendt, "What is Authority", *Between Past and Future: Eight Exercises in Political philosophy*, New York: Penguin Books, 2006, p.113. 也可参见 Hannah Arendt, *Lectures on Kant's Political Philosophy*, ed. Ronald Beiner, Chicago: The University of Chicago Press, 1982, pp.21。柏拉图所使用的 eidos 和 idea 这两个词的含义基本相同，但是它们的派生方式不同。我们一般把前者译为形式（Form），而把后者译为形相。汪子嵩和王太庆两位先生认为理念的旧译是不对的，宜将 idea 和 eidos 译为相和型（参见汪子嵩、王太庆：《关于"存在"和"是"》，《复旦学报》2000年第1期，第28页）。本文沿用旧译。

⑤ Miguel Abensour, "Against the Sovereignty of Philosophy over Politics: Arendt's Reading of Plato's Cave Allegory", *Social Research*, Vol. 74, No.4(2007), p.958.

亮洞穴中事物的人工火。这个火使得他明白屏幕上的影像实际上是真实所是的实物向他显现的，火不仅照亮洞穴中的实物，使它们真实所是地显现，而且也造成了这些真实所是地显现的实物在屏幕上的影像。在这里，阿伦特区分了真实所是地显现和向人的显现这两种显现方式，前者是后者的原型，而后者是前者的影像。向洞穴居住者所显现的影像就是洞穴居住者所熟悉的意见（doxai/opinions），它们会因人所处的位置的不同而显现出多样性。①

当这个被阿伦特叫作"孤独的冒险家"的未来哲学家对洞穴中的火和这些真实所是地显现的实物感到不满意，而试图找出火的来源和实物的原因时，他第二次转向，发现了一个离开洞穴的出口，这使他来到了理念的王国。所谓理念，是指真正的和纯粹的存在者，它是那些相对的和变化的事物的永恒本质。柏拉图在《理想国》中把哲学家定义为爱看理念的人，但是观看理念需要条件，其中最重要的一个条件是要有光，这个光就是柏拉图所说的理念的理念，即照亮理念的善的理念。阿伦特说，这个阶段是哲学家生命的巅峰，但同时他的悲剧也开始了。因为他是一个有朽的人，他并不属于这个理念王国，他必须返回原先居住的洞穴，然而他在洞穴中不再感到自在。在第三次转向中，他经验了一种从原初的家中被放逐的感觉，如果他试图把他在洞穴外面看到的东西告诉洞穴居住者时，那么他轻者遭到嘲笑，重者性命不保。②

我们从上述对洞穴比喻的概述中可以看到，过政治生活就是生活在一个阴暗的洞穴中，里面的囚徒所看到的洞穴墙壁上的阴影仅仅是意见。如若要寻求真理，那么他就必须离开他所居住的洞穴，因为真理不在洞穴中。在柏拉图看来，真理与意见不仅泾渭分明相互对立，而且它们存在的可见度也不同，真理的领域是完全被光（作为善的理念的太阳）照亮的领域，而意见的领域则是光（火）与黑暗相混合的领域。如果说洞穴代表政治领域，那么政治领域就相当于意见领域，它们与真理领域构成了一个对立面。柏拉图的洞穴比喻显然是用哲学的眼光来看政治的，然而阿伦特提醒我们，拥有这种眼光的哲学家是"如何

① Hannah Arendt, "Philosophy and Politics", *Social Research*, Vol.57, No.1(1990), pp.94-95.
② Ibid., p.95; Plato, *Republic*, trans. Joe Sachs, Newburyport: Focus Publishing, 2007, 514a-517a.

疏远人类的事务，……他们再也不能在洞穴的黑暗中看见东西，他们已经丧失了他们的方向感，他们已经失去了我们所说的他们的共同感（common sense）"。①在这里，阿伦特用共同感来指洞穴居住者的共同意见，以此与哲学相区别。

共同感与哲学的区别是政治与哲学关系的另一种表述。我们从洞穴比喻中不难看出，成为哲学家的先决条件在于从人类事务领域中撤离从而超越那里的共同意见。按照奈廷格尔的说法，这个旅行去看真理的人最后成了一个新的和不同的人，也就是说静观理念的活动转变了他，给了他一套新的能力、性格和价值，使他对世界有了一种完全新的观点。②吊诡的是，看也是洞穴居住者的唯一活动，他们既不言说（lexis）也不行动（praxis）。阿伦特认为柏拉图所描述的这些人其实是潜在的哲学家。③我们知道，言说和行动是政治的存在条件，然而柏拉图把人类事务领域看作通向哲学真理领域的准备阶段，这种理解不仅抹杀了政治的意见领域自身的自主性，而且使它受制于哲学的真理领域，这种反政治的立场导致了对政治的人类条件的误解。汉斯-约尔格·西格瓦特分析说，成为一个哲学家和成为一个公民是两种不同的人类存在方式，因为构成这两种存在方式的经验现实的模式是不同的和不相容的。哲学对惊异（thaumazein）的经验是一种单数的人的个人的经验，相反，政治对世界的经验是一种形成意见的复数性实践。④简单地说，哲学与单数的人有关，而政治与复数的人有关，因此它们是两种异质的存在经验。

阿伦特在写于1971年的《海德格尔的八十寿辰》一文中再次考察了哲学对惊异的经验。阿伦特说，海德格尔曾经在柏拉图的意义上也讲过这种对纯粹惊异的能力，但与柏拉图不同，他还补充说把这种惊异作为人的居所。后面这句话对于反思海德格尔的问题来说具有重要的意义。因为尽管人们熟悉思想以及

---

① Hannah Arendt, "Philosophy and Politics", *Social Research*, Vol.57, No.1(1990), p.95.

② Andrea Wilson Nightingale, *Spectacles of Truth in Classical Greek Philosophy: Theoria in its Cultural Context*, Cambridge: Cambridge University Press, 2004, pp.106, p.116.

③ Hannah Arendt, "Philosophy and Politics", *Social Research*, Vol.57, No.1(1990), p.96.

④ Hans-Jörg Sigwart, *The Wandering Thought of Hannah Arendt*, London: Palgrave Macmillan, 2016, pp.15–16.

与思想联系在一起的孤独，但是显然没有人会在那里有他的居所。当惊异压倒我们时，我们就会从人类事务领域中撤离出来从事思想的活动，但不久之后我们又会回到人类事务领域。从世界中撤离是思想的前提条件，因为思想只与不在场的东西打交道，这就是思想的"去感觉"特征。海德格尔的问题在于他要固守在一个形而上学意义上的脱离世界的思想的居所中。①尽管思想要成为可能，它就得从世界中撤退，但是海德格尔却要居住在思想之中。孤独的思想会削弱思想家的共同感，使他迷失在人类事务领域中。就像泰勒斯与色雷斯少女的故事所讲的那样，一个想知道天上事的人却没有看到位于他脚下的东西。②尽管居住在纯粹思想中的宁静生活对于职业思想家来说是充满诱惑的，但是完全切断我们与人类事务领域的关联是很危险的。一旦人间事务将思想家带回到他的日常生活世界中，使他不得不与他陌生的意见世界打交道时，他就会像那个返回到洞穴的哲人一样失去方向感和判断力。

二

如前所述，尽管柏拉图是从哲学的观点来看政治，认为人类事务领域是一个需要逃离的晦暗领域，但是他并没有把这个领域不当一回事。哲学家只关注真理这个事实并不意味着他对政治事务不产生任何作用。阿伦特认为，柏拉图写作《理想国》显然是要证明哲学家应该成为哲学王这个观念的合理性，这不是"因为他们（哲学家）喜欢政治，而是因为，首先，这意味着他们不想被比他们自己更坏的人统治；其次，这将给城邦带来完全的宁静和绝对的和平，这当然构成了哲学家生活的最好条件"。③哲学家在城邦里的处境和命运要靠他自

① Hannah Arendt, "Martin Heidegger at Eighty", *Heidegger and Modern Philosophy: Critical Essays*, ed. Michael Murray, New Haven: Yale University Press, 1978, pp.299–300.

② Hannah Arendt, "Martin Heidegger at Eighty", *Heidegger and Modern Philosophy: Critical Essays*, ed. Michael Murray, New Haven: Yale University Press, 1978, p.301.

③ Hannah Arendt, *Lectures on Kant's Political Philosophy*, Chicago: The University of Chicago Press, 1982, p.21.

己来改变，这就要求哲学家返回洞穴，用他在洞穴外面所看到的理念来改造洞穴内的政治，也就是用eidos来统治doxa。我们知道，eidos在柏拉图那里属于静观的对象，这种观看理念的生活方式（bios theoretikos）是一种最自足的praxis形式。对于喜爱看理念的哲学家来说，他最渴望的幸福生活不是返回到洞穴中去当哲人王，而是永远居住在理念的晴空下。现在，哲学家被强迫去过一种洞穴中的政治生活（bio politikos），由于返回洞穴的人在洞穴中所面临的潜在危险或者说由于城邦对哲学家的敌视，哲学家需要改变理念的原初含义，以便适应政治的要求和目的。

阿伦特在《人的条件》中对此做了这样的总结："只有当他返回人类事务的黑暗洞穴，再次与他的同伴生活在一起时，他才需要理念作为标准和规则来指导，通过它来衡量许多不同的人类行为和言说，把这些行为和言说归入到同一种绝对的、'客观的'确定性中，这种确定性也是指导工匠和外行通过用不变的永恒存在的模型即普遍的床的'理念'来制作和判断个别的床。"①我们从这段话中可以看到，当理念从哲学领域转移到政治领域时，它的含义也从静观的纯粹存在转变成了标准和规则。阿伦特自己承认，她的这个看法受惠于她的老师海德格尔在《柏拉图的真理学说》中对洞穴比喻的解释。②她在1956年7月1日写给雅斯贝尔斯的信中明确地说："当海德格尔在说明洞穴比喻中，真理偷偷地被转换成正确性（correctness），因此理念被转换成标准（standards）时，他是对的。"③

那么，海德格尔是如何阐明这个转变的？按海德格尔的说法，真理在希腊语中是指一种无遮蔽性或去蔽（aletheia/ Unverborgenhei），也就是对遮蔽的东西（letheia）的剥夺（否定前缀a-）。如此说来，非真也就不是现代人所谓的错误，而是一种遮蔽性（Verborgenheit）。任何东西在去蔽即展开之前都是遮蔽的，没有遮蔽就没有之后的去蔽，这就意味着遮蔽是真理（aletheia）的前提条

① Hannah Arendt, *The Human Condition*, Chicago: University of Chicago Press, 1998, p.226.

② Hannah Arendt, "What is Authority", in *Between Past and Future: Eight Exercises in Political philosophy*, New York: Penguin Books, 2006, p.284, note16.

③ Hannah Arendt and Karl Jaspers, *Correspondence, 1926–1969*, ed. Lotte Kohler and Hans Saner, trans. Robert Kimber and Rita Kimber, New York: Harcourt Brace Jovanovich, 1992, p.228.

件。遮蔽与去蔽都是存在的基本特征，真理不是纯粹的光明，洞穴中晦暗的生活也是真理的一部分，真理是遮蔽与去蔽的一场斗争。然而，柏拉图却把真理只看成一种纯粹的和永恒存在的光明，换言之，真理是理念的纯粹的无遮蔽性，而无遮蔽性只发生在洞穴外面。因此，海德格尔说，在柏拉图的真理学说中，"aletheia受idea的支配。当柏拉图说idea是允诺出无遮蔽性（Unverborgenhei）的主宰时，他便向我们指明了某种未曾说出的东西，这就是：从此以后，真理的本质不是作为无遮蔽的本质而从它本身的本质丰富性中展开出来，而是转移到了idea的本质上。"[1]

用迈克尔·英伍德的话说，在柏拉图那里，aletheia是在idea的支配下出现的，idea来自希腊语idein（看），根据海德格尔的解释，它指的是实体的视觉外观（aussehen）。离开洞穴的囚徒的上升是对他们看理念的一种逐步校正。因此，aletheia不再是存在者的一种特征，而是对理念的正确的看。[2]在idea（理念）和idein（看）对aletheia取得优先性中，真理的本质发生了变化，真理变成了一种正确性。[3]我们前面说过，阿伦特认为，尽管海德格尔在论证柏拉图是如何把aletheia转变成正确性这一点上是对的，但是他没有意识到这个论证的政治语境，也就是说，柏拉图在《理想国》中想把他的理念作为一种超越性的标准或规则应用于政治领域。构成这种政治意图基础的东西从根本上说还是真理与意见水火不相容这个基本论题。

一旦这种超越性的标准或规则被引入到人类事务领域中，它就成了人类行动的标准或规则。在阿伦特那里，政治、自由和行动是一组三位一体的概念，"政治的存在理由是自由，它的经验领域是行动"。[4]行动就是自由的政治行动，

---

[1] Martin Heidegger, *Wegmarken, Gesamtausgabe* Bd. 9, Frankfurt am Main: Vittorio Klostermann, 1976, S.230.中译文参见海德格尔著，孙周兴译：《路标》，北京：商务印书馆，2013年，第265页。译文略有改动。

[2] Michael Inwood, *A Heidegger Dictionary*, Oxford: Blackwell Publishers, 1999, p.14.

[3] Martin Heidegger, *Wegmarken, Gesamtausgabe* Bd. 9, Frankfurt am Main: Vittorio Klostermann, 1976, S.231.海德格尔著，孙周兴译：《路标》，北京：商务印书馆，2013年，第266页。

[4] Hannah Arendt, "What is Freedom?", in *Between Past and Future: Eight Exercises in Political philosophy*, New York: Penguin Books, 2006, p.145.

它是一种开始新事物的能力。"与制作不同，行动在孤独中是绝不可能的；孤独也就被剥夺了行动的能力"。①行动是在人与人之间的关系网中进行的，它完全依赖他人的在场，这意味着行动必定与公共领域相联系，而公共领域内显现的永远是不能被还原的复数的人。这当然不是说公共领域中只有差异性而没有一致性，而是说差异性是一致性的前提。此外，政治上的一致性应该以政治的方式来获得，确切地说，"每件事情都是通过言说和说服而不是通过力量和暴力来决定"。②一言以蔽之，行动对应于复数性这个人类条件，也就是对应于"人们（men）而不是人（man）在地球上生活，在世界中居住"这个事实。③正因为如此，与制作东西的制作者不同，行动者无法预期他自己行动的后果，"行动的灾难全都来自复数性的人的条件"。④因此，"对于行动的人来说，总有一种很大的诱惑去寻找一种行动的替代品，希望人类事务领域可以逃避行动者的复数性所固有的偶然性和道德上的无责任性。"⑤

这种行动的替代品就是制作。需要指出的是，柏拉图用来作为他哲学关键词的"idea"实际上来自制作领域中的经验，"idea或eidos是工匠在开始他的工作之前在他的心灵的眼睛之前必定拥有的模型或蓝图。"⑥制作一定要看一个原型，所有的制作都包含看。比如说，工匠制作一张床，他是怎么制作出来的？首先工匠心里要知道床的样子或理念（eidos），然后他看着床的样子制作出具体的床。政治技艺同样如此，统治者看着正义的理念把正义的事情做出来。阿伦特认为，西方政治哲学传统就是根据制作来理解行动的，就像床的模型指导工匠制作一张床那样，正义的理念指导哲人王制作一个正义的城邦。这里需要辨明的是，哲学在柏拉图那里只是纯粹的看（theoria），它不仅自身就是目的，而且是一种最自足的praxis（实践/行动）。与praxis形成对照的是poiesis（制作），

---

① Hannah Arendt, *The Human Condition*, Chicage: The University of Chicago Press, 1998, p.188.

② Hannah Arendt, *The Human Condition*, Chicage: The University of Chicago Press, 1998, p.26.

③ Hannah Arendt, *The Human Condition*, Chicage: The University of Chicago Press, 1998, p.7.

④ Hannah Arendt, *The Human Condition*, Chicage: The University of Chicago Press, 1998, p.220.

⑤ Hannah Arendt, *The Human Condition*, Chicage: The University of Chicago Press, 1998, p.220.

⑥ Hannah Arendt, *The Life of Mind*, Vol.1 Thinking, New York: Harcourt, 1978, p.104.

按照特伦斯·鲍尔的说法，它们的区别在于，praxis 是一种自我包含的活动，它自身就是完满的，而不作为一种达到某个目的的手段。相反，Poiesis 是指达到一个单独可确认的目的的活动，从这个意义上说，poiesis 是工具性的活动。[①] 由上可见，当柏拉图把看到的理念作为标准或模型应用于政治领域时，他实际上是把政治活动看成达到某种目的（比如上文所说的"逃避行动者的复数性所固有的偶然性和道德上的无责任性"）的手段，因此我们可以说，柏拉图是根据制作经验来理解政治的，这就是阿伦特所说的 poiesis 对 praxis 的取代。

正是柏拉图所开启的制作对行动的取代，造成了 archein（开始/统治）与 prattein（行动/实现）之间的分裂。这两个词在希腊人那里原本用来表示同一个 praxis 的两个相互关联的方面，现在它们却变成了两种完全不同的活动，archein 是指只统治而不行动，而 prattein 则是指单纯执行命令而不统治。这样做的目的在于"确保开始者保持对他所开始的事情的完全控制，不需要他人的帮助就能完成它"。[②] 这其实是按照工匠和他的材料之间的制作模式来理解人与人之间的政治关系，就像在制作中工匠统治材料一样，在政治中发布命令的人统治执行命令的人。在柏拉图看来，发布命令的人是那些知道如何统治自己的人，也就是那些灵魂中理性部分统治欲望部分的哲学家，只有他们才有资格去统治他人，因为他们具有自我知识。由此可见，这种以制作为模式的统治理论内在地包含着知与行的分离。比利时现象学家塔米尼奥对此做了一个精辟的阐述，根据他的说法，柏拉图提出知而不行的人与行而不知的人这个区分的意图有三：第一，给予 poiesis 以特权；第二，使 praxis 分裂为两个部分；第三，废除公民的 phronesis（明智）。由于把公民变成 prattein，即确定任务的执行者，因此公民的 phronesis 只是一个幻觉，而真正的 phronein 是哲学家的 theorein。[③]

---

① Terence Ball, "Editor's Introduction", *Political Theory and Praxis: New Perspectives*, Ed. Terence Ball, Minneapolis: University of Minnesota Press, 1977, p.4.
② Hannah Arendt, *The Human Condition*, Chicago: The University of Chicago Press, 1998, pp.222–223.
③ Jacques Taminiaux, "Bios politikos and bios theoretikos in the Phenomenology of Hannah Arendt", trans. Dermot Moran, *International Journal of Philosophical Studies*, Vol.4, No.2, p.223.

三

在明确了真理与意见的对立最终导致了制作对行动的取代从而消除了政治这一结果之后，那么拯救政治的方向无疑在于破除真理与意见之间的对立。在西方政治哲学传统中，真理与意见的对立已经固化为对人的复数性这个基本政治现象的偏见和敌视，因为真理想要"与显现世界以及构成显现世界的意见相分离，它想成为孤独的和自足的而不是想嵌入复数性中"。[①]此外，所有真理在它们断言有效性的模式上也都与意见相对立，真理自身就带有一种强制的因素。[②]一旦拥有真理，就没有了争论和说服的余地，即使上帝也必须同意二乘以二等于四。可见，"从政治的观点看，真理具有一种专制暴君的特征"，[③]因为真理只与单数的人有关，而政治的最基本特征是它的复数性，因此真理从根本上说是反政治的。

真理与意见的对立在西方形而上学传统中表征为存在（being）与显现（appearance）的二分法。在柏拉图哲学中，真正的存在属于可知世界，而纯粹的显现则属于可见世界，由此可见，存在与显现的对立是两个世界理论的一种翻版。虽然显现具有一定的真理性，因为它不是完全虚假的，但是它并不是真正的存在。真正的存在潜藏于显现的背后，它需要靠灵魂的眼睛才能发现。换句话说，真正的存在是不显现的东西而不是显现的东西，显现的东西以不显现的东西为自身的根据，或者说不显现的东西是显现的东西的基础，因此，不显现的东西在等级上要高于显现的东西。阿伦特在《精神生活》中是这样来评论存在与显现之间的这种对立的："我们的哲学传统已经把某物所来自的基础转变

[①] Jacques Taminiaux, "Bios politikos and bios theoretikos in the Phenomenology of Hannah Arendt", trans. Dermot Moran, *International Journal of Philosophical Studies*, Vol.4, No.2, p.221.

[②] Hannah Arendt, "Truth and Politics", *Between Past and Future: Eight Exercises in Political philosophy*, New York: Penguin Books, 2006, p.235.

[③] Hannah Arendt, "Truth and Politics", *Between Past and Future: Eight Exercises in Political philosophy*, New York: Penguin Books, 2006, p.236.

成了产生某物的原因，并给予这个产生的行为者以一种比仅仅满足眼睛的东西更高的现实等级。原因应该比结果具有更高的等级这个信念，可能属于最古老和最顽固的形而上学谬误。"[1]

在柏拉图那里，可见世界就是显现的世界，但它是晦暗不明的意见世界，而真正光明的世界则是可知世界，也就是真理世界。阿伦特明确指出，这个形而上学谬误"不是来自我们对于显现世界的普通经验，而是来自思想自我的不普通的经验"。[2]这意思是说，柏拉图的可知世界是思想从显现世界中撤离后所居住的处所，虽然这个世界在我们的政治世界中是不显现的，但是它在等级上要高于显现的政治世界。阿伦特解决这个问题的办法是把真理从可知世界转移到可见的政治世界，从而消除存在与显现之间的二元对立。这显然来自海德格尔的启发。如前所述，海德格尔认为作为aletheia的真理是在洞穴内而不是在洞穴外发生的，因为真理存在于遮蔽与去蔽的张力中。可知世界中的真理（理念）是纯粹的存在，它只是纯粹的去蔽；而可见世界中的意见则处于存在与非存在之间，所以它在被遮蔽的同时又抗争这种被遮蔽。因此，真理的发生地是意见的显现世界。

在完成了把真理从可知世界转移到政治领域后，阿伦特接下来要做的是把作为aletheia的真理看作一种向我显现，由于意见（doxa）的原初含义是向我显现（dokei moi），因此我们可以说意见就是通过显现被揭示的aletheia。所谓显现就是指能够被每个人看见和听见，这种被看见和听见构成了我们存在的现实性。显现之所以能够被每个人看见和听见，是因为它是在一个公共的政治世界中显现的。在公共的政治世界中，"存在与显现是同时发生的"。[3]这种向我显现会随我们在政治世界中所处位置的不同而发生变化，由于我们是在世界中的存在，我们只能从世界中的某个位置来看世界，而无法采用一种上帝的全景式视角来看世界。又因为我们所处的位置不同，我们看世界的观点也会呈现出多样性和

---

[1] Hannah Arendt, *The life of Mind*, vol.1, Thinking, New York: Harcourt, 1978, p.25.

[2] Hannah Arendt, *The life of Mind*, vol.1, Thinking, New York: Harcourt, 1978, p.42.

[3] Hannah Arendt, *The life of Mind*, vol.1, Thinking, New York: Harcourt, 1978, p.19.

差异性。因此，我们需要考虑处在不同位置上的人的观点，"考虑其他人的意见是所有严格的政治思想的标志"，[①]阿伦特把这种政治思想叫作"代表性的思想"（representative thinking）：

"通过从不同的观点来考虑一个给定的问题，通过使那些不在场的人的立场出现在我的心中；也就是我代表它们，我形成了一个意见。代表的这个过程并不是盲目地采用那些站在其他立场上的人的实际观点，而是从一个不同的视角来看世界；这既不是移情问题，好像我试图成为某个其他人或像他那样感受，也不是数人数和加入大多数人的问题，而是在我实际上并不存在的地方在我自身的同一性中存在和思想的问题。当我思考一个给定的问题时，我在我心中呈现的人们的立场越多，我就越能更好地想象如果我处在他们的位置上，我将会如何感觉和思想，我代表性思想的能力也就越强，我最后的结论和意见也就越有效"。[②]由于我们是站在自己的立场上来看问题，因此我们做出的判断总是会被某种主观性所规定。要摆脱这种私人条件的限制，我们就得通过想象力站在其他人的立场上来看世界。这种代表性的思想要求的是一种不偏不倚（impartiality）的品质。

由于意见是在我们这个流变的世界中发生的，因此我们就意见而言的思想也是流动的，它"从一个地方到另一个地方，从世界的一个部分到另一个部分，穿过各种各样的相冲突的观点，直到它最后从这些特殊性上升到某种不偏不倚的一般性（impartial generality）"。[③]应该注意的是，阿伦特这里讲的"一般性"不是指某种超越意见领域的普遍性，而是指意见从每一个可能的视角来显现自身，这种视角的多样性对应于人的复数性条件。既然每个人在不同的视角上会有不同的意见，那么这些意见都具有有效性吗？罗纳德·贝纳在一篇文章中就

---

① Hannah Arendt, "Truth and Politics", *Between Past and Future. Eight Exercises in Political Thought*, New York: Penguin, 2006, p.237.

② Hannah Arendt, "Truth and Politics", *Between Past and Future. Eight Exercises in Political Thought*, New York: Penguin, 2006, p.237.

③ Hannah Arendt, "Truth and Politics", *Between Past and Future. Eight Exercises in Political Thought*, New York: Penguin, 2006, p.238.

提出了这样的疑问，他说如果某些意见要说服我们，那么它们就要让我们相信这些意见所断言的东西具有真理。[1]贝纳的这个质疑想表达的是，意见仅仅是主观的东西，它缺乏某种真理性。尽管意见的主观性是由每个人站在他自己的位置上来看世界这个事实所规定的，但它也不是纯粹主观的，因为"它也来自这个事实，即世界本身是一个客观的东西，某种对它的所有居住者来说共同的东西"。[2]

一谈到意见，人们总不免会认为它与真理之间存在着一条不可逾越的鸿沟，尽管这对于柏拉图来说具有正当性，但是阿伦特却并不这样认为。阿伦特之所以反对柏拉图的超越人类事务领域的绝对真理，是因为这种绝对真理取消了我们从一个复数的视角来看世界的可能性。正如科林娜·埃诺多所说的那样，阿伦特试图理解真理的哪种使用会取消政治明朗，相反，哪种使用会保证政治明朗。[3]显然，超越性的绝对真理不仅无法保证政治明朗，而且还会使政治去价值化。阿伦特要寻求的是一种属于政治世界而不是在政治世界之外的真理，它能够最大程度地保证政治的复数性条件，这就是以视角的复数性向我们显现的意见。政治世界中不存在一种意见对其他意见具有压倒性的优势，也没有哪一种单一的视角可以支配其他的视角，各种不同意见和视角之间是一种isonomy（平等）关系。即使我们通过想象力能够最大可能地站在所有其他的视角上来看问题，这也并不是说所有其他的视角可以被还原为这个单一的视角。如果是这样的话，那就意味着政治的复数性条件被消除了。

在《极权主义的起源》中，阿伦特说，极权主义的全面统治的目标就在于用"一个巨大的人"（One man of gigantic dimensions）来取代复数的人。[4]由于西方政治哲学传统最大的偏见就是对人的复数性的敌视，这样一来，这个传统

---

[1]　Ronald Beiner, "Rereading 'Truth and Politics'", *Philosophy & Social Criticism*, Vol.34, No. 1-2(2008), p.126.

[2]　Hannah Arendt, "The Crisis in Culture", *Between Past and Future. Eight Exercises in Political Thought*, New York: Penguin, 2006, p.219.

[3]　Corinne Enaudeau, "Hannah Arendt: Politics, Opinion, Truth", *Social Research*, Vol.74, No.4(2007), pp.1029–1030.

[4]　Hannah Arendt, *Origins of Totalitarianism*, New York: Harcourt Brace, 1994, pp.455–466.

的开创者柏拉图岂不成为极权主义的罪魁祸首？阿伦特说，极权主义的独创性之所以可怕，是因为"它的行动构成了与我们所有传统的一种断裂"。[1]照此看来，柏拉图哲学不仅不是造成极权主义的原因，而且用它的概念框架也无法理解极权主义现象。那么，极权主义与西方政治哲学传统到底有没有关系？要回答这个问题，我们必须区分要素（element）和原因（cause）这两个概念。根据阿伦特的解释，要素和原因是两个不同的概念，"要素本身决不会引起任何东西，如果要素突然结晶成了固定的和确定的形式，那么它们会成为事件的起源"。[2]从这句话里我们可以看出，西方政治哲学传统是构成极权主义的要素，而不是形成它的原因。阿伦特的柏拉图解释的目的就在于用"没有被哲学遮蔽的眼睛"[3]来发现那些要素的原初经验，从而恢复被这个传统所抹杀的真实的政治经验。

① Hannah Arendt, "Understanding and Politics", *Essay in Understanding 1930—1954*, ed. Jerome Kohn, New York: Schocken Books, 1994, pp.309–310.

② Hannah Arendt, "Understanding and Politics", *Essay in Understanding 1930—1954*, ed. Jerome Kohn, New York: Schocken Books, 1994, p.325.

③ Hannah Arendt, "'What Remains? The Language Remains': A Conversation with Günter Gaus", in *Essays in Understanding (1930–1954)*, ed. Jerome Kohn, New York: Schocken Books, 1994, p.2.

观念史

——一种哲学史的书写方式

伍　龙

摘　要

在近代哲学史的著作中，冯友兰先生的《新编中国哲学史》第七册和冯契先生的《近代哲学的革命进程》，堪称两部经典著作。冯友兰先生的哲学史较为关注外在的历史境遇对思想家、哲学家思想的形成和发展的影响，而冯契先生则将关注点更多地放在思想家、哲学家自身思想内容的发展演变上。两种书写方式由此呈现出不同的侧重。观念史作为一种哲学史的书写方式以"某些核心观念"为研究对象，因以"观念"为媒介，或可兼顾上述两种"关注"，其在注重历史与个体连接的同时，还自觉考察个体思想实际演变的过程。这种书写方式为我们更为全面、深入地了解哲学史中的历史与哲学的双重维度提供了某种契机。于是，观念史或可看成个体思想与社会思潮互动的历史呈现。在这个意义上，观念史便成了另一种人的历史：从观念的形成与演变来看人的存在和发展。这可能是观念史作为一种哲学史的书写方式所具有的更为深在的内涵和意义。

关键词：哲学史；观念史；观念

对于历史的反思往往可以帮助我们更好地审视当下。立足于哲学的视域来看待这一观点，则不难发现，对哲学发展的历史进行反思，能帮助我们更好地在当下认识自己和认识世界。其中，对近代以来的中国哲学史的考察，成了中国哲学史研究与反思的重要面向。在这一领域，做出突出贡献的哲学家有冯友兰和冯契两位先生，他们各自书写的《新编中国哲学史》第七册和《近代哲学的革命进程》，堪称近代哲学史研究的经典著作。然而，两位先生对于近代哲学史的书写与考察的视角各有侧重，展现出的特点也不尽相同。

一、立足历史考察思想演变

冯友兰先生对于近代中国哲学史的研究主要体现于其出版的《新编中国哲学史》第七册（下面简称《新编》第七册）中。冯先生对于近代哲学史的考察包括绪论在内，共分十一章。在整个研究过程中，冯先生一方面注重对哲学发展的历史考察，即侧重于"史"的研究；另一方面，注重外在的历史对思想家、哲学家思想的形成，体系的建立所产生的重要影响。

在《新编》第七册的绪论中，冯先生首先认为，近代历史的形成与经济基础发生的改变有密切关系。原来中国社会是"封建社会的自然经济"[1]，但"产业革命以后，这样的自然经济就不能存在了"[2]。因为经济基础的变化，导致了新的阶级的产生，"在第一次鸦片战争以后，在半封建半殖民地的形式下也还是出现了新的阶级"[3]。这些都影响着中国近代历史的发展。之后，冯先生则对近代历史的过程进行了阐述，分为"旧民主主义革命""新民主主义革命"以及"'以夷为师'（向西方学习）"三个部分。在这一部分里，冯先生已初步表现出对外在的历史之于人的思想形成、发展的影响的侧重，如毛泽东思想的形成是与中国

---

[1] 冯友兰：《三松堂全集》第十卷，郑州：河南人民出版社，2000年，第487页。
[2] 冯友兰：《三松堂全集》第十卷，郑州：河南人民出版社，2000年，第487页。
[3] 冯友兰：《三松堂全集》第十卷，郑州：河南人民出版社，2000年，第488页。

当时新民主主义革命的具体历史过程紧密联系的。[①]

由此逐步形成了对外在历史境遇与个体思想塑造之间关联的考察，以及互动的呈现，在后面的众多章节中，一样体现出上述特点。如"第七十二章：旧民主主义革命的最大理论家和最高领导人孙中山"中，第一节和第二节的内容基本是对孙中山一生所进行的活动的梳理，这些活动与孙中山当时所处的历史背景相联系，而这些活动和历史背景促使了孙中山的哲学思想的形成。在第三节中，若有涉及哲学的部分，则是冯先生着重阐述了孙中山的"知行观"——"行先知后，行易知难"。第四节依然着力阐释了孙中山的新三民主义思想产生、提出、发展的脉络和历史背景。[②]不难看到，历史背景的考察构成了孙中山哲学思想研究的重点。

如果说，孙中山更多地是以一个革命家而非思想家、哲学家的身份出现的，所以，对于其思想的考察应注重历史对其产生的影响，那么，一些思想家、哲学家的书写一样具有以上倾向。如第七十四章梁漱溟的部分，冯先生更多地将梁漱溟放在当时的新文化运动的历史发展过程中来考察，指出其对于新文化运动的态度，并以此为基础进一步阐述其对于传统儒家的态度和文化论的观点。[③]当然，我们不能否认，在这一部分中，相比于孙中山的内容已经"哲学"了不少。在该章的最后对于梁先生在《我提出的态度》一文中的一段话做了哲学的分析，认为"这段话接触到儒家哲学的基本问题"[④]。但是，从整体来看，冯先生依然注重外在历史对于哲学家思想形成的影响的考察。

值得注意的是，冯先生的《新编》第七册的最后三章，其哲学的意味十分浓厚。他对于金岳霖、熊十力和自己哲学思想、体系的阐述似乎表现出"纯哲学"的意味。但是，我们并不能因此就否认冯先生在书写哲学史时所具有的上述特点。一方面，从整本书来考察，冯先生在大部分章节中都关注外在的

---

① 冯友兰：《三松堂全集》第十卷，郑州：河南人民出版社，2000年，第488—494页。
② 冯友兰：《三松堂全集》第十卷，郑州：河南人民出版社，2000年，第503—516页。
③ 冯友兰：《三松堂全集》第十卷，郑州：河南人民出版社，2000年，第487页。
④ 冯友兰：《三松堂全集》第十卷，郑州：河南人民出版社，2000年，第552页。

具体历史情景对于一个思想家、哲学家思想体系的产生、形成的影响；另一方面，就这三章的具体内容来看，依然在很多地方贯穿着这个特点。以金岳霖的部分为例，第一，冯先生在书写金岳霖部分的题目为"中国哲学现代化时代中的理学（上）——金岳霖"，从这一题目中就可看出，冯先生是对金岳霖的哲学体系的历史背景有所自觉的。第二，冯先生还指出："现代化的哲学家……是'接着讲'，而不是'照着讲'。"①其必然是立足在当时的所谓"中国哲学史现代化时期"②的历史背景下来构建自身的哲学体系。这一点也说明，冯先生对于历史的关注依然作为书写的内在特点，潜移默化于阐释金岳霖思想的过程中。

需要说明的是，我们并不是对冯先生在书写近代哲学史的过程中所表现的上述特点予以否定。作为一个身处社会历史过程中的人，其思想的形成发展必然受到当时的具体历史情景的影响，更何况是一些对当时社会历史发展有深切关怀的思想家和哲学家。我们反复强调这一点的目的，一方面是想指出冯先生书写哲学史的特点；另一方面是想表明，从整本近代哲学史来看，冯先生的这种写法，似乎对于个体哲学家自身思想观念的演变，以及这样的演变与外在历史的变迁之间的联系关注不够。③前一方面是侧重历史考察所展现出的优势，后一方面是侧重历史考察所造成的不足。而后者在冯契先生的近代哲学史的书写中，受到了关注。

就后一方面的不足，我们似乎可以进一步予以明确和阐明。个体之于外在的时代背景以及历史环境，确实有一个被动接受的过程，以及不可回避的受动影响，但个体之于外在的时代是否也可能超然其上或有一种反作用力？马一浮作为中国近代哲学中的一代儒宗，其表述的方式以及思想的内涵，是否可以作

---

① 冯友兰：《三松堂全集》第十卷，郑州：河南人民出版社，2000年，第602页。
② 冯友兰：《三松堂全集》第十卷，郑州：河南人民出版社，2000年，第602页。
③ 虽然在第八十章《中国哲学现代化时代中的心学——熊十力哲学体系》的第一节里，冯先生对于熊十力哲学体系发展的过程做了梳理，但这仅是对熊先生的思想发展历程的陈述，即如何在开始时受到佛学影响，后经过探索、思考，最终跳出佛学，形成自己哲学体系的历程，而不是对其思想中的某些观念的演变进行的考察。具体可参见上书第633页至634页的内容。

为一种独善其身的超然之例来加以关注和反思。而梁漱溟回到乡间，模拟古代行礼的行为，进行"朝话"的行为，是否也可以是一种以传统行为来对当时外在环境的超然与抗拒。又或者孙中山先生的思想的形成与发展，固然受到外在社会环境的影响，但孙先生的相关思想难道没有对当时外在的社会产生某种正面的反作用力吗？我们可以大胆设想，冯先生关注到了这种辩证的面向，只是他所侧重的是前者：看重外在社会环境对个体思想形成的作用。这种作用并不是某种"决定性"的，而只是冯先生予以关注的重点面向。

二、立足思想展现自身演变

冯契先生深受清华学派的影响，注重逻辑的推演和概念的分析，在《近代哲学的革命进程》（下面简称《革命进程》）一书中，对一些思想家、哲学家的思想内容、体系本身进行了细致的考察。具而言之，冯先生对某个思想家或哲学家的思想本身的演变予以了关注。通过研究，具体论证说明其思想形成的原因，思想本身的观念、内容、体系的演变发展过程。同时，冯先生还对一些思想家或哲学家较为相近的思想进行了自觉比较。如在该书的第四章第六节《冯友兰的"新理学"》内容的结尾处，冯先生就提到"值得注意的，是冯友兰、熊十力、朱光潜、宗白华这些专业哲学家都好讲'境界'，而含义颇不相同，我们不妨来作比较"。[1] 由此可见，冯契对于不同哲学家在相似问题上的不同讨论予以比较，有一种理论上的自觉，这是冯友兰的哲学史中所没有的。上述两个方面（两位冯先生各自不同的侧重），构成了纵向和横向的两个维度。

其实，在《革命进程》的书写过程中，冯契先生一直对书写的方法有所自觉。一方面"运用逻辑和历史统一的方法"[2]，另一方面更加关注近代的思想家和哲学家们"在当时提出了什么新观念来反对旧观念，从而推动了中国近代哲学

---

① 冯契：《中国近代哲学的革命进程》，上海：华东师范大学出版社，1997年，第613页。
② 冯契：《中国近代哲学的革命进程》，上海：华东师范大学出版社，1997年，第725页。

的革命进程"①。由此看来,冯先生在一开始就对"观念"本身有自觉的关注。这从具体章节的书写中一样可以看到,如在第三章的第四节:在胡适的实验主义的内容中,冯先生先对胡适自身思想的演变过程做了一个梳理。就其思想的政治立场而言,冯先生认为:"在新文化运动初期,胡适倡导文学革命,反对封建文化,是有功绩的。"②"但是,随着新文化运动的发展,胡适却从反封建的立场倒退了,由鼓吹改良主义进而公开站到反对马克思主义一边去了。"③就其对文化层面上古今中西之争的问题来说,"胡适在《先秦名学史》中提出了比较通达的见解",④"但胡适后来对民族文化越来越采取虚无主义的态度"。⑤之后,又着重从哲学的角度对胡适思想的形成做了理论来源的考察。

冯先生认为:"胡适在哲学上是实用主义者"⑥,他的思想用胡适自己的话来说,是"受两个人的影响最大,一个是赫胥黎,一个是杜威先生"。⑦但冯契先生并不满足于此,一方面他将李大钊、陈独秀、鲁迅和胡适进行了比较,认为:"虽然他们都讲进化,但却持两种进化的观点,或者说,是代表了进化观的两个不同的发展方向。"⑧另一方面,他还对赫胥黎、杜威的思想与胡适的思想之间有何具体的联系与区别进行了考察,认为:"胡适基本上是重述美国实用主义者的理论,没有什么创造。"⑨"胡适独特的地方就在于把杜威的方法概括为十个字,并且把它和清代学者的治学方法沟通了。"⑩在阐述完胡适思想的具体内容之后,冯先生还考察了其思想所产生的影响,并在这一过程中对其思想进行了评判。可见,冯先生对于胡适思想的考察,主要是以其思想发展和演变的脉络为依据,旁及其形成的来源和产生的影响。

----

① 冯契:《中国近代哲学的革命进程》,上海:华东师范大学出版社,1997年,第726页。
② 冯契:《中国近代哲学的革命进程》,上海:华东师范大学出版社,1997年,第371页。
③ 冯契:《中国近代哲学的革命进程》,上海:华东师范大学出版社,1997年,第725页。
④ 冯契:《中国近代哲学的革命进程》,上海:华东师范大学出版社,1997年,第374页。
⑤ 冯契:《中国近代哲学的革命进程》,上海:华东师范大学出版社,1997年,第375页。
⑥ 冯契:《中国近代哲学的革命进程》,上海:华东师范大学出版社,1997年,第377页。
⑦ 冯契:《中国近代哲学的革命进程》,上海:华东师范大学出版社,1997年,第378页。
⑧ 冯契:《中国近代哲学的革命进程》,上海:华东师范大学出版社,1997年,第379页。
⑨ 冯契:《中国近代哲学的革命进程》,上海:华东师范大学出版社,1997年,第381页。
⑩ 冯契:《中国近代哲学的革命进程》,上海:华东师范大学出版社,1997年,第388页。

从上面的分析中不难看到，冯契先生在书写哲学史的过程中所关注的并不仅仅是外在社会环境对于个体思想形成的影响（当然他也关注，只是不是关注的重点），冯先生所关注的是个体思想在形成过程中，一方面其自身是怎样进行逻辑演变和发展的，其前后思想的衔接性，相续性等；另一方面其思想本身对于外在整个社会的思潮形成，以及相关演变将产生怎样的影响。从后一个方面来看，冯契先生无疑看到了个体思想对于社会环境与时代思潮形成的某种能动性。事实上，身处现实中的个体与外在的社会环境本是一种互动关系，前者自然受到后者的影响，但后者也不免被前者推动，而形成不同的、适应和推进时代发展的思潮来。冯契先生的关注与书写，无疑对这一部分的研究做出了贡献：从哲学史的层面，呈现了这样的互动与能动。

应注意的是，首先，冯契先生在书写哲学史的过程中，对上述问题的关注是和其智慧说的哲学体系分不开的。冯先生一生致力于智慧的研究，着力考察知识与智慧的关系问题，试图说明人如何完成从知识到智慧的飞跃，他认为"思维的矛盾运动是'一致而百虑，同归而殊途'的过程，这过程与在实践基础上的感性与理性的反复是相互联系着的，于是整个认识过程就表现为由具体到抽象，再由抽象上升到具体的矛盾运动"。[1] 而人在完成这一过程之后，还要"把握相对中的绝对、有限中的无限，有条件东西中的无条件的东西"[2]，最终完成转识成智的飞跃，形成并获得智慧。可见，对于人类认识过程的考察是冯先生重点关注的内容，而近代思想家和哲学家自身思想演变发展的过程自然在此影响下被关切。冯先生也要关注在这一哲学家身上，是如何显示出其思想本身的逻辑呈现和演变发展的。

其次，虽然冯先生对上述过程予以关切，并对此做了详细的考察与研究，但就思想家或哲学家所处时代的具体历史背景对其思想形成、发展、确立所产生的影响，并未予以充分关注。如《革命进程》中阐释胡适思想的章节，就体现出这一点。胡适为什么在当时那样一个外在的环境中，成为新文化

---

[1] 冯契：《认识世界与认识自己》，上海：华东师范大学出版社，1996年，第41页。
[2] 冯契：《认识世界与认识自己》，上海：华东师范大学出版社，1996年，第42页。

的领军人物，其思想的形成与当时一些守旧派是如何交锋的，这样的交锋对胡适思想的形成有怎样的影响，其自身的学习经历与外在的社会环境之间的张力，对其思想有怎样的影响，冯契先生的关注度都不太高。而这恰是冯友兰先生的哲学史在书写过程中较为侧重的地方，他看重外在环境对个体思想形成的影响，但对个体思想本身的发展形成过程，内在逻辑演变，似乎又关注不够。

三、观念史的双重观照

从上面的分析论述中我们看到，冯友兰的哲学史注重考察外在历史背景对个人思想形成、发展的影响，冯契的哲学史则侧重个体思想内容本身的演变。综合两种书写方式不难看出，其在有所见的同时，也可能产生某些所蔽。而观念史作为一种哲学史的书写方式，或可兼顾上述两种书写方式的优势，又可避免其所存在的不足。

观念史到底是一种怎样的书写哲学史的方式？简而言之，观念史是"以研究我们精神变迁中的某些核心观念的生成与发展为目标"[①]。由此来看，观念史主要以"某些核心观念"作为研究对象。那么，这些观念是人自身的核心观念还是历史中形成的某些思潮所蕴含的核心观念呢？换言之，是关注个体自身所形成的观念，还是在个体身处于历史发展的过程中，由社会所形成的某些观念？事实上，这两者都应包含在"某些核心观念"的内容中，本不可分割：个体本身不可能是之于外在社会的独体，无法独善其身；而思潮的形成与个体成长过程中所形成的观念，也必然存在互动关联。所以，割裂两者容易对个体产生某种抽象思辨。不将个体放在历史之中来考察，不将观念放在历史之中、个体之上来观察，是难以在个体与社会的互动中深入思考个体形成的观念的。由此可见，外部历史的具体情景与身处历史中个体思想的内容绝不

---

① 高瑞全：《观念史何为？》，《华东师范大学学报（哲学社会科学版）》2011年第2期，第1页。

能分。

　　由上分析出发，从观念史的角度来看，"某些核心的观念"似乎起到了媒介的作用，将历史与个体思想连接起来。首先，在思想层面，外在的历史环境使得一些核心的观念被历史选择，如近代以来的富强、民主、科学、平等等观念。这一历史选择的过程，同时也是人选择的过程。当这些核心观念被筛选出来之后，它们逐步成为当时的思想家和哲学家共同关注和讨论的话题，从而对其思想的形成产生影响。这体现着外在历史背景通过"观念"的选择，促使人们关注和讨论，从而对思想家或哲学家的思想产生影响。同时，"观念"本身的内容也在发生变化，一方面，不同的"观念"在不同的历史时期被关注的程度不同。比如，有时人们更关心"平等"，有时人们更多讨论的是"民主"，有时人们最先关心的是"富强"。另一方面，同一"观念"具体的内涵与外延在不同历史时期发生着变化。如以"平等"为例，近代以来我们讨论的主要是代议制意义上的"平等"，这与中国古代的"平等"的意义显然不同。这些变化对思想家或哲学家的思想产生了影响，而这一影响的来源，因为是"观念""内容"的变化，所以也具体表现为思想家或哲学家思想"内容"的变化。

　　我们进一步思考，就会追问"观念"本身内容的变化是什么造成的。"与哲学史或思想史研究一样，观念史也要处理'思'与'史'的关系。所以不仅有特定观念（'思'）自身的发展历史，而且有该观念与人的一般观念世界的关系史，更有观念与社会史的关系。"[1]可见，观念的变化与社会历史的发展有密切关联，它甚至"随社会历史变迁而变革"[2]。由此可以看到，一方面，因观念史所注重的"观念"自身内容的变化，个体思想内容的发展、变迁受到了关注；另一方面，以"观念"为媒介，外在历史的变迁通过促使"观念"自身内容的变化，而对思想家或哲学家的思想内容的演变产生影响。前一方面，可以看出个体思想的发展本身对"观念"，甚至思潮的形成具有能动作用，毕竟某种观念的形成与个体思想的促进，以及群体力量之间的关系是不可忽视的；后一方面，说明

① 高瑞全：《观念史何为？》，《华东师范大学学报（哲学社会科学版）》2011年第2期，第7页。
② 高瑞全：《观念史何为？》，《华东师范大学学报（哲学社会科学版）》2011年第2期，第8页。

"观念"在变化的过程中对个体思想的发展将产生影响,"观念"的变化是社会发展变化的折射。所以,从这个意义上来看,这种影响可以看成社会环境影响个体思想的折射和缩影。

"观念史不仅研究思想的结构,而且研究思想的过程"①,从这样的表述中不难看到,"观念史"对"思想的结构"予以关注和研究。这一结构涉及思想的具体内容,这些思想内容以某些核心观念为基础。同时,社会中核心观念的筛选,与外在的、大的历史背景相关,而这一社会中的核心观念,甚至由此形成的思潮又对个体关注某些核心观念,并进而形成关于这些观念的思想内容产生莫大影响。通过这一部分的研究,外在历史与个体思想之间的密切关系被关注。而对"思想的过程"进行研究,则以一些核心观念的变迁为依据。一些核心观念的内容之所以会产生上述两个方面的变化(不同核心观念的更迭和同一核心观念内涵、外延的变化),与外在历史的变迁密不可分。而这些变化折射到某一思想家或哲学家思想上时,就表现为其具体内容的发展、变迁的演变过程。可见,通过这一部分的研究,思想家或哲学家本身的思想内容的演化同样受到了关注。所以,观念史"不但要回答人们应该如何'想',而且首先要回答人们实际上如何'想'"。②前者的"应该如何'想'"侧重的是历史对个体思想的影响,后者"实际上如何'想'"则侧重于个体受到历史的影响,其自身的思想内容到底经历了如何的演变过程。

综上所述,某些核心观念被选择出来,受到历史环境的影响。这些被选择出来的观念对思想家或哲学家思想的形成、发展产生影响,体现着外在历史通过"观念"影响个体思想的面向。同时,"观念"本身的变化,即不同观念的更迭和同一观念的具体内涵、外延的变化,从变化的原因来看,是受到了外在历史变迁的影响;从变化产生的效果来看,对思想家或哲学家自身思想内容的演变产生了作用。进一步分析则不难发现,以"观念"为媒介,历史的变迁对思想家或哲学家思想的演变产生影响。于是,"以力求探寻在漫长的精神变迁中我

---

① 高瑞全:《观念史何为?》,《华东师范大学学报(哲学社会科学版)》2011年第2期,第1页。
② 高瑞全:《观念史何为?》,《华东师范大学学报(哲学社会科学版)》2011年第2期,第10页。

们文化的某些中心观念的产生和发展过程为己任的观念史研究"①，便兼顾了上述两方面的影响，对冯友兰和冯契两位先生在书写哲学史过程中所侧重的面向均予以了关注。

由此可见，"观念史"作为一种哲学史的书写方式，为我们更为全面和深切地了解哲学史中所包含的两个维度——历史维度和哲学维度的内容提供了可能。当然，这里也应该看到"观念史"这一书写方式的形成和发展并非一蹴而就的，而是在历史发展的过程中逐步形成的。这是说，哲学史本身的书写方式也在不断发展的过程中。无论是关注外在的历史环境对个体思想形成的影响，还是关注哲学思想本身的概念，以及思想内在的逻辑结构及其演变，都离不开历史本身的维度，这样的维度让我们看到时间之于思想形成的可塑性与创生性。唯有在这样的基础上，"观念史"的书写方式才可能形成，对于"观念"的选取、把握，并逐步站在历史的维度来反思，形成历史的演变与呈现，才有可能进一步被自觉。所以，从这个角度来看，"观念史"本身的形成也许和上述两位冯先生为代表的两种哲学史的书写侧重，有前后相继，一脉相承的关系。

事实上，无论是怎样的观念，以及对这些观念做怎样的考察，都离不开上述历史书写以及反思的两个维度：外在历史环境对个体思想形成的影响，以及个体思想对外在环境、思潮形成的能动作用。这两个维度在"观念史"书写过程中可能形成的某种融合，与其说是"观念史"的兼采众长而形成的优势，不如说是对外在历史与个体思想互动的关注与表达。更让人觉得有意思的事情可能是：无论怎样的观念，都是人的观念，都是人作为个体也作为群体而形成的观念，并进一步形成的社会思潮。由此出发，我们是否可以说，观念史其实就是个体思想与社会思潮互动的逻辑推演，是两者相互作用的历史呈现。于是，观念史便在某种意义上成了另一种人的历史：从观念的形成与演变来看人的存在和发展。这也许是观念史作为一种哲学史的书写方式，更为深在的内涵和意义。

---

① 高瑞全：《观念史何为？》，《华东师范大学学报（哲学社会科学版）》2011年第2期，第10页。

劳动与休闲的时间张力

——马克思的自由时间理论及其当代价值

张晓兰①

摘 要

劳动与休闲是社会时间分配的两个方面，也是人类生存与发展的基本状态。因此，人的自由解放离不开劳动与休闲的协调推进，其核心不仅在于减少劳动时间、增加闲暇时间，而且更在于使劳动本身成为目的。马克思的自由时间理论是对资本主义的生产主义和消费主义的双重批判：一方面要从生产主义中争夺更多自由时间，使之成为人类积极活动的自由空间；另一方面要摆脱消费主义的享乐休闲，使自由时间凝聚为自由劳动的积极休闲。最终实现自由时间与自由劳动、劳动与休闲的融合统一，这不仅关系时间和资金的分配正义，而且更深层地关乎人民美好生活的建构和精神素养的提升，在劳动教育和休闲教育上则启示我们树立正确的劳动观念，弘扬奋斗精神，形成理性的休闲观念，提升价值追求。

关键词：自由时间；劳动时间；自由劳动；休闲；马克思

---

① 作者简介：张晓兰，上海师范大学哲学与法政学院，哲学博士。研究方向为马克思主义哲学理论。本文为教育部人文社会科学研究规划青年基金项目："新中国成立以来第二国际马克思主义评价语境变迁及重建研究"（项目编号：19YJC710107）。

时间是人的生命的基本存在方式，也是人的价值的重要展开形式。从时间内在的自然、社会和人的三个维度，可以将时间简单划分为自然时间、社会时间和意义时间。[①]我们一般所说的时间是物理意义上的自然时间，即可感知的不断流逝的有限时间，表现为自然和生命的沧桑变换。马克思的时间理论主要强调的是超越自然时间而具有历史内涵的社会时间，其分配结构呈现出人类生存和发展的双重样态——"劳动"与"休闲"。"一切人的自由和解放都存在于且只能存在于劳动和休闲之间，都是劳动和休闲合理配置的产物。有前者无后者，人就不成其为人，而是'役畜'；有后者无前者，人亦不成其为人，而是寄生虫"[②]。马克思的自由时间理论是从生产主义和消费主义双重维度对资本主义展开的批判：一方面从生产主义当中争夺更多自由时间，使之成为人类自由发展的空间；因为"时间是人类发展的空间"；另一方面要摆脱消费主义的享乐休闲，使自由时间凝聚为从事科学和艺术创造的自由劳动形态，因为"劳动是自由的生命表现"。实际上，正像生态马克思主义代表人物高兹所强调的，"马克思绝对没有论述过个人真正的生活只能存在于劳动之外，马克思的'劳动解放'论的核心不仅在于减少劳动时间、增加闲暇活动时间，而且更在于使劳动本身成为目的，成为消遣"[③]，最终实现劳动与休闲的辩证统一。为此，我们必须从量上争夺自由时间，从质上实现自由劳动的双重视角，探讨马克思对劳动与休闲的时间张力的阐释，以此来观照当下寻求意义时间的解放之路。

一、劳动时间与自由时间的抗争："时间是人类发展的空间"

马克思的社会时间主要由劳动时间和自由时间所构成，二者的矛盾抗争不仅是时间结构的内在矛盾，而且是社会矛盾的主要反映。劳动时间主要指从事

---

① 晏辉：《论马克思的"时间"概念及其人类学意义》，《云南社会科学》2020年第5期。
② 刘晨晔，许征帆：《劳动—休闲：马克思人的自由全面发展思想的两个内在逻辑点》，《南京政治学院学报》2003年第1期。
③ 陈学明：《"西方马克思主义"命题词典》，北京：东方出版社，2004年，第284页。

物质生产所耗费的必然性和强制性的时间，自由时间主要指可自由支配的时间。马克思强调"时间实际上是人的积极存在，它不仅是人的生命的尺度，而且是人的发展的空间"①，这样"把自由问题与创造自由时间联系起来是完全顺理成章的。创造自由时间的一个重要方面就是缩短劳动时间。在这个意义上，他可以把必然与自由的问题转换成劳动时间与自由时间的关系问题"②。

（一）劳动时间的历史变迁

时间总是与人的感性活动相关，人不仅要遵从自然时间的客观规律，而且人还能在有限时间内发挥自身能动性和创造性，这样时间就具有了社会意义。在人类发挥能动性和创造性的过程中，劳动起到了关键的"中介"作用。在具体生产劳动过程中，"活动是由时间来计量的，因此，时间也成为客体化劳动的尺度"③，时间具体表现为劳动时间。劳动时间是人类为了生存和发展必须付出的代价，不管是古代还是现代，劳动时间都是人类生产活动过程中无法消除的客观存在。由于社会生产力发展的限制，劳动时间一直以来占据着社会时间的主导地位，从量上远远大于自由时间。然而，随着社会生产力发展和不同历史阶段变迁，社会时间内在的分配结构则呈现出不同样态。

原始社会的生产力水平极其低下，人们所有时间都花费在生存性的必要劳动时间当中，但由于当时生产资料集体所有，没有出现少数人的垄断，所以人们共同承担着劳动时间，也共同享用着较少的自由时间，劳动时间与自由时间相统一。随着农业和畜牧业的产生和发展，人们的劳动能力不断提高、生产工具不断改善，这使得必要劳动时间开始缩短，出现"剩余"时间。在奴隶社会，"剩余"时间使奴隶主阶层从直接的生产劳动中摆脱出来，开始专门从事统治和管理活动，垄断着所有的自由时间。而奴隶的时间则全部用于劳动时间，几乎

---

① 《马克思恩格斯全集》47卷，北京：人民出版社，1979年，第532页。
② 卡莱尔·科西克：《具体的辩证法——关于人与世界问题的研究》，北京：社会科学文献出版社，1989年，第164页。
③ 《马克思恩格斯全集》第30卷，北京：人民出版社，1995年，第617—618页。

没有任何自由时间可言,这是时间分配失衡和不公的开始。随着工业化发展和钟表的发明,劳动时间不断被规训到理性化、标准化的时间结构当中,劳动时间与自由时间的对立更为突出。资本主义的发展"在必要劳动之外,为整个社会和社会的每个成员创造大量可以自由支配的时间",然而"这样创造的非劳动时间,从资本的立场来看,和过去的一切阶段一样,变为少数人的非劳动时间,自由时间"[①],不劳动的资本家不仅从剩余劳动中取得了生活的物质条件,而且还窃取了劳动者的自由时间。资本主义利用科技发展缩短了劳动时间,但这种缩短对于劳动者来说并不意味着自由时间的延长,反而导致多余工人失业,甚至丧失了必要劳动时间,丧失了生存的条件。但是,马克思也指出"直接的劳动时间本身不可能像从资产阶级经济学的观点出发所看到的那样永远同自由时间处于抽象对立中"[②],当必要劳动时间缩短到最低限度,资本也就完成了自身的历史使命。人类历史从"必然王国"走向了"自由王国",劳动时间与自由时间之间的对立冲突将最终消解。

(二)资本对自由时间的窃取

"在资本主义社会,劳动时间和自由时间的张力关系是通过工人阶级自由时间的被剥夺和资产阶级对自由时间的窃取表现出来的"[③],马克思在《资本论》中将"劳动时间"视为资本家剥削剩余价值的秘密所在。劳动时间分为必要劳动时间和剩余劳动时间,前者是工人生产自身劳动力所付出的有酬时间,后者则是劳动力超额使用所产生的无酬时间。资本家对剩余价值无止境的追求本质上就是对剩余时间的窃取。时间权力的争夺是劳资双方重要的角斗场,其斗争主要围绕劳动时间的量和劳动时间的质而展开。在资本主义私有制条件下,劳动者只有出卖自己的生命时间,才能获得生命的维持,"他只有把剥削的秘密变成

---

① 《马克思恩格斯全集》第31卷,北京:人民出版社,1998年,第103页。
② 《马克思恩格斯全集》第31卷,北京:人民出版社,1998年,第108页。
③ 鲍金:《自由的时间张力——马克思时间阐述的重构》,《中国休闲研究2016—2017——马克思主义人本主义与新时代美好生活研究》,沈阳:辽宁师范大学出版社,2017年。

公开的事实，才能保守这个秘密；他只有遮蔽不平等才能显现等价交换意义上的平等。于雇佣工人而言，只有全面地丧失自己的本体论存在，即丧失生命的存续形态（时间）才能获得条件论意义上的存在。"①资本家一旦购买了活劳动能力，也就对其使用时间和使用方式拥有了支配权，因此通过延长劳动时间的量和加强劳动时间的质来生产出超额的剩余价值。首先从劳动时间的量来看，工作日长度历来是劳资双方斗争的焦点。资本主义早期阶段追求绝对剩余价值，"像狼一般地贪图剩余劳动，不仅突破了工作日的道德极限，而且突破了工作日的纯粹身体的极限。它侵占人体的成长、发育和维持健康所需要的时间。它掠夺工人呼吸新鲜空气和接触阳光所需要的时间，它克扣工人吃饭时间"②，甚至为了昼夜不停地榨取剩余劳动时间，资本家还施行了换班制度，工人沦为"人格化的劳动时间"。资本的贪婪使工人苦不堪言，阶级矛盾不断激化，罢工运动频发，最后国家以法律形式调和矛盾，形成了8小时工作制，从而使劳动时间长度趋于稳定。

另外，从劳动时间的质（内含量）来看，资本主义进入垄断阶段以后，资本家在8小时工作制基础上开始转变策略，从延长劳动时间到不断缩短必要劳动时间。资本家为了获取更多相对剩余价值，通过发展科技来提高劳动效率，同时采用科学的管理方式，增加工人劳动时间的内含量。劳动时间被不断细分，劳动行为不断被机器规训，这样工人在单位时间内的劳动强度增加、节奏加快、紧张感加剧，工人为了不失业甚至"甘愿"加入配合机器运转的赶工游戏当中。然而，"劳动强度的提高，可能使一个人在一小时内耗费他从前在两小时内耗费的生命力"③，劳动者需要花费更多时间来恢复自身的生命力，休息时间不断被资本侵占。不仅如此，机器大工业生产完全打破了工种和劳动熟练程度的区分，使所有人的所有时间都陷入剥削之中，包括妇女和儿童。"机器消灭了工作日的一切道德界限和自然界限。由此产生了经济学上的悖论，即缩短劳动时间的最

---

① 晏辉：《论马克思的"时间"概念及其人类学意义》，《云南社会科学》2020年第5期。
② 《马克思恩格斯全集》第44卷，北京：人民出版社，2001年，第306页。
③ 《马克思恩格斯文集》第3卷，北京：人民出版社，2009年，第70页。

有力的手段，竟变为把工人及其家属的全部生活时间转化为受资本支配的增殖资本价值的劳动时间的最可靠的手段"。①随着互联网和电子技术发展，时间和空间同步化的壁垒逐渐消除，工人的劳动时间变得更加灵活，仿佛工人掌控了自己的时间，但根本上灵活是对工作与生活的"去边界化"，使一切时间都同质化为劳动时间。

（三）自由时间的争夺之径

人作为自然存在、精神存在和社会存在相统一的"完整的人"，他就不能只有纯粹物质生产的劳动时间，还需要有可以自由支配的自由时间。因为，"一个人如果没有自己处置的自由时间，一生中除了睡眠饮食等纯生理上必需的间断以外，都是替资本家服务，那么他还不如一头役畜。他不过是一架为别人生产财富的机器，身体垮了，心智也变得如野兽一般。现代工业的全部历史还表明，如果不对资本加以限制，它就会不顾一切和毫不留情地把整个工人阶级投入这种极端退化的境地"②。从社会时间总的矛盾规律来看，自由时间与劳动时间成反比例变化，那么自由时间的争夺就要求不断发展社会生产力，缩短劳动时间、增加自由时间。但是，这种时间的缩短和增加都是处于劳动时间与自由时间的抽象对立当中，要想真正实现自由时间的充分占有和公平享有，就要在根本上消除必要劳动时间与自由时间的对立，而消除对立的关键就在于限制资本。要想限制资本的掠夺本性，就要彻底变革资本主义的生产方式。

马克思认为资本内部蕴含着走向自身反面的可能性，"资本本身是处于过程中的矛盾，因为它竭力把劳动时间缩减到最低限度，另一方面又使劳动时间成为财富的唯一尺度和源泉。"③资本不断通过发展科技来提高生产率，缩短必要劳动时间，而当有一天"一方面整个社会只需用较少的劳动时间就能占有并保持普遍财富，另一方面劳动的社会将科学地对待自己的不断发展的再生产过

---

① 《马克思恩格斯全集》第44卷，北京：人民出版社，2001年，第469页。
② 《马克思恩格斯文集》第3卷，北京：人民出版社，2009年，第70页。
③ 《马克思恩格斯全集》第31卷，北京：人民出版社，1998年，第101页。

程，对待自己的越来越丰富的再生产过程，从而，人不再从事那种可以让物来替人从事的劳动，——一旦到了那样的时候，资本的历史使命就完成了"[①]。"资本就违背自己的意志，成了为社会可以自由支配的时间创造条件的工具，使整个社会的劳动时间缩减到不断下降的最低限度，从而为全体社会成员本身的发展腾出时间"[②]，到那时"财富的尺度绝不再是劳动时间，而是可以自由支配的时间"[③]，劳动时间与自由时间的对立将完全消解，劳动时间就是自由时间。

二、消极自由时间与积极自由时间的抗争："劳动是自由的生命表现"

现代社会的时间权力通过劳动时间全面钳制劳动者的生命基质，但无论是无限延长工作日的直接赤裸暴力，还是增加劳动强度的间接隐秘渗透，总归还是有一定限度的，也就是说劳动者或多或少还是拥有自己的自由时间的，应然上也意味着拥有激发主体意志和生命潜能的可能性，然而这种可能性在实然上却被资本主义所建构的虚假消费欲所填满，使人在欲望的"恶无限"中丧失了主体斗争意志。马克思强调真正的解放不仅在于减少劳动时间、增加闲暇活动时间，而且更在于如何积极利用自由时间。人的真正自由不在于劳动之外的休闲，而就在劳动当中，因为"劳动是自由的生命表现"。当休闲不再仅仅是劳动的准备、劳动的调节机制，而是人之主体能力和素质养成的空间，当劳动不再仅仅是生存的需要、资本的奴役，而是人自由生命和自我价值的表现，那时自由时间中的劳动与休闲都将是人之为人的本质体现，休闲的最高形式就是自由劳动。

（一）闲暇时间与自由时间

马尔库塞认为"马克思的'自由时间'不是'闲暇时间'，因为实现个人的

---

① 《马克思恩格斯全集》第30卷，北京：人民出版社，1995年，第286页。
② 《马克思恩格斯文集》第8卷，北京：人民出版社，2009年，第199页。
③ 《马克思恩格斯全集》第31卷，北京：人民出版社，1998年，第104页。

全面发展并不是一种闲暇的事情。自由时间是属于自由社会的，而闲暇时间是属于强制性社会的。然而，在后一种社会中，工作日必须大大缩减，闲暇时间必须组织起来，甚至被治理。对于劳动者、雇员或行政人员来讲，必须按照他的社会身份所属的性质、态度、价值和行为方式来享受闲暇生活；他的存在就是为了别人更好的存在；他的积极闲暇或消极的闲暇将只是他的社会特性的延长或再现"①。按照马尔库塞的理解，自由时间只有到共产主义社会才能拥有，也有学者认为自由时间就是"非劳动时间"，只有在劳动之外才有自由。这些观点根本上都将劳动和休闲对立起来了，实际上不符合马克思的本意。马克思的自由时间是指可以自由支配的时间，即"不被直接生产劳动所吸收，而是用于娱乐和休息，从而为自由活动和发展开辟广阔天地"②，主要包括"个人受教育的时间，发展智力的时间，履行社会职能的时间，进行社交活动的时间，自由运用体力和智力的时间，以至于星期日的休息时间"③。在一定意义上，自由时间的效用存在多个层级，即低层次的休息，恢复体力，中层次的娱乐，调整精神，以及高层次的"用于发展不追求任何直接实践目的的人的能力和社会的潜力"④。虽说自由时间包括闲暇时间，并且我们很难对人类活动进行泾渭分明的划分，但却仍可以通过对自由时间的运用来做出消极和积极的区分，那些无意义并有损身心健康的活动，如"动物式的享乐""拜物教式的消费"无疑都是消极休闲，而有益于体力和智力发展的活动，时间人类学本体论上属于意义时间的才是积极休闲。消极休闲只是必要劳动的调节机制，而积极休闲的最高形式就是自由劳动。自由劳动意味着劳动伦理本位的回归，即劳动本身成为目的，成为消遣。

（二）消极休闲与必要劳动的调节机制

人首先是自然存在物，为了满足衣食住行，不管愿意与否都要从事种植、

---

① Herbert.Marcuse, Towards A Critical Theory of Society: Collected Paper of Herbert Marcuse, Vol2, London and New York: Routlege of Taylor&Francis Group.2001, pp.74-75.
② 《马克思恩格斯全集》第26卷（第3册），北京：人民出版社，1974年，第281页。
③ 《马克思恩格斯全集》第44卷，北京：人民出版社，2001年，第306页。
④ 《马克思恩格斯全集》第32卷，北京：人民出版社，1998年，第214页。

制衣等辛苦劳作，同时人也是社会存在物，随着生产力发展，劳动者与生产资料相分离，阶级不断分化，劳动者为了生存而不得不为资本家劳作。那么，在自然强制力和社会强制力的双重限制下，劳动本身的谋生性和必要性就呈现为消极的受动性，并在深层次制约着劳动者对劳动价值的自觉意识。休息和娱乐成了恢复劳动能力的补偿和平衡机制，但因其完全从属于强制性劳动而不具有独立意义，也不是真正的自由生活。"恩格斯在分析19世纪40年代的英国工人阶级状况时指出，许多工人养成了酗酒、纵欲两种恶习，资产阶级只留给他们这两种享乐，但是留给他们大量沉重的劳动和苦痛，工人工作之外的娱乐方式都是在逃避艰辛生活，实际上根本谈不上享受生活。"① 从属于劳动的休息和娱乐并非超越谋生性必要劳动的新型活动样态，因此属于自由时间的消极效用。消极休闲正是由必要劳动的调节机制所衍生出的行为方式，劳动之余的娱乐消遣实质上是对劳动过程中单调乏味的刺激性反拨，网络游戏、娱乐活动甚至是对人的自由时间的一种剥夺。消费时间表面上是按照个人自由意志对消费活动的展开，但资本统治实际上早已浸透到消费行为，甚至是消费心理和文化理念。在发达工业社会，资本逻辑通过广告、电影等媒介将人的价值追求和生活理念都定位在物质财富和高消费上，从而促使人们产生"符号式"的"虚假需求"和"被迫消费"。这就是资本不可抗拒的力量，它将人的休息、娱乐和消费都裹挟进了"生产—消费"的运转轨道当中。而自由时间的内在对抗就反映出了现代人的感性与理性、身与心等一系列的分裂，具体表现为：白天劳动越辛苦乏味，晚上娱乐和消费就越原始刺激，生命自然时间的补偿就演变为畸形的发泄。诚然，当代社会存在旅游、广场舞等积极的休闲方式，但它们依然不是独立的生存方式，无法提供安身立命的生存意义，根本上这也是消极休闲的自身限定。消极休闲与必要劳动处于恶性对立当中，将人的类特性退化为"动物性"，将时间的意义局限于"占有物"，同时让人误以为这种休息、娱乐和消费就是真正的自由。虽然马克思的自由时间本质上包含闲暇，但自由时间却不能停滞于无意

---

① 宁全荣：《马克思休闲理论及其当代价值》，《哲学动态》2017年第6期。

义的原始松散状态，更不能依循必要劳动的需要来配置使用，而必须要依托实践活动来建构意义时间。真正积极的自由时间不在必要劳动之外，而是基于并超越于必要劳动的人类自由活动的不断推进。

（三）积极休闲与劳动伦理本位的回归

一旦自由时间的运用完全遵从必要劳动时间的调节机制，无论休息、娱乐、消费还是技术培训、继续教育就都植根于再生产所需的系统之中，而不具有自身独立性，时间也不是真正自由的时间，只是劳动时间的变相延伸和拓展。在资本主义"生产—消费"逻辑的统治下，非劳动的闲暇时间作为再生产的环节，只是一种消极休闲。积极休闲根本上是基于必要劳动，但又超越于必要劳动的自由劳动。空想社会主义试图通过摆脱必要劳动来实现自由劳动，但却使劳动成为一种浪漫式游戏。虽然马克思强调自由劳动并不是新型必要劳动，"但这决不是说，劳动不过是一种娱乐，一种消遣，就像傅立叶完全以一个浪漫女郎的方式极其天真地理解的那样，真正自由的劳动，例如作曲，同时也是非常严肃，极其紧张的事情"[1]，其根本目的是"发展不追求任何直接实践目的的人的能力和社会的潜力"[2]。自由劳动不是对必要劳动的替代，而是将其必然性悦纳于自身之中的自由，就像"自由王国只是在必要性和外在目的规定要做的劳动终止的地方才开始……但是，这个自由王国只有建立在必然王国的基础上才能繁荣起来"[3]。只有劳动回归伦理本位，才能完成从消极休闲的享乐主义向积极休闲的自由劳动的飞跃。马克思设想的自由劳动者就可以完全遵从自己的兴趣，今天做这事，明天做那事，完全是个体对个性潜能的全面施展，即人在主体个性、劳动多样和交往丰富等方面的全面发展。"个体得到自由发展，因此，并不是为了获得剩余劳动而缩减必要劳动时间，而是直接把社会必要劳动缩减到最低限度，那时，与此相适应，由于给所有的人腾出了时间和创造了手段，个人会在艺术、科学等方面得到

---

① 《马克思恩格斯全集》第30卷，北京：人民出版社，1995年，第616页。
② 《马克思恩格斯全集》第32卷，北京：人民出版社，1998年，第214页。
③ 《马克思恩格斯全集》第46卷，北京：人民出版社，2003年，第928—929页。

发展"①，从整个社会来看，共产主义所实现的人类解放，就意味着以分工交换和占有财富为基础的社会必要劳动时间不再宰制个体生命时间，基于主体个性差异的多样劳动形态的时间将占据主导，自由时间将超越生产主义和消费主义，成为真正属于人的意义时间。尤其是当代互联网和人工智能的发展释放出巨量的自由时间，然而纯粹服务于必要劳动的消极休闲将无法容纳喷涌的自由时间，生活丧失传统的意义依托而陷入虚无和无聊当中，因此只有将巨量的自由时间凝聚成自由劳动的积极休闲，才能摆脱虚无主义，确立对劳动的"第一需要"。

三、自由时间与自由劳动相统一及其当代启示

由资本逻辑推动的全球化"生产—消费"运动，使人们的全部精力都耗费在物质财富的生产和享用之上，时间分配完全由资本主导。同时人们也深刻认识到随科技发展，自由时间必然会大量涌现，那么就需要实现休闲的积极转向，提升单位时间的存在感、归属感和幸福感。积极休闲的转向与建设本质上就是自由劳动的实现，即劳动与休闲的辩证统一，强调人在自由和休闲中劳动，同时在劳动中感受到自由和休闲，这是人类劳动的本真状态，也是人类自由解放的真正实现。自由时间的行为状态深层反映了人的生活品质，鉴于新时代人民对美好生活的向往，劳动与休闲的时间张力就启示我们：一方面要继承中华民族的勤劳美德，树立正确的劳动观念，弘扬奋斗精神；另一方面要警惕消费主义享乐价值观的侵蚀，形成理性的休闲观念，提升价值追求。

（一）自由时间中劳动与休闲的融合

自由时间的赢取是人类实现休闲的重要载体，也是人类走向自由的重要条件。马克思的共产主义根本上是要"给所有的人提供健康而有益的工作，给所有的人提供充裕的物质生活和闲暇时间，给所有的人提供真正的充分的自由"②，

---

① 《马克思恩格斯文集》第8卷，北京：人民出版社，2009年，第197页。
② 《马克思恩格斯全集》第21卷，北京：人民出版社，1970年，第570页。

这就意味着所有人在物质充裕的基础上终止外在强迫的、异化的劳动，自由时间完全取代劳动时间，真正成为社会财富的尺度和人类发展的空间。也就是说，自由时间中蕴含着劳动与休闲的融合统一，自由时间的充分获得和积极运用就是人类实现自由解放的重要保障。从历史辩证法的视角来看，劳动与休闲的相互关系与社会历史发展状态紧密相关。在社会发展早期，劳动与休闲处于混沌未分状态。随着生产力发展，休闲从劳动中逐渐脱离，在私有制情况下处于极端对立状态，无论单纯强调哪一方面，根本上都是对人生命本质的割离。马克思认为工人的不自由根源于资本家对剩余劳动时间的无偿占有，也就是说它们窃取的时间越多，工人离本真的劳动和休闲状态越远。因此，马克思强调要消灭私有制，扬弃资本主义劳动与休闲的双重异化，解放劳动和劳动时间，创造自由时间，这不仅是为休闲创造条件，而且也是使人真正享用自己的劳动成果，彰显劳动本身的意义和人自身的本质力量。"随着人类科学文化和生产力水平的发展，人在自由时间中的休闲，不仅满足了人的志趣爱好和生理需要，更是人自由发展能力和进行自由创造的过程，从而使休闲超越一般的休憩意义而获得了劳动的品性——自由的创造性。由此可见，马克思理论中的自由时间是劳动时间与休闲时间的融合，从而使劳动与休闲的关系由异化、分裂状态走向了本真、统一的状态。"[1]马克思"为劳动与休闲的融合找到了自由时间的通道与载体，也为人类的自由和解放找到了现实的途径"[2]。马克思所强调的在自由时间中实现劳动与休闲相融合的解放思想，对当代新生活方式建设具有重要的启示意义。

（二）劳动教育：树立正确的劳动观念和奋斗精神

从现实的生活经验来看，人们往往把劳动与休闲视为对立面，这本质上在于对劳动的鄙视，将劳动视为一种低贱活动，视为一种无奈和被迫行为。这种生活经验的依据和基础就在于到目前为止的劳动还"不是肯定自己，而是否定自己，不是感到幸福，而是感到不幸，不是自由地发挥自己的体力和智力，而

---

① 刘海春：《论马克思人类解放的"劳动—休闲"之维》，《马克思主义与现实》2016年第6期。
② 刘海春：《论马克思人类解放的"劳动—休闲"之维》，《马克思主义与现实》2016年第6期。

是使自己的肉体受折磨、精神遭摧残"①，人们自然"像逃避瘟疫一样逃避劳动"。异化劳动的扬弃是一个历史过程，需要不断发展生产力，并组织无产阶级革命废除私有制。劳动只有摆脱了异化性质，才能成为自由自觉的活动，那时劳动的主体也是享受劳动本身、享受劳动成果的主体。人人愿意参与劳动，这就使单个人花费在必要劳动的时间减少，但总体创造的社会财富增多，那么人人在物质丰富的基础上享有更多时间从事自由活动。劳动不再是生存论的逼迫，而是价值论的享受，劳动成为人类自身价值确证的主要方式，人人在参与中享受到愉悦。同时，公有制条件下，劳动成果遵从按需分配的方式人人共享，重建劳动者、劳动本身、劳动成果之间的对象性确证关系，使劳动在经济学意义的基础上，获得人类学意义。马克思的劳动价值观启示我们"劳动光荣""勤劳致富"，这也是新时代社会主义核心价值观的重要内容，人们向往的美好生活不是厌弃劳动的懒惰享乐，而是从事劳动过体面而有意义的生活。习近平在全国劳动模范和先进工作者表彰大会上强调："弘扬劳动最光荣、劳动最崇高、劳动最伟大、劳动最美丽的社会风尚。要开展以劳动创造幸福为主题的宣传教育，把劳动教育纳入人才培养全过程，贯通大中小学各学段和家庭、学校、社会各方面，教育引导青少年树立以辛勤劳动为荣、以好逸恶劳为耻的劳动观，培养一代又一代热爱劳动、勤于劳动、善于劳动的高素质劳动者。"②这深刻反映出党中央对劳动优良传统的重视，青少年更应该在智能化时代恢复人类学本体论意义上的劳动行为，树立正确的劳动观念，继承和弘扬奋斗精神，其意义不仅在于锻炼和培养身体，而且可以改变懒惰和享乐的不良习气，在新时代以身心协调健康的状态实现人的自由而全面发展。

（三）休闲教育：形成理性的休闲观念和精神品质

资本主义早期阶段的劳动与休闲关系表现为，资产阶级拥有大量休闲时间，它们纵情享乐，追求纸醉金迷的奢侈化生活，留给工人的只有酗酒和纵欲的粗

① 《马克思恩格斯全集》第3卷，北京：人民出版社，2002年，第270页。
② 习近平：《在全国劳动模范和先进工作者表彰大会上的讲话》，新华社，2020年11月24日。

039

俗化休闲生活。随着科技发展，物质财富和自由时间不断丰富，资本主义进入"消费社会"，休闲就成为刺激消费的重要场域，人们把大量时间花费在娱乐和消费之上，沉迷于物的世界，并把这种过度消费、奢侈消费、符号消费以及攀比消费当作一种时髦的新生活方式。格罗·詹纳强调"当消费和享乐主义向每个人的极限发起挑战时，对真正自由、发言权和责任的需求就会被减少"[①]，因此我们会更多听到人们用空虚、无聊和"丧"等词汇来形容自己的生活状态。新中国成立初期，我国生产力发展水平较低，人们的所有时间和精力都需要花费在解决吃饭问题之上，几乎没有闲暇时间。随着我国经济快速发展，人们生活水平日益提高，自由时间日渐增多，作为享受生活需要的休闲才发展起来。通过刺激消费、拉动内需的方式，休闲甚至成为推动经济发展的积极力量。旅游、娱乐和消费等休闲活动催生了极具规模的休闲产业，这一过程促进了经济和文化的发展，但同时也存在很多需要正视的问题。当代中国休闲的主流趋势是消极休闲，人们沉浸于网络游戏、庸俗短视频、刷微博等活动来打发时间，"低头族"的这些普遍行为就显示出大多数人所享有的自由时间处于碎片化、被动化、无聊化和无意义的状态。前几年的旅游热潮和当下疫情期间的养生保健热潮，虽然都对长期职业劳动行为具有恢复和调节效用，但无论观赏性的旅游还是单纯延长自然生命的养生，都未能超出必要劳动的调整性休息，而成为独立性的自由活动。与消极休闲相区别，积极休闲并不是厌弃和鄙视劳动的享乐消费者，而是摆脱分工和职业劳动限制的自由劳动者。因此，休闲教育在肯定享受需要的同时，要更多关注和促进人们对发展的需要，也就是说，要在批判消费主义享乐休闲基础上，促进整个社会形成健康的积极休闲理念，让人们在休闲中确证自己的本质力量，也不断探索自身发展的更多可能性，提升人们的生活品质和精神素养。

---

① ［德］格罗·詹纳著，宋玮译：《资本主义的未来：一种经济制度的胜利还是失败？》，北京：社会科学文献出版社，2004年，第242页。

"五四"时期"反孔"—"非耶"—"复古"之三重奏及其原因探析

——以20世纪20年代"非基督教运动"为中心

张永超①

摘 要

"五四"时期的"反孔""非耶"等思潮不应被孤立看待,应当寻求不同个体事件间的"一贯之道"。从思想演进层面看,从"反孔"到"非耶"是一种逻辑进展;从思想依据层面看,以孔子为代表的儒家理性传统则是"非耶"的缘由之一。在"非耶"思潮中我们可以看出"复古"思潮的再现,由此"反孔""非耶"与"复古"思潮形成一种三重奏局面,这构成了"五四"时期思想道路的内在困境。此种"反孔""非耶""复古"三重奏经历明末、晚清和民初三个阶段,通过对"非耶"之深层原因分析,可以看出基于儒家传统的思维方式构成了明清士绅阶层乃至于民初知识分子反教的文化心理结构,伴随此种文化心理结构的是儒家思想底色以及"复古"思潮的不断涌现。对"五四"的纪念意义在于反思此种延续至今的深层次思维

① 张永超:上海师范大学哲学与法政学院哲学系教授、博士生导师,北京大学哲学博士,辅仁大学博士后;研究方向侧重在中国现代哲学、中西哲学比较、知识论等。本文为国家社科基金一般项目"当代中国哲学转型中的知识论问题研究"(22BZX063)阶段性成果。

方式歧异。

关键词：反孔；非耶；复古；思维方式

一、问题引入：从《非基督教学生同盟宣言》谈起

在1922年3月9日，也即世界基督教学生同盟大会在北京召开前，上海各大中学学生在社会主义青年团的领导下，发起组织了"非基督教学生同盟"，通电全国，引起强烈反响。"非基督教学生同盟"发表了措辞严厉的《非基督教学生同盟宣言》，社会主义青年团机关报《先驱》全文刊载：

《非基督教学生同盟宣言》

我们反对"世界基督教学生同盟"，我们为拥护人们幸福而反对"世界基督教学生同盟"；我们现在把我们的真态度宣布给人们看。

我们知道基督教及基督教会在历史上，曾经创造了许多罪恶，这且不管彼；但是现在正在那儿制造或将要制造的罪恶，凡我有血性，有良心，不甘堕落的人，绝不能容忍彼宽恕彼。

我们知道：现代的社会组织，是资本主义的社会组织。这资本主义的社会组织，一方面有不劳而食的有产阶级，他方面有劳而不得食的无产阶级。换句话说：就是一方面有掠夺阶级，他方面有被掠夺阶级，被压迫阶级。而现代的基督教及基督教会，就是帮助前者，掠夺后者，扶持前者，压迫后者的恶魔！

我们认定这种残酷的压迫的悲惨的资本主义社会，是不合理的，非人道的，非令图建造不可，所以我们认定这个"助虐为纣"的恶魔——现代的基督教及基督教会，是我们的仇敌，非与彼决一死战不可。

世界的资本主义，已发生成熟而将崩坏了。各国的资本家——不论是英是美是日是法——因而大起恐慌，用尽手段，冀延残喘于万一，于是就先后涌入中国，实行经济的侵略主义了。而现代的基督教及基督教会，就

是这经济侵略的先锋队。

各国的资本家在中国设立教会无非要诱惑中国人民欢迎资本主义；在中国设立基督教青年会，无非要养成资本主义的良善走狗。简单一句，目的在于吮吸中国人民底膏血。因此我们反对资本主义，同时必须反对这拥护资本主义欺骗一般人民的现代基督教及基督教会。

"世界基督教青年同盟"为现代基督教及基督教会的产物。他们预备于本年四月四日，集合世界基督教徒，在北京清华学校开会，所讨论者，无非是些怎样维持资本主义，及怎样在中国发展资本主义的把戏。我们认为彼为侮辱我国青年，欺骗我国人民，掠夺我国经济的强盗会议，故愤然组织这个同盟，决然与彼宣战。

学者诸君！青年诸君！劳动者诸君！我们谁不知道资本主义的罪恶，我们谁不知道资本家的残酷无情。现在眼见这些资本家走狗，在那里开会讨论支配我们，我们怎能不起而反对！

起！起！起！大家一同起！

随后在3月21日，由李石曾、陈独秀、李大钊、汪精卫、朱执信、蔡元培、戴季陶、吴稚晖等为数77人的学者名流以非宗教同盟的名义联署发表宣言通电全国，指出："我们要为人类社会扫除宗教的毒害。我们深恶痛绝宗教之流毒于人类社会十倍于洪水猛兽。有宗教可无人类，有人类便无宗教。宗教与人类，不能两立。"尽管"反教宣言"有多种版本[1]，而且内容上也逐渐趋于温和。然而，本文想讨论的问题是，纵观基督教在中国的传播历程，反对基督教成为中国士绅、知识阶层的一贯立场，在明清时期，反洋教的理由在于"暗伤王化"；到了民国反基督教的理由则在于有悖于人类的理性、科学与进步。"非基宣言"或许只是部分学生的冲动之词，还有政党（尤其是共产国际代表[2]）参与的结果。

---

① 唐晓峰、王帅编：《民国时期非基督教运动重要文献汇编》，北京：社会科学文献出版社，2015年。
② 陶飞亚：《共产国际代表与中国非基督教运动》，《近代史研究》2005年第5期。

问题在于，为何经由设计宣传鼓动能够形成声势浩大的运动？这是值得深思的。进一步，抛开具体反教情境，比如"暗伤王化""侵略工具""耀武扬威"等等之外，此种贯穿于明清至民国的"反教"运动之深层缘由何在？这才是今日我们反思"非基督教运动"的必要性之所在，其他的诸如孰人发动、鼓动细节、言辞激烈等等倒还在其次。

二、从"反孔"到"非耶"与从"非耶"到"复古"

（一）从"反孔"到"非耶"

杨天宏先生在谈及新文化运动与"非基督教运动"的渊源时提到"反孔"到"非耶"的发展逻辑。他认为，第一，所谓西方文化是多元并存的，对某一特定西方文化的选择吸收并不排除对另一特定西方文化批判的可能性；第二，新文化运动所宣传的思想原则的"普适性"使中国新文化运动思想家没有理由把斗争的锋镝仅仅指向传统的中国文化；第三，潜在的民族主义意识的驱使，使新文化运动具备了从"反孔"发展扩大到"非耶"的可能；第四，新文化运动思想家怀疑一切的态度必然发展到对基督教文化的批判[1]。

此种思路确实可以在《新青年》刊发的刘半农《复王敬轩》一文中得到印证，据丁守和先生考证"王敬轩"只是钱玄同的"假借名义"[2]，他致信《新青年》编辑部，为何反孔不非耶，刘半农答复说："本志记者，并非西教徒，期所以'对于西教不加排斥'者，因西教之在中国，不若孔教之流毒无穷，在比较上可暂从缓议。"[3]即便对于"孔教"的反对，其主要问题针对性还在于康有为等人尝试将"孔教"写入宪法定为"国教"的提议，这从陈独秀等反对孔教的系

---

① 杨天宏：《基督教与民国知识分子：1922—1927年中国非基督教运动研究》，北京：人民出版社，2005年，第52—56页。
② 丁守和、殷叙彝：《从五四启蒙运动到马克思主义的传播》，北京：生活·读书·新知三联书店，1979年，第54页。
③ 《新青年》第4卷第3号《文学革命的反响》专栏。

列文章中可以看出来①。陈独秀在《偶像破坏论》中说:"天地间鬼神的存在,倘不能确实证明,一切宗教,都是一种骗人的偶像:阿弥陀佛是骗人的;耶和华上帝也是骗人的;玉皇大帝也是骗人的;一切宗教家所尊重的崇拜的神佛仙鬼,都是无用的骗人的偶像,都应该破坏!"②这里自然蕴含了"非耶"的思路,但是这里面一方面是对旧有偶像的破坏,另一方面则是对新偶像的再造,他说:"真实有用的东西,自然应该尊重,应该崇拜。"这里一方面是对旧偶像的破坏,另一方面是对新偶像的确立,那么其深层问题在于基于何种缘由确立新偶像? 所确立的新偶像与打破的旧偶像又有何种内在关联? 这构成了新文化运动思潮的一道潜流,因为"反孔"与"复古"往往只是一体两面,或者说运用西学反孔,在"非耶"时又将孔子请了回来,下面我们将看到,周作人当时即明确指认"非耶"为"复古潮流之一支"。

　　另外,还需要留意的是,在"反孔"与"非耶"之间确实存在某种背景性关联。在"信教自由演说"和"清华学校演说"中,蔡元培先生多次提到"孔教不成名词,国教亦不成名词""因欲崇孔子为教主,皆不明因果之言

---

① 陈独秀在1916—1918年写了21篇文章讨论孔教:《驳康有为致总统总理书》(1916年10月1日《新青年》第二卷第二号)、《宪法与孔教》(1916年11月1日《新青年》第二卷第三号)、《孔子之道与现代生活》(1916年12月1日《新青年》第二卷第四号)、《袁世凯复活》(1916年12月1日《新青年》第二卷第四号,此文虽主要批判袁世凯的帝制活动,但依然揭露了帝制活动的思想资源仍是礼教或孔教)、《答常乃德(古文与孔教)》(1916年12月1日《新青年》第二卷第四号)、《再论孔教问题》(1917年1月1日《新青年》第二卷第五号)、《答吴又陵(孔教)》(1917年1月1日《新青年》第二卷第五号)、《文学革命论》(1917年2月1日《新青年》第二卷第六号,此文虽讨论文学革命,但也涉及孔教问题)、《再答常乃德(古文与孔教)》(1917年2月1日《新青年》第二卷第六号)、《答傅桂馨(孔教)》(1917年3月1日《新青年》第三卷第一号)、《三答常乃德(儒教与家庭)》(1917年3月1日《新青年》第三卷第一号)、《答俞颂华(宗教与孔子)》(1917年3月1日《新青年》第三卷第一号)、《答佩剑青年(孔教)》(1917年3月1日《独秀文存》卷三)、《四答常乃德(孔教与家庭)》(1917年4月前日《新青年》第三卷第二号)、《答刘竞父(孔教)》(1917年5月1日《新青年第三卷第三号》)、《再答俞颂华(孔教)》(1917年5月1日《新青年》第三卷第三号)、《答〈新青年〉爱读者(孔教)》(1917年7月1日《新青年》第三卷第五号)、《再答吴又陵(孔教)》(1917年7月1日《新青年》第三卷第五号)、《复辟与尊孔》(1917年8月1日《新青年》第三卷第六号)、《驳康有为〈共和平议〉》(1918年3月15日《新青年》第四卷第三号)、《答张寿朋(文学改良与孔教)》(1918年12月15日《新青年》第五卷第六号)(此目录引自胡军老师《中国现代哲学》课程"新人生论"一讲讲义)。

② 陈独秀:《偶像破坏论》,《陈独秀著作选》第一卷,第391页。

也"。①这或许给我们一个提醒，无论是此前的"反孔"还是随后的"非耶"皆非从孔子思想、基督教思想自身立论，更非是思想层面的学理问题探究。"打倒孔家店"更多针对的是当时的"定孔教为国教"提议以及"帝制复辟"的事实；而1922年的"非基督教大同盟"直接针对的则是世界基督教学生同盟大会的清华会议，当然其直接兴起则肇因于共产国际代表的暗中运作以及意识形态较量②。

所以，杨天宏先生所言从"反孔"到"非耶"的逻辑进展的说法，更多是一种研究者基于事实的"理论推测"和"追加"，大约与事情的前因后果并无实质性的联系；所谓的逻辑进展，可能更多是一些偶然因素的选择性归纳而已。研究者当考量的事实首先是"反孔"时的"定孔教为国教"和"帝制复辟"的事实，"非耶"时"世界基督教学生同盟大会"的召开以及"共产国际代表"的宣传设计与直接运作。另外，需要留意的是，对于当时的"非基督教运动"或者"非宗教运动"，《新青年》一些编辑同人作为新文化运动的参与者和反教运动的旁观者，却提出了令人担忧的问题："思想压迫的黎明"和"非宗教即复古潮流之一支"。

（二）"非耶"是否为"复古潮流之一支"？

对于"非基督教宣言"和"非宗教宣言"，或许语词过于激烈，3月31日周作人等北大五教授发表了《主张信教自由宣言》，而他们首先宣布"不是任何宗教的信徒"，他们只是出于"思想自由""信仰自由"而发言，由此而引发了"信教自由论战"。周作人是本次的主角，他不是宗教信徒，也不是为了宗教安全，只是感觉到反教者预示了"思想压迫的黎明"。值得留意的是，周作人先生将非基督教运动与"复古"思潮联系起来，他认为，若非一切宗教，还说得过去，"若是只非一派的宗教，而且以中外新旧为界，那么这只是复古潮流的一支

---

① 蔡元培：《在信教自由会之演说》《信仰自由》，载罗章龙编：《非宗教论》，成都：巴蜀书社，1989年，第56、57页；蔡先生的《以美育代宗教说》被广为引用，他确实在"非宗教宣言"上有签名，甚至也说过"信教是自由，反对信教也是自由"类似的话；但是他也多次强调过"信仰自由"的主张，似乎在"反教"运动中多被淡忘。

② 陶飞亚：《共产国际代表与中国非基督教运动》，《近代史研究》2005年第5期。

之表现于宗教方面者罢了"。他说：

> 使吾言而信，中国的所谓非宗教即复古潮流之一支，然则其运动之
> （非意识的）目的，原不过执殳前驱为圣教清道，岂有倒戈相向之事耶！中
> 国的非宗教运动即为孔教复兴之前兆。[①]

杨天宏先生对此的评论是"把封建文化的残渣浮起与非宗教运动牵扯在一
起，多少有些文不对题，是对非基督教运动的误解"。[②]确实，从表面上看，非
基督的师生都是以"新伦理""新精神"而相标榜的，他们都是言必称"科学、
民主、自由、平等、进化"的知识界新贵，这些都是明清时期的儒生所无可比
拟的。但是，若我们从一种最一般的层面去考察文化主体对待"异种"文化的
态度，是以何种方式接受它？又以何种方式反对它？是否对此种文化有深切的
研究？自己所说又有何种学理上的依据？自己所用的名词到底又是何种意思？
我们会发现，民初反对基督教知识阶层并没有比明清的士绅阶层有实质性的进
步，尽管口号是新的，但思路却是旧的[③]。这或许是周作人先生将他们"非基督
教"与"复古思潮"同等看待的深层缘由。

无独有偶，对此"复古思潮"在"反孔教"和"帝制复辟"时期，已经有
人留意到了。陈独秀与蔡元培等人当时就清楚地看到袁世凯所以能够复辟称帝
是有其相当深厚的社会土壤的[④]。蔡元培在袁世凯复辟帝制失败后，曾尖锐地指

---

① 周作人：《关于非宗教》，转引自杨天宏：《基督教与民国知识分子：1922—1927年中国非基督教
运动研究》，北京：人民出版社，2005年，第151页。
② 杨天宏：《基督教与民国知识分子：1922—1927年中国非基督教运动研究》，北京：人民出版社，
2005年，第151页。
③ 自然，在具体理由上，"非宗教运动"时期的反教言论依据确实非晚清"反教檄文"可比（可对
比罗章龙编《非宗教论》和王明伦选编《反洋教书文揭帖选》），也与"义和团""仇教心理"不同，
20世纪20年代的反教人士也一再澄清与前者的区别；但是，若仔细审视言论内容的话，"檄文—宣
言""谣传—猜想""污名—仇教"等方式也确实多有类似处；而且这些反教方式在明末就在用了。
④ 对此问题的留意，受益于胡军老师《中国现代哲学》课堂讲义与启发，特致谢忱。此种深层渊
源是值得留意的，今日反思新文化运动以及五四运动，可以看出他们用了很多"新口号""新名词"，
但是其思想根底则是旧的，或者说很大一部分是基于儒家思想文化心理结构。

出，袁世凯复辟帝制的丑剧并不是他个人之罪恶，而是有着社会基础的。他分析道：支持袁世凯称帝的有三种社会势力，一是官僚，二是学究，三是方士。蔡元培对这三种社会势力做了如下的评论。"畏强抑弱，假公济私，口蜜腹剑，穷奢极欲，所以表官僚之黑暗也。天坛祀帝，小学读经，复冕旒之饰，行跪拜之仪，所以表学究之顽旧也。武庙宣誓，教会祈祷，相士贡谀，神方治疾，所以表方士之迂怪也。"正因为如此，所以尽管袁世凯帝制活动失败，且本人也已死去，但是复辟帝制的活动并未因此而停顿，"而此三社会之流毒"依旧。[1]所以蔡元培认为，袁世凯的复辟帝制的丑剧在当时有其社会基础。他说道："中华民国约法，有责任内阁，而当时普遍心理，乃不以为然。言统一，言集权，言强有力政府。于是为野心家所利用，而演出总统制，又由总统制而演出帝制。此亦崇拜总统、依赖总统之心理有以养成之。"[2]陈独秀对蔡元培的剖析深表赞同。他说："由蔡先生之说，即所谓肉体之袁世凯已死，而精神之袁世凯故犹活泼泼地生存于吾国也。不第此也，即肉体之袁世凯，亦已复活。吾闻其语亦，吾见其人矣。其人之相貌，思想，言论，行为，无一非袁世凯，或谓为'袁世凯二世。'呜呼！"[3]在蔡元培思想的基础上，他进一步申说道："蔡先生谓袁世凯代表吾国三种社会，余谓此袁世凯二世则完全代表袁世凯，不独代表过去之袁世凯，且制造未来之无数袁世凯。袁世凯之废共和复帝制，乃恶果非恶因；乃枝叶之罪恶，非根本之罪恶。若夫别尊卑，重阶级，主张人治，反对民权之思想之学说，实为制造专制帝王之根本恶因。吾国思想界不将此根本恶因铲除净尽，则有因必有果，无数废共和复帝制之袁世凯，当然接踵而生，毫不足怪。"[4]

我们留意到台湾学者吕实强先生在分析民初知识分子反基督教的原因时指出，像胡适、陈独秀诸君固然反对基督（宗教）旗帜鲜明，但是他们努力为社

---

① 蔡元培：《对于送旧迎新二图之感想》，《蔡元培全集》第二卷，杭州：浙江教育出版社，1997年，第463页。
② 蔡元培：《对于送旧迎新二图之感想》，《蔡元培全集》第二卷，杭州：浙江教育出版社，1997年，第464页。
③ 陈独秀：《袁世凯复活》，《陈独秀著作选》，第一卷，第238页。
④ 陈独秀：《袁世凯复活》，《陈独秀著作选》，第一卷，第239—240页。

会造福的"宗教"——人生观,正是与孔孟之仁义之道相通,与"万世开太平"的目标一致,他们身上深深浸润的儒家传统是无法抹去的。他最后得出结论说"民初时期知识分子的反教思想的基源,实以民族主义与科学主义最为重要,马克思主义与无政府主义较为次要。而与宗教一起遭受批判的儒教传统,却在默默地作为反教的理论基础之一。"①这里有一个很值得关注的现象,在口号上,科学、民主、自由、平等、理性等等是新文化诸君所旗帜鲜明的主张,而且反对旧伦理、旧道德、打倒孔家店是他们名正言顺的做法,但是在实际操作上,支撑他们的恰恰是科学主义(另一种教条)和儒家传统。吕实强先生的分析值得留意,这里存在一个循环,在提倡科学与民主等现代精神的时候,儒家传统处于被打倒之列;在改善社会、谋求社会进步、反对基督教的时候,儒家思想资源成了一个很重要的支撑理由。正是在此种层面上,周作人先生看到,反对一种宗教,不是以其教理为据,而是以"中外新旧"为据,这与沈榷、杨光先辈所用的标准不是一样吗?我们岂可以民国时期的新口号、新名词而认为他们有了新道理呢?

公允地说,如同前面对于杨天宏先生的"反孔"到"非耶"逻辑进展的分析一样,周作人先生"所谓非宗教即复古潮流之一支"也是一种追加式的评价言论,毕竟据后来学者的研究"非基督教"运动的兴起主要是基于"共产国际代表"的直接运作,并非复古潮流一支,也并非为了压制言论、思想自由。但是,如同"非宗教"不是为了"压迫思想",但是却可以视为一种"思想压迫的黎明"一样;"非宗教"运动不是意图复古,但是"非宗教"思潮的兴起以及种种反对理由、思想依据则客观上促成了儒家传统的"复活"。所以我们看到这样的现象:激烈的"反孔"之后,在"非耶"的激烈言辞中,则又请回了孔子,儒家传统是"非耶"的重要理论依据之所在,这是值得留意的。同样值得留意的是,在"反教"理由中,无论认为基督教是迷信的、非理性的还是"暗伤王化""侵略工具",这些理由在明末、晚清的教案中都以不同的语言形式出现过。

---

① 吕实强:《近代中国知识分子反基督教问题论文集》,桂林:广西师范大学出版社,2011年,第119页。

尽管，周作人先生"所谓非宗教即复古潮流之一支"并没有太多论证，但是，在对明末、晚清的反教言论审视之后，我们确实可以发现中国士绅阶层"反教"的一贯之道。

三、"非耶"的历史性审视：明末、晚清之三重奏回响

（一）心中的"华夷之辨"：仇外心态与仪辞纷争

王治心先生在谈到"南京教难"时提到佛教在中国遭遇的教难，共有四次，那就是我们常称的"三武一宗"灭佛，他说："而基督教在中国所遭遇的教难，也有四次：第一次为1616年的南京教案，是由南京礼部侍郎沈榷所主动的；第二次为1659年的钦天监教案，是由北京钦天监杨光先所主动的；第三次则为1900年的义和团之役，是由刚毅、毓贤等所主动的；第四次则为1922年的非教同盟，是由学生们主动的。"[1]其实对于基督教在华传播史略有所关注的学者，很快会发现，大的教案远不止这些，王治心先生也提道："查基督教自输入中国以来所遭受的教难，固不是1616年才有的。一般传教士受着当地人民的排击，甚至为众殴辱或捣毁寓所，时有所闻。亦有为官厅拘捕、囚禁或驱逐出境，尤属不一而足。"他引用曾德昭（Alvare de Semedo）神甫的调查说："传教士等所经危难之多，几出人意想之外。我曾调查南京仇教以前教案之数，共有五十四案。要以传教初年生于广东者为多。"[2]之所以引述此种调查，因为1616年不涉及"传教和约"的问题，甚至不涉及传教士"作威作福"的问题，但是传统士大夫阶层依然是"仇教"或"漠视"的（最初可能是好奇）；另外一个因素是，在1616年以前，我们知道"利玛窦传教策略"是占主导地位，部分耶稣会士是认可的，利玛窦及其策略也得到了中外方面的暂时认可，他偏重"学术传教""争取士大夫阶层的同情"，但是即便在这种情形下，"教案问题"已经逐步突显出来了。

我们可以1616年的南京教案为例，我们知道这是由礼部侍郎署南京礼部尚

---

[1] 王治心：《中国基督教史纲》，上海：上海古籍出版社，2011年，第78页。

[2] 王治心：《中国基督教史纲》，上海：上海古籍出版社，2011年，第78页。

书的沈榷提出来的，据说他与基督教有宿怨，又受了和尚的贿，决意驱逐传教士（据王治心先生说法）。这些有关动机的说法，或有后人的添加附会亦不可知，我们暂且不管，我们重点关注他的三次奏疏，第一次奏章的标题是"远夷阑入都门，暗伤王化"，大致内容如下：

> 从来治历，必本于言天。言天者必有定体，《尧典》敬授人时，始于寅宾寅饯……今彼夷立说，乃曰七政行度不同，各自为一天……其为诞妄不经，惑世诬民甚矣。
>
> 臣又闻其诳惑小民，辄曰，祖宗不必祭祀……今彼直劝人不祭祀祖先，是教之不孝也。由前言之，是率天下而无君臣，由后言之，是率天下而无父子。何物丑类，造此矫诬！盖儒术之大贼，圣世所必诛……①

8月，沈氏上《再参远夷疏》，谓王丰肃：

> 公然潜住正阳门里，洪武冈之西，起盖无梁殿，悬设胡像，诳诱愚民。从其教者，每人与银三两，尽写其家人口生年日月，云有咒术，后有呼召，不约而至……尤可恨者，城内住房既据洪武冈王地，而城外又有花园壹所，正在孝陵卫之前。夫孝陵卫以卫陵寝，则高庙所从游衣冠也。龙蟠虎踞之乡，岂狐鼠纵横之地？而狡夷伏藏于此，意欲何为乎？②

关于三次上书的结果，我们知道在1616年12月18日"奉圣旨：'这奏内远夷王丰肃等，立教惑众，蓄谋叵测，尔部移咨南京礼部，行文各该衙门，速差员役递送广东抚按，督令西归，以静地方。其庞迪我等，去岁尔等公言晓知历法，请与各官推演七政，且系向化来京，亦令归还本国"。③这期间固然有徐光

---

① 王治心：《中国基督教史纲》，上海：上海古籍出版社，2011年，第80—81页。
② 夏瑰琦编：《破邪集》，香港：香港建道神学院，1996年，第63—64页。
③ 夏瑰琦编：《破邪集》，香港：香港建道神学院，1996年，第81页。

启的有力护教，但是，最终我们知道王丰肃等"被囚于狭小木笼中"及其他传教士受迫害驱逐。这些受难细节不是我们关注的重点，这里我们可以看出儒耶冲突也即沈榷控告传教士的罪名是很明确的，第一是历法问题，认为其"诞妄不经，惑世诬民"；第二，是祭祀问题，认为他们劝人不祭祀祖先是教人不孝，是"无君臣、无父子"；第三，是阴谋造反问题，认为他们"图谋不轨""心怀叵测"。这里我们也可以看出，历法问题，是可以实证的，所以如同后来的杨光先那样很快便"禁口不言"随之"恼羞成怒"，当时传教士的天文学固然亦有种种弊端，但是与明清时期的回回历相比还是要高明、精确许多，所以历法问题很快便可以判出高下。关于"阴谋造反"的问题，我们知道，就现有我们掌握耶稣会士来华使命以及后来的历史进展，这是猜测之词，或者说是一种"诬告"。所以问题的关键是"祭祀"问题，这涉及中西或者说儒耶不同的伦理观念与信仰体系。很难说谁对谁错，但是冲突却是明显的，我们知道关于"无父无君"的批评在儒家看来是极为严厉的，在先秦时期孟子曾用这样的话骂过杨朱和墨子，如今沈榷又用它来骂传教士了。

这让我们逐渐意识到，在中国道统里有一种潜隐的"反异端"传统。此种"排外心态"在清初的"礼仪之争"中再次显现。关于"礼仪之争"具体的历史演进、纷争及其问题的解决，我们可以参考孙尚扬教授和钟鸣旦先生合著之《1840年前的中国基督教》[①]一书。我们本节讨论的重点在于"礼仪之争"涉及的学理纷争。

依照王治心先生的梳理，礼仪之争涉及的问题有三个：第一，God的译名问题。涉及的争论是音译为"陡斯"（Deus），还是翻译为"天主"或"上帝"。第二，关于祭祖敬孔是否有罪？基督徒是否绝对不能参加？在这种礼节中是否含有宗教的意味？或者传教士虽认为有罪，而基督徒仍可以凭良心的裁断？第三，关于仪文细节问题，比如民间迎神赛会，基督徒是否应参加？祖宗为非基督教徒的，是否适用基督教仪式？牧师为妇人施行洗礼，能否免去那些

---

① 孙尚扬、钟鸣旦：《1840年前的中国基督教》，北京：学苑出版社，2004年。

在中国习惯上所认为不合适的礼节？我们知道罗马教廷对这些问题是有争议的，正如在华传教士不同宗派间对这些问题也有不同的立场，利玛窦是最为温和的一个。但是有个事实我们需要注意，那便是罗马教廷1719年任命亚历山大城主教嘉乐（Carlo Ambrosius Mezzabarba）为特使，出使中国，以改善与中国朝廷的关系。1720年12月25日，已在北京的嘉乐呈奏康熙，要求允许在华传教士及中国教徒遵守教宗有关礼仪的禁谕，并同意由罗马教廷直接管理在华传教士和教务。次日，康熙传旨，拒绝了嘉乐的两项要求。旨曰："尔教王所求二事，朕俱俯赐允准。但尔教王条约与中国道理，大相悖戾。尔天主教在中国行不得，务必禁止。教既不行，在中国传教之西洋人，亦属无用。除会技艺之人留用，再年老有病不能回去之人，仍准存留。其余在中国传教之人，尔具带回西洋去。且尔教王条约，只可禁止西洋人，中国人非尔教王所可禁止。其准留之西洋人，着依尔教王条约，自行修道，不许传教，此即准尔教王所求之二事。此旨既传，尔亦不可再行乞恩渎奏。尔若无此事，明日即着尔陛见。因有此更端，故着尔在于拱极城且住。再颜当原系起事端之人，尔怎不带他同来？钦此"。

嘉乐见康熙立场如此鲜明、坚定，知道教宗的前几个禁谕绝无在中国通行之可能。于是决定妥协。通过与耶稣会士的暗中谈判，拟定了八项准许。

1. 准许教友在家中供奉祖宗牌位，但牌位上只许写姓名，两边需加注天主教的有关道理。

2. 准许行纪念亡人的中国礼节，但需使其具有非宗教的性质。

3. 准许敬孔，孔子牌位若不书灵位等字，亦可供奉，且准上香致敬。

4. 准许在改正后的牌位前和死人棺材前磕头。

5. 准许在丧礼中焚香燃烛，但不得有迷信活动。

6. 准许在改正后的牌位及亡人棺材前供陈果蔬，但不得有流俗迷信之举。

7. 准许在春节和其他节日里，在改正的牌位前叩头行礼。

8. 准许在墓前焚香点烛，供陈果蔬，但应申明不从世俗迷信。

我们可以看出此"八项准许"是温和的妥协，但是并不代表教廷态度，他需要教廷同意准许。后来的事实是，1742年教宗本笃十四世（Benedict XIV）再次颁布通谕（Ex quo singulari），全面回顾了礼仪之争的历史和历届教宗的决定，肯定了1715的通谕，宣布嘉乐的"八项准许"因未获教廷允许而无效。该通谕还以严厉的措辞禁止中国教徒行中国礼仪，禁止再讨论礼仪问题。后来1939年的"通谕"同样值得关注，这被认为是对"礼仪之争"的最终解决。

自然，即便如此，并不意味着基督教在中国就会得到更多的欢迎，其经历或许更加坎坷。所以，华人对于基督教的态度，不可从"礼仪""译名""侵略工具"等角度入手，而应留意文化心理结构以及深层的思维方式歧异。其中一个值得留意的问题在于，士绅在内心深处对于基督教教理有种排斥和漠视，说白了，不信那一套。此种心态不仅在"非基督教运动"时期存在，甚至在明末利玛窦来华时就体现出来了。利玛窦交友甚广在华颇受赞誉，在去世时还受赐墓地，这似乎都是莫大的荣耀，但是他当时就发现，中国士大夫阶层对他很感兴趣，但是对他宣传的"教理"不感兴趣[1]，认为那些是非理性的。

四、理性迷思与非理性认定

关于宗教与科学反对，宗教是反理性的问题，我们在20世纪20年代"非基督大同盟"的反教言论中可以广泛看到，在罗章龙先生所编辑的《非宗教论》[2]一书中，非基督教的主要理由便是它是"反科学"的，对于现代以科学为标尺的社会来讲，宗教是过时的，只会有碍于社会的进步与变革。其实在明清时期，

---

[1] 利玛窦发现他在士大夫阶层很受欢迎，但受欢迎的原因不是因为天主教教理，"为此（基督教教理）而来的人数量最少"；他受欢迎的原因主要是因为他是番夷人却能讲汉语，而且能牢记儒家的四书，并懂数学，另外是他带来的钟表地图之类，最后才是教理。见谢和耐，耿升译：《中国和基督教——中国和欧洲文化之比较》，上海：上海古籍出版社，1991年，第27页。

[2] 罗章龙编：《非宗教论》，成都：巴蜀书社，1989年。

对于基督教不合乎理性，"荒诞不经""荒谬"之种种评语已经时有见到，这同样涉及"反理性"的问题。当时，林启陆就认为《天主实义》等为"妖书""其言极肤浅虚诞"①。后来的杨光先，也就是那位以"宁可使中国无好历法，不可使中国有西洋人"而闻名的，他认为传教士的"地圆说"颇为荒诞，中国传统的观念是"天圆地方"，这是基于经验论的观察，就如同我们看到日出日落一样，他认为若地球是圆的，那么处于地球上下之人必脚心相对，何以可能？处于地球上下或左右的江河湖海又何以不倒流？所以他说：

> 如无心孔之人只知一时高兴，随意诌谎，不顾失枝脱节，无识者听之不悟彼之为妄，反叹己之闻见不广；有识者以理推之，不觉喷饭满案矣！②

抛开对杨光先的成见，我们发现他的质疑是有道理的，以一般的经验论理解，若地球是圆的，那么水和人都难以自立；就比如，依照一般的经验，我们并不感觉地动，而是太阳在动。这里似乎已经产生了深刻的歧异，在认识问题的方法上，一般的经验是不够的，除此经验论的思维方法之外，先验的方法为中国所缺乏，但却是认识的必要路径之一。其实对于地圆说来讲，并非经验论毫无用处，据说康熙帝就通过远方帆船的出现而认可地圆说的正确。但是对于许多认识对象来讲，人无法经验；比如说天体的运动，除了观察以外，需要靠推理，需要假设。这些方法恰恰是中国所缺乏的。在我们公允评价中西冲突的时候，我们逐渐发现那种仅仅嘲笑杨光先辈的愚顽保守是不够的，他们可谓当时的精英人士，但是他们受于自己认识方法的局限，似乎只能看到那些，只能依据理性得到那样的结论；就现在来讲，若我们还沿着他们的思路，也只能得出相似的结论。所以问题的关键不在于他们的愚昧保守上，而在于，他们认识、思考问题的方法上。

---

① 孙尚扬：《基督教与明末儒学》，北京：东方出版社，1994年，第231页。
② 董丛林：《龙与上帝：基督教与中国传统文化》，桂林：广西师范大学出版社，2007年，第68页。

我们继续回到宗教"反理性"的问题。关于理性与信仰的争论，在中世纪哲学那里似乎是一个贯穿始终的问题，似乎没有人认为宗教是"反理性"的，但是他们大多认为宗教"高于理性"，这在20世纪20年代"宗教自由"论战中梁启超先生也可贵地提到了这一点，科学理性不能包罗一切[1]。但是对于知识界的主流，似乎认为宗教是过时的，是反理性的，反科学的，学界名流大多都有这样的看法。

王治心先生留意到，一位叫刘绍宽的评论者，对于非基督教者评论说：

> 深叹非基督教一般人全无学识，盲言瞎论，亡中国者必此辈人也。此辈自认为科学中人，而科学家如哥白尼奈端侯失勒诸人，皆是基督教中人，彼竟不知。……今乃于新旧约全未见，凡新约中所主张真平等真自由，及力破资本主义处，全未知之，反谓诱人欢迎资本主义，要养成资本家的走狗，真是梦话。至谓我国本无宗教，又云有宗教可无人类，有人类应无宗教，宗教与人类不能两立等语，更是无法无天之极。……独恨中国学子，全是盲从，胸无点墨，如汪精卫……等，自命通人，而所言鄙俗尚如是，他更安足言耶？徒借盲言瞎论，叫嚣一世，以自文其不学无行之罪状。而祸害一世，不可救药矣。[2]

这里存在着某种吊诡，到底谁在胡说？到底什么才是科学的？什么才是合乎理性的？

这里我们也可以看出，中国士绅、知识阶层对基督教反对的理由存在三个层次：首先是"暗伤王化"，这主要是认为他们"心怀叵测"，但是此种理由很容易为事实所证明，确实有心怀叵测的，比如晚清最后四十年部分教士的军事间谍角色，但在此前以及民初这都不是他们的主要传教目的；所以此种

---

① 梁启超：《评非宗教同盟》，《哲学》第6期，1922年，转引自杨天宏：《基督教与民国知识分子：1922—1927年中国非基督教运动研究》，北京：人民出版社，2005年，第143—144页。

② 王治心：《中国基督教史纲》，上海：上海古籍出版社，2011年，第235页。

反教理由就如同反对他们的"历法"一样很快被否证，尽管有大量的教案、教难产生。其次、是礼仪问题，表面上是译名和祭祀仪式问题，实际上蕴藏的是中西伦理冲突的问题，是敬神还是敬人的问题。从法理依据上讲，1939年的传信部通谕应当解决此种问题，但是我们在上面说过，通谕无法解决儒耶深层次的矛盾和冲突。最后，问题的归结点在于理性问题。为何说基督教是荒唐的、非理性的、反科学的？此种依据何在？我们很可以看出如同明清时期一样，民国诸君在反对基督教的时候，似乎不是在反对基于《圣经》的基督教，而是在反对一种"邪教"和"迷信"，对于一个"不语怪力乱神"的国度，反对"迷信"是名正言顺的。但是，基督信仰与理性到底是何种关系？为何中西学者对此有如此截然不同的看法？为何中国知识阶层会认为基督教是"荒诞不经"位于理性之下的？这里涉及思维方式和认识方式的问题。而且可以看出，无论是明末还是晚清的"非耶"依据都是基于儒家传统，这一点与吕实强先生对"非基督教运动"的分析是一致的，延续了"排外心态"和"儒家传统"。此种一以贯之的"反教"依据远比三个时期具体的反教缘由更为值得深思。

五、对"非耶"及三重奏深层原因之审视：思维方式之歧异

关于中国士绅、知识阶层反对基督的理由，学界有很多探讨，包括对明末清初的探讨，更多是对晚清诸多教案产生原因的探讨，同样还有对民国时期非基督教原因的探讨，下面我们将会简单介绍不同学者的成果，但是，我们认为这些原因不是根本性的。

（一）一般原因分析：暗伤王化与图谋不轨

我们可以简单回顾一下前辈学者对中国士绅、知识阶层反对基督教原因的探究。王治心先生谈到沈㴋反对王丰肃教士的原因主要有三个：一是历法诬天；

二是不让祭祖无父无君；三是图谋不轨。[1]无独有偶，在后来杨光先启奏汤若望的罪状里也是三个：潜谋造反、邪说惑众、历法荒谬[2]。顾长声先生提到晚清时期传教士激起民众公愤牵涉面最广的是霸占土地[3]。另外"传教士包庇教民和把治外法权延伸到教民享受也是激起民众公愤的一个重要原因"。[4]第三个原因是"任意干涉中国内政和以武力相要挟"[5]。杨天宏先生提到"在儒学传统观念中，直接对中国民众及官绅掀起反教运动产生了作用和影响的主要有三个方面的思想观念"。第一方面是划别中外的"夷夏"观念；第二方面是忠孝节义一类的伦理纲常；第三方面是重人事轻鬼神的价值取向[6]。

罗章龙先生在《我们何故反对宗教》一文中提出宗教是社会革新的大障碍，原因在于社会改造源于对现世生活的不满，而宗教则提倡人生有罪，谋未来之超升；社会革新立足于进化论，而宗教则基于神创；革新社会是以科学真理为依据，科学的态度是明显的、分析造作的、实验的。宗教教义恰与它相反，它是神秘的、笼统的、唯心造作的。[7]

上述原因分析，只是"看起来是那样"，表面上看，那些确实是引起反教冲突的直接原因，但似乎只是现实原因，比如历法问题，高明上下很容易实证出来；再比如阴谋造反的问题也很容易察觉。即便是如顾长声所提及的霸占土地、治外法权等问题也只是短暂的历史现象，在明末以及清初，传教士一般是规规矩矩甚至是战战兢兢的，到民国后此种现象也逐渐消失，但是我们知道中国士绅、知识阶层反基督教却是一贯的，那么根本原因何在？有没有一贯原因的存在？再比如杨天宏先生提到从"反孔"到"非耶"的发展，严格来讲"反孔"与"非耶"是不同层次的，而且"反孔"的依据主要来自科学、民众、自由、平等、博

---

① 王治心：《中国基督教史纲》，上海：上海古籍出版社，2011年，第80—81页。

② 王治心：《中国基督教史纲》，上海：上海古籍出版社，2011年，第102页。

③ 顾长声：《传教士与近代中国》，上海：上海人民出版社，1981年，第128页。

④ 顾长声：《传教士与近代中国》，上海：上海人民出版社，1981年，第133页。

⑤ 顾长声：《传教士与近代中国》，上海：上海人民出版社，1981年，第135页。

⑥ 杨天宏：《基督教与民国知识分子：1922—1927年中国非基督教运动研究》，北京：人民出版社，2005年，第20—22页。

⑦ 罗章龙编：《非宗教论》，成都：巴蜀书社，1989年，第25—26页。

爱这些理念，但是对西方社会发展史有所关注的学者，这些人类的普世精神大多来自基督教或者与基督教有渊源关系，我们无法忘记中世纪教会对教育、人文、艺术、自然科学的贡献；但是值得注意的是，这些恰恰成了中国知识阶层反对基督教的理由，认为它有悖于科学、自由、平等，这样的说法是有些荒谬的。

（二）深层缘由所在：思维方式歧异

表面上看，"非耶"的依据在于科学、民主、平等、自由这些现代理念，实际上骨子里的依据则是儒家思想；比如说对现实的重视，对社会改造的热潮，对"改造世界"而非"解释世界"的热诚，对"灵性世界"的不信任，这些并非来自西方，或者说根本上与西方文化是殊异的，这些观念是典型的儒家观念，在前面我们分析儒家"仁爱"观的时候我们已经阐述过了。所以，吕实强先生说，民初知识分子反教的依据主要是民族主义、科学主义与儒家传统，我们需要留意的是"民族主义"恰好与儒家的"夷夏观念"对接，而"科学主义"已不再是"科学"，那只是另外一种"礼教"而已；也正是在此种层面上，周作人先生提到"非基运动"是"复古思潮"的回流。我们在"反孔"上，要与传统割裂，但是民初中国知识分子思考问题的方式还是儒家的，我们可以在名辞上与儒家割裂，但是在思维方式认知世界上，我们依然无法摆脱儒家的思维模式。

吕实强先生在《晚清中国知识分子对基督教义理的辟斥（1860—1898）》一文中提到晚清知识分子对天主、耶稣、圣母玛利亚等等说法根本不能接受，认为"荒谬之极，数语中便自相矛盾"[1]。这是很值得注意的现象，孙尚扬先生在分析明末士大夫对天主教的排斥态度时提到"明末一部分士大夫对天主教的排斥不能简单地以仇外心理予以解释。对人生的不同体验和哲学思辨，对宇宙、世界和人事进行哲学思考时采用不同的思维路向，都是士大夫们反对天主教的重要原因"[2]。此种现象在明末时期基督教初入华时期已经明确彰显出来。

---

[1] 吕实强：《近代中国知识分子反基督教问题论文集》，桂林：广西师范大学出版社，2011年，第47页。

[2] 孙尚扬：《基督教与明末儒学》，北京：东方出版社，1994年，第252页。

谢和耐教授在分析此现象时提到"基督教的所有组成部分,即在永恒的灵魂和注定要消失的躯体、上帝的天国与下界、永久和不变的真谛、上帝的观念与化身的教理之间的对立,所有这一切都更容易被希腊思想的继承人而不是被遵守完全不同的传统的中国人所接受。很自然,中国人觉得这些观念都非常陌生或不可思议"。[①]他在提到利玛窦的传教策略时提到"他理解到了首先应该让中国人学习他们应如何推理思辨的方法,这就是说要学习他们区别本性和偶然、精神的灵魂和物质的身体、创造者和创造物、精神财富和物质财富……除此之外,又怎能使人理解基督教的真诠呢?逻辑与教理是不可分割的,而中国人则'似乎是缺乏逻辑'。传教士们可能没有想到,他们所认为的'中国人的无能'不仅仅是另外一种文化传统的标志,而且也是不同的思想类型和思维方法的标志。他们从来没有想到语言的差异可能会于其中起某种作用"。[②]龙华民提到"中国人从不知道与物体有别的精神物,而仅仅在不同程度上知道物质实体。"1607年熊三拔神父提到"中国人根据他们的哲学原则而从来不知道与物质不同的精神物……因而,他们既不知道上帝、也不懂天使和灵魂"。[③]后来来自英国伦敦会的传教士也提到"中国人似乎是我所见到和了解到的最漠不关心、最冷淡、最无情和最不要宗教的民族。他们全神贯注于这样的问题:我们将吃什么?我们将喝什么?或是我们拿什么来蔽体?他们留心听道,听了以后说,很好。但只到此为止"。[④]

我们可以看出此种冲突是深层次的、一贯的,上述偶然、暂时的历史现实原因都能得到很快克服,但是这种思维方式上的歧异则是根深蒂固的。我们认为,正是此种对世界的认知方式决定了中国人反教的原因,与此同时,也决定

① 谢和耐著,耿升译:《中国和基督教——中国和欧洲文化之比较》,上海:上海古籍出版社,1991年,第4页。

② 谢和耐著,耿升译:《中国和基督教——中国和欧洲文化之比较》,上海:上海古籍出版社,1991年,第5页。

③ 谢和耐著,耿升译:《中国和基督教——中国和欧洲文化之比较》,上海:上海古籍出版社,1991年,第296—297页。

④ 杨格非语,参见顾长声:《从马礼逊到司徒雷登——来华新教传教士评传》,上海:上海人民出版社,1985年,第189页。

了中国人对西方文明学习的程度，若思维方式不改，可能会造成鲁迅先生所说的结果，学习西方新学然后再来守旧，而且若只是撷拾西方一些现代名辞，很难说我们是在"西化"，这只是语词上的革命，关键是思维方式上的革命。记得张东荪先生说过基督一神论与古希腊哲学思想尤其是柏拉图的理念论是一致的，我们也注意到古希伯来文明与古希腊文明的合流形成了西方文明史演进的主流。但是，对于中国人来讲，在西方处于极重地位的基督教却成了民国思想界的"众矢之的"，我们并不怀疑民国新兴知识分子学习西方文明的热诚，但是在学习的方式与方向上，我们认为大有问题；甚至可以说，非基运动的发生，足以证明民国思想界学习西方文明的破产。依照新文化运动初期的思路，要引进西方文明因此要反对旧文化，要打倒"孔家店"；但是到了非基运动时期，则是要反对西方文明的源头，而反对的依据表面上是西方现代观念，实质上是民族主义、科学主义，骨子里是儒家传统。

之所以会这样，我们认为问题的根源正在于思维方式上。而这正是造成儒耶冲突的根本原因，也是造成现代以来中国思想界学习西方越学越走样以及造成"邯郸学步"现象的深层原因。谢和耐教授提到"归根结底，中国人对基督教观念的批评所涉及的是自希腊人以来就在西方人思想中起过根本性作用的思想范畴和对立类别：存在和变化、理性和感性、精神和实体……如果这不是面对另外一类思想，那又是什么呢？而这种思想又有它独特的表达方式和彻底的新颖特点。对语言和思想之间关系的研究可能提供了回答的开端"。[1]所以，我们的思路是把儒耶冲突放在中西文化思想的差异上来看待，这不仅仅是反对迷信的问题，毕竟基督教不是邪教；这也不仅仅是反对一种宗教信仰的问题，很明显，基督教在西方文明社会的建构中举足轻重，而近代以来中国学习的目标就是西方标准。但是，为什么剧烈地反对基督教？近现代以来基督教在华教育、出版、赈灾、社会改良等等方面作用不可低估，但是为什么这些事实被选择性遗忘，而那样不留情面地"非耶"？我们认为这些问题，只有回到中西文化思

---

[1] 谢和耐著，耿升译：《中国和基督教——中国和欧洲文化之比较》，上海：上海古籍出版社，1991年，第303页。

想深处的歧异上方可得到回答。

六、小结："反孔""非耶""复古"的三重奏与主旋律

倘若上面分析可以得到辩护的话，我们可以进一步追问：历经明末、晚清、民初的"非耶"运动，其主旋律何在？固然这三个时期都伴随着对儒家的反省，无论是对"心学"或"理学"的反思与"实学"的兴起，还是"反孔"而学习"西学"，最终发现经历一次又一次的"反孔""非耶"之后又回到了"复古"的主旋律上。因为，明清对于"心学""理学"的反思都依据于原典儒学；民初的"反孔"更多是针对孔教会，很快在"非耶"时便召回了儒家传统，而且成为深层次的"非耶"依据。这是今天我们在纪念五四运动时期思想界演进值得留意的问题，当时各种学说满天飞，但是儒家思想底色则岿然不动。由此最终选择了马克思主义或许与此种底色的"同构性"有关。除此底色背景以外，其实各种"复辟""尊孔""复兴传统"的主旋律就从未停止过。甚至说延续至今。所以，一方面我们是在纪念百年前的五四运动，同时，更为重要的是，反思"五四"传统延续下来乃至于融入今天的思想底色和主旋律。我们不仅是在回望过去，我们更是在反思现在。与其延续百年前在"事"上折腾，不如在"理"上沉潜。这才是今天纪念"五四"的意义之所在。

从思维方式上探究新文化运动时期观念革新的限度与意义

——兼与明末清初西学观念传入比较

张永超①

摘　要

中西文化接触良久，隔膜依旧。新文化运动的价值表现为由"器物""制度"而深入到"文化层面"回到人自身，因此有种种新观念之引进与提出。然而问题在于，新观念只是某种思维方式运思的结果，真正值得关注的是产生"新观念"的理性思维方式而非直接嫁接引进新观念，否则便会形成这样的融合困境：其一，对西方的学习限于技术实用而偏离其学理研究；其二，注重物质生活而忽视其信仰追求；其三，注重经验解说而缺乏先验规范之形成。所以，思维方式重建才是吾人最后之觉悟。理性思维方式的不断培植才可以慢慢形成理性的生活方式，在这个意义上讲，人的思维世界与现实的秩序安排是同构的；没有主动自觉的理性思维方式重建，任何世俗层面的修修补补都是无济于事的，无法形成真正的思想创新或变革。

关键词：新观念思维方式重建

① 张永超：上海师范大学哲学与法政学院哲学系教授、博士生导师，北京大学哲学博士，辅仁大学博士后；研究方向侧重在中国现代哲学、中西哲学比较、知识论等。本文为国家社科基金重大项目"文化强国背景下公民道德建设工程研究"（21&ID060）阶段性成果。

一、引言：新观念引进与思维方式变革

我们知道，若以1915年陈独秀创办《青年杂志》作为新文化运动发起标志的话，毋庸置疑的是，新文化运动前后诸君提出了种种新观念，新名词。那是传统中国文人很少使用并很少讨论的观念，比如说科学、民主、人权、自由等等。但是，据说晚清文人孙宝瑄说过一句话，颇值得玩味："以旧眼读新书，新书皆旧；以新眼读旧书，旧书皆新。"[①] 对于观念也是一样，名词可以是新的，观念依然可以是旧的；甚至可以说"观念"的提法是新的，内在的理解与接受依然可以旧的。问题在于观念革新背后有没有支撑新观念的一种对应思维方式，不仅仅使用新的名词与观念表达，而是深入理性内在，运用新观念对应的思维方式来接受和继续思考。这样，新观念才不会变成新的意识形态，才不会僵化；与此同时，旧观念才会逐渐淡出，并且变成新观念某部分合理论证的支撑力量。

新文化运动以其在20世纪初特有的形态为中国思想界提供了许多新的光彩，与此同时，我们也可以看出它的限度；只是提出了新观念，但是，没有进一步走向思维方式的变革；这样，新观念慢慢都变成了旧观念的附庸；新名词都成了新主义，内容与思维方式都是旧的。百年后的今天，这大概是我们对新文化运动反思时值得留意的地方。延续这样的思路，本文从三个部分展开：第一部分，新文化运动"新观念"提出的演进历程及其合理性；第二部分，"新观念"的思想限度；第三部分，最后觉悟的应当是"思维方式重建"。

二、新文化运动时期"新观念"提出的历程及其反省

近代以来中西文化之争中，国人向西方之学习，思想界一般认同"器物、制度、文化"此递进之"三期说"或"三阶段说"，但是其具体含义如何？在当

---

① 陈平原：《"新文化"的崛起与流播》，北京：北京大学出版社，2015年，第38页。

时背景下"器物""制度""文化"有无特指的具体内容呢？因为单就"一般概念"分析，"器物、制度、文化"三者无法截分，而且"文化"之外延在文化人类学视域下多认为是包括"器物和制度"的。但是，我们之所以认同"器物、制度、文化"的区分是因为它们各有不同的所指，尤其是"文化"或"观念"有着特殊的含义，构成了维新人士与五四学人的分界，不可不细究此说的来历：

（一）陈独秀"吾人最后之觉悟"

陈独秀在《吾人最后之觉悟》（1916年2月15日）中将中西文化之冲突视为中西之争的根本，他说"欧洲输入之文化，与吾华固有之文化，其根本性质极端相反。数百年来扰攘不安之象，其由此两种文化相触接、相冲突者，盖十居八九"。[①]他将中西文化之争分为六期，第一期在明朝中叶，西教西著初传；第二期在清初，火器历法见纳于清帝，朝野旧儒，群起非之；第三期在清朝中叶，鸦片战后"洋务""西学"始兴；第四期在甲午战后，康梁变法，由行政而折入政治根本问题；第五期在民初"政治为根本问题的觉悟"；第六期，辛亥之后四五年，备受专制之苦，厌恶专制、倾向共和。陈的六期说有些杂乱，但可归结为最初的觉悟为"器物"，而后是"政治"，不过陈认为中国之问题并未在此六期中解决，所以提出"第七期吾人最后之觉悟"（包含"政治觉悟"和"伦理的觉悟"，陈尤重后者），他说："伦理的觉悟，为吾人之最后觉悟之最后觉悟。"[②]并说："此而不能觉悟，则前之所谓觉悟者，非彻底之觉悟，盖犹在惝恍迷离之境。"[③]所以他"伦理的觉悟"便是"根本思想"的"变更"，此种根本思想便是以孔子为代表的儒家学说。

陈独秀并不完全否认孔子的历史价值，但认为对于现代生活则"一文不

---

① 陈独秀：《吾人最后之觉悟》，《陈独秀著作选》第一卷，上海：上海人民出版社，1984年，第175页。
② 陈独秀：《吾人最后之觉悟》，《陈独秀著作选》第一卷，上海：上海人民出版社，1984年，第179页。
③ 陈独秀：《吾人最后之觉悟》，《陈独秀著作选》第一卷，上海：上海人民出版社，1984年，第179页。

值"，因为现代生活与孔子之道是根本不相容的，他说："东西洋民族不同，而根本思想亦各成一系，若南北之不相并，水火之不相容也。"①显而易见，他将中西文化对立起来，又说："吾人倘以新输入之欧化为是，则不得不以旧有之孔教为非。倘以旧有之孔教为是，则不得不以新输入之欧化为非。新旧之间，绝无调和两存之余地。吾人只得任取其一。"②"欲建设西洋式之新国家，组织西洋式之新社会，以求适今世之生存，则根本问题，不可不首先输入西洋式社会国家之基础，所谓平等人权之新信仰，对于此新社会新国家新信仰不可相容之孔教，不可不有彻底之觉悟，猛勇之决心；否则不塞不流，不止不行。"③这便是陈独秀"根本思想"的变革，取西之民主、平等、自由、人权之说而去中之孔子学说，这便是他"伦理的觉悟""存其一，必废其一"的态度，用一种全新的人生、伦理觉悟代替旧的人生论，有学者称此为"彻底的反传统"。④

（二）梁漱溟对"器物—制度—文化"三期说的理解

梁漱溟在其代表作《中西文化及其哲学》一书中在谈及中西文化之争时，基本沿用了陈独秀对此问题的看法，先是"办上海制造局，在制造局译书，在北洋练海军，马尾办船政"⑤，这是因为"大家看见西洋火炮、铁甲、声、光、化、电的奇妙"⑥，并希望将它们搬来中国使用，这也是我们所称的"器物"层次。不过，"及至甲午之役，海军全体覆没，于是大家始晓得火炮、铁甲、声、光、化、电，不是如此可以拿过来的，这些东西后面还有根本的东西。乃提倡废科举，兴学校……又逐渐着意到政治制度上面，以为西方化之所以为西方化，

---

① 陈独秀：《东西民族根本思想之差异》，《陈独秀著作选》，上海：上海人民出版社，1984年，第一卷，第165页。

② 陈独秀：《答佩剑青年（孔教）》，《陈独秀著作选》，上海：上海人民出版社，1984年，第一卷，第281页。

③ 陈独秀：《宪法与孔教》，《陈独秀著作选》第一卷，上海：上海人民出版社，1984年，第229页。

④ ［美］林毓生著，穆善培译：《中国意识的危机》，贵阳：贵州人民出版社，1986年。本书试图探讨"五四"时期全盘性反传统的根源，并列举陈独秀、胡适和鲁迅作为个案研究。

⑤ 梁漱溟：《东西文化及其哲学》（修订版），北京：商务印书馆，1999年，第13页。

⑥ 梁漱溟：《东西文化及其哲学》（修订版），北京：商务印书馆，1999年，第13页。

不单在办实业、兴学校，而在西洋的立宪制度、代议制度"①，这便是我们所通常所认为的"制度"层面的学习。可问题是，"立宪论的主张逐渐实现；而革命论的主张也在辛亥年成功。……西洋的政治制度实际上仍不能在中国实现……于是大家乃有更进一步的觉悟，以为政治的改革仍是枝叶，还有更根本的问题在后头"②，梁所说更根本的问题便是指的陈独秀的"伦理觉悟"，他说："此种觉悟的时期是很难显明的划分出来，而稍微显著的一点，不能不算《新青年》陈独秀他们几位先生。他们的意思要想将种种枝叶抛开，直截了当去求最后的根本。所谓根本就是整个的西方文化——是整个文化不相同的问题。如果单采用此种政治制度是不成功的，须根本的通盘换过才可。而最根本的就是伦理思想——人生哲学——所以陈先生在他所作的《吾人之最后觉悟》一文中以为种种改革通用不着，现在觉得最根本的在伦理思想。对此种根本所在不能改革，则所有改革皆无效用。到了这时才发现了西方文化的根本的所在，中国不单火炮、铁甲、声、光、化、电、政治制度不及西方，乃至道德都不对的！"③

"道德都不对"这便是我们所说的"文化或观念"层面的学习，梁的分析可以看出此种"伦理的觉悟"不是泛泛而谈的，而是一种"人生哲学"的根本置换，由陈独秀以上的说法亦可看出此种彻底性，用梁的话来说便是："中国人对于西方文化的输入，态度逐渐变迁，东方化对于西方化步步退让，西方化对于东方化的节节斩伐！到了最后的问题是已将枝叶去掉，要向咽喉去着刀！而将中国文化根本打倒！"④此种将"中国文化的根本打倒"便是陈独秀的"存其一便废其一"态度，这也便是我们"最后觉悟之觉悟"，这也便是我们所说的"器物—制度—文化"模式中"文化"的特定含义，不了解这种背景，对于有着几百种"文化"定义的概念来说，就很难弄清"三期说"中"文化"在中国近代化转型期的特殊意义。

① 梁漱溟：《东西文化及其哲学》（修订版），北京：商务印书馆，1999年，第14页。
② 梁漱溟：《东西文化及其哲学》（修订版），北京：商务印书馆，1999年，第15页。
③ 梁漱溟：《东西文化及其哲学》（修订版），北京：商务印书馆，1999年，第14—15页。
④ 梁漱溟：《东西文化及其哲学》（修订版），北京：商务印书馆，1999年，第15页。

（三）梁启超之"器物—制度—文化"三期说的明确提出

梁启超在《申报》五十周年纪念时应约撰文《五十年中国进化概论》中明确提出了"三期说"。"近五十年来，中国渐渐知道自己的不足了。这点子觉悟，一面算是学问进步的原因，一面也算是学问进步的结果。第一期，先从器物上感觉不足。"①从鸦片战争开始，遂有洋务运动之种种努力，这一点与陈、梁说法类似。"第二期，是从制度上感觉不足。自从和日本打了一个败仗下来，国内有心人，真像睡梦中着力一个霹雳"②，"国内有心人"指的便是他自己和他的老师康有为等人。"第三期，便是从文化根本上感觉不足。……革命成功将近十年，所希望的件件都落空，渐渐有点废然思返。觉得社会文化是整套的，要拿旧心理运用新制度，决计不可能，渐渐要求全人格的觉悟。"③而提倡此种"全人格的觉悟"的便是《新青年》的诸位"新青年"，很明显是指陈独秀诸君。在这里，"器物"指的是洋务运动之船坚炮利、声光化电；"制度"指维新、辛亥之立宪共和；而"文化"则是"全人格的觉悟"，此诸种含义与陈、梁之分析无实质差异，只不过，梁任公之笔锋简明扼要。

由以上分析可知，中国近现代以来中西文化之争的"三期说"有其特殊含义："器物"指的是洋务运动之船坚炮利、声光化电（包括设局译书），代表人物为曾国藩、李鸿章诸辈；"制度"指维新、辛亥之立宪共和，代表人物为康有为、梁启超和孙中山；而"文化"则是"全人格的觉悟"也即将"中国文化根本打倒"，其代表人物为陈独秀、李大钊诸君。而此种"全人格觉悟"，具体的内容便是在文化上一种新观念的提出，胡军教授明确指出，这是一种新人生论；在观念上明确区分了传统社会的人生伦理与价值标准。所以陈独秀将伦理的觉悟成为吾人"最后觉悟之最后觉悟"。

---

① 梁启超：《梁启超史学论著四种》，长沙：岳麓书社，1985年，第7页。
② 梁启超：《梁启超史学论著四种》，长沙：岳麓书社，1985年，第7页。
③ 梁启超：《梁启超史学论著四种》，长沙：岳麓书社，1985年，第8页。

三、观念革新是"最后的觉悟"么?

(一)对观念革新的反思

我们看到新文化运动的可贵在于,基于前期对西方学习限于"器物技术""制度引进"层面的学习之外,慢慢意识到了真正的问题在于文化自身,在于人自身;所以,要回到观念的革新上来,鲁迅先生弃医从文,也有着由物质性身体到人的精神、观念侧重的转向,这构成了当时思想家的主潮;因此会表现在对传统伦理观念的反省,会表现在对办教育的重视,会表现在对西方新学说的热情引进。

然而,问题在于,是否可以说引进了新观念就一切都是新的?周作人先生在《人的文学》里就敏锐地意识到"新旧这名称,本来很不妥当,其实'太阳底下,何尝有新的东西?'思想道理,只有是非,并无新旧。"①记得鲁迅先生也慢慢发现了类似现象,一些保守人士同样热情学习西学,然后再用学到的西学继续守旧。这让我们看到,观念不是最后的东西,还要支撑"观念"、表述观念的更内在的东西。与"新文化运动"对西学的新观念的热情引进类似,我们知道在明末清初时期,我们同样看到西学的新观念的大规模引进,只不过引进的主体是耶稣会士。但是,结果却是类似的,逐渐归于沉寂。新观念逐渐会变成旧观念,陪伴人们的不是他所摭拾的花样翻新的名词而是他无法抛开的潜藏的思维方式。

本文的质疑在于:第一,对西方文化的接触与学习,即便以1840年为界,也很难分清"器物""制度""文化"的明显阶段,比如说洋务运动前后就有对西洋文化、宗教的表述(王韬、郑观应就有类似的说法),再比如《资政新篇》里就不仅有器物还有"制度"和"文化"的学习;而"新文化运动"时期也不仅仅是对"西方文化"的学习,其根本还在"器物的富强""制度上的革新"。

---

① 周作人:《人的文学》,原载《新青年》第5卷6号。

第二，中西文化的交流并不自1840年始，在此之前有文献可考的，比如明末清初自利玛窦来华始，中西文化就有着较广泛而又深入的接触，而且这一时期的接触就已经涉及了"器物"，比如当时的火炮、钟表、望远镜，"文化"比如宗教、哲学、逻辑、几何学，在"制度"层面没有明显的革新，但是我们知道"历法"的采用西洋教士及其历制也算是很大的改进；问题的严重性在于，这一时期更多的交流是"文化"层面，为何如此早的机遇，如此优秀的人才，如此平和的环境，中西文化的交流最后却走入了死胡同（"礼仪之争"只是导火索）？问题在哪里？若民国时期"新文化运动"的反省没错，对西方的学习关键还在于"科学、民主、平等、自由"等价值观层面，那么明清时期的"科学、民主、平等、自由"等观念为何没有落地生根反而备受冷落？同样类似的情形，为何百年来的科学有流于"科学主义"的情形？为何"民主"有流于"民主专政"的危险？

（二）明清时期西学新观念引进的类似遭遇

在《方豪六十自定稿》中，我们看到在明清时期，中西文化之交流已经经历了较为丰富的历程，而且这一时期我们知道基本是在和平的国际环境下进行的，没有太多暴力、强权和不平等条约的因素，而且，更多的交流层面正是涉及上述三阶段的"文化"层面。基于方豪先生的考证，涉及的篇章主要有《拉丁文传入中国考》《明季西书七千部流入中国考》《明清间译著底本的发现和研究》《伽利略与科学输入我国之关系》《清代禁抑天主教所受日本之影响》《十七八世纪来华西人对我国经籍之研究》《明末清初天主教适应儒家学说之研究》《明末清初旅华西人与士大夫之晋接》《徐霞客与西洋教士关系之探索》《明清间西洋机械工程学物理学与火器入华考略》《王征之事迹及其输入西洋学术之贡献》《同治前欧洲留学史略》《从红楼梦所记西洋物品考故事的背景》《清初宦游滇闽鄂之犹太人》《浙江之回教》（上册）；《中国文化对外的传布》《中国文化对西方的影响》《从中国典籍见明清间中国与西班牙的文化关系》《明万历间马尼拉刊行之汉文书籍》《中法文化关系史略》《英国汉学的回顾与前瞻》《西藏学的开拓者》《天主实义之改窜》《明清间耶稣会士译着提要正误》《故意大利汉学家德礼贤著作正误》《流落于西葡的中国文献》《北堂图书馆藏书志》《利玛窦交友论新研》《名理探译刻卷数考》《十七八世纪中国学术西被之第二时期》（下册）。

由此目录我们可以看出明清时期中西文化交流的繁盛局面，既有广泛的译述又有大规模的西书来华，而且涉及的种类基本具备一个小型图书馆规模，侧重上不仅仅是教会书籍，更多涉及科学、哲学、逻辑学、几何学、地理学、天文学、物理学，等等；而且在明末清初既有中国子弟赴罗马求学。在器物层面更有对西洋火炮之购买、仿造与大规模使用。具体分述如下：

1. 译为汉文之拉丁名著

据方豪先生考证，较早翻译拉丁文入汉文的为元大德九年（1305年）教廷驻中国使节，大都总主教若望孟高未诺致书欧洲曰："圣咏 Psalmi 一百五十首，圣诗 Hymni 三十篇，及大日课经二部，余皆已译为方言。"惜译本不传，不知其为蒙文抑汉文也。另崇祯二年（1629年）汤若望（P. J. AdamSchall von Bell）译《主制群征》印行。崇祯九年（1636年）阳玛诺（P. Emmunuel Diaz, Junior）翻译《圣经直解》印行。利类思（P.LudovicusBuglio）于康熙九年（1670年）译《弥撒经典》（Missale Romanum）；十四年（1675年）译《七圣事礼典》（Rituale Romanum）及《司铎典要》（Theologia Moralis）。顺治十一年（1654年）始利类思等译《超性学要》（《神学大全》节译）。顺治十七年（1660年），卫匡国（P. Martinus Martini）译《灵性理证》。乾隆间内廷画家贺清泰（P.L.de Poirot）译有《古新圣经》（全部圣经所缺无机）；另有魏继晋《圣咏续解》、殷弘绪《训慰神编》等。

天主教之外的经典也多有翻译。比如说万历三十五年（1607年），利玛窦与徐光启合译《几何原本》前六卷。崇祯元年（1628年），李之藻与傅泛际合译亚里士多德《寰有诠》《名理探》。天启四年（1624年），毕方济与徐光启合译经院哲学之心理学名著《灵言蠡勺》。崇祯三年（1630年），高一志翻译伦理学著作《西学修身》。天启五年（1625年），金尼阁翻译《况义》（今译《伊索寓言》）。

顺治十七年（1661年），卫匡国译作《逑友论》（翻译西塞罗、塞内卡等著作）[①]，另有罗雅谷翻译伽利略著作《比例规解》、邓玉函与王征合译之《奇器图说》等。[②]

另有金尼阁为在北京建立图书馆，在海外筹集涵盖神学、哲学、数学、物理学等之总计约七千部图书更是蔚为壮观。[③]只可惜这些书没有受到应有的重视，方豪先生对此评论道："近人论中国之宗教，每盛称浮屠经藏，而于基督典籍之不可多得，则深致其叹惜之意。孰知三百年前，以四五十载之短时期，入华天学图书，竟有万部之富耶？（以金尼阁与他人携入着合计之）使其时果能一一迻译，则影响于我国文化，岂易言哉？我国天佛盛衰之故，虽非一端，历史之短长，困厄之多寡，皆其大者，然译事之成败，实一关键。七千部之湮没不彰，又不仅教会蒙受损失而已，我国科学之进步，亦为之延迟二三百年，此语或非过当。鉴往查来，国人当知所勉矣！"[④]这里我们可以看到机遇与冷漠并存，热情与误解相伴。

2. 同治前欧洲留学情况与明清时期火器引入

据方豪先生考证，同治前欧洲留学总计114人，最早为郑玛诺，生于1633年之澳门，1650年出国赴罗马求学；1671年回国，1673年于北平去世。[⑤]这些数据本很难收集，方豪秉其史学特长以及孜孜不倦的功夫，竟然有百余人之搜集。但是，同样我们也可以问，竟然有这样的史实，为何这些人变得湮没无闻？罗光先生对此评论道："写中国思想史的人，常注意佛教人士留学印度的事迹，对于天主教人士留学欧洲的事，则略而不说。这或者因为佛教留学印度的

---

① 方豪：《方豪六十自定稿》上册，《拉丁文传入中国考》，台北：台湾学生书局，1969年，第27—28页。

② 方豪：《方豪六十自定稿》上册，《明清间译着底本的发现和研究》，台北：台湾学生书局，1969年，第59—61页。

③ 方豪：《方豪六十自定稿》上册，《明季西书七千部流入中国考》，台北：台湾学生书局，1969年，第49页。

④ 方豪：《方豪六十自定稿》上册，《明季西书七千部流入中国考》，台北：台湾学生书局，1969年，第52页。

⑤ 方豪：《方豪六十自定稿》上册，《同治前欧洲留学史略》，台北：台湾学生书局，1969年，第380页。

玄奘等人，对于译经有极大的贡献；天主教的留学生则默默无闻。"[1]关于留学，我们知道在清末时期又有数百名留美幼童的派遣，而到民初前后则有庚款留学生赴美。但是，令人深思的是，有如此长的留学渊源，为何中西文化之真正理解与交流则仍然隔膜依旧、误解重重。

对西洋火器之引入、仿制更是不遗余力。在明末清兵入关的战争中，徐光启等更是极力主张用西洋火炮应战，更有赴澳门招募葡兵、购买葡炮之经历。汤若望神父更是在崇祯九年设立铸炮厂，又和焦勖合译《则克录》(《火攻挈要》)。[2]罗光先生对此评论道："如果当时崇祯皇帝完全采用这种计划，流寇不能入京，清兵也不能入关。"[3]殆至清初，南怀仁神父更是广造神威大炮二百四十余位，配布陕西、湖南、江西等省。然而到了清末反而变得一败涂地，罗光先生评论道："在康熙时，皇帝知道西洋火炮的厉害，到了两百年后的光绪朝竟有慈禧太后和大臣深信义和团的符咒可以避炮。西洋科学继续进步，明末清初的一点科学知识反而被扼杀了，中国的国运怎能不堕落！"[4]这些更是令人不可思议之事，明末即知道火炮的厉害，而且也多有运用，最后则被清兵摧毁；而清朝康熙时就广造火炮，殆至清季，则反而变得懵懂愚昧。

总结上述，应当说方豪先生以其史家之特长为我们做了丰富的文化史考证，许多湮没无闻的史实逐渐为我们所看到；无论是近万部西书来华还是明清时期的广造神威大炮，无论是西学经典的较早翻译还是华人子弟的赴外留学；明末清初的西学观念可谓大规模引进，遍及哲学、宗教、神学、几何、物理、逻辑学等等，据沈清松教授考证，第一个系统被介绍到中国的哲学家是亚里士多

---

① 罗光：《方豪六十自定稿的中西交通史论著》，《方豪六十自定稿》补编，台北：台湾学生书局，1969年，第2867页。
② 方豪：《方豪六十自定稿》上册，《明清间西洋机械工程学物理学与火器入华考略》，台北：台湾学生书局，1969年，第304—317页。
③ 罗光：《方豪六十自定稿的中西交通史论著》，《方豪六十自定稿》补编，台北：台湾学生书局，1969年，第2867页。
④ 罗光：《方豪六十自定稿的中西交通史论著》，《方豪六十自定稿》补编，台北：台湾学生书局，1969年，第2866页。

德①，然而我们却发现，尽管有着如此系统的引进与介绍，有着广泛的西学观念传入，但是，对于明清学问并没有思想上的革新。结合20世纪初新文化运动时期的现象，我们发现：中西文化接触良久，隔膜依旧，其融合困境具体表现为三：其一，对西方的学习限于技术实用而偏离其学理研究；其二，注重物质生活而忽视其信仰追求；其三，注重经验解说而缺乏先验规范之形成。原因何在？

四、"思维方式重建"作为吾人最后之觉悟

值得留意的是吕实强先生在《晚清中国知识分子对基督教义理的辟斥（1860—1898）》一文中提到晚清知识分子对天主、耶稣、圣母玛利亚等说法根本不能接受，认为"荒谬之极，数语中便自相矛盾"②。这是很值得注意的现象，孙尚扬先生在分析明末士大夫对天主教的排斥态度时提道："明末一部分士大夫对天主教的排斥不能简单地以仇外心理予以解释。对人生的不同体验和哲学思辨，对宇宙、世界和人事进行哲学思考时采用不同的思维路向，都是士大夫们反对天主教的重要原因。"③

谢和耐教授也提道："基督教的所有组成部分，即在永恒的灵魂和注定要消失的躯体、上帝的天国与下界、永久和不变的真谛、上帝的观念与化身的教理之间的对立，所有这一切都更容易被希腊思想的继承人而不是被遵守完全不同的传统的中国人所接受。很自然，中国人觉得这些观念都非常陌生或不可思议。"④龙华民提道："中国人从不知道与物体有别的精神物，而仅仅在不同程度上知道物质实体。"1607年熊三拔神父提道："中国人根据他们的哲学原则而从来不

---

① 沈清松：《从利玛窦到海德格：跨文化脉络下的中西哲学互动》，台北：商务印书馆，2014年，第48页。

② 吕实强：《近代中国知识分子反基督教问题论文集》，桂林：广西师范大学出版社，2011年，第47页。

③ 孙尚扬：《基督教与明末儒学》，北京：东方出版社，1994年，第252页。

④ 谢和耐著，耿升译：《中国和基督教——中国和欧洲文化之比较》，上海：上海古籍出版社，1991年，第4页。

知道与物质不同的精神物……因而，他们既不知道上帝，也不懂天使和灵魂。"①
后来来自英国伦敦会的传教士也提道："中国人似乎是我所见到和了解到的最漠
不关心、最冷淡、最无情和最不要宗教的民族。他们全神贯注于这样的问题：
我们将吃什么？我们将喝什么？或是我们拿什么来蔽体？他们留心听道，听了
以后说，很好。但只到此为止。"②

　　谢和耐教授提道："归根结底，中国人对基督教观念的批评所涉及的是自希
腊人以来就在西方人思想中起过根本性作用的思想范畴和对立类别：存在和变
化、理性和感性、精神和实体……如果这不是面对另外一类思想，那又是什么
呢？而这种思想又有它独特的表达方式和彻底的新颖特点。对语言和思想之间
关系的研究可能提供了回答的开端。"③他在提到利玛窦的传教策略时提道："他
理解到了首先应该让中国人学习他们应如何推理思辨的方法，这就是说要学习
他们区别本性和偶然、精神的灵魂和物质的身体、创造者和创造物、精神财富
和物质财富……除此之外，又怎能使人理解基督教的真诠呢？逻辑与教理是不
可分割的，而中国人则'似乎是缺乏逻辑'。传教士们可能没有想到，他们所认
为的'中国人的无能'不仅仅是另外一种文化传统的标志，而且也是不同的思
想类型和思维方法的标志。他们从来没有想到语言的差异可能会于其中起某种
作用。"④

　　记得金岳霖先生在《中国哲学》一文中说："中国哲学的特点之一，是那种
可以称为逻辑和认识论的意识不发达。"⑤他接着说"中国哲学家没有一种发达的
认识论意识和逻辑意识，所以在表达思想时显得芜杂不连贯，这种情况会使习

① 谢和耐著，耿升译：《中国和基督教——中国和欧洲文化之比较》，上海：上海古籍出版社，
1991年，第296—297页。
② 杨格非语，参见顾长声：《从马礼逊到司徒雷登——来华新教传教士评传》，上海：上海人民出
版社，1985年，第189页。
③ 谢和耐著，耿升译：《中国和基督教——中国和欧洲文化之比较》，上海：上海古籍出版社，
1991年，第303页。
④ 谢和耐著，耿升译：《中国和基督教——中国和欧洲文化之比较》，上海：上海古籍出版社，
1991年，第5页。
⑤ 刘培育：《金岳霖学术论文选》，北京：中国社会科学出版社，1990年，第352页。

惯于系统思维的人得到一种哲学上料想不到的不确定感"①另外，张东荪先生留意到斯宾格勒在《西方的没落》中提到自然科学的前身是宗教，怀特海亦说近世科学的发生与中世纪宗教信仰有关。至于宗教与科学的关系，张东荪先生在《思想言语与文化》一文中明确提出宗教、科学、哲学间的一致关系，他说："须知宗教若一变为'神学'（theology），则必须依靠有'本体'（substance）的观念。所谓'主宰'（Supreme Being）与'创世主'（Creator）都是与这个本体观念相联的。不仅此也，并且与'同一'（identity）的观念有密切关系。所以就本体的观念而言，本来是宗教的。所谓ultimate reality其实只是God。我因此主张本体论的哲学就是宗教式的思想。同一律的名学在暗中就为这种宗教式的思想所左右。亦可以说，哲学上的本体论，宗教上的上帝观，以及名学上的同一律在根本上是一起的。"②

同样我们留意到，牟宗三先生说："因此你要学习西方文化，要学科学、学民主政治，这就不只是聪明的问题，也不只是学的问题，而是你在这个mentality上要根本改变一下。因为中国以前几千年那个mentality，它重点都放在内容真理这个地方。而成功科学、成功民主政治的那个基本头脑、那个基本mentality是个extensional mentality。这不只是个聪明够不够的问题，也不只是你学不学的问题，这是mentality不同的问题。这个不同是文化的影响。所以一旦我们知道光是内容真理是不够的，而要开这个外延真理，那我们必须彻底反省外延真理背后那个基本精神，这个就要慢慢来。"③

基于上述分析，我们看到新名词、新观念只是表层的东西，真正值得关注的是产生这些新名词或新观念的思维系统，这是一种深层的理性结构；同样，也只有在深层思维方式上的变革和重建才是"吾人最后的觉悟"，否则，观念上的名词花样翻新之后依然是"新瓶装旧酒"，学习了西方观念再来守旧。观念的提出有其内在的过程和理路，我们无法摘取花果而不去培植根基；观念是在不

① 刘培育：《金岳霖学术论文选》，北京：中国社会科学出版社，1990年，第352页。
② 张东荪：《知识与文化》，长沙：岳麓书社，2011年，第217页。
③ 牟宗三：《中国哲学十九讲》，长春：吉林出版集团，2010年，第37页。

断变化的，只有培植了根基才可以明白引进先有观念的真实含义，同时，才可以基于实际生活不断予以发展和完善。这大概是在百年后反思"新文化"运动时，极为值得我们留意的教训和反思之处。若继续沿着名词新旧的争论，最后，大家收获的都是名词，貌合神离，我们无法在根本上理解，也无法在学理层面创造和推进。

所以，思维方式重建才是吾人最后之觉悟。理性思维方式的不断培植才可以慢慢形成理性的生活方式，在这个意义上讲，人的思维世界与现实的秩序安排是同构的；没有主动自觉的理性思维方式重建，任何世俗层面的修修补补都是不着痛痒和不扫边际的花拳绣腿而已。一个社会的内在腐败正是从世俗社会外在的粉饰太平开始的。

"卡迪"模式与刑事公正司法的实现

崔志伟^①

摘　要

从"有法必依"到"公正司法"寓示着一种刑事司法观的应然转变：放松了司法者对法律文本本身严格服从的要求，更加强调文本之外的个案公正、合情理等实质合理性依据。这对破解当下具有普遍性的法条主义裁判思维，无疑是一种很好的政策支持和启发。按照罪刑法定原则本意进行合乎逻辑的推演绝不能推导出"法有明文规定即可定罪处罚"的结论。韦伯关于中国古代司法系"卡迪"模式即"非理性"的论断具有一定的事实依据及合理性，这种卡迪模式对实质公正的追求具有目的正当性，不宜将此简单视为"恣意司法"的代名词，其中体现的能动性判断具有司法出罪维度的意义。在目前刑法体系下，法的公正价值与法的安定性并不存在冲突，出罪的理论依据与规范依据完全可以得到恰当融合，但在法适用中需要缓和法的命令性要求。恰当的说理论证是嫁接法的安定性与个案公正的纽带，该过程实际上是将合情理、合目的等价值考量揉入刑法文本的理解、适用及说理论证过程当中。

关键词：卡迪司法；刑事公正法；法的安定性；情理；出罪

---

① 作者简介：崔志伟（1990—），男，山东潍坊人，法学博士。上海师范大学哲学与法政学院讲师。

一、引言

随着依法治国的推进，"依法裁判"既已成为现实，人们关注的焦点也自然会从裁判"是否依法"转向"如何依法"，司法的公正性价值也愈加受到重视。何为公正司法或司法公正，在法学界历来便争议纷呈，[①]但对于显失公正的判决却是容易为人察觉的，普通公众正是凭借朴素的所谓"体感公正"来衡量法律适用的正当性。[②]刑事案件更是如此，鉴于刑法的严厉性、与人身自由的密切关联性，更易引发公众的警觉和热议，近些年发生的诸如陆勇代购假药案、王力军无证收购玉米案、赵春华非法持枪案、卢氏农民采摘兰草案、非遗传承人非法制造爆炸物案等等，一再表明，一旦发生"情法"冲突，公众会毫不犹豫地站在"情理"一边进而对司法乃至立法的公正性提出质疑。

公正司法除了需秉持审判中立的立场即"端稳天平""秉公司法"以及严格的程序性规则，对于法律的恰当理解、适用乃至论证也至关重要。最高人民法院因势利导，周强院长在最近的第七次全国刑事审判工作会议中便强调"要正确适用刑事法律，兼顾天理国法人情……以公认的情理展示司法的良知"。与此不同，有观点认为，"以为法律和情理总能彼此调和，只能是逃避问题的鸵鸟政策。"[③]中国古代司法便有"以情断案"传统，追求"情法平允"，《周礼》云："以五刑听万民之狱讼，附于刑，用情讯之。"郑玄注解："故书'附'作'付'。讯，言也，用情理言之，冀有可以出之者。"[④]一方面，这种刑事司法传统本可以为我们当下如何处理法与情的关系提供一种思考或借鉴；另一方面，世界著名学者马克斯·韦伯却将这种司法传统冠以"卡迪司法"的标签，以致让人对此有种"和稀泥"的不良印象。如何看待情理在刑事公正司法中的作用，又该如何看待

① 王夏昊：《司法公正概念的反思和重构——以法律论证理论为基础》，《河南大学学报（社会科学版）》2018年第3期，第43页。
② 韩轶：《司法公正的实现与情理法之融合》，《人民法院报》2019年5月27日，第2版。
③ 凌斌：《法律与情理：法治进程的情法矛盾与伦理选择》，《中外法学》2012年第1期，第127页。
④ 李学勤主编：《周礼注疏》，北京：北京大学出版社，1999年，第913页。

卡迪司法模式的价值，这对于公正司法的实现可以起到一种法律适用思维层面的启发。

二、"有法必依"到"公正司法"：一种刑事司法观的应然转变

无论是应然层面还是实然角度，党的指导方针对于我们国家社会事务推进有着十分深刻的影响，法治领域当然也不例外。从前后两个依法治国"十六字方针"的内涵分析可以推演出一种刑事司法观的应然转变，这对司法理念及实践无疑会产生一种有益启发。

（一）旧"十六字方针"所体现的法的命令性及"有罪必罚"①

经历过"无法可依"的人治时代，社会治理亟待"有法"，人们的法治淡漠意识也亟须纠正，1978年党的十一届三中全会便提出了"有法可依，有法必依，执法必严，违法必究"的十六字方针，三个"必"字显示了党和国家依法治国的坚定决心。相对于"无法"，"有法""依法"便是一大进步，尚无从过多考虑法的质量以及适用效果的问题。从语义和逻辑上，该指导方针可以与法的命令性以及我国刑法上的罪刑法定原则表述发生关联。

其一，三个"必"字在展示依法治国的决心的同时，凸显的是法的命令色彩，即法规范不可违反的绝对效力。分析实证学派的代表人物奥斯丁认为所有法都是

---

① 需要说明的是，其一，本文所称的"新""旧"只是便于区别，无褒贬之意，并不表明新十六字方针就是对旧方针的颠覆，旧十六字方针所确立的形式理性及形式法治正是建立刑事法治的前提，也是罪刑法定原则的应有之义。只是说，刑事司法在确立形式理性的前提下仍需追求实质理性价值，而新十六字方针正是在此基础上的追求。也有学者以"社会主义法制建设十六字方针"与"社会主义法治建设新十六字方针"区分两者（付子堂：《法治中国建设的历史逻辑与现实使命》，载《光明日报》2017年8月23日，第11版）。但这种表述过于繁杂，为简明起见，本文未采纳该种表述。其二，本文所称的"有罪必罚"之"罪"是指形式上满足构成要件该当性的"犯罪"，即有"法律明文规定"，而不是指作为刑事定性最终结果的"犯罪"。并且，法定的违法阻却事由以及获得一致认可的超法规违法阻却事由不在本文论及范围，本文要解决的是，在行为符合了罪状的文义性构罪要件（即法律明文规定为犯罪）且没有违法阻却根据的情形下，如何将该行为类型解释为无罪。

一种命令，是由强势者用来约束和强制劣势者的一种要求，如果被强制者不服从这种命令便加以制裁。①非常明显，在奥斯丁看来，法律仅限于一种命令规范而不包括授权或容许性规范。这种"法"从自然法角度衡量也许是"不正义"的，但仍不能改变其强制力或约束力，"凡是实际存在的法律就是法律，无视这种法律，绝不能被认为在法律上是正当的，尽管从纯粹的道德观点看，这种无视实在法的做法是可以原谅的"。②换言之，法的命令性要求"'忠于法律'被理解为严格服从实在法的规则"，"公民的义务由无条件遵守国家的强制性规则所构成，这些规则究竟是否与公民自己的正义观一致并不重要"。③"法律就是法律"也凸显了法作为一种命令的绝对性。上文已述，依法治国十六字方针的提出背景是"无法"的、亟须规范性治理的社会，此时，对于立法者而言当务之急是"有法"而对于司法者而言便是严格依法办事。从制定的法律内容来看，自然没有明显的"恶法"，但对于法创制及实施的质量自然是无暇过多关注；并且，这一时期的主要任务在于确立公众的法律意识、祛除"人治"等与法治不相容的成分，法的命令性尤应得到强调。该方针本质上是一种法律文化的体现，"'有法可依，有法必依'是形式法治的要求，并没有讲明是什么样的法，而'执法必严、违法必究'也是形式法制的要求，对于法的内涵没有提出什么要求"。④可见，三个"必"字充分体现了法的强制性色彩而并未强调法的价值追求。

其二，在刑法层面，"有法必依""违法必究"自然也就会推导出"只要违反了形式上的法律当然成立犯罪"的结论，这便涉及如何理解我国刑法所确立的罪刑法定原则——"法律明文规定为犯罪行为的，依照法律定罪处罚；法律没有明文规定为犯罪行为的，不得定罪处罚"。对于前半段的特殊表述，有学者认为"是从扩张刑罚权的方面的要求，积极地运用刑罚，惩罚犯罪、保护社

① ［英］约翰·奥斯丁著，刘星译：《法理学的范围》，北京：中国法制出版社，2002年，第17—30页。
② ［美］E.博登海默著，邓正来译：《法理学：法律哲学与法律方法》，北京：中国政法大学出版社，2004年，第127—128页。
③ ［美］诺内特、塞尔兹尼克著，张志铭译：《转变中的法律与社会——迈向回应型法》，北京：中国政法大学出版社，1994年，第60、76页。
④ 刘作翔：《关于"新法治十六字方针"的答问》，《北京日报》2014年7月28日，第17版。

会。具体来说，对于一切犯罪，都应当运用刑罚加以惩罚，做到有法可依、有法必依、执法必严、违法必究"。①有"法律明文规定"就一定是犯罪吗？按照这种见解必然得出肯定结论，即有罪必罚，否则就是有法不依、执法不严。②这种从形式上认定犯罪的思维模式固然有助于确立刑法规范的权威，却不利于个案的合理公正，也不符合构罪的整体要求，因为《刑法》第13条在界定犯罪概念时除了"依照法律"还有"应受刑罚处罚"的要求。"有时构成要件的表述要比立法者意图适用的情形宽一些，在这种情形下解释者的任务就是通过目的性限缩（teleologische reduktion）来谋得法律的真实意志。"③也就是说，有些形式上能为构成要件所涵摄的情形（即有明文规定）可能并不是立法者意图用刑法予以规制的；从司法效果上来看，对某些特殊的行为类型一概予以定罪处罚容易背离公众认同，引发对司法公正的质疑。除此之外，前半段的表述也不符合罪刑法定原则原始表述的内在逻辑。我们把"明文规定"以p表示，以q表示"定罪处罚"，按照"法无明文规定不为罪，法无明文规定不处罚"的表述，$\neg p \rightarrow \neg q$，也就是说$p \leftarrow q$，而无法推导出$p \rightarrow q$。换言之，特定的犯罪要件都是处罚的必要条件，而不是充分条件，④既然如此，就不能推导出"法有明文规定即可定罪处罚"的结论。总而言之，旧依法治国十六字方针及其指导下所确立的罪刑法定原则偏重于形式法治，却未进一步考虑形式理性背后的实质理性价值，其固然有助于社会法规范意识的确立却尚未达到法治运行机制的整体要求。一定程度上也导致了刑事实务界形成一种根深蒂固的观念："法律就是法律，在任何情况下，遵守形式的法律标准是司法人员法定的义务。"⑤

---

① 曲新久：《刑法学》，北京：中国政法大学出版社，2009年，第35页。
② 陈兴良：《罪刑法定主义的逻辑展开》，《法制与社会发展》2013年第3期，第58页。
③ Hans-Heinrich Jescheck/Thomas Weigend, Lehrbuch des Strafrechts Allgemeiner Teil, D&H, 1996, S.160.
④ ［德］英格博格·普珀著，蔡圣伟译：《法学思维小学堂》，北京：北京大学出版社，2011年，第127—128页。
⑤ 劳东燕：《法条主义与刑法解释中的实质判断——以赵春华持枪案为例的分析》，《华东政法大学学报》2017年第6期，第17页。

（二）新"十六字方针"强调司法的公正性及其对法的严厉性的缓和

随着法治的推进，党和国家意识到"徒法"（有法、依法）并不能解决司法的公正性问题，在建成中国特色社会主义法律体系之后，需进一步着眼立法及司法的质量，"命令性的特点必然逐渐褪色，刑法的价值性诉求会不断被提起、被热议"。①"法治不仅要求完备的法律体系、完善的执法机制、普遍的法律遵守，更要求公平正义得到维护和实现。"②党的十八大提出了"科学立法、严格执法、公正司法、全民守法"的新依法治国十六字方针，司法公正性要求不仅成为"全面依法治国新理念新思想新战略"这一科学命题的重要组成部分，也成为习近平法治思想的重要元素。传统上认为，法的公正大致是指公平正直，合乎法度，对人处事合法合理，是非清楚，赏罚分明，不偏袒任何人，为公众利益着想，得到社会上大多数人的承认。③由此可以归结出公正司法的要素：其一，公正的最基本含义是"公正无私""客观中立"，以尽可能的理性姿态对待当事人尤其是处于劣势地位的刑事被告人；其二，公正的前提是"依法""刑事正义不是规范之外的正义"，④这种规范正是"法的明文规定"；其三，"依法"尚不满足公正的全部要素，因为"依法"是一种形式要素，而公正是一种实质性价值，从当下的司法实践来看，备受争议的刑事判决不是因为不具形式合法性，而是缺乏实质合理性即"合理"；⑤其四，所谓"得到大多数人的承认"显然并非通过群众公投的方式表决案件，而是通过社会认同过程，使司法者与普通公众对判决的正当性形成一种共识，而非认知的割裂，也只有如此，才能使判决具有教育意义而不仅是确定罪行。⑥由此，"法理情"的融合便在公正司法中得到

---

① 孙万怀：《相对积极主义刑事司法观的提倡》，《法学评论》2020年第2期，第22页。
② 张慧：《公平正义是社会主义法治的价值追求》，《光明日报》2019年8月23日，第11版。
③ 冯治良：《公正性：法律的本质辨考》，《现代法学》1997年第3期，第76页。
④ 赵学军：《在形式合法与实质合理中探求公正司法》，《检察日报》2018年11月1日，第3版。
⑤ 赵学军：《在形式合法与实质合理中探求公正司法》，《检察日报》2018年11月1日，第3版。
⑥ ［美］伯尔曼：《法律和宗教》，北京：中国政法大学出版社，2003年，第34页。

了诠解和印证。当然，诸如司法公开、审判独立等也是不可或缺的因素，实体法层面的司法公正主要关系着法的理解与适用，即如何在尊重现有法条规范的前提下实现一般公正与个案公正的结合。

除了公正司法，党的十八届四中全会通过的《中共中央关于全面推进依法治国若干重大问题的决定》（以下简称《决定》）还提出了"推进严格司法"的命题，那么如何理解"严格"与"公正"的关系呢？日常语义中，"严格"是指在遵守制度或掌握标准时认真不放松，那么，严格司法是否也意味着对据以裁判的实在法规则严格服从呢？如果对"严格司法"不予鉴别地提倡，极可能会抵消公正司法所能带来的价值。有学者认为前后两个十六字方针的转变意味着"从严格司法向公正司法转型升级"。[①] 但是，严格司法与公正司法同出现在《决定》之中，就意味着两者是一种并行不悖的关系而非"升级"关系。并且，不宜将严格司法等同于有法必依、违法必究，否则便是将两个"十六字方针"置于同一阶段，无法凸显公正司法的重要性和特殊性。在笔者看来，所谓"严格"并非指适用法律上的严格或规制上的严厉，即并非旨在强调法作为一种命令的绝对性，而是对"公正"的修饰，严格司法服务于公正司法，即所谓"严格公正司法"，其意在强调公正司法的重要性以及规范实现公正司法的条件。从《决定》的内容来看，严格司法首先要求"健全事实认定符合客观真相、办案结果符合实体公正、办案过程符合程序公正的法律制度"，其次便是对证据收集、错案追究等程序性事项的强调，也就是说，在实体法层面，严格司法强调的恰恰不是法的形式性、严厉性或命令性，否则显然不利于实现实体公正这一目标。就此而言，所谓严格司法是针对实现公正司法的必要前提性要件而言的，其目的是扫清有碍实现司法公正的一切实体及程序障碍。这也正如周强院长在刑事审判会议中所宣称的"严格司法绝不是机械司法""公正司法也绝不仅仅是形式上的公正"。

总之，在旧依法治国十六字方针的指引下，对刑法规范的理解容易受到

---

① 付子堂：《法治中国建设的历史逻辑与现实使命》，载《光明日报》2017年8月23日，第11版。

"明文规定"的束缚，似乎所有符合明文规定的行为皆可成立犯罪，对其责任豁免便是"有法不依"，便是对法律权威的冒犯。在罪刑规范评价中，过于强调"有法必依""违法必究"容易导致将刑法文本视为一种自给自足的封闭体系，形式合理便是合理性要求的全部，对于之外的诸如正义的实质价值和目的，则完全不会进入法官裁量案件的考量视野。这种裁判模式也就与机械法理学的范型最为贴近。①在该裁判模式下，"只要权威（指法条——引者注）与案件之间具有相关性，只要两者能大致结合起来，法院就应在其逻辑限制下对它亦步亦趋"，②由于失去了对法规范之理解妥当性的反复检测契机，这种理解容易单一化、绝对化，也就难免出现不合理的结论，最终反而会有损法的公信和权威。在新依法治国十六字方针指导下的刑事司法，司法者的使命不应再是对法律条文的坚决奉行，而是强调"探求规则和政策内含的价值"，③思维模式由形式理性转为"追求实质合理和形式合理的融合"，④这也符合法治演进的基本规律。因此，从"有法必依"到"公正司法"实际上寓示着一种刑事司法观的应然转变：放松了司法者对法律文本本身严格服从的要求，即作为一种裁判规范，不再是对法律纯粹"概念—逻辑"的推理和运用，"规范适用不能仅借单纯涵摄的方法来完成"，而是更加强调文本之外（即超越法律）的公正或正义价值以及处罚的实质合理性依据。⑤这对破解当下具有普遍性的法条主义裁判思维，使司法者敢于且善于运用实质价值判断以确保解释结论的具体合理性，无疑是一种很好的政策支持和启发。

---

① ［美］诺内特、塞尔兹尼克著，张志铭译：《转变中的法律与社会——迈向回应型法》，北京：中国政法大学出版社，1994年，第68页。

② ［美］本杰明·N.卡多佐著，董炯、彭冰译：《法律的成长：法律科学的悖论》，北京：中国法制出版社，2002年，第34页。

③ ［美］诺内特、塞尔兹尼克著，张志铭译：《转变中的法律与社会——迈向回应型法》，北京：中国政法大学出版社，1994年，第87页。

④ 高志刚：《回应型司法制度的现实演进与理性构建》，《法律科学》2013年第4期，第34页。

⑤ ［德］卡尔·拉伦茨著，陈爱蛾译：《法学方法论》，北京：商务印书馆，2003年，第6—14页。

三、"卡迪司法"模式果真一无是处吗？

关于如何处理好合法与合情的关系，是主张两者统一论还是不可调和论，如果允许在司法裁判中考量合情理因素，则其限度何在。这在法理上会涉及形式理性、实质理性与实质非理性的关系问题，韦伯的经典论述对此会有启发。

（一）韦伯关于中国古代卡迪司法的论断

韦伯对法律文化的研究在中西方均产生了很大影响，他认为，立法和司法可分为理性和非理性的，理性指的是获得裁判方式的规律性或确定性，而非结果本身的正当与否；①又根据是以明实可查的形式规范还是规范外因素作为裁判依据划分为形式与实质。形式非理性是指为了解决法适用中的问题而使用理智所能控制之外的手段，譬如诉诸神谕或类似的方式；实质非理性则指全然围绕个案的解决，以伦理、感情或政治因素等价值判断作为裁判基准而非一般的规范；形式理性追求"获得形式上与法学上的极致精准，以使正确预计法律程序结果的机会达到最高点"，即追求确立一种正确无疑的一般性标准；实质理性也奉行运用一般性的规则作为裁判依据，但不同于形式理性之处是对规则的恪守并不严格，诸如伦理、目的取向、政治准则等皆可破除形式的规则对裁判产生决定性影响。②韦伯将中国古代司法归为实质非理性即卡迪司法，从

---

① 结果可能是正当的但手段可能是非理性的。"正如所有召唤巫术力量或神力的活动一般，此种诉讼程序恪守形式地期待，经由决定性的诉讼手段之非理性的、超自然的性格来获得实质'公道的'判决。"（[德]马克斯·韦伯著，康乐、简惠美译：《法律社会学》，桂林：广西师范大学出版社，2005年，第222页。）这类判决在最终结果上可能（恰巧）是公正的，但这种结果却不是通过规律性的规则标准推导出来的，因而仍是非理性的。

② [德]马克斯·韦伯著，康乐、简惠美译：《法律社会学》，桂林：广西师范大学出版社，2005年，第28、218页。至于实质理性与其他类型尤其是形式理性、实质非理性的具体区分，在韦伯的论著中并未过多涉及。他只是指出，实质上合理这个概念含义十分模糊，它仅仅说明这个共同点：观察并不满足于纯粹在形式上可以明确指出的这一事实，而是要提出伦理的、政治的、功利主义的或者其他的要求，并以此用价值合乎性或者在实质上目的合乎性的观点来衡量哪怕形式上还是十分"合理的"结果。[德]马克斯·韦伯著，林荣远译：《经济与社会》（上卷），北京：商务印书馆，1997年，第107页。这就道出了当形式理性与实质理性发生冲突时的取舍问题。

其著述来看，可主要归结为三个方面的原因。其一，韦伯认为中国古代帝王具有世俗兼宗教的无上权威，帝王的谕令不仅可以成为法的创制（即立法）本身，也可以在具体案件中介入司法，具有绝对的自由裁量权即所谓"王室裁判"，[1]这便使法的适用效果增加了很多不确定因素。其二，在审判主体上，韦伯认为中国古代的司法官员与行政官吏高度一体化，官绅行政基本是反程序主义、家父长式的性格，不引具体的法规便可实施惩戒，其本身也没有专门的法律训练，"也没有解答法律问题的专家阶层存在，并且，相应于政治团体的家产制性格，亦即对形式法律的发展毫无兴趣，所以似乎根本没有任何特殊的法律教育可言"。[2]其三，在裁判依据及旨趣上，韦伯认为司法者在审理案件中既拒斥形式的法律也不会遵循先例，"所寻求的总是实质的公道，而不是形式的法律"，[3]"举凡在意识形态上致力维护实质正义的所有势力，必然拒斥这样的价值（指形式理性带来的价值——引者注）。这些势力所偏好的，不是形式裁判，而是'卡迪裁判'"。[4]可见，卡迪司法模式在目标导向上是实现实质公正（"公道""正义"），只是在实现方式上是通过诉诸法律之外的诸如情感、政治等因素。换言之，卡迪司法即便有"不守法"的成分，但一般目标却非故意"出入人罪"而是实现法官在个案中的公正感，起码在主观上是属于"善意"的。

正是"非理性"的标签，而非形式与实质之别，使中国的学者对此论断争议不绝，这种争议主要围绕中国古代法是否具有确定性展开。一种观点认为，我们的古典司法真正就像卡迪司法，这样的一种司法本身不能够叫司法，简直

---

① ［德］马克斯·韦伯著，康乐、简惠美译：《中国的宗教：宗教与世界》，桂林：广西师范大学出版社，2004年，第67—68、156—159页。

② ［德］马克斯·韦伯著，康乐、简惠美译：《中国的宗教：宗教与世界》，桂林：广西师范大学出版社，2004年，第158页；［德］马克斯·韦伯著，康乐、简惠美译：《法律社会学》，桂林：广西师范大学出版社，2005年，第232页。

③ ［德］马克斯·韦伯著，康乐、简惠美译：《中国的宗教：宗教与世界》，桂林：广西师范大学出版社，2004年，第158页。

④ ［德］马克斯·韦伯著，康乐、简惠美译：《法律社会学》，桂林：广西师范大学出版社，2005年，第223页。

可以叫"司无法";没有法律可以遵循,而只是一个伦理型的准则或原则。[①]另一种观点则完全相反,认为自秦汉起成文法律就极其繁多,在有明文可适用或者有先例可遵循的情况下,司法者都乐意遵循而不会另寻依据;如果缺乏法律明文规定,西方国家的司法者也会考虑诸如"自然法""衡平""情理"等因素,中国传统司法并非例外。[②]在笔者看来,对同一论题之所以能够得出完全相反的结论主要是侧重的史料根据有所不同,浩瀚的中国历史中不同的朝代甚至同一朝代中的不同帝王时期,可能均有不尽相同的司法特点,"要彻底弄清中国古代法律的真实情形,我们必须逐个分析、研究每个朝代的法律和判决",[③]而这几乎是不可能做到的。其实,客观来讲,中国各朝代大都致力于成文法的制定及发展,主张"诸立议者皆当引律令经传",[④]总体上主张依律而判,但从反向角度也完全可以例举出大量突破成文法限制而定罪处罚的情形。相比崇尚形式理性的西方法律传统,我国古代司法确实有很大程度的不确定性。

其一,从总体指导思想上讲,"始发于情,终近于义""义者,宜也"是中国传统司法的追求目标。与西方社会纯粹性、恒常性、普遍化、形式化的理性不同,中国法律文化中的"天理"主要是一种实践理性、道德理性,它是基于人性、人情基础上的情理,具有某种特殊性、人情情境的多变性和权宜性。[⑤]这种多变性和权宜性相较形式理性自然是难以预测的。其二,从情理的解释主体上讲,对于特定案件中是否吸纳情理因素、程度如何,原则上皇帝具有最终的解释权和决定权。《晋书刑法志》便规定,"若开塞随宜,权道制物,此是人君之所得行,非臣子所宜专用。主者唯当征文据法,以事为断耳。"[⑥]司马光也认

① 贺卫方:《法律方法的困惑》,北大法律信息网,http://article.chinalawinfo.com/ArticleFullText.aspx?ArticleId=40386&listType=0,2020年5月10日访问。

② 张伟仁:《中国传统的司法和法学》,《现代法学》2006年第5期,第59—65页。

③ 高旭军:《也论韦伯有关中国古代法律的论断》,《同济大学学报(社会科学版)》2013年第6期,第109页。

④ 高潮、马建石主编:《历代刑法志注译》,长春:吉林人民出版社,1994年,第121页。

⑤ 肖群忠:《中庸之道与情理精神》,《齐鲁学刊》2004年第6期,第7页。

⑥ 高潮、马建石主编:《历代刑法志注译》,长春:吉林人民出版社,1994年,第121页。

为，"执条据例者，有司之职也，原情制狱者，君相之事也。"[1]司法者只需依律例条文办事，情理因素的运作交给最高统治者决定。这种做法的好处是保障了司法的统一性以及减少滥用情理出入人罪现象的发生，但情理表达很大程度上成为君主个人意志的彰显，这便为"帝王司法"预留了空间，不确定性由此凸显。[2]况且，实践中根本难以真正保持帝王"以情断案"的专属性。其三，即便西方国家司法实践中也会考虑"衡平""情理"等因素，但我国文化传统的情理揉入了大量儒家伦理成分，使得考虑因素更加多元复杂，如"纲常伦理""原心定罪""为孝子屈法"等都属于传统伦理的范畴，便使得情理的考量具有了很大程度的复杂性和不确定性。仅以清代载明的刑事案件为例，其中便不乏以追求所谓伦理、突破律文文义限制而对被告人法外论罪或加重处罚的情形。如在王之彬杀一家六命案中，按照既有律例，仅有"杀一家非死罪三人之妻子，改发附近充军"的规定，州府认为即便按照律例从重处罚，将王之彬妻子儿女发配伊犁为奴（相较"附近充军"已是从重）依然"实未得平"，于是向刑部上奏。刑部请示乾隆皇帝的上谕后认为，"……杀害过多，以绝人之嗣，而其妻子仍得幸免，于天理、人情实未允协"。自此便又创制一新的律例："嗣后除'杀一家非死罪三人'仍照旧例办理毋庸议外，如杀一家四命以上、致令绝嗣者，凶犯拟以凌迟处死，将凶犯之子无论年岁大小概拟以斩立决，妻女改发伊犁给厄鲁特为奴。"[3]再如在夫妻口角致夫赶殴失跌致毙案中，黄李氏与其夫黄长喜发生口角，其夫拾棍赶殴，绊跌倒地致被地上木杆担尖头戳伤右胯毙命。律例内并没有夫赶殴妻自行失跌误伤身死，其妻以何罪论的专条，司法官认为，应当照子孙违犯教令致父母轻生自尽例拟绞监候。[4]将夫妻关系类比到父子关系，这显然是对条文语义的严重突破。复如，张栋梁发掘远祖张书忠坟冢开棺见尸斩决案中，张栋梁与承继远祖张书忠已隔十一代，并无服制，应同凡论，即"发掘他

① ［明］邱濬：《大学衍义补》卷108谨详谳之议。
② 高鸿钧：《无话可说与有话可说之间——评张伟仁先生的〈中国传统的司法和法学〉》，《政法论坛》2006年第5期，第102页。
③ 全士潮等纂辑，何勤华等点校：《驳案汇编》，北京：法律出版社，2009年，第278—281页。
④ 祝庆祺等编：《刑案汇览三编（二）》，北京：北京古籍出版社，2004年，第1266页。

人坟冢、开棺见尸"拟绞监候。但司法者认为，如果照"凡人开棺见尸"论处，"情法实未允协"。终以"奴婢发掘家长坟冢、开棺见尸、毁弃者斩决，子孙犯者照此例科断"的规定判处张栋梁斩立决。[1]张栋梁与张书忠既非事实上的主奴关系也非血缘上的子孙关系，能够强硬地套用此律例完全是"情法允协"的初衷使然。就以上案例可见，即便在"凡断罪皆须引律例"的法的成文化已经非常发达的清代，情理的适用也将律条塑造得非常具有弹性，以至于可以实现现今看来突破罪刑法定的法外论罪。

通过以上论述可见，虽然中国古代刑事司法总体上追求依律裁判且确实有着较为丰富的成文法律规范，但仍存在韦伯所说的卡迪司法迹象，"情法平允"成为刑事裁判的一般目标。如果将确定性界定为"法官的行为变得更好预知""在一般可获得的法典中，可查阅哪些必须被考虑到的权利和义务"以及"可根据编纂的法律规定对法官行为进行审查"，[2]中国传统刑事司法中，由于情理内涵的宽泛性以及司法主体适用法律的相当自主性，突破既有法律条文而径行裁判的现象依然大量存在。这种司法状况虽称不上"恣意裁判"，[3]也并非毫无确定性可言，但公众依照法律所产生的可预测性（包括对法官行为以及自身权利义务）却势必有所折扣，相对于形式理性的法律传统，仍有很大程度的非理性即不确定性因素。因此，与韦伯所述的"资本主义式的法律制度"相比，中国古代司法实践在依法裁判的贯彻上确实存在着一定的差距，而这种差距往往由帝王的敕令或者官员的自由裁量造成，吸纳的乃是诸如"春秋大义""纲常伦理"等法外因素，韦伯关于中国古代司法系卡迪模式即非理性的论断具有一定

---

[1] 全士潮等纂辑，何勤华等点校：《驳案汇编》，北京：法律出版社，2009年，第173—174页。

[2] ［德］阿图尔·考夫曼、温弗里德·哈斯默尔主编，郑永流译：《当代法哲学和法律理论导读》，北京：法律出版社，2002年，第275页。

[3] 所谓"恣意"是指放纵、任意，完全凭主观喜好。中国古代司法虽有时会突破律文限制而以所谓伦理、情理为裁判依据，但并非完全无所凭借，并且在主观上也是为了实现感观公正。因此，本人并不认为我国古代刑事司法系恣意裁判，但还是具有卡迪司法模式的迹象或特征。换言之，如果严格套用韦伯关于卡迪司法的特征界定，我国古代司法并不符合，例如，认为中国古代官员缺乏法律训练以及社会中不存在专门的法律教育便存在疑问（参见张晋藩：《论中国古代的司法镜鉴》，《政法论坛》2019年第3期，第10—11页），但在"非理性"的主要特征上还是吻合的。

的事实依据及合理性。

（二）卡迪模式中的能动性判断具有司法出罪维度的意义

韦伯也认识到形式理性可能存在的局限性，"形式上的裁判，以其不可避免的抽象性格，处处伤害了实质公道的理想""形式的司法都触犯着内容上的正义理想"，但他之所以仍旧崇尚这种形式理性，是因为这种模式能够提供一种"法律过程的稳定性和可预计性"，而在实质（非形式）的裁判中容易产生绝对的恣意和非恒常性，只有前者才能真正提供一种自由保障。[①]但是，韦伯其实回避了这样一个问题：形式合法与实质合理或者形式理性与实质理性的冲突是否可以调解或折中从而达至最优目标。这个问题在刑事司法中最能得到彰显。

其一，正是由于公正价值难以正面界定，为了避免犯罪认定的恣意性才需要从形式上厘定这种价值的作用范畴，即刑事正义是刑法文本范围内的正义。[②]统一的规则使法适用的平等性及可预期性成为可能，规则的缺失势必使公正成为泡影。韦伯之所以对形式理性法制模式青睐有加，正是因为在明实可据的规则面前，人们能够勾勒出个人自由发展的空间，各利益主体可以合理预计和确认自身行为的法律后果，一旦突破形式的规则的约束而寻求某些实质因素，会使得这种空间变得捉摸不定，便是对自由的一种侵犯，这便是启蒙思想家确立罪刑法定原则的本意。所谓"法无明文规定不为罪，法无明文规定不处罚"，是从"定罪处罚"即入罪的角度提出的要求，这里的"法"必须遵循形式理性进行设置。之所以在这种入罪的维度上不能掺入任何实质因素，是因为刑法作为一种行为规范，最需要的是确定性，公众只有按照既成的法律文字决定某种行动的义务，不能严苛要求他们还去考虑法律背后甚至法律之外的实质的东西，否则便会使得他们在作出行为决定时瞻前顾后、畏手畏脚，也就是对自由的变

---

① ［德］马克斯·韦伯著，康乐、简惠美译：《法律社会学》，桂林：广西师范大学出版社，2005年，第223页。［德］马克斯·韦伯著，林荣远译：《经济与社会》（下卷），北京：商务印书馆，1997年，第142页。

② 赵学军：《在形式合法与实质合理中探求公正司法》，《检察日报》2018年11月1日，第3版。

相侵犯。

其二，上文已述，按照罪刑法定原则本意进行合乎逻辑的推演绝不能得出"法律有明文规定即可定罪处罚"的结论，形式理性只是保障了法的一般公正，而个别公正的实现则需诉诸实质性考量。这显然并不违背韦伯所述的"保障自由"的形式理性宗旨，实现国民行为可预测性绝不意味着有"罪"（即法律明文规定层面的罪）必罚，出罪维度的实质解释对行为人恰恰是有利的，也未超出国民的预测可能。

在我国古代刑事司法中，情理既可成为突破律文限制而施以更重处罚的依据，也会本着"冀有可以出之者"的理念成为对行为人有利的出罪根据。例如，元代张养浩便告诫说，"人之良，孰愿为盗也，由长民者失于教养，动馁之极，遂至于此，要非其得已也。……万死一生，朝不逮暮，于斯时也，见利而不回者能几何？人其或因而攘窃，不原其情，辄置诸理，婴笞关木，彼固无辞，然百需丛身，孰明其不获已（不得已）哉！……人能以是论囚，虽欲惨酷，亦必有所不忍矣。"[1]其中体现了对犯罪人"恕"的理念，这种理念绝非仅仅是古人坐而论道，在司法实践中已经获得了最高统治者的认可。《宋史·刑法志》便记载了劫人仓廪一案，行为人依法应当弃市，知州却对为首者以杖脊其他均以杖责，对此，宋真宗非但没有追究其出入人罪的罪责，反而予以褒奖，谕之曰"平民艰食，强取糇粮以图活命尔，不可从盗法科之"。[2]其中已然蕴含了"法律不强人所难"之法理，这对处理诸如陆勇等销售境外药品案件显然有所启发。再如，经由儒家伦理所衍生出的"亲亲相隐"而出罪，从当今学理角度讲，属于阻却有责性的事由，[3]其背后是期待可能性的法理。

可见，传统司法在出罪维度并非"不原其情，辄置诸理"，也就是并非坚持一种法条主义思维以及法的必然性逻辑，而是希冀追求一种公道的结果（"出之者"），这正是卡迪司法模式的优势，也是对当下刑事司法定罪模式的借鉴。因

① 《牧民忠告·卷下·慎狱第六·存恕》。
② 高潮、马建石主编：《历代刑法志注译》，长春：吉林人民出版社，1994年，第433页。
③ 黄静嘉：《中国法制史论述丛稿》，北京：清华大学出版社，2006年，第18页。

为，"个案公正是司法裁判法律效果与社会效果统一的逻辑起点"，公众正是通过可感知的个案判决结果来获得公正的感受。[①]卡迪司法对司法者在个案中的公正感的重视恰恰是一种有益启发。对于形式上符合了犯罪构成的行为，评价不应就此终结而径直入罪，即形式理性的思维方式不能贯彻刑事评价始终，当拟定的入罪处理结果从公众认可的情理、价值取向以及司法者的正义直觉上判断，不具有合理性时，就需要返诸大前提本身，是否需要结合法条本身的目的以及案件的特殊情形作出相应的限制性解释。将这种形式上为罪的行为作出罪化处理正是对形式理性的补济，相反，坚持绝对的形式理性"违法必究"，必然会导致用刑机械以及处罚过度。中国古代司法虽时有以情断案、法外论罪的情形，但其总体价值取向却是公平公正，[②]这种卡迪模式对实质公正的追求具有目的正当性，只是需要对其实现手段予以规正限制，纯粹的形式理性或实质理性均不符合刑事法治的整体要求。

一方面，不应超出文义设定的预测可能性进行入罪或加重处罚评价，否则便是对自由的侵犯；另一方面，完全可以在文义射程内进行有利于行为人的实质解释，这种实质解释往往以结果恰当及目的合理为导向，缓和了法条的命令性和绝对性。由此，整个定罪的思维模式由形式理性转为追求实质理性和形式理性的融合。形式理性与实质理性分别对应不同的刑事评价维度，稍有颠倒，便无益于实现刑事公正司法目标。卡迪司法模式用于出罪评价是必要的，不宜将此简单视为"恣意司法"的代名词，其中体现的能动性能够透过形式的罪刑条款发掘处罚的实质正当性根据，使"能动主义、开放性和认知能力作为基本特色而相互结合"，[③]而非固守法条这一决定性标准。同样，作为中国古代司法中贯穿刑事评价全方位的情理因素，固然有其"非理性"成分，但不应据此直接否定情理在案件裁判中的作用。这种合情理考量固然不应在入罪维度突破文义

---

① 寿媛君：《论司法裁判法律效果与社会效果的统一路径——以刑事司法裁判为例》，《法律科学》2020年第4期，第19页。

② 参见张晋藩：《论中国古代的司法镜鉴》，《政法论坛》2019年第3期，第3页。

③ ［美］诺内特、塞尔兹尼克著，张志铭译：《转变中的法律与社会——迈向回应型法》，北京：中国政法大学出版社，1994年，第82页。

限制而进行不利于行为人的扩张，却完全可以且应当在出罪维度实现法与情的融合，后者正是需要当下借鉴的部分。法的确定性应当服务于法的公正性目标以及国民自由保障，绝非意味着"有罪必罚"。如此，便既能在形式理性的前提性制约下剔除非理性成分，从而保障国民的预测可能以及裁判的相对确定，又能缓和法适用的机械性。这对转变当下固化的刑事裁判思维以及实现公正司法的总体要求都是极为必要的。

四、法的安定性前提下实现刑事公正司法的路径

在"法有明文规定"的情况下却不定罪处罚，虽符合个案公正的目标，但也并非"以情断案"直接推导出无罪结论，而是需要合适的规范根据和说理论证。目前有力的观点认为"出罪无需法定"，[①]但是，其一，如果对此观点不予鉴别地推演，极易授人"放纵犯罪"之柄，完全突破刑法的文义规定也会给人造成"以情屈法"的印象，并不利于公众规范意识的确立；其二，我国当下刑事司法实践表明司法者对既有规范（包括司法解释）的依赖性很强，在完全没有法律依据的情况下裁判无罪似乎并不现实，况且裁判说理部分也不应无所依据。所谓出罪，并非无视或取消既有规范的效力，而是在规范约束框架内通过教义学理论知识的佐证将行为解释为无罪。这便涉及法的形式上的安定性及实质价值实现的关系问题。法律文本愈加明确、标准越统一，越有利于法安定性的实现，而这又一定程度上反噬了实质价值判断的空间。拉德布鲁赫认为，只有在安定性与正义之间的矛盾达到无法容忍即确属"恶法"的程度时，法律才需向正义屈服，并且法的安定性优先于合目的性。[②]也就是说，在一般情况下，拉德布鲁赫更注重法的安定性。在依法治国的当下，显然已无明显的"恶法"，那么，正义价值是否已无作用空间，以及如何在不破坏既有规范效力（安定性）

---

① 陈兴良：《罪刑法定主义的逻辑展开》，《法制与社会发展》2013年第3期，第59页。方鹏：《出罪事由的体系和理论》，北京：中国人民公安大学出版社，2011年，第306页。
② 雷磊：《拉德布鲁赫公式》，北京：中国政法大学出版社，2015年，第9—10页。

的前提下实现合目的性的考量，这无疑是一个重要的法理学问题。

司法既要追求普遍（一般）正义，又要追求个案正义，一般正义依靠法的安定性来实现，寻求所谓的法外正义极易导致法官的专断以及非法律因素的介入，加大裁判的不确定性。[①]这种不确定性直接带来的便是国民预测可能性的降低。这也是在借鉴我国传统刑事司法经验中需要祛除的部分。尤其在并不存在明显恶法的当下，尤应视法的安定性为一种基本价值。但是，注重法的安定性并不意味着无视法规范的滞后性或局限性。在笔者看来，一方面，法律文本类型化描述的高度抽象性以及具体问题的纷繁多样性，势必导致某些行为类型是立法者始料未及的，[②]这也就决定了再精细的立法在某些行为类型面前也难以避免会呈现出一定程度的欠合理性，这便有了解释文本的必要空间。即便是良法，也并不意味着作为一般规范可以直接实现与案件的对接，而是需要司法者"在解决个案之时，将隐含在法律中的正义思想、目的考量付诸实现，并据之为裁判"，[③]将一般规范转换为个案规范。因此，使法的适用效果符合正义理念是无关恶法良法的。另一方面，法律不是嘲笑的对象而应成为解释的对象，只要不是明显的恶法，便有充足的解释空间，即立足于个案公正使法规范的适用能够容纳公众认可的情理从而增强裁判的可接受性，进而实现法的安定与个案正义、法的合目的性的统一。

在贯彻法的安定性时容易形成一种极端思维，将法的文本规定奉为案件的唯一决定因素，固化对法规范的前理解，从而省却了法的价值追求。"无视实质正义和社会效果的法律适用的'经典表现'是死扣法律条文字眼，仅仅抓住法律的字面意义，而不去关注法律的精神实质。"这种把握精神实质正是要进行目

---

① 江必新：《在法律之内寻求社会效果》，《中国法学》2009年第3期，第8页。
② 这种始料未及包括两个方面：其一，规制不及，即随着新行为类型的出现，已经超出了立法者当初使用文字所设定的射程，对于这些行为，如果确有处罚必要性，只能通过修法扩大规制范围，而不能通过突破文义解释的方式；其二，规制过度，即立法者所设的行为类型过于抽象且广泛，而没有也无法考虑到落其文义范围内的所有行为类型是否均有处罚必要，现实却恰恰表明并非符合文义规定的所有行为类型均应处罚。本文所欲论述的主要是后一情形。
③ ［德］卡尔·拉伦茨著，陈爱娥译：《法学方法论》，北京：商务印书馆，2003年，第9页。

的分析。[①]就此，在理解法的安定性时不可陷入一种僵化思维，而应注重法的合目的性的审视以及基于个案正义对规范前理解的矫正。从合目的性即规范保护目的角度考虑，具体罪刑规范的目的在于保护法益，而法益又具有指导构成要件解释的方法论机能，因而，完全可以在尊重既有成文规范即不破坏法的安定性的前提下，通过恰当的解释实现法与情的融合。除此之外，我国《刑法》第13条"但书"虽具有很大的模糊性，但这种模糊性也决定了我们可以赋予其丰富的内涵，可以囊括可罚的违法性、违法性认识及期待可能性等出罪教义学资源，也就完全可以实现有法定依据下的出罪。换言之，在犯罪构造的三个阶层，出罪的理论依据与规范依据完全可以得到恰当融合。就此而言，"出罪无需法定"的论断是不够确切的，它没有指明如何处理法的安定性与个案公正性之关系，我们完全可以在个案公正导向下重塑对法规范的理解，再辅以恰当的说理论证，便可勾勒总结出以"不破坏法的安定性"为前提的实现公正司法的具体路径。

古代司法普遍缺乏对法律一般理论的总结和反思，在说理上也就缺乏法理支撑和铺垫，与裁判的过程相比较，人们也满足于裁判结果本身的适当性。包括在当下实践中，部分司法者还留有一种潜在思维，认为当事人或公众更关注的是结果，说不说理并不重要。[②]这种思维或裁判模式显然跟不上法治的推进，依法治国推进到一定程度，便不再止于是否依法，而更追求如何依法，即公正的判决需以看得见的、容易让人理解的方式呈现，而非局限于司法者的自我认知。相关统计表明，充分的法律论证及合法合理的裁判理由（即一种过程）成为人们评价司法结果的重要因素，[③]法律论证与推理也就成为理性司法与公正司法的精髓。[④]所谓"正义是从裁判中发声"，这种说理论证的意义在于：其一，说理论证正是检验法规范理解适用是否恰当的重要根据，但凡

---

① 江必新：《在法律之内寻求社会效果》，《中国法学》2009年第3期，第8—9页。
② 王彦博：《论刑事裁判文书说理的蝶变——以刑事案例指导制度的完善为中心》，《山东审判》2016年第3期，第35页。
③ 孙笑侠：《用什么来评估司法——司法评估"法理要素"简论暨问卷调查数据展示》，《中国法律评论》2019年第4期，第177页。
④ 王洪：《理性、公正司法需要法律论证与推理》，《检察日报》2019年7月13日，第3版。

能够通过充分的释法说理予以论证的判决，必然是法律适用正确的（反之则不然），而无法通过恰当的说理论证予以支撑的，便直接说明法适用是欠妥的；其二，通过说理论证能够加强裁判结果的说服力和公正感，恰当的说理论证是连接形式合法与实质合理的桥梁，也是嫁接法的安定性与个案公正的纽带，该过程实际上是将合情理、合目的等价值考量揉入到刑法文本的解释当中。从情法冲突的刑事案件来看，完全可以借助恰当的释法说理实现法与情的融通。

（一）"法益转换"指导下的构成要件解释能够缓和法适用的机械性

作为具有指导构成要件解释方法论机能的法益保护原则，在法益辨识上并不是固化不可变的，其本身便是一个充满价值或利益判断的过程，这种价值判断能够使司法者裁判思维保持开放、能动，将法规范所追求的应然目的、价值注入到解释当中。例如，传统理论认为生产、销售假药罪的客体或法益是国家对药品的管理制度和不特定多数人的身体健康、生命安全，[1]但是，这两种法益显然不是完全重叠的，当出现侵犯前者而未侵犯后者的情形，对于此罪刑规范目的的认识便决定着入罪还是出罪。在诸如陆勇代购抗癌药等生产、销售假药案件类型中，为何转售实际上有利于患者的救命"神药"一而再地被认定为犯罪，争议背后实际上"是患者生命健康权与当前药品管理秩序的冲突，是一场情与法的碰撞"。[2]从"合法"的层面，《刑法》规定"生产、销售假药的"便可构成犯罪，并无任何情节或危害性程度要素，并且对于假药的认定设置了"前置法从属性"条款，如果认为该罪名的规范目的或法益性质为维护药品管理秩序，行为人在未经主管部门审批的情形下销售境外新药，无疑是对该管理秩序的侵犯；从"合情"的角度，要求人们在"救命"与"守法"间选择后者显然

---

[1] 高铭暄、马克昌主编：《刑法学》，北京：北京大学出版社、高等教育出版社，2014年，第370页。
[2] 刘羡：《印度仿制抗癌药的功与罪：患者称其能续命，多名药商因它获刑》，https://www.chinanews.com/sh/2019/04-08/8802691.shtml，2020年5月10日访问。

是强人所难，如果将此类案件搁置在我国古代审判视野中，司法者显然不太可能"不原其情，辄置诸理"。如何将这种合情理因素恰当纳入刑法文本的解释便是摆在司法者面前一个极为现实的问题。

价值大小的权衡是一种朴素认知，尤其是刑事不法判断，绝不应牺牲掉重要利益以成全较轻利益，刑法上的法益也是经过利益衡量后更值得保护的利益类型，[①]因此，对于保护法益性质的理解不可与这种"两利相权取其重"的情理认知相背离。新近《药品管理法》的修订对未经国内批准的境外合法新药不再按假药论处，但仍为此保留了没收违法所得等行政处罚空间。可见，假药范畴的限缩仅仅是为了迎合刑事处罚的合理性，将生产、销售假药罪的法益明确锁定为他人的人身健康权益，而不可违反的药品管理秩序则由《药品管理法》实现。虽然生产、销售假药罪处于《刑法》分则第三章破坏社会主义市场经济秩序罪中，但根据这种"秩序型法益"解释构成要件会得出"保护法益避重就轻"的欠合理结论，就应考虑通过"法益转换"达至合目的限缩的效果。

再如，传统理论认为非法持有枪支罪的保护法益是社会的公共安全和国家对枪支、弹药的管理制度，[②]但这两种法益也是不完全协调的。枪支行政管理法律法规之所以为枪支鉴定设定低门槛，无疑是出于枪支管控的便利性和有效性的考虑，由此创设出一种不可违反的秩序（制度）型格局，而在犯罪认定中则并非如此。"公众对枪支的常识是有一定程度的哪怕是极其轻微的杀伤力。"[③]在个案审理中，脱离了"公共安全"这个核心标准，反而硬性地以是否违反枪支管理制度为终极指标，是造成诸如赵春华案等涉仿真枪案件合法却不合情的关键。复如，在王力军无证收购玉米案中，当事人始终不能释怀，上门收购玉米

---

① 王海桥、马渊杰：《我国刑法解释理论变迁中的利益衡量思考》，《中国刑事法杂志》2012年第5期，第13页。

② 高铭暄、马克昌主编：《刑法学》，北京：北京大学出版社、高等教育出版社，2014年，第349页。

③ 刘艳红：《"司法无良知"抑或"刑法无底线"？——以"摆摊打气球案"入刑为视角的分析》，《东南大学学报（哲学社会科学版）》2017年第1期，第78页。

应该是好事，怎么就犯罪了？媒体甚至用"无妄之灾"来形容本案。[①]公众的质疑实际来源于潜意识中的利益衡量思维，即不能仅仅为了维护抽象的市场管理秩序而对正常的粮食收购行为予以刑事非难。最高人民法院第97号指导案例在该案基础上提供了一种原则性指引，"判断违反行政管理有关规定的经营行为是否构成非法经营罪，应当考虑该经营行为是否属于严重扰乱市场秩序。对于虽然违反行政管理有关规定，但尚未严重扰乱市场秩序的经营行为，不应当认定为非法经营罪。"由此肯定了"严重扰乱市场秩序"相较"违反行政管理有关规定"的相对独立性，但是，显然不能认为如果王力军所得数额巨大或者涉及地域较广便可以定罪处罚，也就是说该类案件不应定罪的依据不在于"量"的轻微。"在普通公众看来，该案不应入罪的朴素情理依据在于该行为有益无害，而非所谓的扰乱秩序。即，将这种'无害'的、即便违反秩序的行为入罪化，不论涉案数额多么巨大，都是与民众共识相悖的。"[②]这便启示我们在适用非法经营罪时，不应仅仅关注是否触犯了前置性行政市场管理秩序，而是需对保护法益的性质进行重新审视及还原。[③]

通过以上分析可见，跳出"体系定位决定法益性质"的思维窠臼，以合情理或目的正当为检视视角，进行"法益转化"的解释论尝试十分必要。情理作为一种规范外因素虽然不能直接用作裁判依据，但完全可以借助法益指导构成要件解释的方法论机能，使得对于法益性质的理解更加贴合公众认知及朴素情理，从而将这种情理内化入刑法文本的解释。如此，便能在不挑战既有规范效力的前提下，将一般公正引向个案公正。刑事司法中的用刑机械化与解释惰性不无关系，"推究其原因，主要地当在于'事不关己'，犯不着为它舍'三段论法'之形式思维，而去探讨法律所追求之目的或价值。其结果，在实际的法律

---

① 滑璇：《无证收购玉米案再审直击："这是好事，咋就犯罪了？"》，http://www.infzm.com/content/122892，2020年5月10日访问。

② 崔志伟：《刑事裁判可接受性的"合情理"路径》，《山东法官培训学院学报》2018年第4期，第24页。

③ 张明楷：《避免将行政违法认定为刑事犯罪：理念、方法与路径》，《中国法学》2017年第4期，第47—48页。

生活中，立法者、裁判者甚至研究者所认识之法律，便常常与该法律所当发挥的功能，或实现的价值格格不入。"①对于规范目的或法益性质的不断检视即法益转换正是克服机械化、保持能动性、实现法与情相结合的关键。质言之，对于刑法文本的适用并不能简单地套用概念而后逻辑推演，这是实现"有法必依"向"公正司法"转变的关键，通过合目的解释将落入文义射程的"规制过度"部分排除在犯罪之外。当以前置法能够实现规制效果时便应排除刑法的适用（必要性原则），完全可以将维护管理秩序的规范目标交由前置法去实现。

由此可见，在一些合法律却不合情理的刑事裁判中，表面上是法与情的冲突，实际上并非真正合法，而是对刑法规范缺乏深入解读所致，其根由在于缺乏对刑法规范的实质判断，仅仅从形式上（即严格按照刑法文本及司法解释规定）进行构成要件符合性判断与逻辑推演，忽视了行为的实际危害性以及立法者设置此罪名的应然目的。通过合情理的考量可以反向矫正对法规范的理解，而法益性质便是一个重要切入角度。与卡迪司法模式相同，这种裁判思维强调司法者的能动性，立足于对实质公正的目的诉求以及对规范外的合情理、公众普遍认知的关切；不同的是，这种裁判思维仅仅适用于有利于被告人的出罪或降罚维度，不能逾越文本文义入罪或加重处罚，由此能够保障行为可预测性，并且，既有法律文本永远是唯一的裁判依据而非伦理、道德等非成文规范，即未挑战法的安定性，关键只是在于对法律文本如何解释。与韦伯所倡导的形式理性相同，在入罪维度，这种裁判思维严格拒绝任何规范外因素，而是以确定性的立法语言为界限，使当事者能够对行为的法律效果进行理性的计算；与之不同的是，在出罪维度该裁判思维不固守既有的规范前理解即解释疆域的封闭性，而是基于后果主义不断矫正对规范的认知。

（二）违法与有责阶层的出罪规范性依据在于激活"但书"

出于结果合理性的考虑，司法者有时会从实体法角度对案件作出罪处理，

---

① 黄茂荣：《法学方法与现代民法》，北京：中国政法大学出版社，2001年，第46页。

"但书"成为唯一的出罪途径。①但由于缺乏对"情节显著轻微危害不大"的说理论证，使得规范与事实的对接过于简单化，即便有时实现了结果公正，公正司法的价值实现也有所折扣。模糊化的说理，也使得典型案件的示范效应无法得到发挥，个案公正也就难以上升为类案公正。逻辑上，对于"危害不大"的认定须以认知危害的指向为前提，即应当区分"没有危害"与"危害不大"。②传统理论惯以社会危害性作为衡量犯罪处罚实质性需要的依据，但"社会"一词的范畴过于含糊，有学者便主张以法益概念代替超规范性的社会危害概念。③在构成要件层面，以法益为指导的合目的解释主要解决的便是（在罪刑规范框架内）判断"有无危害"的问题。只有先判定存在法益侵害，才会进一步推演出危害程度的判断，后者正是违法与有责阶层所要解决的。因为，在三阶层的犯罪论体系中，责任与不法一样都是一种能够量化的概念，④所谓"可罚的违法""可罚的有责"理论，正是欲解决一种构罪标准的程度问题，在这两个阶层才会涉及如何认定"情节显著轻微危害不大"。

例如，在鲍某等人非法运输珍贵、濒危野生动物案中，⑤二审法院认为被告人的行为违反了国家有关野生动物运输管理规定，但鉴于猴艺表演系河南省新野县的传统民间艺术，4名上诉人利用农闲时间异地进行猴艺表演营利谋生，客观上需要长途运输猕猴，在运输、表演过程中并未对携带的猕猴造成伤害，情节显著轻微危害不大，可不认为是犯罪。这种裁判结果无疑是能够获得公众普遍认可且符合实质合理性的。但是，根据《关于审理破坏野生动物资源刑事案

---

① 陈兴良：《罪刑法定主义的逻辑展开》，《法制与社会发展》2013年第3期，第59页；方鹏：《出罪事由的体系和理论》，北京：中国人民公安大学出版社，2011年，第5页。

② 崔志伟：《"但书"出罪的学理争议、实证分析与教义学解构》，《中国刑事法杂志》2018年第2期，第16—20页。

③ 陈兴良：《社会危害性理论———一个反思性检讨》，《法学研究》2000年第1期，第13页。

④ Jescheck（Fn.12），S.426.

⑤ 鲍某等4人在未办理野生动物运输证明的情况下，于2014年6月下旬，利用农闲时间携带各自驯养及合养的共6只猕猴由河南省新野县乘车外出进行猴艺表演，以营利谋生。同年7月9日，四名上诉人到达黑龙江省牡丹江市进行表演。次日10时许，牡丹江市森林公安局发现四名上诉人利用野生动物表演，经依法传唤调查后，以四名上诉人涉嫌非法运输珍贵、濒危野生动物予以刑事拘留。经鉴定，四名上诉人携带的6只猕猴系《国家重点保护野生动物名录》中国家二级保护野生动物。参见黑龙江省林区中级人民法院刑事判决书（2014）黑林刑终字第40号。

件具体应用法律若干问题的解释》运输6只猕猴便属"情节严重",①那么,与"情节显著轻微"又如何兼容呢?这种裁判结果显然说理不足。其实,法律规定国家重点保护野生动物运输许可制度,是保护珍贵、濒危野生动物的原栖息地和生存环境的手段,其本身并非值得刑法保护的法益。②由于民间表演的性质,涉案对象已失去了对生存环境的依赖,运输行为也就不会对其栖息环境形成任何危害。换言之,如果经过法益转换再进行构成要件解释,该行为就没有造成法益侵害,也就不是"危害不大"的问题而是无危害,便排除了构成要件该当,自然也就不存在适用"但书"的前提。定性是定量的前提,司法解释的数量型规定也是以具备法益侵害为基础的,"法益转换型"说理论证模式与司法解释也就不存在冲突。当某种行为确实存在法益侵害,而定罪处罚仍不合适的情形下,便可借助"但书"从不法及有责的量上寻求出罪渠道。

在非遗传承人非法制造爆炸物案当中,③有人评论,法院的处理虽说合理合法,但未对文化、人情的特殊性进行充分考虑,"法律有理无错,但'情理'二字不可强行拆开。"④从构成要件符合性判断上,杨风申确属在未经有关部门批准的情形下私自制造用于制作烟花的火药,对周边民众的安全形成了抽象危险即无法否定法益侵害事实的存在,也就无法排除构成要件该当,但这并不表明必然成立犯罪。在裁判合情理性导向下,司法者应当设法寻求能以出罪的实在法根据,"但书"规定恰好合适。

其一,所谓的"危害不大",是站在结果无价值的立场上从法益侵害的程度

---

① 该解释第3条规定"达到本解释附表所列相应数量标准的"即属于"情节严重",在附表中明确列明非法猎捕、杀害、收购、运输、出售猕猴6只便达到"情节严重"标准。

② 冯锦华:《犯罪的本质是法益侵害——河南新野耍猴艺人无证运输猕猴案判决后的思考》,《森林公安》2017年第1期,第29页。

③ 河北赵县一名制作"古火"烟花20余年的省级非物质文化遗产传承人,因在居民区非法制造烟花,被法院以非法制造爆炸物罪判处有期徒刑4年零6个月。柯珂:《古火烟花非遗传承人为何会因制作古火烟花获刑?》,南方周末,http://www.infzm.com/content/125734,2020年5月12日访问。类似案件还有浙江省周尔禄涉嫌非法制造爆炸物案,一审法院予以定罪免罚。滕理忠、陶京津:《浙江"非遗"传承人表演"药发木偶"惹官司》,中国新闻网,http://www.chinanews.com/cul/news/2008/07-21/1318744.shtml,2020年5月12日访问。

④ 蔡可君:《非遗继承人免罚:法律有理更有情》,人民网,http://sn.people.com.cn/GB/n2/2017/1230/c378311-31090203.html,2020年5月10日访问。

作出的规范判断。这种侵害程度是随着"行为犯→抽象危险犯→具体危险犯→实害犯"的不同犯罪类型递增的。具体到本案，未经批准制造"古火"的行为对公众安全形成的仅仅是一种抽象危险，完全可以评价为"危害不大"。其二，对于"情节"的理解显然不应限于一种主观情节，而是包括了"危害不大"之外的违法性程度判断。在传统的刑事违法性判断中，往往易忽略行为无价值的评价侧面。目前日本学界关于可罚的违法性的判断基准基本上采取一种综合性的判断方式，即将法益侵害性与行为态样上的违法性结合起来加以考察。[①]在行为无价值的评价中绕不开的就是社会相当与否。如大谷实便认为，实质违法性就是偏离了社会相当性的侵害、威胁法益的行为，因此，"可罚的违法性应当以有无对法益的侵害、危险及其程度为基础，以引起该结果的行为偏离社会相当性的程度为基准，进行判断，因此，仅从对法益的侵害、危险程度中寻求其基准的见解并不妥当。"[②]结合本案，制造烟火药的行为本身也是一种文化遗产传承，长期以来已获得公众乃至官方的认可，也就表明行为僭越社会相当的程度并不明显，即在行为负价值方面程度较低，由此便可降低行为整体性的不法评价。其三，在有责性方面，责任的本质是一种因法敌对态度所产生的非难性评价，这种非难的程度显然也属于"情节"考量的范畴。本案行为人主观意图主要是传承"古火"艺术而非用于非法牟利，对于行为触犯国家法律并不存在清楚的认知，即行为人并无明显的法敌对心理，该行为并不能等同于私自制造爆炸物的地下作坊。其四，从（特殊）预防的需要考虑，预防其再次犯罪的最有效方式就是明确指出其违法之处并加强普法宣传，而没有必要通过刑罚惩戒的方式，"如果没有预防必要的话，甚至可以完全不科处刑罚。"[③]在这种综合性评价下完全可以将该类行为认定为"情节显著轻微"。

当然，对于何为"显著轻微"难以划定出明确的标准，尤其是如何区分

---

① 于改之：《可罚的违法性理论及其在中国的适用》，《刑法论丛》第12卷，第32页。
② ［日］大谷实著，黎宏译：《刑法讲义总论》，北京：中国人民大学出版社，2008年，第214、223页。
③ ［德］克劳斯·罗克辛：《刑事政策与刑法体系》，北京：中国人民大学出版社，2011年，第79页。

"情节显著轻微"与"情节轻微"更会见仁见智。在笔者看来,所谓"显著"是指非常明显的、一般人通过常识常情便会识别的,即如果某种行为虽形成了一定程度的法益侵害事实,但对此按犯罪处理仍明显不合情理,则可通过"但书"内含的教义学规则(可罚的违法与可罚的有责)将其予以出罪。换言之,如果对某一行为予以归罪容易造成情法冲突,则说明有"但书"适用的余地,如果客观上呈现出的作为结果的法益危害状态并不明显,即属于"危害不大",此时对于主客观行为情节的判断就应努力向"显著轻微"靠拢。由于"但书"作为一种总则规范对分则各罪名均有限制和约束力,即"但书"完全可以且应当成为具体罪名适用的补充依据,那么这种裁判模式便未突破法的安定性。

(三)小结

重视实质公道或个案公正的卡迪司法模式在刑事案件裁决中不无助益,强调刑事公正司法是对机械司法的克制,在实体法出罪维度就不可避免合情理的考量。但是,这种所谓的公道、情理只是司法判断的意识起点,不应作为一种规范判断,也不可能代替规范判断。[①]面对情法冲突的案件,司法者宜从问题出发,暂时放弃现行法的"概念—演绎"模式及固有的"体系定位决定法益性质"的前理解,寻求能有效解决个案问题的方案,但随后仍应回归到现行法规范和法教义学的语言,[②]案件裁决永远是以法规范为唯一准绳。其实,古人早已意识到,"不得直以情言,无所依准,以亏旧典也"。[③]在目前刑法体系下,法的正义或公正价值(实质理性)与法的安定性(形式理性)并不存在冲突,即完全可以在尊重既有规范的前提下实现个案公正,但在法适用中需要缓和法的命令性要求,破除"法有明文规定即为罪"的"有罪必罚"思维,在立法语言设定的边界内进一步考量处罚实质合理性。当"法有明文规定"而定罪处罚却不合情理或难以达成个案正义时,在既有的法规范框架内

---

① 孙万怀:《相对积极主义刑事司法观的提倡》,《法学评论》2020年第2期,第27页。
② 纪海龙:《法教义学:力量与弱点》,《交大法学》2015年第2期,第102—103页。
③ 高潮、马建石主编:《历代刑法志注译》,长春:吉林人民出版社,1994年,第121页。

起码有两条实现刑事公正司法的论证路径。其一，通过"法益转换"即对法规范目的的辨识指导构成要件解释，将未造成法益侵害的行为类型排除构成要件该当；其二，激活"但书"内含的可罚的违法、可罚的有责等理论资源，进而对具体罪名予以补充解释，将罪量未达要求的行为排除在刑法规制范围之外。

五、结语

由于刑事制裁的严厉性，定罪处罚欠合理的刑事案件更易进入公众视野；并且，民众一般无心去留意法律的制定过程和表现形式，抽象、专业的立法不容易为公众所知悉，只有在与具体案件对接时关心个案公正。因此，刑法的适用效果是一个关乎刑事法治整体实现效率的关键问题，刑事司法公正是实现公正司法的极为重要一环。其中，程序性的规则约束固然重要，实体性的法适用思维及方法也不容忽视。依法治国方针从"三必"向公正司法的演变，凸显对法适用效果及法的价值追求。在公正司法指导下理解刑法条文，规范不再是一种强硬的命令，"法有明文规定"也不能必然推导出定罪处罚。司法者的任务也不是对法命令亦步亦趋，而是充分考虑裁判的公众可接受性、合情理性等规范外因素，并设法将这种因素纳入法规范的理解、适用及说理论证过程中。相比当下刑事司法实践中呈现的用刑机械性及法条主义倾向，我国古代司法中对"情法允协"的追求是一种有益启发，这种类似于卡迪司法的审判模式并非一无是处，其中体现的司法能动及对实质公正的追求具有一定的可借鉴性。但与传统司法不同，司法者只能在既有规范框架内实现合情合法而非"以情屈法"，即便是将"法有明文规定"的行为类型作无罪处理，也并非以破坏法的安定性为代价，而是依然承载着规则确认的司法功能。[①]如何将抽象的规范与具体案件有效对接，则主要借助一系列刑法教义学理论知识以及恰当的说理论证，而非

[①] 王国龙：《严格司法的规则确认功能及其法治意义》，载陈金钊、谢晖主编：《法律方法》第23卷，北京：中国法制出版社，2018年，第268页。

"直以情言"。以法教义学的立场和方法解释刑法规范，固然是将实在法视为一种"未经批判即为真"的前提，但反对严格"忠于文字本身"即对规定做严格却经常不合适的解释，而是坚持价值导向的思考形式，[①]这种价值思考显然不应背离社会主流认可和公众普遍认知。

---

① ［德］卡尔·拉伦茨著，陈爱娥译：《法学方法论》，北京：商务印书馆，2003年，第109、111页。

"消费者"概念的规范构造

高庆凯①

摘　要

　　"消费者"概念有必要从动态生成史与消费者保护法系统的双重视角下，尤其是置于民法视野中考察。经济社会乃至经济学提供的作为"概念"的消费者与消费社会的"问题"共同触碰法学内部早已涌动的保护价值而外显为法学语境中的"消费者"。不能忽视"消费者"之于民法的同源同质面向。外来嫁接型与观念先行型的中国法上的消费者因在实定法整体中的范式流变而呈构造化特征。法律适用范围划定意义上的消费者具有外在和内在的流动性，并保持一定的抽象性和互换性。现行法的"为生活消费需要"单一标准与消费者保护法内在的双重非均质性之间相互龃龉，需要在宽狭之间保持适度平衡与开放以实现概念与法律旨趣之间的整合。鉴于"消费者"的领域多元性和要素多样性，我国司法亟待克服判断的僵硬化，但亦需警惕恣意性；立法论上区分消费者概念的定义与消费者保护法适用，在此之上消费者概念的规范设计不妨体现适度弹性。

　　关键词：消费者；准消费者；近代民法；现代民法；经济法

---

① 作者简介：上海师范大学哲学与法政学院副教授。研究方向为民法、消费者保护法。

一、引言

近代民法到现代民法的转型这一命题勾勒的"人"的变迁图式中，消费者被把握为现代法上具体人格之典型[①]。作为我国法上的共识价值，消费者保护被普遍拥护的理论潮流中，"消费者是弱者"已然自明之理。然而，这一形而上层面的"具体"和"弱者"的各自意指并未透彻。在形而下层面，我国实定法上"消费者"概念的定义规范缺席，《消费者权益保护法》（以下简称《消法》，以区别于广义上包括《消法》在内的消费者保护法）第2条于立法当初在强烈争议中面世，虽经两度修改动议却因见解纷呈而不得不搁置，因此该条依然是立法论上的待决课题。该条所揭"为生活消费需要"的词句引起学理争议持久，各地条例规定参差不齐以及司法实务在处理知假买假问题时的左右彷徨加剧概念把握的多歧。法上的"消费者"肖像可以说仍然混沌。

学界既往的理论努力呈现出的普遍特征是个别问题应对型的静态描述，并且往往归结于探寻一个妥帖的消费者定义。毋庸置疑，这对于消费者保护法学的理论累积、消费者相关纠纷的裁判统一等诸多方面皆有重要意义，但同时整体上显出如下不足。第一，缺乏放在整个消费者保护法的生成史中观察"消费者"，特别是在我国法的变迁脉络中"消费者"的位置；第二，过度聚焦《消法》这一单一实体法，缺乏将"消费者"置于包括但不限于《消法》的消费者保护法的法系统整体中分析；第三，"消费者"的经济学侧面以及消费者保护法划入经济法的定势观念限制着民法维度的观察。由此可能滋生的问题是，无论定义的精致程度如何，都可能造成"消费者"概念把握上的人为割裂或者因视野盲区而致概念把握的不周延。我们牢记着古法谚语"法上任何定义都是危险的"（iavolenus）之警示，故本文的努力方向在于描出消费者概念的意义及其思

---

① 星野英一「私法における人間—民法財産法を中心として—」同·民法論集第6卷（有斐閣、1986年）第1頁以下。梁慧星：《从近代民法到现代民法—20世纪民法回顾》，《中外法学》1997年第2期。

考框架，而不追求得出一个精致定义。基于此，首先，比较法上放弃单纯的表面借鉴概念定义，尝试挖掘其深层意义，因此从一般论上，特别是从民法的视角勾勒出"消费者"的生成机制；其次，梳理我国消费者保护法整体框架下的"消费者"概念的展开逻辑；再次，在《消法》的内在结构里分析微观意义上的"消费者"概念；最后，尝试在一般意义上分析"消费者"概念的意义并提示未来法规范构建上的若干可能方向。

二、生成与进路：域外法上"消费者"的登场机制

"消费者"概念在实定法上的普遍出现是20世纪六七十年代的事。表面上，美国消费者运动和权利倡导之影响波及诸国或地区，使得"消费者"遁入法与法学。纵向上，若仅将考察源头设定于此会产生认识遮断；横向上，若止于观察经济、社会情势演变以及经济法这一法领域的生成脉络亦不全面。[①]殊值从一般论上勾勒其通时的登场机制，特别是民法视角的动态考察。

（一）经济（学）与社会（学）的一般进路

消费无时无刻不在进行，每个人从出生到死亡亦是天然的消费者，在人类存在的意义上这一点自不待言。生产/消费对立意义上的消费乃至生产者/消费者区分意义上的消费者观念却并非先验的存在。一方面，消费本身经历了一个变迁过程。"消费"走出贬义与消极意义用了四个世纪，18世纪中期以后消费才成为相对"生产"的中性概念。[②]另一方面，在经济学上，消费和生产分离成为独立的存在是交换和社会分工的结果，进而，产品变为"商品"为成为生产

---

① 我国法理论一般设定于19世纪末的经济法萌生期，对西方主要国家经济法的主要立法的知识介绍普遍存在，代表文献参见李昌麒、许明月编著：《消费者保护法》第四版，北京：法律出版社，2015年，第20—34页。

② Voir J-M.Tuffery, Ebauche d'un droit de la consommation, La protection du chaland sur les marchés toulousains aux XVIIe et XVIIIe siècles, LGDJ. 1998. p.20.

者与消费者的分离机缘。①但这样的概念界分并"不是来区分人类",而是"十分不同的方面",②随着生产分工的加深和组织化的推进导致生产者与消费者由融为一体的重叠面相分化为清晰的两种身份。如此,走出前工业化时代的自给自足的共同体,消费从生产中分离导致消费者的身份渐趋独立而进入生活情境和言说语境中。经济学上,消费者作为经济链条上的末端环节存在,反作用于生产并决定价格,指向个体或个体组合的家庭。尽管不同流派对消费者的认识存异,③但较之消费者概念本身,毋宁经济学将重心置于供需视角下的资源配置与消费(者)"行为",故而经济学上的消费者自身的虚置化和工具化的意义浓厚。④

生产与消费分离之后,至少在学理上才有了"消费者"问题的产生可能。质言之,作为今天我们所面对的"消费者",其基本前提是上述分离机制以及经济学的演绎在形式上为法学储备了作为"概念"的消费者。而作为"问题"的消费者,其凸显则要等到20世纪中期西方国家真正进入消费社会这一社会生活上的构造性变化。⑤迈向消费社会的进程所伴生的诸如企业规模的增大,分工的精细化,商品自身的复杂化,销售技术和方式的革新,广告的普及以及信用消费的兴起等。它们带来的诸多进步值得正面评价,但弊害亦井喷式显现。消费成为时代景观却亦导致产品自身"问题"乃至交易"问题"普遍化。如此,表面上能够确认的是,生产与消费分离而出现的消费者作为承担某种决定功能的"国王",在消费社会中变为受害的"弱者",一度质变为严重的

---

① 张维迎:《经济学原理》西安:西北大学出版社,2015年,第73页以下。
② [法]弗雷德里克·巴斯夏著,王家宝等译:《和谐经济论》,北京:中国社会科学出版社,2013年,第330—331页。
③ 新古典经济学往往将生产者(企业)和消费者(家庭)作为经济世界中的两大经济实体,参见应思思:《经济系统的结构中介系统及其影响研究》,知识产权出版社2016年版,第56页;而在新制度经济学眼里消费者不是一个人而是一个偏好集合,参见[美]罗纳德·H.科斯著,盛宏、陈郁译校:《企业、市场与法律》,上海:格致出版社·上海三联书店·上海人民出版社,2014年,第3页。
④ 任一经济学著作皆如是,比如[美]曼昆:梁小民、梁砾译,《经济学原理》第7版微观经济学分册,北京:北京大学出版社,2015年,第144页;[美]梁安格斯·迪顿、约翰·米尔鲍尔:《经济学与消费者行为》,北京:中国人民大学出版社,2015年,第3页。
⑤ 关于20世纪以后西方社会生产方式与消费方式的转型演进及其互动关系中的消费社会,参见莫少群:《20世纪西方消费社会理论研究》,北京:社会科学文献出版社,2006年,第3页。

社会问题。

（二）民法与经济法的交错进路

视线移至法的侧面，上述蜕变过程与法的变迁轨迹可谓相辅相成。的确，19世纪后期向大工业资本主义的体制转型以及由此带来的产品受害问题相对多发助推夜警国家向福祉国家转型，国家存在方式的变化催生出一系列经济法意义上的特别立法。然而，发生学意义的"消费者"在法上的起点置于何处本身就是难解之题。在功能论上，具有消费者保护机能的规范，其存在可追溯久远。[①]尽管对于"消费者"的源头溯及何时诸见解的认识不尽一致，但其共通指向的一点是消费者保护在民法的维度内可谓历时弥久，并非20世纪中期才出现的新近存在。由此，这一价值设定使得消费者保护的观念扩大和时间前移。不过，这一消费者保护的价值被迎合资本主义发展需要的法典志向理论以及其后的民法理论拥趸所遮蔽，[②]民法典的个人主义与自由主义作为一种意识形态为资本主义所推崇，汇聚于这一旗帜下的抽象平等论赢得了后世经久不衰的喝彩。然而，这并不等于民法中"消费者""保护"观念本身不存在甚至消失灭迹。比如，在实定法上，这一价值仍被留在民法典中，尽管相当克制。[③]实际上，被排除在法典之外的价值或理念暗中潜伏抑或强烈存在于社会、法官乃至法学者的意识中。"在欧洲，中世纪一直到19世纪中期，契约正义观念占支配地位，19

---

① 学界普遍承认这一点。见前引注［2］李昌麒、许明月编著书，第23页；広瀬久和「「内容规制」に関する一考察（1）」NBL481号1991年22页，据考在汉谟拉比法典中就已经纳入弱者保护与维持均衡的观点，认为是消费者保护立法的肇端；J.Calais-Auloy, Droit de la consommation, 8éd., 2010, pp.1, n°1，在罗马法上对欺诈保护买方；按照法国J.-M.Tuffery考证，至少在17世纪，消费者保护概念出现，在17世纪、18世纪规制交易关系的诸规范构成消费者法的底稿，voir J.-M.Tuffery, Ebauche d'un droit de la consommation, La protection du chaland sur les marchés toulousains aux XVIIe et XVIIIe siècles, LGDJ., 1998, p.17-21.
② 从主体侧面指出传统民法极端缺陷，参见龙为球：《民法主体的观念演化、制度变迁与当下趋势》，《国家检察官学院学报》2011年第4期。
③ 尽管不完全同质，法国和德国都在民法典制定当时在法典内部做最低限度保留，自发的抑或是来自外部干预，前者参见大村敦志·公序良俗と契约正义（有斐閣、1995年）第73页，后者参见［德］拉德布鲁赫著，米健译：《法学导论》，北京：商务印书馆，2013年，第100页。

世纪后半叶开始强调契约自由"。[①]契约自由的强调端赖于以标榜"契约即公正"（A.Fouillée）为最高代表的意思自治理论的鼎盛，但实质上该理论是对早前无力的法典理论的事后补强和回填，它的兴隆与衰落可谓同时。

19世纪下半期起因社会情势变化致使社会性思想以新的面貌崛起，在不同国家先后出现程度不同的法的社会化[②]。它与国家介入表里一体，呈现如下两层面向。第一，资本主义向垄断发展，传统法领域的僵硬分割线出现动摇融合，作为全新法域的经济法秩序萌芽。[③]国家站在整体经济利益和大众利益的视角维持竞争秩序、整序市场环境。[④]20世纪上半叶的两次世界大战以及经济危机下的统制经济期国家强化对经济的介入与再编，[⑤]经济及人类社会最糟糕的时期却是经济法形成的温床期。为此，以价格统制为代表的国家介入性质的一系列立法，[⑥]注重维护市场和社会的一般利益。[⑦]经过这样的孕育期，二战后兴起的市民运动要求成型的福祉国家给予保护，这一社会背景下的经济法学往往把握消费者为"生活者"，[⑧]它既是相对于国家关怀的，亦是对立于生产者意义上的概念，[⑨]共同指向生活中的每一个个人。第二，在国家与私人之间，19世纪末起着眼于契约双方当事人之间实质存在社会经济上的不平等而呼唤国家的积极介入显现出一般化的趋势。诸如一方当事人滥用经济力对他方使用不通过交涉就强推契

---

① ［日］大村敦志著，渠涛等译，渠涛审校：《从三个纬度看日本民法研究—30年、60年、120年》，北京：中国法制出版社，2015年，第70—71页。

② 法国法上的指摘，voir J.Carbonnier, Droit civil, I, Introduction Lespersonnes La famille, l'enfant, le couple, PUF, 2004, pp.132-133, n°78. 日本法情况参见前引注［11］，第132页。

③ 经济法诞生的时间并不确切，参见史际春、邓峰：《经济法总论》（第2版），北京：法律出版社2008年，第71页；徐孟洲主编：《经济法学》，北京：北京师范大学出版社，2010年，第3页。

④ 法国1905年8月1日法等大量制裁性质的法律制定，voir M.Paul Ourliac, Le passé du "consumerism", Annales de l'Université des sciences sociales de Toulouse, t.27, p.224.

⑤ 高畑顺子「フランス・ディリズムと契約法—二十世紀前半の管理経済が契約法に及ぼした影響についての一考察」北九州法学第17巻第3号第41頁参照。

⑥ 要特别指出的是1945年6月30日1483号命令出现"消费者"这一用语［该命令第33条（价格广告规制）］。

⑦ Voir J.Mazard, Aspect du droit économique francais, Revue de science criminelle et droit pénal comparé, 1957, p.26, n°1.

⑧ 木元錦哉・消費者保護と法律（日本経済新聞社、1979年）第11—12頁。

⑨ 正田彬「現代における消費者の権利」法学セミナー1973年4月号第76頁参照。

约条款的附合契约等被纳入法学视野强烈关注；[①]立法者有保护弱者的义务逐渐获得正面倡导拥护；[②]在社会连带主义思潮下，在契约中考虑社会事实，合致于一般利益以使契约效果正当化成为自然且正当的趋势。对契约不均衡的国家介入以及公序从例外逐渐走向正面的图谱在法国法上格外显著。[③]如果说法国民法典在出发时还是由古典法律思想支配的话，那么德国民法典制定时已经处于社会法律思想转变期。[④]个人主义观念于法典前期已然衰落，[⑤]在"社会关系全面改革"[⑥]的时代背景下，德国民法典制定中法典编纂主流价值拥护者刻意或无意的无视社会保护思想，[⑦]并拒绝在法典载体中接纳。如此，可以说法典的保守性与时代的变革性之间的沟壑导致德国民法典在法典层面所做出的选择并没有应答社会现实和思潮的双重变迁。它的客观结果是，并不能说德国民法典提供了一个协调形式价值与实质价值的优选方案。[⑧]同时期的日本民法典编纂时的价值安排及其制定之后随即在法典之外施加的多重补足亦鲜明反映了法典的某种缺陷及其价值面向上的跌宕起伏。[⑨]的确，诸国基于自身的不同考量而做出的选择安排不尽相同。然而，可以确信的是，第一，作为20世纪上半叶统制经济体制的遗产，经济法这一全新法秩序形成；这自不待言，但同时，第二，在私法领域，

---

① Voir R.Saleilles, La déclaration de volonté, : Contribution à l'étude de l'acte juridique dans le Code civil allemand, Licrairie Cotillon F.Pichon, 1901, p.229, n°89.

② Voir V.Ranoil, L'autonmie de la volonté, Naissance et évolution d'un concept, Préface de J.-Ph.Lévy, PUF, 1 er éd., 1980, p.139.

③ J.Ghestin, Traité de droit civil, Les obligation, Le contrat, LGDJ.1980, p.80 et s, n°113 et s.

④ ［美］邓肯·肯尼迪著，高鸿均译：《法律与法律思想的三次全球化：1850—2000》，《清华法治论衡》2009年第2期。

⑤ ［德］拉德布鲁赫著，米健译：《法学导论》，北京：商务印书馆，2013年，第98—100页。

⑥ ［德］茨威格特，克茨著，潘汉典等译：《比较法总论》，北京：中国法制出版社，2017年，第269页。

⑦ ［德］基尔克著，刘志阳、张小丹译：《私法的社会任务》，北京：中国法制出版社，2017年，第33页以下。

⑧ 它的形式与实在的游离亦吻合着马克思韦伯站在形式合理性与实质合理性之间对理性化过程内在的理性解放与理性铁笼这一现代性悖论的深刻忧虑。参见马建银：《韦伯的"理性铁笼"与法治困境》，《社会学家茶座》2008年第1期。

⑨ 星野英一「日本における契約法の変遷」日仏法学会編·日本とフランスの契約観（有斐閣、1982年）第69頁参照；［日］大村敦志著，江溯、张立艳译：《民法总论》，北京：北京大学出版社，2004年，第21—31页。

此后的立法几乎不再循演古典立法的逆向思维，摆脱19世纪模式的动向普遍；①第三，法理论上则清醒自觉的转向，私法理论以及社会现实亦正面接纳国家介入，对国家的依赖感趋强。②

上述原理和宏观层面变迁的影响亦渗透到技术和微观层面。法国民法典制定当时没有考虑的情况，其后在法典之外通过判例的修正式操作累积出不同于法典规范的民法法理。作为国家介入向司法层面的延伸，司法介入主义使得法官在维持契约均衡上能动性的转型成为可能。诸多学说所积极主张的人的形象分化、"事业者法"的规范重造③与20世纪上半叶法官在当事人之间的裁判倾斜相互呼应，以加重"事业者professionnel"义务的方式反向实践"消费者"概念及其保护机制。④这被恰当的把握为"前消费者的"法。⑤其后，在诸如上门销售法等限定领域型和问题应对型的立法中确立了适用排除规范，它与先行出现的"消费者"概念汇流，立法者鉴于消费者"问题"普遍化从而径直将其转隶为显在的"消费者"。几乎同时，"消费者"问题亦被民法学积极捕捉，⑥经由司法的反复实践，立法上直接贯穿渗透到21世纪的民法典修改。⑦"生不逢时"⑧的德国民法典制定当时并未合理安排的现实和价值则等了一个世纪，⑨可以说这在

---

① 在这一意义上理解，德国民法典真正成为"19世纪的尾声"（拉德布鲁赫语），"历史现实的审慎终结"（齐特尔曼语），对此参见前引注［26］，第269页。

② 在社会思潮层面亦反映着这一动向。即便走出统制经济，脱离福祉国家动向后，在社会思潮上已不固守古典自由主义，而是变貌为容纳国家干预的新自由主义，参见段中桥：《当代国外社会思潮》（第3版），北京：中国人民大学出版社，2010年，第42—77页。

③ Voir G.Ripert,「Ébauche dO'un droit civil professionnel」in Études de droit civil à la mémoire de H.Capitant, 1939, p.677; L.Josserand, Sur la reconstitution d'un droit de classe, D, 1937. chron., pp.1-2; A.Tunc, Ebauche du droit des contrats professionnels, Offertes à G.Ripert, t.II, 1950, pp.139-140, n°5 et s.

④ Voir J.Calais-Auloy et H.Temple, Droit de la consommation, 8e éd., 2010, n°51 et s, p.56 et s, n°227 et s, pp.282 et s . J.Ghestin, La responsabité des fabricants et distributeurs, Economica, 1975, p.44.

⑤ J.Calais-Auloy, L'influence du droit de la consommation sur le droit des contrats, RTD com.51.1.1998, p.117.

⑥ Voir Travaux de l'Association H.Capitant sur «La protection du consommateur», Montréal, 1973. 日本法上，「消費者保護と私法」（1977年第41回日本私法学会），私法1978年卷40号第3页以下参照。

⑦ 修改草案参见李世刚：《法国合同法改革—三部草案的比较研究》，北京：法律出版社，2014年，第276页以下。

⑧ ［德］拉德布鲁赫著，米健译：《法学导论》，北京：商务印书馆，2013年，第98页。

⑨ 张学哲：《德国当代私法体系变迁中的消费者法》，《比较法研究》2006年第6期。

历史脉络上暗含着一定的必然性。日本法在民事领域没有径直进行消费者保护立法，《消费者契约法》（2001年施行）制定之前，除陆续修改的诸如《上门销售法》《分期付款买卖法》等行业法中填充进民事规则之外，民法典规范被法官灵活适用从而在相对较长的时间里担任着实质的消费者保护法之功能。[①]因此可以说日本法呈现显著的民法先导型消费者保护法特征。这一价值强烈冲击着刚刚结束的日本民法典修改。[②]

很显然，潜在的"消费者"与之后在私法领域的学说和立法中显在的"消费者"之间存在毫无中断的连续性。20世纪中期消费者"问题"频发而发酵成"社会问题"。早已栖息在法典之外的价值一经"消费者问题"激活，以要保护的"消费者价值""消费者理念"彰显。我们今天所言说的"消费者"，其魂与体很大程度上恰恰存在于民法本身。从民法的一侧来说，域外法展示的法律图景是，消费者保护使得在传统民法中所抛弃——或者更正确地说，有意无意遮蔽——的价值在民法的图景中得以找回。在这一意义上，与其说是从近代民法到现代民法的转变，毋宁说是民法观念的本来面貌在现代因应某种价值的确立得以重新复原。从消费者的一侧来说，与其说"消费者是弱者"，倒不如说是法上的结构性不均衡问题通过"消费者"这一概念中介予以集约化。易言之，"消费者是弱者"这一言说只是标彰这一不均衡的方程式。在经济社会以及经济学中分化出的消费者概念，由于消费社会必然衍生的"问题"，通过经济法领域这一国家介入型的"市场规制"和"社会一般利益调整"，在民法自身的非正统价值与正统价值的强弱交替中，契合民法因时因势波动的价值面向转型而显在化。如果将这一点置于"人"的角度来看，并不是"人"本身发生了变化，而是观察"人"的着眼点发生了变化。

[①] 作为消费者保护法意义上的民事判例集，参见名古屋消费者問題研究会·判例消费者取引法（商事法務研究会、1992年）；大村敦志·判例·法令消费者法（有斐閣、1994）。

[②] 日本弁護士連合会消費者問題対策委員会·Q&A消費者からみた民法改正（第2版）（民事法研究会、2017年）第2頁以下参照。

三、构造与解构：中国消费者保护法外在轮廓下的逻辑展开

我国法律上"消费者"概念的生成路径迥别于域外诸法。在生成特征上，后发型的中国法对域外"消费者"的嫁接而直接跨越渐进生成期，由此亦决定了我国法律上"消费者"概念的先行性。然而，与当下法学中"消费者"言说泛滥化倾向形成鲜明对照的是，20世纪70年代末初遇"消费者"时的茫然不知所措。[①]不过，翻阅历史可知这并非对消费者概念本身的无知——比如我国20世纪50年代的政府工作报告中的消费者[②]——毋宁，是作为"社会问题"乃至"法律问题"的消费者此时尚未登场。以改革开放为分水岭，消费者保护法旋即步入发展快车道。消费问题从经济理论实践的禁区[③]转变为市场观念初生后的重视，[④]由此"消费者"概念伴随着市场观念的萌芽进入我国法学视野和法律文本。

（一）"经济法"上一般消费者概念的簇生

市场空间释放，消费者问题发生意义上的产品问题、缺斤短两、坑蒙拐骗、价格、商标等"市场问题"出现。[⑤]丛生的问题成为经济秩序中的社会问题，经由法学家们的关怀进入法律视野，从而又升格为亟待解决的法律问题。实定法上陆续制定立法以应对市场中的诸多不正行为。"消费者"概念从标准化工作会议[⑥]后，频繁出现于参差不齐的"经济法"规范群中。我们不妨举出若干。第

---

① 姚芃：《中国消费者权益保护运动30年回眸》，《法制日报》2008年9月21日周末版。
② 《关于周恩来总理的政府工作报告、关于1956年国家决算和1957年国家预算和关于1957年度国民经济计划的决议》，《财政》1957年第8期。
③ 宋锦剑：《论人民生活消费水平及其构成变化的规律性》，《陕西财经学院学报》1980年第1期。
④ 夏兴国：《重视消费在社会主义经济中的作用》，《社会科学研究》1979年第4期。
⑤ 《中华人民共和国国家统计局关于一九八一年国民经济计划执行结果的公报一九八二年四月二十九日》，《中华人民共和国国务院公报》1982年第9期。
⑥ 岳志坚：《解放思想大干快上为标准化工作的全面发展而奋斗——在全国标准化工作会议上的工作报告（一九七九年三月八日）》，《交通标准化》1979年第2期。

一，已经失效的《食品卫生法》没有使用"消费者"，而是使用了"人民"（第1条），2009年在该法基础上重新制定的《食品安全法》中将其置换为"公众"（第1条），同时亦使用"消费者"（第10条等）。《计量法》的目的规范（第1条）使用"人民"，但"消费者"亦散见于其若干条文中（第17条等）。2000年修改《产品质量法》将1993年的"用户、消费者"（第1条）改为"消费者"（第1条）。第二，《反不正当竞争法》（第1条）、《价格法》（第1条）在制定之初将"经营者和消费者"这一在正统消费者保护法中本属于对立的两者予以并列保护，维持市场整体竞争秩序、市场淘汰机制与保护市场参与人的"他者"理念在此一览无余。同样的，1982年的《商标法》中的"消费者"（第1条）在2001年修改为"经营者和消费者"（第1条），立法思想发生了变化。由此可见，一方面，"经营者"的概念被加进来，另一方面，《商标法》的立法目的囊括进来消费者和生产经营者的利益，从而与《价格法》的目的趋同。但《价格法》中也有若干条文（第9条等）明确规定加重经营者负担，保护消费者。如此，《价格法》在总目的上，既保护经营者又保护消费者，但在具体的条文分配上又将经营者与消费者内在对立，相对于消费者加重经营者义务。

毋庸置疑，诸法在与"消费者"保护的关系上亲疏远近各异，立法目的亦不完全一致。不过，它们具有如下共通面向。第一，这些立法并没有给出概念的定义，诸法中的"消费者"概念与用户、人民、公众的措辞，从实质上说并无二致。质言之，它们是一般意义上的消费者。毋宁，这些法律将重心置于"市场"，功能上偏重宏观市场秩序的维护，"作为集体的消费者"意义浓厚。第二，这一立法群具有强烈的行政规制指向。即它们多设置禁止性规范，保护"消费者"更多仰赖行政机关的惩罚制裁。"消费者"既是维护市场利益的反射受益体，亦是市场中的无序和乱象规制的代名词。在此场合，"消费者"俨然成为"没有主体性的'主体'"。①

同时，在经济法、民法界分混沌的"经济立法"观念之下，"消费者"亦普

---

① 朱祥海：《消费社会的幻象及其结构———一种法伦理学进路》，石家庄：河北人民出版社，2015年，第46页。

遍存在于我国民法学。①民事实定法则着眼于上述市场中的显著的"产品"问题而导致的财产人身损害，《民法通则》（1986年）亦水到渠成地充任消费者保护法角色，该法的产品责任规范其后直接发展为前述规范群中的《产品质量法》。

（二）从作为制度的消费者到作为理念的消费者

一方面，在上述陆续展开的立法进程中，《消法》触及"消费者"的范围（第2条）使得我国法律上"作为适用范围划分意义上的消费者"概念登场。它与前述着眼于"市场""不正行为"的概念之间有了质的区分。质言之，从宏观"市场"到微观"消费者"重心位移，《消法》的"消费者"概念超越上述一般范畴，经由"为生活消费需要"这一基准赋予其具体的、实体的种属内涵，"消费者"指向某种形而下的微观具体关系。在此意义上，经济法群中存在的"消费者"概念与《消法》中的"消费者"概念，既有在秩序规制上相通且连续的一面，又有在次元上断裂的一面。前者更多是基于市场的观念，后者萌生出市民社会的要素。《消法》是保护（相对于经营者的）"消费者"利益的法，故而"消费者"概念成为制度性的、规范性的概念，脱原型、脱一般的意味显著。

另一方面，在原理侧面，作为20世纪80年代民法学对消费者问题的延续，民法学理论格外意识到合同自由限制，特别是格式合同规制问题。②实定法层面上，为匹配市场经济的体制转型并暗合我国开始进入消费社会③的背景，承继《民法通则》上消费者保护的思维以及受到先行消费者保护法的影响，《合同法》中"消费者"呈现出新的面相。除指示条款（《合同法》第113条2款）与受《消法》影响的格式条款的规定（《合同法》第39—41条外），亦在理念上彰

---

① 毋宁，民法是作为商品经济秩序维护的法把握，代表文献参见佟柔：《我国民法的对象及民法与经济法规的关系》，北京政法学院经济法教研室：《经济法论文选集经济法资料汇编之二》，北京：北京政法学院，1980年，第72页以下。

② 崔建远：《免责条款论》，《中国法学》1991年6期；韩世远：《免责条款探讨》，《当代法学》，1993年第2期；王利明：《统一合同法制订中的若干疑难问题探讨（上）》，《政法论坛》1996年第4期。

③ 杨雄、李煜主编：《社会学理论前沿》，上海：上海社会科学院出版社，2016年，第111页。

显保护消费者权益。^①按照立法者的意思，不再单独制定消费者合同法，而是将其一并制定于《合同法》中。若如此理解，《合同法》中就包含着消费者私法，内在着合同当事人的人格解体。

反过来，这一关系显然又脱离了《消法》的概念意义。很明显，它的内涵超越了划分适用范围，消费者的显著意义更多地表现为成为标彰合同不均衡状态的"符号"或"指针"。此处的"消费者"观念具有《消法》中的"消费者"相互无法还原的面相。"消费者"嬗变为理念型存在。《合同法》以及其后的民事立法过程中的尝试都在这一意义上进行。^②进而，《侵权责任法》（2009年颁布）在文本中没有使用"消费者"而使用"被侵权人""他人"等概念，^③但由立法过程可知，从立法思想上受《消法》《产品质量法》等影响，消费者保护亦是《侵权责任法》的立法理念之一。^④但此处内涵的"消费者"亦不同于合同法。比如，在发生原因或表现形式上，安全健康领域的"消费者"受害更多是产品本身缺陷导致。不过，它们似乎可以共通收束于当事人间的非均衡性。由于《合同法》与《侵权责任法》的制定自然而然地融进了"保护"的理念，它们共同表明"消费者"概念呈现渐次抽象化的趋势。

综上可知，我国大立法时代渐次累积起来的消费者保护法规范群在功能或具体概念上皆被笼统称为"消费者"，但因立法目的以及应对问题的不同，消费者概念一旦进入法律的具体场域，其内涵及存在理由并不一致，或者说异同侧

---

① 梁慧星：《中国民事立法评说民法典、物权法、侵权责任法》，北京：法律出版社，2010年，第42页。
② 从民法典草案（2002年）一直到民法典各分编草案（2018年）、《民法典》（2020年）一以贯之。诸学者建议稿程度浓淡存异，但亦在这一脉络。参见王利明主编：《中国民法典草案建议稿及说明》，北京：中国法制出版社，2004年，第468—470页；王利明主编：《中国民法典学者建议稿及立法理由债法总则编·合同编》，北京：法律出版社，2005年，第231—235页。梁慧星主编：《中国民法典草案建议稿附理由总则编》，北京：法律出版社，2013年，第5页，第15页，第20页，第228页；梁慧星：《中国民法典草案建议稿附理由合同编》（上册），北京：法律出版社，2013年，第71页；徐国栋主编：《绿色民法典草案》，北京：社会科学文献出版社，2004年，第13页，第15页，第515页，第592页。
③ 侵权责任法（2009年颁布）第41条—47条。《民法典》第1202—1207条亦同。
④ 全国人大常委会法制工作委员会民法室编：《侵权责任法立法背景与观点全集》，北京：法律出版社，2010年，第7页，第31页。

面兼具。消费者概念本身的多层多义性及其在实定法上的变迁过程使得它的肖像呈现构造化特征。这一特征是不经意达至的客观立法状态，亦是我国消费者保护法自身的显著特色。如此，尽管消费者保护法在实定法层面上是为了应对且标彰具有同质面向的问题而聚集起来的规范群，在学科意义上志向区割出消费者保护法这一领域范畴，但在言说或思考消费者之际有必要有意识地区分多样的消费者形象。在此意义上，"消费者"与妇女、儿童、残疾人等，[①]在市民法的视角下当然具有需要相同对待的一面，但与其他概念不同，它并非一个固定的、确定的存在。由此，"消费者"概念在我国实定法中表现出外在的流动性。

四、聚焦与发散：《消法》内在结构上的龃龉

"消费者"概念在我国实定法之间呈现若干不同，但我国司法适用上的"消费者"皆聚焦于《消法》第2条，经过"为生活消费需要"标准过滤判断。因此，一方面，错落有别的"消费者"在裁判上发生"人为的"重合而归趋同一；另一方面，"消费者"概念在实定法以及裁判上收敛于"为生活消费需要"使得《消法》成为思考"消费者"的关键基点。由此，有必要从"为生活消费需要"标准以及人的属性来分析消费者的实质，探讨"为生活消费需要"标准与《消法》自身性格之间的关系。

（一）"为生活消费需要"的多歧困境与主体属性

如果严格按照立法的逻辑设想，个人为生活消费需要购买使用商品或者接受服务适用《消法》，生产消费则排除适用。[②]作为商品经济体制产物的《消法》，商品经济理论中的主体—生产者与消费者—直接衔接着《消法》的"消费

---

① "法律对未成年人、老年人、残疾人、妇女、消费者等的民事权利有特别保护规定的，依照其规定。"（《民法总则》第129条）
② 国家工商总局局长刘学敏：《关于〈中华人民共和国消费者权益保护法（草案）〉的说明》，1993年8月25日在八届全国人民代表大会常务委员会第三次会议上。

者"的理解。马克思商品经济理论区分消费为生产消费和生活消费[①]的分类基轴和思维框架被《消法》立法原封不动的吸收。对域外法的借鉴上往往参照其经济法上的消费者＝生活者[②]也可被拿来作为"为生活消费需要"合理性的印证。不过，广义上来说，生活消费与生产消费均是消费者，而"为生活消费"才是《消法》上的"消费者"的操作意味着立法者制度性的、技术性的将保护的区割线划定于经济学上的生活消费。毋庸置疑，马克思商品关系理论对消费的把握是精准的，但我们要追问的是这一经济理论下的消费者是不是合致"法上"的"消费者"保护目的？在法宝关联司法案例[③]中关于严格意义上的"为生活消费需要"，[④]即专门为了自己或家庭的生活必需品的买卖和接受的服务。这些案例所争议的"为生活消费需要"的当事人可以说基本都属于消费者的原型，即消费者是在他从事的任何活动的范围外或者没有从事任何活动的自然人。如果按照《消法》设想的"为生活消费需要"原意这一逻辑就不存在争议。事实上，我国的学理争论的原因就在于试图突破"消费者"的严格范围，解决概念标准与《消法》目的实现之间的供给不足。有关法的目的，长期混沌乃至忽略的一点是，《消法》目的是多重的，并不仅仅在于惩罚假货、打击欺诈等不正行为（a），[⑤]还在于矫正不均衡（b）等。质言之，如果出发时的《消法》更多地被赋予了浓厚的政策性期待，那么其后它囊括进来更多的原理性目的。[⑥]因此，对于知假买假问题，若重心置于（a）则有适用《消法》的必要；若重心置于（b），由于不存在不均衡则借着"生活消费"这一标尺，将强且智的购买人排除出保

---

① 马克思、恩格斯著，中共中央翻译局译：《马克思恩格斯选集》第2卷，北京：人民出版社，1995年版，第8页。

② 关于生产者与消费者的不平等以及消费者的弱者地位，梁慧星参考了日本经济法学者正田彬和今村成和的论述。

③ 《消法》第2条的法宝联想案例与裁判文书（5 101篇，2018年12月15日检索）。

④ 这样的判例随处可见，如李某诉某家装经营部买卖合同纠纷案，四川省南部县人民法院民事判决书（2017）川1321民初4518号，因其住房装修需要购买日丰牌管材。

⑤ 河山：《消费者权益保护法诠释》，北京：法律出版社，2014年，第35页。

⑥ 不过，最高人民法院指导案例23号（孙银山诉南京欧尚超市有限公司江宁店买卖合同纠纷案2014年1月26日发布）政策性的认为："不符合食品安全标准的食品"不问是否明知，皆支持惩罚性赔偿。

护范围。学说与实务长期踌躇的症结恰恰在于该二律背反。但，"为生活消费需要"遭遇的真正现实问题不止于此，更一般性的问题是在上述（b）的价值实现上概念射程的波及范围如何。其中的现实问题之一是，国家扶持中小企业的经济战略背景[①]下，如何科学发挥消费者保护法的功能。这一问题若稍加演绎，比方说，扩张到从事一定经营的人如何界定；某个"经营者"在它所从事的范围外与某个"经营者"缔结合同，是否"消费者"或者是否适用消费者保护法？在该情形下，问题又进一步复杂。

思考如下设例。A. 某一经营者（自然人）为自家买一台电视机。B. 该经营者为自己的经营场所购买电视机（此场合，a. 若该人自己从事电视相关营销的店主；b. 若该人为自己经营的面馆购买电视）。C. 还涉及标的物本身，a. 如上述B—b中不是购买电视机而是购买面条机；b. 如果它购买的是汽车，则指向这个汽车的用途（① 如果它是用于饭店经营；② 如果它用于家庭或私人；③ 如果它既用于饭店经营，又用于家庭）。上述分散的诸问题若稍加整理，理论问题是当事人的经营活动与交易目的的关系上以及交易与专业能力关系上分别如何把握。在现行法语境下，我国司法实践很可能除C—b—③ 兼用性时有具体考量余地外，很容易认定只有A和C—b—② 的情形适用《消法》，其他均会被排除。这也是我国司法实务上现实提起的诉讼多为生活消费的原型之原因，推测多是因原告事先认为不属于"生活消费"而自主回避诉讼。换言之，"为生活消费需要"标准在上述"消费者"概念的必要扩张中碰壁。实际上，立法并非没有意识到这一点，《消法》修改中曾试图反向界定为"不以生产经营目的"。不过，在扩张的尝试中如下两点殊值留意。第一，如果着眼于非生产经营目的或者着眼于购买本身与其从事的经营活动之间关系，往往只要是在其所经营活动的范围内交易则认定为不适用《消法》相关规范。尽管会较"为生活消费需要"的

---

① 国务院《关于进一步促进中小企业发展的若干意见》国发〔2009〕36号（2009年9月19日）。2018年10月24日习近平总书记考察广州明珞汽车装备有限公司时强调党中央高度重视中小企业发展。中国中小企业上市服务联盟、洞见资本研究院共同发布《2017年中小企业融资发展白皮书中》所揭中小企业融资难融资贵问题中的"银行高门槛、高标准"以及借贷双方的"信息不对称"；中小企业与大企业、集团的交易上因不具有大企业的法律顾问团队而在交涉上的附合性和劣势地位。

原意扩大，但实际上仍然会限制《消法》的适用范围，且目的与关联关系往往相当趋近乃至互为表里。[①]与此相对，第二，若着眼于是否有专业知识来判断。这样的保护，考虑到了消费者问题产生的一个重要原因是信息不对称与能力不均衡，但它不仅仅保护对专业分化而带来的信息不对称，甚至可能扩大到除自己所从事的经营活动之外的任何交易，从而又存在无限扩大保护之虞，[②]反向抹消了强弱基础。如此，立法者需要在这一紧张关系中寻得平衡。即要考虑到目的以及交易本身与其从事的经营活动之间目的实现上的助益性；但是如果完全聚焦于此，又可能忽视交易中意思的完整程度，一定程度上又要照顾到合同当事人本身的专业知识。据此，将有必要保护者纳入适用范围，将尽管符合标准但不存在不均衡者予以排除。

第二，关于主体属性，若第一中的自然人置换为非法人组织或法人，如何？学界对此问题的讨论不胜枚举。主张限定于自然人的观点，其逻辑可概括归结为：（1）依据僵硬的强弱观念直觉直接排除法人，主张法人是绝对强者，如果扩展到法人反倒使居于弱者地位的消费者的保护失去理论依据。这一逻辑实际上是法人当然等于经营者。（2）受经济学的概念影响，"生活消费"的消费者以及权利语境中的个人权利主体只能是活生生的自然人。然而，法上的"消费者"并非必须严格限定于自然人。一方面，由上述的论证可知，因为在法人能与不能生活消费这一点上的认知不同而导致法人能否适用保护规定的命运有别。换言之，生活消费目的（标准）与人（主体属性）之间具有高度的牵连关系，标准能够控制人的属性。我们所担心的消费者保护法对法人的过度保护可以通过标准来调节。另一方面，如果以强弱关系来表达的话，法所考虑的应该是：并不必然自然人就是弱的，亦并不必然法人就是强的。"消费者"并不必

---

① 法国法上，Cass.civ.1e, 15 avr.1986, JCP1986, IV, pp.174; Cass .1er civ.27 sep.2005, Bull.civ.I.n°347。日本法上，大阪简判平成16年8月26日消费者法ニュース（2005年第65号）第107页。
② Cass.civ.1e, 28 avr.1987, Bull.civ.I, n°134, pp.103.经营不动产中介业的公司为其事务所防盗而与某电器公司签订购买防盗警报合同中的不当条款问题，破毁院认为本案合同脱离了不动产中介公司的经营知识能力。早期的我国知假买假的判例中也可以看到采"商品知识"标准排除保护的案例，如耿某诉南京某商场案，对此参见李友根：《消费者权利保护与法律解释》，《南京大学法律评论》1996年秋季号。

然的是自然人，法人也并不自然的就是处于优越和强势地位的经营者。由此决定，"消费者"的判断是相对的①，要动态的在具体案件中判断。因此，不事先限定于自然人，保持入口的开放性可能是更贤明的做法。这一点亦表明单纯讨论"消费者"是否是法人或非法人组织并无太大意义。进而言之，自然人缔结合同是"消费者"，自然人披上了法人的外衣缔结合同就不是"消费者"，这显然没有考虑消费者保护法生成的全貌，亦整齐划一的拒绝考量消费者保护的基础以及合同当事人的不均衡关系。自然人之外的团体组织、法人亦是多种多样的存在，一概排除是对消费者保护法存在理由的误读。如果作为产品责任领域的"消费者"有可能仅指向自然人，②那么其他领域则并非如此。域外的法经验上，起初在实定法上明文限定自然人，尔后又不得不尴尬地做出反制定法的适用补救，③抑或避开"消费者"概念的定义规范而向法律存在理由遁逃，④徒生的逻辑抵牾是实定法上自我编织限定自然人的牢笼而裁判适用上又不得不求诸其他以图突破。事实上，我国法律的立法实践亦循演了这一纠结历程，实定法制定与修改中颇费周折后最终也没有选择明文限定自然人，⑤各地方条例中的

① 大村敦志·消费者法（有斐閣、2011年）第26页参照。
② 实际上，我国产品责任领域、食品安全领域导致的受害在实定法上也没有限定自然人（如《产品质量法》第40条）；在遭受人身伤害意义上的"受害人"（如同法第44条）是自然人。
③ 法国法，上门销售法1972年12月22日法律明确规定自然人，但1993年1月6日破毁院第一民事法庭作出的两个访问贩卖领域的判决，均采用专业能力的标准，违背实定法予以保护，不同法人与个人。尽管2014年3月14日Hamon法修改明确规定消费者为自然人，但诸如Cass.civ.1e, 8 fév. 2017 n°26263民事不动产公司被视为消费者。尔后，立法上又通过非事业者概念弥补，2017年2月21日2017—203号法律对消费法典修改在法典中明确规定非事业者为任何非事业者性格的法人，可以看出法国立法者拒绝将消费者保护法的适用限定于自然人的意图。
④ 日本《消费者契约法》第2条明文规定个人，但東京地裁平成23年11月17日，判例タイムズ1380号第235页一案中，判决通过该法第1条，肯定了无权利能力社团的消费者性格。
⑤ 我国《消法》立法迂回曲折，但并没有限定自然人。起初的立法说明排除单位，因此草案第2条中设置了第2款"前款中所说的消费者，是指消费者个人"，对此参见前引注65，刘学敏说明。不过，及至1993年10月22日的审议结果报告，部分委员和企业反对，提议删除第2款，对此参见全国人大法律委员会副主任委员项淳一：《全国人大法律委员会关于〈中华人民共和国消费者权益保护法（草案）审议结果的报告〉》1993年10月22日在第八届全国人民代表大会常务委员会第四次会议上。及至2013年《消法》修改中对是否限定"自然人"亦因意见对立而没有改动，参照全国人大常委会法制工作委员会民法室编：《消费者权益保护法立法背景与观点全集》，北京：法律出版社，2013年，第21页，第63页，第93页。

立法参差以及态度变动不居亦不证自明地例证了突破自然人的可能性。①从我国判例来看，诉争的案件当事人一方基本都是自然人。不过，我国司法实务中有判决亦没有径直以被告是公司为由否定《消法》适用，而是以欺诈不成立为由驳回诉讼请求，②虽未正面明示态度，但可以说它潜藏着非限定自然人的思维端倪。

反向思考"消费者"概念，它要表达的逻辑是在与另一方当事人（经营者）的交易关系上，一方当事人是不是"消费者"，值不值得《消法》保护。如果说消费者保护法的存在基础是不均衡的矫正，那么"消费者"不应该是事先的固定绝对存在，经营者/消费者应在具体的交易关系中事后判断。在此意义上，即便在语义上消费者/生产者可以把握为两个独立主体，但《消法》规定的消费者/经营者的两个概念并不是截然对立的两分概念。即使当事人符合静态意义上的经营者的概念，法律适用之际也有可能成为"消费者"，开放型的"消费者"具有内在的流动性。在这一意义上，"消费者"概念本身亦具有一定程度的抽象性和互换性。

（二）《消法》的非均质性与蔓生性

作为构造化的概念在法整体中的参差是由于诸法的立法目的、着眼问题、法律性质之间不尽一致造成的，且消费者保护法的法系统自身的边界因其变动成长亦不清晰。前述"消费者"概念的定义的单义把握与"消费者"概念的构造化之间的错落不言自明。然而，我们遭遇的另一个障碍还在于《消法》本身。事实上，我国《消法》由于在20世纪80年代的"经济立法"中较早且迅疾朝向综合立法，试图综合规制新生"市场"中的多面"消费者问题"，在路径展开上

---

① 湖北省等条例采非限定。然而，上海市等地原本采非限定后修改条例排除单位集体。四川省等明确限定于自然人。

② 某木业有限公司诉某车辆销售服务有限公司等买卖合同纠纷案 山东省莱州市人民法院民事判决书（鲁0683民初5033号）。

有别于域外法。①采取统一立法的《消法》本身作为消费者保护规范的主要载体，其规范层面的综合性及立法目的的多层性与"消费者"的单义把握之间亦呈现一定的紧张关系。这一紧张关系的产生根源很大程度上在于《消法》自身的非均质性与蔓生性。

首先，从横向上看，《消法》的非均质性表现为它的多面体性与多领域性。第一，《消法》规范的类型或性质的多样性导致《消法》呈现出多面体的性质，宣言型、司法型、行政型混在。其中值得特别注意的是，《消法》是商品经济时期的产物，行为规范意义浓厚，内含深刻的行政性和处罚性特征。因此，尽管学界几乎一致试图将"消费者"作统一把握，但《消法》中的多面存在与消费者概念本身的统一把握之间不具有整合性从而又导致分歧难息。例如，前已述，知假买假是否构成欺诈以及惩罚性赔偿的判断困境缘于生活—生产基轴的目的标准的溢出、立法性质以及非道德对非道德的双重叠加等诸要素，徘徊在行政与司法之间导致理论解释和司法适用皆不自洽。《消法》欺诈与民法欺诈的争执亦可以在这一意义上理解。②而这种非整合性又在各地条例规定的不一致中被放大，表现在各地的司法判决中裁判标准并不统一。第二，法上的消费者保护"问题"中的"消费者"，作为"问题束"可统括为"市场问题"，但问题表现于不同的"问题域"中，并且诸问题是渐次出现的，今后势必还会填充进来新问题。《消法》的规制问题指向既有合同方面，又涉及商品或服务本身安全方面以及人格利益方面等。而合同领域的问题进一步又可以细分为多种：1. 意思形成不完整的问题，如不要求相对方状态的后悔权制度、关联相对人的状态意义上的欺诈制度以及违反信息提供义务说明义务的制度；2. 交易方式本身的问题，如互联网交易等的非对面性、销售或交易方法、执拗的劝诱、信用交易等问题；

① 日本法上，《消费者保护基本法》1968年（2004年更名为消费者基本法）、《访问贩卖法》1976年（2000年名称修改为关于特定商交易的法律）、《分期付款买卖法》1961年、《制造物责任法》1994年、《消费者契约法》2000年，陆续跨越很长时期制定；法国法上，1993年消费法典中集合的诸法，如果从1905年法算起，前后跨越近一个世纪。不仅表现在时间跨度本身上，还实质地表现为诸法的立法目的、适用范围上的差异。
② 观点对立的代表文献，两者同一论，参见梁慧星：《消费者权益保护法第49条的解释与适用》，《人民法院报》2001年3月29日第3版；过失欺诈论，参见前引注［61］，第11页。

3. 磋商本身存在与否的问题，如格式条款问题等。进而，在诸问题域中，"消费者问题"的产生原因及其表现存在差异，如经济力的差异，滥用地位或者状况上的优势，磋商能力的差异，占有信息量的不均衡，亦有可能是社会结构或者商品本身的问题等。与其相应，应对方法的设置以及"消费者"的把握自然亦应不同。

其次，从纵向上看，《消法》的蔓生性亦加剧了该法自身与"消费者"概念把握之间的非整合性。这种蔓生性是立法技术以及社会情势变迁的结果，不过它亦凸显该法在现代法系统中的旺盛生命力以及该法在原理层面上的扩张力。从《消法》与"民事一般法"的关系上来看，《消法》某种意义上发挥着规范的发动机、蓄水池和交换站的功能。它起案于商品经济体制的肇端，在商品经济与市场经济的体制交接期颁行，对市场经济下的问题预设并不充足。一方面，《消法》在商品经济时期的时代性以及长期定位为经济法的学科性，使得《消法》的"消费者"更多地被理解为为"生活"消费的人，因此市场经济体制下喷涌出来的围绕医疗、教育、旅游、不动产、奢侈品等诸侧面的细节争论亦是僵持于"生活消费"的解释引起的[1]。造成这些具体论争的原因在于将重心置于"生活"还是置于在不同类型交易中普遍存在的消费者交易"问题"，如果将重心置于后者则当然可以从诸侧面中抽出消费者"问题"的一般性。另一方面，社会的发展进步又催生《消法》灵活的成长性。特别是当下互联网交易的发展，消费结构的变化，消费品的多元化和大量化，服务的兴起，金融业的兴盛（保险、证券、投资理财）等导致新问题涌现，立法调适规范以回应社会变迁。

《消法》的这一蔓生性体现在两个侧面。第一，《消法》向外部的蔓生与延展。比如，格式条款规范超越《消法》的框架，在《消法》体制外向《合同法》的传导；惩罚性赔偿制度在《侵权责任法》中的延伸以及《消法》内部惩罚性赔偿的再发展。[2]第二，向《消法》内部的嫁接与拓展。比如，合同法的格式条

① 全国人大常委会法制工作委员会民法室编：《消费者权益保护法立法背景与观点全集》，北京：法律出版社，2013年版，第21页。
② 杨立新：《我国消费者保护惩罚性赔偿的新发展》，《法学家》2014年第2期。

款对《消法》的反哺（《消法》第26条）;《消法》修改时着眼于销售方式而增设的后悔权制度（《消法》第25条）；非对面型交易以及金融交易中经营者的信息提供义务（《消法》第28条），且对于金融领域是否受《消法》保护的问题，该规定意味着立法承认了《消法》适用于金融消费；[①]增设经营者的消费者个人信息保护义务（亦被反向称为消费者个人信息权）规范（《消法》第29条），它虽然更多体现的是宣言性，但细化了《侵权责任法》的民事权利。

职是之故，我国消费者保护法整体的外在轮廓与《消法》内在结构的双重层面上，特别是《消法》本身的错综性、蔓生性与单义且内嵌浓厚经济学意义的"消费者"定位之间有着难以消弭的非整合性。比如，在关于格式条款的适用上，《消法》提示的是宣言性的规范，这一功能实质上交给《合同法》承担，在适用格式条款规范时，"为生活消费需要"如何与格式条款规范的保护宗旨相协调不可避免地会发生问题。换言之，在非生活消费领域，也同样存在大量的适用格式条款规范，这一矛盾不易克服。[②]又如，是否仅仅"为生活消费需要"才能适用后悔权制度，不无疑问。这一标准显然难以合致着眼于非对面型交易而设置后悔权制度之旨趣。[③]再如，知情权或信息提供义务限定于狭义的"为生活消费需要"会过度限制平衡实现，由此造成的问题往往是标准与规范之间的正当性难以实现有机协调。

五、意义与构建：消费者保护法要保护谁？

既然"消费者"概念呈现构造化以及消费者保护法存在非均质性且呈扩大趋势，那么我们进一步要追问的是"消费者"概念的意义何在？由概念生成可

---

① 以增值获利为目的的消费者显然背离了《消法》所言"生活消费"，但同时因为和金融产品发行人之间的信息与专业能力的巨大差距，又被置于"无能力""缺乏专业知识"的弱势处境。

② 需要注意的是我国《消法》的格式条款已经纳入合同法，因此不存在格式条款规范的区分适用问题。但作为衡量不均衡性的指标在一方是"消费者"时肯定适用的可能性更高。

③ 吴景明等：《〈中华人民共和国消费者权益保护法〉修改建议—第三法域之理论视角》，北京：中国法制出版社，2014年，第109—110页，为了保护意思的不完整不真实，如上门推销时的执拗推销等。

知，经济学与法学上的消费者概念的连续性更多体现在"消费"意义上，而在消费者"问题"意义上，法上的消费者更多地走出经济学意义上的经济链条末端者的语境，被理解为是需要保护的弱势当事人。由此，它在法上提起的问题是：立法者究竟要保护谁，将什么作为正当价值？对此，有必要在现行法框架下反向思考划分标准的实质意义。基于此，在立法论上提示消费者概念规范设计的若干方向。

（一）标准的意义以及其导向上的考虑要素

如前述，"消费者"判断具有纠纷性与事后性。因此，在裁判上法官面对诉争的案件要判断是否应当保护摆在眼前的纷争当事人。为此，在立法上立法者往往会设计一定的标准作为裁判标尺且用于约束司法恣意。从比较法上来看，尽管消费者保护的存在理由有大同小异的普遍性，但"消费者"的标准设定因涉及法政策的选择，法域之间的选择不同，法域内部的前后选择也不同，因此在诸法域之间甚至同一法域内部存在变动性和差异性。如我国法选择了"为生活消费需要"，日本法规定排除适用"作为营业或者为了营业目的"（《特商法》）、"作为事业或者为了事业目的"（《消费者契约法》），法国法律在立法上将目的标准修改为直接关系[1]，尔后又将欧盟指令的标准转化为国内立法。[2] 这一变动和差异本身反映着标准设定上的人为性和困难性。采取单一标准的我国现行法，不妨如下理解其标准的意义。

首先，毋庸置疑，它意味着立法者的一定目的或期待。如果以强弱关系来表达消费者保护法的存在理由更为通俗直观的话，"为生活消费需要"被保护的潜台词是：如果与相对人（经营者）交易是"生活消费"需要，那么该人是无

---

[1] 1989年12月31日法国《访问贩卖法》修改时，将此前1972年法的"为事业活动需要缔结行为除外"修改为"与活动有直接关系的行为除外"（现行消费法典：L121—22，n°4条）。破毁院从20世纪90年代采纳这一标准直到今天，Voir Cass.com .16 février 2016, arrêt n°149, (14-25.146) ECLI:FR:CCASS:2016:CO00149.

[2] Loi n° 2014-344 du 17 mars 2014 relative à la consommation, JORF n°0065 du 18mars 2014. "以不包含在其商业的、工业的、手工业的、自由业的或农业的范围内的目的"（法国《消费法典》前置条文）。

知的弱者，立法者对该人没有任何期待；非"生活消费"者是消费者保护法意义上的强者，立法者认为该人被期待对该交易（包括标的物）具备或应该具备必要的能力和知识，具有很强的磋商能力，能够进行理性且智慧的思考。立法者拒绝非生活消费目的享受法的特别保护。简言之，"生活消费"目的标准彰显着现代社会的结构性问题中的高度的"要保护性"。事实上，司法裁判直截了当排除"生产经营"目的的做法就是在这个意义上进行。[①]但也正是在此意义上，没有必要陷在"生活"的狭义理解中执拗于医疗、教育等个别领域画地为牢。而知假买假所提起的弱而愚、强且智的划分可以说亦是在"要保护性"意义上衡量的结果。

其次，仅做以上理解并不充足，因为在我国现行法的框架下，若按照《消法》上的"为生活消费需要"的区分标准的原意，只不过是把握住了消费者的核心部分。法上的"消费者"的确出发于原型的消费者，却随即抑或渐次被植入若干个存在理由和保护原理。质言之，正因为作为法律问题的"消费者"的要保护性，"生活消费"目的是经由"消费者问题"这一中介装置抽象提炼的结果。如前述，"消费者"的构造化、问题的多域性以及因此带来的消费者保护法的存在基础的复杂性，故而标准的另一重意义在于调适消费者问题表现上的多样问题（事实）与消费者定义上的单一标准（规范）之间的张力。这一点自不待言，但按理说，纠纷解决意义上的"消费者"的"问题性"判断，本来应该在每一个个案中具体考察"受害"或"不均衡"的诸状况、诸要素去判断交易当事人是否消费者/经营者以实现法保护意义上的矫正。然而，这一个案具体考察的机制，立法者通过将"消费者"中发散开来的诸状况、诸要素以整齐划一的标准抽象表达。换言之，"标准"的意义是遮掩或替代了消费者问题的诸状况、诸要素。若如此理解，则在导向这一"标准"的判断过程中有必要将这些予以还原考虑。即便在没有明示这些判断而直接得出结论的案件中，实际上也

---

① 广西壮族自治区贺州市八步区人民法院民事判决书（2017）桂1102民初3414号严某诉某房地产有限公司等商品房预约合同纠纷案认为涉案商铺虽属商品房的范畴，但其用途是商铺，不属于生活消费目的。

应该进行这一思维操作。不过，标准的判断需要斟酌的状况、要素，在诸个案中可能并不完全相同，需要到个案中具体衡量判断，[1]并且因交易领域、交易方式等不同要考量的要素或考量的重心亦相异。[2]如果这样考虑，该标准的判断就成为直接或间接考量诸状况、诸要素，发挥标准的杠杆能动性以实现它作为正义实现机制的功能。这是在我国现行法下发挥《消法》能动性、突破其保护范围过度保守的可能路径之一。在此意义上，比如，我国法律的"为生活消费需要"亦是有必要对综合要素进行具体判断的标准。质言之，即便我们选择维持它在实定法上的正当性，但判断"为生活消费需要"的观念需要改变。如此理解的话，我国法律上的诸争论（目的论[3]、标的物论[4]、行为论[5]等）可以说皆各自揭示了判断"标准"的某个或某些要素。医疗、教育等诸次系统"消费者"问题亦分别是这一思考机制中的一个侧面而已。

职是之故，判断"消费者"不可能是单纯单义的。需要关照交易形式，斟酌当事人状况、当事人的非正当性、标的物状况、当事人与标的物的关系（交易本身与其所从事经营活动之间的关联程度、消费目的、用途、是否有专业知识等）等当事人之间的具体情形综合判断。在此之际，有必要留意两点。第一，这种指标性要素并非固定不变的。在不同的案件中，它们的要素呈现的程度也不一样。要素本身之间亦存在一定的联动关系，比如，标的物本身的不同或者

---

[1] 这一旨趣在域外法上显著。日本法上，参见名古屋高判平成19年11月19日、判例タイムズ1270号433頁；法国法上，voir Trib.inst.Paris, 4 oct.1979, Gaz.Pal.1980.1.120, note A.L.Vincent et A.Cloarec.

[2] 在某一领域中不被重视的要素在其他领域中可能具有决定性，如法国 CA.Rennes, 15 juin 1978上门推销灭火器一案认定上门推销中"消费者更是处于脆弱状态"。日本判例上，越谷简平成18年1月22日判决，消费者法ニュース27号39頁，理发店被上门推销购买电话，由上门推销的主观恶性、电话用途多用于自己家庭等判断不符合"为营业的目的"。

[3] 消费动机或目的上的一般经验，参见梁慧星：《消费者权益保护法第49条的解释适用》，梁慧星主编《民商法论丛》第20卷，香港：金桥文化出版，2001年，第403页。非转卖非经营目的，参见王利明：《消费者的概念及消费者权益保护法的调整范围》，《政治与法律》2002年第2期。

[4] 壬子：《河山：还我一个宁静的公序良俗——消费者权益保护法有关问题访谈录》，《中国律师》1998年第3期。

[5] 杨立新：《"王海现象"的民法思考：论消费者权益保护中的惩罚性赔偿金》，《河北法学》1997年第5期。

标的物的"使用"本身有时成为判断的重要风向标。[①]第二,反向逻辑来看,即便将这些要素予以考虑不满足该标准,但并不能一概排除保护的必要性。有时出于政策性考量,如我国现行法上农民购买使用直接用于农业生产的生产资料(《消法》第62条),也可能会有现代生产技术的进步和社会经济发展而带来的标的物本身的复杂性或内含高技术的情形,导致当事人双方之间存在相当程度的不均衡时亦有矫正的必要性。再有,不均衡和政策的混合因素存在,如中小企业的保护。[②]反之,即便按上述判断构成"消费者",在该"消费者"没有要保护时,则拒绝保护为宜。[③]若如此考虑,则我国司法实务在判断适用上的僵化亟待克服。

(二)规范建构

实定法上设置单一标准,在明了性上有其优点。但标准的正当化在不同领域里表现不同,因此即便放弃"生活消费"目的标准改采其他标准同样存在顾此失彼之虞;反过来,又容易造成在不同领域中的某些领域"消费者保护"的目的实现上难以满足,类似的情形却存在保护的差异性,从而反向削弱标准的正当性和说服力。域外的法经验也例证了这一点。如法国法上,特定标准的无法周延性不可避免。"消费者"概念的定义规范长期不在变相为法官自由裁量创造了空间。及至最近欧盟指令国内化时法国设置统一"消费者"定义规定,为

---

① 黑龙江省桦南县人民法院民事判决书(2017)黑0822民初1850号闫某诉某农机配件商店等买卖合同纠纷案,认为购买玉米脱粒机是为利用玉米脱粒机帮别人脱粒赚取佣金的生产经营行为,排除消法适用。同样是汽车购买,用途决定命运,参照浙江省绍兴市越城区人民法院民事判决书(2017)浙0602民初11725号某布业有限公司诉某汽车销售服务有限公司买卖合同纠纷案;与此相对,吉林省白山市浑江区人民法院民事判决书(2017)吉0602民初1329号臧某诉某汽车销售服务有限公司买卖合同纠纷案。标的物兼用时是否适用消费者,法国法、欧洲法主张依比重来判断,J.Calais-Auloy et H.Temple, Droit de la consommation, 8e éd., 2010, n°11, pp.10-11提示的标准是主要用途优位于附随。
② 对中小企业的保护既有国家政策层面的必要性,又有消费者保护法层面上的正当性,法国法在1989年修改上门销售法专门考虑扩大对中小经营者的保护。
③ 法国判例有启发性。Cass.1erciv., 5nov.1996, Bull.civ.I, n°377制造皮革腕环的公司从另一公司缔结了为期15年的电话器材的租赁合同,破毁院改判认为:该制造公司没有在电子电话领域的专门能力,承认其消费者的性格,但契约与其从事的事业活动有直接关系,因此本案合同不适用不当条款法。

突破其掣肘，最近对作为妥协产物在1978年立法时无意间保留却长期没有得到重视的"非事业者"概念增设定义规定[1]，其功能正被唤醒。[2]单一标准显然不能合致立法者发动保护的多元目的，在这一意义上，未来法修改时任何选择似乎都不能完全令人满意。我们反复提及的广义的消费者保护法的内在差异性以及《消法》自身的非均质性投射到"消费者"概念上，消费者保护的诸状况与某一特定标准之间不可回避的存在难以覆盖或过于牵强的情形。鉴于这一事实，立法论上亦不必过度执拗于设置统一的消费者定义规范。即便经济学上或者学理上可以设置一个狭义的、统一的消费者概念的定义，但在消费者纠纷解决意义上，"消费者"定义的单一设置会在立法上造成囿限。尽管我国实定法上尚未设置消费者概念的定义规定，但可以确定的是期待通过概念的统一且唯一的定义一劳永逸解决问题似乎注定会碰壁。

反过来说，消费者概念的构造化以及消费者保护法的不均质性、存在理由的不一致，是否必然意味着消费者概念定义的放弃抑或不能设置统一的消费者概念定义规范？事实上，作为语义学上的法律概念的表达，并不妨碍设置统一的定义规定。但于此场合，我们需要留意的是：消费者保护法的适用范围依赖消费者的定义，但是否消费者与是否适用消费者保护法亦是两个层面的问题。[3]消费者保护法要保护谁是考量进行某一个交易的人是否构成消费者或消费者保护法的适用是否可以发动。由此，存在层状判断：是否构成消费者的判断，给出一个基本标准，它提示的是如果越核心的把握的话当然越有利于消费者概念的明了性；但这并不妨碍消费者保护法适用于亲近这一参照指标的人。即便不构成"消费者"，不等于不能适用消费者保护法，可以通过一定的技术操作（参照、类推、同化等）保留法适用的可能性。避开在立法上预先堵塞，解消司法在个案的具体判断中因依靠某一特定标准而可能会面临的左支右绌。

---

[1]　Voir J.O.Déb.Ass.Nat.13 déc.1977, p.8591 ; JO Sénat, Débats parlementaires, 1977–1978, n° 102,.19 décembre 1977.

[2]　2017年2月21日2017—203号法律对法典进行修改（法国《消费法典》前置条文）。

[3]　前引注［90］法国破毁院判例在这一点上富含启发。

上述想法若反映在规范设计上可能会有多种选项。第一，回避定义。通过实现消费者保护法旨趣意义上的判例累积，边界清晰之后再抽出一般规则。不过，可能的代价是恣意裁量而造成一定的司法不统一。第二，选择多重定义。在定义意义上的"消费者"概念的区分标准不可能唯一，按照问题域的不同而设置有幅度的多重定义来应对。不同的问题域中考量的着眼点和重点并不完全相同。这样势必要承受一定程度的概念混乱。第三，目前相对现实的做法是考虑设置定义。A. 设定一个明确的消费者概念，可以狭窄。保持现在的《消法》中的概念基准并非不可以，亦可以将该基准反向限制，如"不以生产经营目的"或"生产经营外的目的"，但需要革新理解的观念。B. 离开主观的目的标准改采更具客观性的标准，如"直接关系"不失为一个选项，同时要吸取法国法上导入该标准的立法初衷是扩张适用范围而司法适用却出现收缩的趋向之教训，并适度配合专业能力标准。①C. 如前述，像法国立法那样将严格的定义与其他定义并置也可以考虑（必要时"准消费者"概念的新设）。要重复强调的是，即便设置核心的"消费者"定义规范，消费者保护法的适用范围并不止于该核心概念的定义指向，有必要关照其他不属于严格意义上的"消费者"，但是从立法意图来看却有保护必要的当事人，在制度设计上不封闭类比"消费者"来适用消费者保护法的可能性，同时对经济政策等情形予以考虑以保持特殊场合机动的纳入或剔除。

六、结语

上述论证可能被批评为"消费者"概念的无用论②或者消费者保护的泛滥

---

① 需要注意的是，我国法律上的"经营者"范围小于国外法（如欧盟法、法国法）上的"事业者"的范围。我国更注重营利性的要素，但事业者是包含非营利性在内的更广义用语。经营者的概念妥适与否，值得探讨。

② 实际上，更广意义上对消费者的质疑在法国法上早已存在。J.-P.Chazal, Le consommateur existe-t-il? D. 1997, Chr., p.261.不过，即便主张消费者无用论的Chazal，与其说是不主张消费者，毋宁是主张将消费者保护规则贯彻至任一不均衡、任一弱者。由此可以说，"消费者"概念无用论恰恰是在反向强调扩张"消费者"。

化。对于这一可能的批评预先回应如下：第一，不管"消费者问题"的表现如何多样，诸种问题的"问题性"通过"消费者"这一现代法的价值共识表达衡量，而且消费者概念在功能上成为构建和维系消费者保护法这一法系统的中心轴，至少在此双重意义上"消费者"有存在的必要性。第二，我国被低估的消费者概念以及随之被矮化的消费者保护法功能的发挥未来值得更大程度的期待。不过，有必要在消费者保护法的机制发挥上寻求平衡以维护交易的公平正义。为此，我们必须警惕走向保护扩大化或泛消费者化的另一个极端，从而反向丧失平等对待与要保护之间的区割意义。第三，"消费者"概念是法的演进过程中被刻意排除的强对弱的正义观念（原理和理念）、时代变革下涌现的新问题群的应对方法（制度和方法），以及时代变迁下不同时期不同原因不同形式下渐次发生的权益受害（问题和现象）三层意义的压缩聚敛。

反过来，作为水面之下诸问题的"代言人"表现在水面上的"消费者"概念是蜕变型和进化型的多维度概念。"消费者"概念本身具有的扩张力和动态性与概念呈现的构造化之间互相支撑。它催促我国司法裁判更加能动地践行消费者保护法的功能，亦提示将来立法时注意"消费者"概念规范的弹性设计。当务之急是我国法需要走出陷在"为生活消费需要"语义层面的僵持和混沌。进而言之，开篇言及的从抽象人格到具体人格的转型问题，消费者对照近代民法理论上所设想的人的确有具体性的一面，但同时"消费者"自身亦包含着一定的抽象性与互换性，这也是"消费者"区分于"劳动者"的重要一面。若沿着这一脉络思考，消费者保护对民法的影响轨迹印证着消费者保护法与民法的原理互通，"特别法"与"一般法"的关系亦面临重新理解。不过，消费者保护的言说泛滥化与政策化极易遮挡"消费者"概念蕴含的丰富原理性。消费者保护法的潜在扩张力以及它与民法的动态连续性和相互反馈力不能也不应过小评价。民法视野下这一更宏大的课题有待今后继续探讨。

《民法典》第10条中"习惯"的适用障碍及其适用规范

环建芬[①]

摘　要

《民法典》第10条规定了"习惯"的民法渊源地位，但如何适用"习惯"[②]目前存在一些障碍。针对这些障碍，应明确《民法典》第10条中"习惯"的具体界定或指向、厘清"习惯"与现有民法规范中内容相近的表述之间的关系、确立"习惯"的适用主体和范围及条件。同时《民法典》第10条中的"习惯"应视作习惯法，基于习惯法具有法律确信等特点，它可直接适用；一般的习惯，通常为事实上的习惯，需要有法律法规等明确规定或者经过人民法院审查确认后才可以予以适用。

关键词：习惯；习惯法；障碍；界定；适用规则

《民法典》第10条规定："处理民事纠纷，应当依照法律；法律没有规定的，可以适用习惯，但是不得违背公序良俗。"《民法通则》规定的民法渊源是法律和政策，《民法典》删除政策，将"习惯"确立为作为一种民法渊源，这是一个

---

① 作者为上海师范大学哲学与法政学院副教授，法学博士，研究方向为民商法。
② 文章凡是用双引号表示习惯的，即"习惯"，均特指《民法典》第10条所指的"习惯"；凡是未用双引号表示习惯的，所指习惯是一般概念上的习惯。

进步；另外，习惯所调整的事务，诸如婚姻、析产、继承、买卖、抵押、借贷等等，也是现代民法中的重要组成部分。[①]基于这两方面的原因，关注民法渊源"习惯"具有重要意义。

笔者查阅《民法典》第10条中"习惯"的研究成果，包括一些论文和书籍[②]发现，它们主要研究的内容是"习惯的解释"[③]"习惯的司法适用"[④]"习惯的法律渊源"[⑤]"习惯的完善"[⑥]等。文章认为，习惯的法律渊源问题立法已经明确，但是立法上还有其他一些问题是空白，学理方面研究也有待进一步提升，尤其是"习惯"的适用问题值得关注。目前《民法典》第10条对"习惯"规定过于简单，进入适用层面便呈现一些障碍，需要从法律上克服，故文章针对这些障碍提出相应规范适用"习惯"的建议。文章讨论的"习惯"的适用不局限于司法适用，而是实践中的整体适用包括适用规则问题；另外，"习惯"适用问题牵涉面较广，包括实体上的、程序上的，文章主要聚焦实体上的适用问题。

一、《民法典》第10条中"习惯"适用存在的障碍

目前，《民法典》第10条中"习惯"的适用存在的主要障碍为：

---

① 梁治平：《清代习惯法：社会与国家》，北京：中国政法大学出版社，1996年，第37页。

② 沈德咏主编：《〈中华人民共和国民法总则〉条文理解与适用》，北京：人民法院出版社，2017年；张新宝：《〈中华人民共和国民法总则〉释义》，北京：中国人民大学出版社，2017年；王利明主编：《〈中华人民共和国民法总则〉条文释义》，北京：人民法院出版社，2017年；杨立新：《民法总则条文背后的故事与难题》，北京：法律出版社，2017年；茆荣华主编：《〈民法总则〉司法适用与审判实务》，北京：法律出版社，2017年；等等。

③ 谢晖：《"可以适用习惯"的法教义学解释》，《现代法学》2018年第2期。

④ 彭诚信、陈吉栋：《论〈民法总则〉第10条中的习惯——以"顶盆过继案"切入》，《华东政法大学学报》2017年第5期；刘智慧：《习惯作为民法法源的类型化分析——以〈民法总则〉第10条的适用为中心》，《新疆社会科学》2017年第4期；彭诚信：《论〈民法总则〉中习惯的司法适用》，《交大法学》2017年第4期；等等。

⑤ 于飞：《民法总则法源条款的缺失与补充》，《法学研究》2018年第1期；张强、陈玮：《论民法的渊源——以〈民法总则〉第十条为中心》，《社科纵横》2018年第7期；张民安：《〈民法总则〉第10条的成功与不足——我国民法渊源五分法理论的确立》，《法治研究》2017年第3期；等等。

⑥ 高其才：《认可、吸纳与空漏：〈民法总则〉对习惯的规范及完善》，《江海学刊》2017年第5期。

（一）"习惯"的具体界定不明确

关于《民法典》第10条中"习惯"的具体界定争议的主要焦点是，此处所指究竟是习惯还是习惯法？讨论此处所指"习惯"的界定，首先要明确习惯与习惯法是否等同的问题。对此，国内外学界主要有两种观点：

第一，习惯等同于习惯法，两者无差异。如有学者提出，"佤族社会仍然依靠长期的历史形成的习惯和传统来调整人们之间的各种关系，维持社会的秩序。佤族没有文字，这些传统习惯和道德习惯没有用文字固定和记录下来，所有也可称为'习惯法'。"①另有学者的观点是，"民事习惯，也称作习惯法。按照德国学者的意见，习惯与习惯法不同，习惯为事实、为社会所通行，须当事人自己援用，而习惯法为法律，为国家所承认，为审判官所适用。而法国学者则认为，习惯法即习惯，两者并无区别。对此，我建议采取法国法的解释。"②故提出"在法律没有规定的时候，应当有习惯作为习惯法，对没有法律明文规定的民事关系用习惯法进行规范；……"③有学者表示，"在现代法治国家的语境下，在讨论民法典与民事习惯的关系时，不论是'习惯'还是'习惯法'，其所指称的对象是同一的，即未予法典化的不成文规则。"④以上国内外学者们的主要观点是，习惯可以称作习惯法，习惯系指习惯法，习惯可以作为习惯法，习惯与习惯法的对象是一致的。

第二，习惯与习惯法不等同，两者存在差异。如有实务部门专家认为"习惯的消极条件是不得违背公序良俗。那些符合公序良俗原则和国家整个法制精神相统一的习惯，可以被承认为习惯法；反之，那些违背公序良俗，与一国整体法治精神相违背的习惯，则无法被承认为习惯法。"⑤"习惯要转化为习惯法并

① ［美］霍贝尔著，严存生译：《原始人的法》，贵阳：贵州人民出版社，1992年，第18页。
② 杨立新：《民法总则条文背后的故事与难题》，北京：法律出版社，2017年，第37页。
③ 杨立新：《民法总则条文背后的故事与难题》，北京：法律出版社，2017年，第35页。
④ 王洪平、房绍坤：《民事习惯的动态法典化——民事习惯之司法导入机制研究》，《法制与社会发展》2007年第1期。
⑤ 沈德咏主编：《〈中华人民共和国民法总则〉条文理解与适用》（上），北京：人民法院出版社，2017年，第165页。

成为民法的渊源，必须经过'合法性'判断，即不得违反法律的强制性规定和公序良俗。"①王利明教授认为，"习惯要转化为习惯法，并成为裁判的依据，其必须经过'合法性'判断，……"②这部分学者的主要观点是，习惯与习惯法两者不同，习惯要成为习惯法必须要符合一定原则和精神并且进行合法性判断。

综上，关于习惯与习惯法是否等同有两种观点，本文同意第二种观点，即习惯不等于习惯法，习惯要成为习惯法必须符合一定条件。那么，《民法典》第10条中表述的"习惯"究竟属于习惯还是习惯法？"处理民事纠纷，应当依照法律；法律没有规定的，可以适用习惯，但是不得违背公序良俗。"从条文看，此处的"习惯"其适用的位阶在法律之后，立法将其独立出来使其成为一项独立的法源，这种法源应该依据立法的直接表述理解，就是习惯，而不是其他；但是若认为这里的习惯属于习惯法也是有理由的，因为这里的习惯它不是指所有的习惯，而是需要有法律强制性要求的，即"不得违背公序良俗"，这涉及习惯合法性判断问题。据此发现，由于《民法典》第10条"习惯"的表述界定不明确，导致其指向不清楚，易让人产生困惑。

（二）"习惯"与现有民法规范中内容相近的表述之间的关系不清晰

除《民法典》第10条外，我国现有的法律法规等有不少与习惯内容相近的表述③，那么，"习惯"与它们之间是什么关系？

目前，除《民法典》④外，我国还有其它的民事法律及其司法解释中出现与习惯内容相近的表述的规定。如《物权法》第85条："法律、法规对处理相邻关

① 沈德咏主编：《〈中华人民共和国民法总则〉条文理解与适用》（上），北京：人民法院出版社，2017年，第165页。
② 王利明主编：《〈中华人民共和国民法总则〉条文释义》，北京：人民法院出版社，2017年，第35页。
③ 鉴于习惯与其内容相近的表述较多，为避免论文中表达过于啰唆，故下文遇到此类情形以"内容相近的表述"替代。
④ 关于习惯的规定，我国《民法总则》除了第10条外，还有第140条规定了"交易习惯"、第142条规定了"习惯"。

系有规定的，依照其规定；法律、法规没有规定的，可以按照**当地习惯**。"第116条："法定孳息，当事人有约定的，按照约定取得；没有约定或者约定不明确的，按照**交易习惯**取得。"《合同法》就合同的承诺、合同的履行与诚实信用、合同约定不明的补救、后合同义务以及合同的解释等总则以及分则的具体内容分别在第22、26、60、61、92、125、136、293、368条共9个条款提到了"**交易习惯**"。全国人民代表大会常务委员会关于《中华人民共和国民法通则》第99条第一款、《中华人民共和国婚姻法》第22条的解释中提到"少数民族公民的姓氏可以从本民族的文化传统和**风俗习惯**。"《合同法司法解释（二）》第7条提到了"**交易习惯**"和"**习惯做法**"；《婚姻法司法解释》（二）第10条规定了"**习俗**"；《买卖合同司法解释》第1、17、18条均提到了"**交易习惯**"；《民间借贷司法解释》第1、16、25条均提到了"**交易习惯**"。

由此可见，我国民事法律及其司法解释中与习惯内容相近的表述的规定存在多元化情形，除了"习惯"，还有"当地习惯""交易习惯""风俗习惯""习俗""习惯做法"等。《民法典》第10条仅仅规定"习惯"为我国民法渊源之一，但是没有对其进行概念性解释或内涵和外延的界定。观察各国立法包括目前我国所有的民法规范，均没有发现对习惯进行概念解释，即便有一些学理解释但不统一。《民法典》为民事基本法，其相关规定对于其下位法或其他法律规范具有重要影响。鉴于现今我国《民法典》第10条中"习惯"的表述过于简单，其下位法及其相关法律规范中与习惯内容相近的表述又呈现多元化。对此，人们会关注以下问题：一是它们彼此之间是否等同？即"习惯"与下位法及其相关法律规范中内容相近的表述是否相同、彼此之间可否替换使用？二是若不等同，是否具有包含关系？即"习惯"是否包含其他内容相近的表述？若不能包含，那么，这五项表述①如何在实践中准确适用？三是若概念均不同，它们之间有何区别？同时彼此之间是否具有平行关系？上述三个问题需要明确，否则，鉴于目前与习惯内容相近的表述多样化，不统一，易造成人们理解上的分歧，适用

---

　① "五项表述"指"当地习惯""交易习惯""风俗习惯""习俗""习惯做法"。

"习惯"时会把握不准确。比如，将"当地习惯""交易习惯""风俗习惯""习俗""习惯做法"均视作具有法律渊源的"习惯"适用，导致"习惯"适用比较随意，缺乏规范性。

（三）"习惯"适用规则欠缺基本规定

要规范适用"习惯"，应该确立该法律渊源的适用规则。作为"习惯"的适用规则，一般包括适用主体、范围、条件。目前，这方面的法律规定是欠缺的。

1. "习惯"适用主体

现今许多实行民事法律成文化的国家都通过立法赋予习惯为法律渊源之一，但是很少有国家在立法中明确习惯的适用主体。目前，这种很少的例子便是《瑞士民法典》，这是大陆法系国家第一部将习惯法列为民法渊源的法典。其第1条规定："任何法律问题，凡依本法文字或其解释有相应规定者，一律使用本法。法律未规定者，法院得依习惯法，无习惯法时，得依其作为立法者所提出的规则为裁判。"[1]即《瑞士民法典》明确，习惯法的适用主体是法院。《民法典》第10条并没有规定"习惯"的适用主体。由此困惑，第10条提及的"可以适用习惯"，其可以适用的主体具体是哪些？是所有民事主体还是仅仅为公权力主体？按照司法中心主义观点，公权力主体除了司法机关即人民法院以外，是否还包括公安机关（如主持调解交通事故纠纷）？另外，是否还包含经济仲裁机构和劳动仲裁机构？是否还包括主持调解纠纷的各类调解机构？如消费者协会，等等。

2. "习惯"适用范围

习惯的适用范围与适用主体之间是有联系的，适用主体关注谁来适用"习惯"，适用范围考虑在哪些民事法律实践领域可以适用"习惯"，不同的实践领域有不同的主体主持。《民法典》第10条中"习惯"的适用范围究竟可以包括哪些民事法律实践领域？

---

[1] 戴永盛译：《瑞士民法典（修订截至2016年1月1日）》，北京：中国政法大学出版社，2016年，第1页。

第一，审判实践范围的适用。这方面有两个特点：

其一，习惯的适用有一定数量。笔者在中国裁判文书网按照"民事案件—判决书—习惯"顺序查询，截至2019年7月22日，共有1 088 190份涉及"习惯"表述的判决书[①]；以2017年10月1日至2019年7月22日为时间段，即《民法总则》[②]生效后一段时间，笔者在中国裁判文书网以最高人民法院为主体，按照"民事案件—判决书—习惯"顺序查询，共有174份判决书。由此发现，在《民法总则》颁布前，各级法院审判过程中，依据习惯进行裁判的案件具有一定数量；《民法总则》颁布后，审判实践中，依然有数量不少的判决适用了作为民法渊源的习惯的形式。

另外，目前有地方法院通过对习惯调查的形式收集民间习惯并将它们汇编后作为审判实践的指导。如江苏省姜堰市人民法院通过调查走访、总结审判经验等方式编纂形成的《姜堰市民俗习惯风情录》[③]。可见，在审判实践中适用习惯作为人民法院判决的依据；同时通过主动收集民俗习惯提供给审判实践也是一种间接适用的表现。

其二，未见直接引用《民法总则》第10条中"习惯"的判决书。笔者在中国裁判文书网按照"民事案件—判决书—《民法总则》第10条习惯"顺序查询，在"法院层级"部分输入"最高人民法院"和"中级人民法院"后弹出"无符合条件的数据"，即判决书为"0"份，另外"高级人民法院"和"基层人民法院"部分也未能查询到相关信息。即相比其他法律条文在审判实践中适用，目前我国民事审判实践中，未发现直接引用《民法总则》第10条"习惯"的情形，上文显示的判决书份数应该均为间接引用。

---

① 限于1 088 190份判决书数量较多，笔者难以阅读每份判决书，相信其中有部分判决书中提及的习惯仅仅是一般语言表述而非本文讨论的可以作为判决依据的习惯，但笔者所阅读的判决书中有相当一部分是以相关习惯作为判决依据的。

② 2017年10月1日生效的《民法总则》第10条与2021年1月1日生效的《民法典》第10条的表述完全一样，为了便于全文表述统一，本文一般情形下写《民法典》，但有些内容若这样表述会出现时间上的不协调，则根据需要会表述为《民法总则》。

③ 汤建国、高其才主编：《习惯在民事审判中的运用——江苏省姜堰市人民法院的实践》，北京：人民法院出版社，2008年，第1—46页。

第二，其他范围的适用。如仲裁范围可否适用"习惯"？包括经济仲裁、劳动仲裁等。又如，诉讼外的一般的人民调解范围可否使用？如婚姻继承纠纷调解、家庭纠纷调解。再如，行业协会主持的调解范围可否适用？如所在地区的消费者协会主持的调解、医疗纠纷调解、物业纠纷调解等。另外，在公权力机关主持的一些调解范围中可否使用？如马路上发生交通事故后，交警部门主持的双方调解。虽然立法上没有规定除审判实践范围适用外，其他领域不能适用"习惯"的禁止性规定。但是，前文已述，目前"习惯"的适用主体不明确，由此导致适用范围也不清楚。即除了审判实践范围，其他范围是否可以适用"习惯"不确定。若不能适用，那么"习惯"作为民法渊源的适用范围未免显得过于狭小；若能适用，又缺乏相应的法律依据。

3. "习惯"适用条件

《民法典》第10条规定："处理民事纠纷，应当依照法律；法律没有规定的，可以适用习惯，但是不得违背公序良俗。"从该条文观察，"习惯"的适用，目前法律上明确了以下几个条件：

第一，纠纷类型。此处提及"习惯"的适用必须是在处理民事纠纷过程中。即非民事纠纷，包括行政案件的纠纷等，均不可以适用。因为民事纠纷是发生在平等主体之间的，故"习惯"的适用在一定程度上更强调当事人意思自治。

第二，适用顺序。发生民事纠纷后，首先适用法律，包括相关的法律法规。当有法律规定时，不能适用"习惯"；只有在法律规定缺失的情形下，才可以适用"习惯"。故从适用顺位上看，"习惯"的效力弱于法律。

第三，适用强制性。"习惯"的适用不是"必须"或"应当"，而是作为一种选择，"可以适用"，也"可以不适用"。所以，从立法上看，"习惯"的适用不带有法律强制性。

第四，适用原则。即"不得违背公序良俗"，这一点是"习惯"适用的底线。公序良俗是民法的基本原则，所有民事纠纷的处理，均不能违背这一原则。即便某一项习惯当事人自愿适用，但只要不符合公序良俗原则的，均不得适用。如各地习惯中，寡妇不得改嫁，出嫁的女儿没有继承权等，这些内容违背善良风俗，故不能适用。

从上述四个条件看，似乎《民法典》第10条就"习惯"的规定应该是明确的。但是，文章认为还有一些问题需要进一步关注：

第一，适用顺序。上文提及从适用顺序的方面看，法律优先于"习惯"，而法律包括了强制性规范和任意性规范，那么这两种规范是否都优先于"习惯"？

第二，适用强制性。若没有法律规定，但确有相应的"习惯"存在，可是当事人一方不愿意适用某一项"习惯"，另一方当事人或主持纠纷处理的一方机构可否坚持适用该"习惯"？若坚持适用，可否会引发新的纠纷？若不适用，处理纠纷又缺乏一定的法律规范依据。

第三，适用的规则属性。习惯一般是约定俗成的，而规则往往是运行规律所遵循的法则。那么在处理民事纠纷中适用"习惯"，该"习惯"一般应该具有规则属性，有了规则属性，"习惯"可以避免适用时的随意性，使其更具有规范性。现今立法上对"习惯"适用的要求是"合法性"，这仅仅是基本内容方面的规范性，但是这样规定比较单薄、欠充分，若能确立一定的具体和明确的适用规则会更为妥当。

上述这些适用"习惯"时存在问题，就目前立法表述看，缺乏必要的提示，易使人产生疑惑。

二、完善《民法典》第10条中"习惯"适用规范的建议

鉴于目前《民法典》第10条中"习惯"适用中存在的障碍，笔者建议，需要完善相应适用规范，具体如下：

（一）明确"习惯"的具体界定

明确《民法典》第10条中"习惯"的具体界定，需要确定此处的"习惯"究竟是习惯还是习惯法？要清楚这个问题，首先要厘清习惯与习惯法的各自概念和彼此关系，然后再确定此处"习惯"的具体界定或者指向。

1. 习惯与习惯法的各自概念及其关系

说到习惯的概念，首先应明确其内容范围。对此，文章赞同高其才教授的观点，即习惯应该包括事实上习惯和规范性习惯[①]。事实上习惯，是指"对生活环境、交往模式以及生活技能等方面的事实性描述"[②]，它是"多数人对同一事项，经过长时间、反复而为同一行为。因此，习惯是一种事实上的惯例。"[③]规范性习惯是对事实上习惯的"抽象性表达，具备规则性、普遍性等基本特征。"[④]通常我们提及的习惯，从广义上讲，包括事实上习惯和规范性习惯；从狭义上讲，通常指事实上习惯。本文所提习惯一般指事实上习惯，即狭义层面的习惯。而规范性习惯就是习惯法，是指"非立法机关所制定，而由该社会各组织成分子所反复实施，且具有法的确信的规范。"[⑤]是"对其已形成法律效力之信念的法律。"[⑥]"习惯法则须以多年惯行之事实及普通一般人以之为法之确信心为其基础。"[⑦]因此，"习惯法者惯行社会生活之规范，依社会之中心力，承认其为法的规范而强行之不成文法也。"[⑧]由此可见，习惯与习惯法之间既有共同点，也有明显的不同点。

第一，共同点。两者的内容都是非立法者制定的、以非成文法的形式而存在的事项，即它"在适用上需为所未为法令规定之事项"[⑨]；这些事项须是经过长时间的、反复的实行，具有一定的稳定性和恒定性；人们（可能是全国的，也可能是某一地区，也可能是某一行业等。）认可某一事项形成的行为。

第二，不同点。有日本学者指出，习惯与习惯法根本是两个层面的概念[⑩]。

---

① 高其才：《民法典编撰与民事习惯研究》，北京：中国政法大学出版社，2017年，第67页。
② 高其才：《民法典编撰与民事习惯研究》，北京：中国政法大学出版社，2017年，第67页。
③ 梁慧星：《民法总论》，北京：法律出版社，2017年，第28页。
④ 高其才：《民法典编撰与民事习惯研究》，北京：中国政法大学出版社，2017年，第67页。
⑤ 施启杨：《民法总则》，台北：三民书局，1996年，第138页。
⑥ 朱庆育：《民法总论》，北京：北京大学出版社，2016年，第40页。
⑦ 黄立：《民法总则》，北京：中国政法大学出版社，2002年，第47页。
⑧ 史尚宽：《民法总论》，北京：中国政法大学出版社，2000年，第9页。
⑨ 黄立：《民法总则》，北京：中国政法大学出版社，2002年，第46页。
⑩ ［日］加藤雅信著，朱晔、张挺译：《日本民法典修正案Ⅰ第一编总则》，北京：北京大学出版社，2017年，第310页。

它们不同点主要表现为以下几方面：首先，从法律效力看，习惯法是"形成法律效力之信念的法律"，即人们"承认其为法的规范"，即习惯法一定程度上也被认可为具有一定法律的效力，因此，作为法的规范带有一定的强行性；但是，对于习惯而言，若不遵守，可能会因此遭受损害，然而若加以违反，"还不足以使某项行为'违法'"①。其次，从内容上看，作为"法的规范"，习惯法会涉及"特别关系权利与义务的分配，关系彼此冲突之利益的调整。"②即习惯法常常涉及相关权利义务的安排，并且时常以利益冲突的形式表现，为此习惯法"更具确定性和操作性，也更适于裁判"；③这一点，习惯未明确予以显示。其三，从直接适用情形看，若是习惯法，可以直接适用；若是习惯，一般须有法律明确规定才能适用。④其四，从法律确信和法源性看，习惯法具备了法律确信的特点，从而具有法源性；习惯通常也叫事实上的习惯"仅属一种惯性，尚欠缺法的确信，易言之，即一般人尚未具有此种惯性必须遵从，倘不遵从其共同生活势必将不能维持的确信。"⑤故它仅指一种习惯行为，是"生活的常规化、行为的模式化"⑥，"与习惯法应严予区别的，系事实上习惯，此仅属一种惯性，尚缺法的确信。"它"不具有法源性，无补充法律的效力。"⑦

可见，习惯与习惯法具有明显的区别，当然习惯可以成为习惯法形成的基础。"根据罗马法传统，习惯成为法，须具备三项条件：第一，长期稳定的习惯；第二，普遍的确信；第三，观念上以其为具有法律拘束力之规范。"⑧1928年民国最高法院一项判例要旨中指出："习惯法之形成，须以多年惯行之事实，及普通一般人之确信心为其基础。"⑨它是"通过法律成员对在法律共同体中占主导

① ［德］卡尔·拉伦茨著，王晓晔等译：《德国民法通论》（上册），北京：法律出版社，2001年，第18页。
② 梁治平：《清代习惯法：社会与国家》，北京：中国政法大学出版社，1996年，第165页。
③ 梁治平：《清代习惯法：社会与国家》，北京：中国政法大学出版社，1996年，第165页。
④ 王泽鉴：《民法总则》，北京：北京大学出版社，2009年，第48页。
⑤ 王泽鉴：《民法总则》，北京：北京大学出版社，2009年，第47页。
⑥ 梁治平：《清代习惯法：社会与国家》，北京：中国政法大学出版社，1996年，第165页。
⑦ 王泽鉴：《民法总则》，北京：北京大学出版社，2009年，第47页。
⑧ 朱庆育：《民法总论》，北京：北京大学出版社，2016年，第40页。
⑨ 林纪东等编撰：《新编六法（参照法令判解）全书》，台北：台湾五南图书出版公司，1986年改订版，第63页。转引自朱庆育：《民法总论》，北京：北京大学出版社，2016年，第41页。

地位的法律信念的实施贯彻形成的；……"①它"主要是法官对法律之继续形成，经由法院之使用，而普遍的被接受"②。如德国2002年"债法现代化法"以前的缔约上过失和积极契约侵害制度的发展便是例证。

2. 界定《民法典》第10条中"习惯"的具体指向

《民法典》第10条中"习惯"的具体界定或者说指向应该为习惯法而非习惯，提出此观点的理由如下：

第一，从法律效力上看，《民法典》第10条中"习惯"是在法律之后，即法律在前，"习惯"在后，法律优先于"习惯"。"……，法律所未规定者，应适用习惯法，此际习惯法有补充法律之效力。"③作为"补充法律之效力"的习惯法，具有补充法律缺位的效力；前文已明确，通常我们所说的习惯，一般为事实上习惯，它不一定属于"符合法律制度的价值标准范围内"④，它本身不具有认识法律的源泉，故不具有法源的性质。另外，王泽鉴教授对我国台湾地区民法典⑤第1、2条的分析也可以作为我们进一步认识《民法典》第10条中"习惯"指向的参考。王泽鉴教授认为，"第1条所称'习惯'系指习惯法而言，须以多年惯行之事实及普通一般人之确信心为其成立基础。"⑥"第1条以外条文所称习惯，仅指事实上习惯而言，因法律的特别规定而具有优先效力。"⑦第2条所称"习惯"，"可采广义解释，认为兼指习惯法及事实上习惯而言。"⑧故王泽鉴教授总结了习惯与习惯法的区别："① 民事，法律未规定者，应适用习惯法，此际习惯法有补充法律之效力；② 法律明定习惯（事实上惯行）应优先适用者，此乃依法律规

---

① ［德］卡尔·拉伦茨著，王晓晔等译：《德国民法通论》（上册），北京：法律出版社，2001年，第11页。

② 黄立：《民法总则》，北京：中国政法大学出版社，2002年，第47页。

③ 王泽鉴：《民法总则》，北京：北京大学出版社，2009年，第48页。

④ ［德］卡尔·拉伦茨著，王晓晔等译：《德国民法通论》（上册），北京：法律出版社，2001年，第18页。

⑤ 我国台湾地区民法典共有59处出现"习惯"文字，有26处规范认可了"习惯"。我国台湾地区民法典第1条规定："民事，法律未规定者，依习惯；无习惯者，依法理。"第2条："民事所适用习惯，以不背于公共秩序或善良风俗者为限。"

⑥ 王泽鉴：《民法总则》，北京：北京大学出版社，2009年，第46页。

⑦ 王泽鉴：《民法总则》，北京：北京大学出版社，2009年，第48页。

⑧ 王泽鉴：《民法总则》，北京：北京大学出版社，2009年，第48页。

定而适用习惯，此项习惯本身并不具有法源的性质。"①

第二，从法律确信视角看，它是习惯法确立的一个重要特征。因为基于这么一个特征，使得习惯法的法律效力更明确；若将《民法典》第10条中"习惯"认作为一般的习惯，势必涉及内容范围较宽，不确定性多，适用时规范性把握不准。为此，将《民法典》第10条中"习惯"定位习惯法而非事实上习惯，基于法律确信所具有的法律效力，避免了其适用中的不确定性和不规范性。

法律确信作为"习惯法构成的核心要件。"②，它有几个特点：首先，从法的属性看，法律确信"要求适用法律的机关和受法律约束之人确信，该被实践的习惯具有法的属性（合法及具有法律约束力）"。③其次，从确信的内容看，大多数人相信某一项习惯法的存在是合理的、可以适用的。拉伦茨认为，"认定存在习惯法与否，关键并不仅仅是它的实践，而是要看它是否具备了'必要的确信'，即人们是否普遍认为它是正确的。如果情况的确是这样的，那么即可认定该项判例是习惯法。否则，判例的时间再长，实践的时间再长，也产生不了有约束力的规范。"④"如果"没有这样的普遍确信，就把习惯从社会实存的规范提升为应然的规范而予以公权力的强制，甚至只因大家'积习难改'，就赋予……规范效力，恐怕很难自圆其说。"⑤其三，从习惯法效力的建立基础看，"强调法的确信的多数性，其实是将习惯法的效力建立在特定区域内一般民众的共同意志之上，这为司法机关在习惯法认定时的价值衡量提供了可能。"⑥其四，从遵从

---

① 王泽鉴:《民法总则》，北京：北京大学出版社，2009年，第48页。

② 彭诚信、陈吉栋:《论〈民法总则〉第10条中的习惯——以"顶盆过继案"切入》，《华东政法大学学报》2017年第5期。

③ ［瑞］贝蒂娜·许莉蔓·高朴、［瑞］耶尔格·施密特:《瑞士民法：基本原则与人法》，纪海龙译，北京：中国政法大学出版社，2015年，第70页。转引自彭诚信、陈吉栋:《论〈民法总则〉第10条中的习惯——以"顶盆过继案"切入》，《华东政法大学学报》2017年第5期。

④ ［德］卡尔·拉伦茨著，王晓晔等译:《德国民法通论》（上册），北京：法律出版社，2001年，第17页。

⑤ 苏永钦:《"民法"第一条的规范意义——从比较法、立法史与方法论角度解析》，载杨与龄主编:《民法争议问题研究》，北京：清华大学出版社，2004年。转引自彭诚信、陈吉栋:《论〈民法总则〉第10条中的习惯——以"顶盆过继案"切入》，《华东政法大学学报》2017年第5期。

⑥ 彭诚信、陈吉栋:《论〈民法总则〉第10条中的习惯——以"顶盆过继案"切入》，《华东政法大学学报》2017年第5期。

的法律后果看，习惯法必须遵守，"一般人尚未具有此种惯行必须遵从，倘不遵从其共同生活势将不能维持的确信。"[①] 这也是《民法典》第10条规定"习惯"应该属于习惯法的一个理由，并体现了它作为民法渊源的一个特质。所以，法律确信是判断是否为习惯法的一个重要标准，其主要从确信的法的属性、确信的内容、共同意志性以及须遵守性几个方面给予甄别。

值得一提的是，习惯法具备法律确信的特质，其适用不存在障碍；那么除此以外，还有许多事实上习惯，包括前文提及的"交易习惯""当地习惯""风俗习惯""习俗"以外，还有不少类似的内容相近但表述不同的情形存在，它们可否都可以适用？基于前文的分析，文章认为，一般而言，与习惯内容相近的表述属于事实上习惯，在以下两种情况下可以考虑作为"习惯"适用的基础：

其一，法律法规等有专门规定。之所以提出这一原则，理由为：一是比较法的成果。如2012年修改的《奥地利普通民法典》第10条规定："只有法律明文规定时，才可以考虑习惯。"[②] 又如《意大利民法典》第8条规定："在法律和条例调整的范围内，惯例只有被法律和条例确认才发生效力。"[③] 可见，在比较法中，对习惯的适用一般需要有法律或相关条例规定和确认。二是实践中习惯类型多、内容丰富，包括前文所提及的"交易习惯""当地习惯""风俗习惯"等等，这么多的类型和内容，若通过法律法规等专门规定，使其具备一定的法律属性，让人们确信其合理性和正确性，从而达到规范适用的效果。即我们适用相关习惯法以外的习惯时，应当基于法律法规等专门规定作为依据。如新疆维吾尔自治区《伊利哈萨克自治州实行〈中华人民共和国婚姻法〉补充规定》（1987年、2005年修订）第4条规定："禁止直系血亲和三代以内旁系血亲结婚。保持哈萨克族七代以内不结婚的传统习惯。"此处"哈萨克族七代以内不结婚的传统习惯"可以依据该规定直接适用。又如我国《合同法》有9个条文中都提到了"交易习惯"，这些"交易习惯"出现在不同的情形中，类似在这些各自的交易情形

---

① 王泽鉴：《民法总则》，北京：北京大学出版社，2009年，第47页。
② 周友军、杨垠红译：《奥地利普通民法典》，北京：清华大学出版社，2013年，第2页。
③ 费安玲等译：《意大利民法典（2004年）》，北京：中国政法大学出版社，2004年，第4页。

中的习惯依据《合同法》的相应规定可以直接实施。

其二，经过人民法院审查确认。人民法院在审理或裁决具体案件过程中，发现没有法律可以适用，也未发现有相应的习惯法，但是可能具有当地的"风俗习惯"或"习俗"等，而且这些"风俗习惯"或"习俗"没有违背公序良俗，便可以在裁判中以此为依据。①之所以如此定论，理由如下：一是从比较法立法例看，《瑞士民法典》规定习惯法的适用主体为法院，即习惯法适用时有一个审查环节，该审查的主体为人民法院，人民法院审查相关事实上习惯后，确认符合相关法律精神和制度便可以直接予以适用；二是，从权威性和专业性看，人民法院具备了司法机关的权威性和法律的专业性。故只有人民法院在审判实践中有权审查事实上习惯可否适用，其他机构无权给予审查，所以它们也无权将事实上习惯在民事纠纷处理中给予直接适用。

另外，人民法院审查习惯的形式有多种，如具体案件中审查后直接适用；又如，经过汇总后形成一定数量的汇编也是一种很好的形式，如江苏省姜堰市人民法院经过调查整理最后编纂形成《姜堰市民俗习惯风情录》，这是一个值得推荐的做法；再如，经过人民法院审判后，最高人民法院公布的指导案例，其中裁判依据是此处提及的习惯，这些指导案例可以作为经过人民法院审查的习惯直接适用。

通过上述两种情形，在一定程度上原有的事实上习惯可以上升为习惯法，这个过程也是一个法律确信的过程。需要明确的是，原有的事实上习惯是不能直接作为民法渊源的，必须经过法律法规等的专门规定或者人民法院的审查确认的过程。在这个过程中，原生态的事实上习惯需要进行整理、归纳和总结并从法律属性的角度予以提升，由此达到了具备一定法的属性的特点，从而可以依照《民法总则》第10条中的"习惯"要求适用。

---

① 即一般的习惯是一种惯行，"本身无法律效力，只有经法官采用后才有法律效力"。前引高其才：《民法典编撰与民事习惯研究》，北京：中国政法大学出版社，2017年，第138—139页。

（二）厘清"习惯"与现有民法规范中内容相近的表述之间的区别和联系

要厘清《民法典》第10条中的"习惯"与现有法律法规中的内容相近的表述之间的关系，首先要梳理它们各自的概念，然后明确它们之间的区别和联系。

1. 明确现有民法规范中与习惯内容相近的表述的概念

从文字表达看，"交易习惯""当地习惯""风俗习惯""习俗""习惯做法"等各种表述的概念是不同的。

关于交易习惯，它是指"在经济交往中普遍采用的行为规范"[①]。交易习惯内容非常多，而且"大多数是不成文的行为规范。一般而言，如果不结合具体个案，很难确定其具体所指。只有结合具体个案才能确定其具体内容，也只有在审理具体个案时，才知道存在与此相关的交易习惯。"[②]提及交易习惯，注意与社会生活习惯的区别。社会生活习惯其内容可以涉及一般社会生活的方方面面，包括婚丧嫁娶、财产继承等等。如我国四川省阿坝藏族羌族自治州具有按照少数民族风俗进行继承的习惯[③]。关于当地习惯，它指某一地域或地区的习惯，习惯内容可以包括经济、文化等等范围；它与全国性习惯不同，全国性习惯"在一个国内的所有地方、所有人民中都遵循的习惯（如尊老爱幼、先来后到等）"[④]。关于风俗习惯，一般指历代相沿积久而成的风尚、习俗[⑤]，它是群体经历时间积累形成的行为方式，即社会秩序[⑥]。关于习俗，它是人们在长期的社会

① 高其才：《民法典编撰与民事习惯研究》，北京：中国政法大学出版社，2017年，第99页。
② 陈文华：《社会转型期间民间规则的民事司法价值研究：以广东地区为例》，北京：中国政法大学出版社，2015年，第104页。
③ 四川省《阿坝藏族羌族自治州施行〈中华人民共和国继承法〉的变通规定》（1989年）第4条第2款规定："继承开始后，按照法定继承办理；有遗嘱的，按照遗嘱继承或者遗赠办理；有遗赠扶养协议的，按照协议办理；没有遗嘱、遗赠和扶养协议的，经继承人协商同意，也可以按照少数民族习惯继承。"引自高其才：《民法典编撰与民事习惯研究》，北京：中国政法大学出版社，2017年，第136页。
④ 谢晖：《"可以适用习惯"的法教义学解释》，《现代法学》2018年第2期。
⑤ 《辞海（彩图版）》卷一，上海：上海辞书出版社，2009年，第618页。
⑥ 韦森：《习俗的本质与生发机制探源》，《中国社会科学》2000年第5期。

生活中形成并沿袭下来的具有一定特点的、稳定的习惯行为，它更具有传统性。关于习惯做法，它是人们在社会活动中的言行规范和待人接物的礼仪。

从这五项表述的概念看，它们大多重在人的行为方式，涉及主体间权利义务配置的较少，由此人们能产生法的确信的可能性不多。[①]另外，从内涵上看，这五项表述的共同之处是，人们在长期的社会生活中形成并沿袭下来的具有一定特点的、稳定的习惯行为；所不同的是，有的关注领域，有的关注内容，有的关注地区等。

2．"习惯"与现有民法规范中内容相近的表述之间的区别和联系

讨论"习惯"与现有民法规范中内容相近的表述之间的区别和联系问题，基于前文概念的梳理，"习惯"与现有民法规范中内容相近的表述之间的区别与联系得以呈现：

第一，就区别而言，通过前文梳理显示，"习惯"与现有民法规范中内容相近的表述，即"交易习惯""当地习惯""风俗习惯""习俗""习惯做法"的具体含义不同，故适用时彼此不能随意替换。基于上文尤其是法律确信部分的分析，这方面可以分为两种情形：一是作为单纯的这五项表述而非已经在具体民法规范中出现的，它们均属于事实上习惯中的一部分，它们包含在事实上习惯中，"交易习惯"和"当地习惯"更注重行为惯性或习惯，"风俗习惯"和"习俗"更强调风俗和当地的文化，"习惯做法"比较注重行为的方式；同时，这五项表述之间可以是平行关系。二是如果这五项表述已经在具体民法规范中体现，则可以看作为"习惯"中的一部分而非事实上习惯。

第二，就联系而言，习惯法的产生需要有一定的基础，它在一定的事实上习惯的基础上经过法律法规等规定或者人民法院审查确认，将相关事实上习惯经过分析、整理后加以提升使其成为习惯法，即《民法总则》第10条所指的"习惯"。没有事实上习惯作为前期事实基础，即"交易习惯""当地习惯""风俗习惯""习俗""习惯做法"等作为基础，"习惯"的内容不会如此丰富和涉及

---

① 彭诚信、陈吉栋：《论〈民法总则〉第10条中的习惯——以"顶盆过继案"切入》，《华东政法大学学报》2017年第5期。

多领域。

（三）确立"习惯"适用的主体和范围

关于"习惯"的适用主体及其范围，有学者认为："就其功用而言，国家法主要是作为裁判规范而被规定和运用的。这样，国家法也就贯彻着司法中心主义的适用立场。按照这一解释思路，则对'解决民事纠纷……可以适用习惯'中'解决民事纠纷'的理解，只能坚持司法中心主义的立场，对这里的'可以适用习惯'之适用主体和适用场域的理解，也只能定位于在司法裁判中，由法院和法官来'适用习惯'。"[①]文章同意此观点，即《民法典》第10条"习惯"适用主体及其范围可以由人民法院在审判实践范围予以适用，但是不应局限于此。理由如下：

第一，就目前实务中的情形，民事纠纷发生后的救济途径多元化。除了诉讼形式外，还有仲裁、调解、和解等，如此多的救济途径，如果仅仅在诉讼范围才可以适用"习惯"，在一定程度上对采用除诉讼形式以外的其他救济形式的民事纠纷当事人是不公平的，也不利于鼓励人们采用诉讼外的形式解决纠纷。需要关注一个现象，在一些调解的场合，像邻里劝和、家长或者其他长辈劝说，表面上有不少法律法规作为支撑[②]；但只要涉及具体案件，取得有双方满意的调解效果，就不能单纯依靠相关法律和司法解释的规定，还需要依赖包括习惯解决纠纷。[③]由此说明，解决民事纠纷"习惯"适用的必要性；同时也反映了"习惯"这一类法源适用范围的非唯一性。

第二，《民法典》中并没有对"习惯"的适用主体和范围进行限制。既然如此，那么，我们没有必要实际适用时自我设限，将"习惯"的适用主体和范围

---

① 谢晖：《"可以适用习惯"的法教义学解释》，《现代法学》2018年第2期。

② 如人民调解的法律依据是《中华人民共和国人民调解法》，司法调解的基本依据是《中华人民共和国民事诉讼法》。另外，行政调解的依据中，既有全国人民代表大会或其常委会通过的法律，如《中华人民共和国婚姻法》《中华人民共和国突发事件应对法》《中华人民共和国土地承包法》等相关规定；也有国务院制定的行政法规，如《中华人民共和国信访条例》的相关规定；还有许多地方性法规的专门规定。

③ 谢晖：《"可以适用习惯"的法教义学解释》，《现代法学》2018年第2期。

进行不必要的约束。

第三，"习惯"适用主体的多元化在一定程度上使民事纠纷的解决更显规范性。如果法律没有规定，又不能适用"习惯"，那么如何解决民事纠纷呢？难道依然按照《民法通则》第6条规定运用"国家政策"或者"法理"[1]作为法源？为什么有明确的法律规定的民法渊源不用，却用法律明确规定之外的渊源？事实上，多元化救济形式广泛适用"习惯"这种法源，将更有利于解决众多民事纠纷，平息社会矛盾，营造和谐社会氛围。

（四）完善"习惯"适用的条件

关于完善"习惯"的适用条件，笔者从以下几个方面提出建议：

第一，"习惯"适用的强制性。若法律没有规定，可是确有相应"习惯"存在，然而当事人一方不愿意适用某一项"习惯"，另一方当事人坚持主张适用，主持纠纷处理的机构是否应该坚持适用"习惯"？文章认为，

其一，基于调解形式适用"习惯"，双方当事人必须对相应"习惯"熟知且同意才能适用。因为"习惯"不同于法律，在调解场合适用应该基于双方当事人对该"习惯"内容的认识并且自愿适用，此时调解的结果才会更加体现双方当事人意思自治；否则某一"习惯"的适用缺乏一定的基础，调解的结果也未必会被双方接受。

其二，基于非调解形式适用"习惯"，相关机构需要对一方提出的"习惯"进行审查后决定是否适用。"习惯"不同于法律，如果非调解形式适用领域，作为相关机构无须事先征求当事人意见，它们经过审查确认后，认为符合相关合法性规范要求，便决定直接予以适用。如"顶盆过继案"[2]便是法官坚持适用当地习惯所做的判决，该案成为我国审判实践适用当地风俗习惯的一个典型

---

[1] 孙宪忠：《民法总论》，北京：社会科学文献出版社，2010年，第61页。

[2] 2005年9月，山东省青岛市李沧区人民法院受理了一起因拆迁而引发的财产权属纠纷案。石君某的妻子、儿女皆已先其去世，在其过世后，其唯一在世的哥哥石坊某放弃了法定继承的权利，因此，在其其他侄子不愿"顶盆"的情况下，石忠某可以通过为其"顶盆发丧"、料理后事，成为其"继子"，继承其财产。

案例。

由此可见，"习惯"适用的强制性需要关注适用的范围，若是调解方式涉及的范围则不宜强制适用"习惯"；若是基于非调解方式涉及的范围，人民法院或仲裁机构经过审查认为符合规范要求便可以强制适用"习惯"。

第二，"习惯"的适用顺序。关于"习惯"的适用顺序，通常国内外民法规范均规定，一般只有在法律没有规定的情形下才适用"习惯"。"习惯"作为填补法律空缺的法律渊源，其适用顺序一般都是在法律之后。其次，民法领域强调尊重当事人的意志，即先遵从当事人约定，没有约定或约定不明从法定。据此认为，基于目前国内外法律规定，在民事纠纷发生后，首先遵从当事人约定，没有约定或约定不明的情形下，从法定，法定便是法律的规定，而法律的规定是法律优先，"习惯"在后，即"习惯"的适用为最后顺位。

另外，需要关注的是，法律的规定有强制性规定和任意性规定，强制性规范的适用不以当事人的意志为转移，它"不可通过约定予以排除或变更的规范"①。但属于适用任意性规定时，而此时"习惯"与其又不一致时，如何处理"习惯"与任意性规定发生冲突时的适用顺序？对此，《日本民法典》第92条规定："当存在与法令中无关于公共秩序的规定不同的习惯，若足以认为法律行为的当事人有依照该习惯的意思的，则从其习惯。"②从法律条文上看，"当存在与法令中无关于公共秩序"即为"任意性规定"，学者加藤雅信认为："在习惯与任意性规定不同的情况下，如果没有排除习惯的意思表示，原则上推定具有适用习惯的意思。"③文章认为，关于任意性规范，因为当事人是否适用是可以选择的，而"习惯"带有一定反复性、恒定性的，在一定程度上更容易带有普遍约束力；同时，基于当事人意思自治原则，当事人没有作出排除适用"习惯"的

---

① ［德］卡尔·拉伦茨著，王晓晔等译：《德国民法通论》（上册），北京：法律出版社，2001年，第42页。

② ［日］加藤雅信著，朱晔、张挺译：《日本民法典修正案Ⅰ第一编总则》，北京：北京大学出版社，2017年，第99页。

③ ［日］加藤雅信著，朱晔、张挺译：《日本民法典修正案Ⅰ第一编总则》，北京：北京大学出版社，2017年，第310页。

意思表示时，可以据此推定其具有适用"习惯"的意思表示，从而可以直接适用某一"习惯"。故在一定程度上，"习惯"的适用效力弱于强制性规范，但是可以优先于任意性规范。

第三，具有社会规则的属性。"习惯"作为一种法源，应当区别于事实上习惯。当需要人们普遍适用时，它必须具备相应的规则属性。首先，从审查、判断的内容看，是否具备合法性，即不违背公序良俗原则等国家强制性规定；其次，审查主体从法律确信角度进行审查，在非调解的场合，如人民法院除了已有的习惯法外，还需要对相应事实上习惯对是否符合合法性等要求进行必要审查；仲裁机关或主持调解一方的机构对是否属于习惯法进行判断。

需要指出的是，在规则属性方面，对于法律规定中比较原则性的标准如何把握，这也是需要明确的问题。例如，如何理解《合同法》第62条中"按照通常标准或者符合合同目的的特定标准履行"作为交易习惯？即作为"通常标准或者符合合同目的的特定标准"的内容作为交易习惯，明确这些标准非常重要。即若是非全国性的标准或行业标准，仅仅是市场交易中人们经常在操作的标准，该标准可否作为交易习惯适用？笔者认为，在适用类似交易习惯时，司法机关、仲裁机构等对上述具体标准应该进行认真审查，确立其标准的来源、并从维护市场的健康发展的角度进行判断；另外，主张标准的当事人一方有举证义务。通过这两个环节来确定该标准可否作为交易习惯适用。

三、《民法典》第10条中"习惯"适用的展望

《民法典》第10条中"习惯"的法源地位已经明确，且规定了适用顺序是法律优先于"习惯"。当民事纠纷发生时，无论是审判实践范围还是其他法律实践范围，当法律没有相应规定时，直接寻找"习惯"作为处理纠纷的依据。但是，这仅仅是一个原则的规定。笔者期盼，"习惯"的适用成为常态化，而要形成如此的局面，还需要从以下两个方面努力：

第一，民事立法或司法解释中明确"习惯"的适用规范。适用规范包括

"习惯"的界定和指向及其规则，同时尽可能统一和明确与习惯内容相近的表述及其概念。通过明确"习惯"的适用规范，使《民法典》第10条所指"习惯"的适用更加具有正当性并且符合立法的宗旨；同时作为基本法的引导性，其现有的下位法及其司法解释等涉及习惯相近内容的表述，它们之间形成一个合理的"习惯"法律规范体系。这样，立法上更科学、合理，学理上更具有体系性，从而法律实践适用中才能更加规范。

第二，将常用"习惯"汇编成册。《意大利民法典》第9条［惯例汇编］规定："未有相反证据的，推定机关和团体的正式汇编中公布的惯例为已存惯例。"[①]我们可以参考《意大利民法典》的立法成果，将一些常见的各种情形、各个领域的"习惯"梳理后汇编成册并定期更新，便于适用时参考。这样无论是在审判实践中还是在其他处理民事纠纷的范围，需要适用"习惯"时，都可以直接参考"习惯汇编"，避免同一类案件在是否适用"习惯"、适用哪些具体"习惯"时出现多样化、差异化；同时，也一定程度上减轻了各个法院的审查压力，为其他机构适用"习惯"提供便捷。

---

① 费安玲等译：《意大利民法典（2004年）》，北京：中国政法大学出版社，2004年，第4页。

论不履行法定职责案件中的判断基准时

李泠烨[①]

摘　要

在行政机关不履行法定职责的案件中，当新旧法律更替时行政机关是否仍具有相应职责以及是否应当履行相应职责，通常会存在判断难题。具体而言，法院应当基于哪一时间节点的法律和事实对行政机关的职责或义务进行司法审查，即存在所谓诉讼法上的判断基准时问题。最高人民法院判例所确立的"实体从新、程序从旧"的做法，部分解决了实体法上的判断时点问题，但目前司法实践中仍欠缺对诉讼法上判断基准时的系统梳理和总结。通过对德国法上判断基准时理论的分析，可以发现诉讼法上判断基准时的确定与行政诉讼目的、裁判方式具有密切牵连关系。法院如果做出履行判决，基于履行判决具有的主观权利保护目的，应以"裁判时"作为诉讼法上的判断基准时；如果做出确认不履行违法判决，基于确认判决的监督行政目的，则应以"拒绝履行时"或"履职期限届满时"即所谓"行政行为时"作为诉讼法上的判断基准时。

关键词：不履行法定职责；诉讼法上的判断基准时；实体法上的判断时点

---

① 李泠烨，上海师范大学法律系副教授，法学博士。

一、引言

　　随着社会生活的复杂化和行政任务的多元化，行政法律规范的立、改、废更加频繁，行政事务中的相关事实也时有变动。在不同时点下，事实和法律一旦变化，法院的行政审判可能得出完全不同的结论。近年来，行政机关不履行法定职责案件在行政诉讼案件中的比重不断上升。[①]实际上，行政公益诉讼制度也正是在此背景下被正式纳入行政诉讼法。在大量的不履行法定职责案件中，如果争议发生在新旧法律更替时，行政机关是否还承担相应职责以及是否应当履行相应职责，通常会形成判断难题。具体而言，法院应当针对哪一时间节点的法律和事实进行司法审查，存在所谓的"诉讼法上的判断基准时"问题。最高人民法院颁布的《关于审理行政案件适用法律规范问题的座谈会纪要》（以下简称《座谈会纪要》），提出了行政相对人的行为发生在新法施行以前，具体行政行为作出在新法施行以后，则实体问题适用旧法规定，程序问题适用新法规定的原则，以及其他例外情形。[②]该规则既直接约束着法院，也间接约束着行政机关，是行政执法者直接面对的问题，并不是诉讼过程中法律适用的特有问题。因此，笔者将该问题称之为"实体法上的判断时点"。传统行政法理论将法院的司法审查定义为针对行政机关首次法律适用的"第二次法律适用"。[③]这一学说关注的就是实体法上的判断时点问题。然而，最高人民法院的新近判决指出，

---

① 江勇：《不履行审理不履行法定职责行政案件的十大问题》，《人民司法》2018年第4期，第98页；《北京四中院发布2016年度行政案件司法审查报告》，https://www.chinacourt.org/article/detail/2017/04/id/2825638.shtml，2018年7月18日访问；《北京四中院召开行政审判白皮书暨典型案例新闻发布会》，https://www.chinacourt.org/article/detail/2018/07/id/3383381.shtml，2018年7月18日访问。

② 虽然《行政诉讼法》在2014年进行了修改，旧法围绕的"具体行政行为"概念已经被"行政行为"概念所替代，但座谈会纪要新旧法律适用的规则依然有效。可参见最高人民法院判决（（2016）最高法行申415号。

③ 姜明安主编：《行政法与行政诉讼法》，北京：北京大学出版社、高等教育出版社，2011年，第504页；应松年主编：《行政法与行政诉讼法学》，北京：法制出版社，2009年，第513页；马怀德主编：《行政法与行政诉讼法学》，北京：中国政法大学出版社，2010年，第392页。

以作出行政行为之后的事实、证据或者法律发生变化为由，确认原行政行为合法或违法亦存在可能性。① 这实际确立了一个规则：在特定条件下，法院为实现行政诉讼的特殊目的和功能，可以基于行政行为作出后新修改的法律和事实作出裁判。笔者将这一问题称为"诉讼法上的判断基准时"。

近年来，王天华教授、章剑生教授和梁君瑜博士涉及诉讼法上的判断基准时问题，包括对于日本行政诉讼法中"违法性判断的基准时"理论的归纳分析，② 对我国的"违法判断基准时"理论的建构研究，③ 以及对撤销诉讼中"裁判基准时"相关具体规则和考量因素的分析。④ 虽然这些理论研究已经注意到"诉讼法上的判断基准时"区别于"实体法上的判断时点"，但总体而言，判断基准时问题并非行政诉讼法研究的热点问题，其相关学说也没有形成定论。因此，笔者将根据最高人民法院发布的相关典型案例，并结合我国行政诉讼法的既有框架，针对不履行法定职责案件中的判断基准时问题展开体系性的分析和讨论。

二、疑难案件中判断基准时的确定

在有关行政机关不履行法定职责的案件中，经常会涉及不履行法定职责的判断基准时问题。在"任伟成等诉上海市公安局宝山分局大华派出所不履行设置道路标牌法定职责案"（以下简称任伟成案）中，其核心争点问题就表现在"行政机关负有法定职责的时间节点"应当如何确定，该案具有显著的启发性和指导性。⑤ 本文将针对此案展开具体分析。

---

① （2017）最高行申121号行政裁定。

② 王天华：《行政诉讼的构造：日本行政诉讼法研究》，北京：法律出版社，2010年，第95—99页。

③ 章剑生：《现代行政法总论》，北京：法律出版社，2014年，第281页。

④ 梁君瑜：《行政诉讼裁判基准时之考量因素与确定规则——以撤销诉讼为中心的考察》，《河南财经政法大学学报》2016年第5期，第30—37页。

⑤ 中华人民共和国最高人民法院行政审判庭编：《中国行政审判案例（第四卷）》，北京：中国法制出版社，2012年，第151—164页。

（一）案情概要及争点

2009年3月30日，任伟成、成红凤等居民向公安局信访，反映其所居住的上海市宝山区行知路356弄好旺花苑小区长期未安装弄号标牌，给其生活带来诸多不便，要求公安机关尽快为该小区安装弄号标牌，2009年4月7日，上海市宝山分局将该信访件转往被告大华新村派出所处理。大华新村派出所收到上述信访件后，在60日内未安装弄号标牌，也未给予原告答复，原告遂诉至法院。

原告诉称，门弄号牌的安装依法应由公安派出机构组织实施。被告收到原告的信访件后，未履行法定职责，也未给予原告答复，其行为已经构成了行政不作为，故请求法院判令被告立即履行安装行知路356弄标牌的法定职责。

被告辩称，根据2009年5月1日起实施的新的《上海市门弄号管理办法》，废止了旧的《上海市门弄号管理办法》。门弄号标牌的设置安装不再由公安派出机构组织实施，改由乡镇人民政府、街道办事处实施，故被告已不具有原告诉请履行的法定职责，请求法院判令驳回原告的诉讼请求。

本案争点在于：在收到相对人履行法定职责的申请后，法定履职期限届满前，原机关的法定职责由于法律修改而转移给其他机关，那么原机关是否仍具有履行的职责。进一步，还涉及以什么裁判方式对法定职责是否履行的问题做出裁判。

（二）法院裁判的逻辑

1. 明确不履行法定职责案的审查要点及裁判方式

在本案的"评析"部分，最高人民法院行政庭首先明确列举了不履行法定职责案件的审查内容："法院对于行政不作为类案件进行合法性审查时，主要从原告是否提出过申请，被告是否具有原告要求履行的法定职责，被告在法定履责期间内是否有不予答复或拖延履行的行为，被告是否有不予答复、拖延履行的正当理由，以及判令行政机关履行法定责任是否可能或具有实际意义等方面进行审查。"①

　　在学理上，我们可以将不履行法定职责案件的司法审查内容区分为两个层次五个要点。第一层次审查事项包括：（1）原告是否提出过申请；（2）被告是否具有法定职责；（3）被告在法定履职期限内是否有不予答复或拖延履行的行为；（4）不履行是否具有正当理由。法院主要基于以上四点判断被告不履行法定职责行为是否违法。第二层次是针对存在不履行法定职责且构成违法的情况下，进一步审查事项：（5）是否应作出履行判决。此时应当考虑的核心问题是判令履行是否可能或具有实际意义。如果履行不具有可能性或实际意义，则应作出确认不履行违法判决。

　　2. 本案审查的要点

　　（1）审查要点之一：被告是否具有原告申请其履行的法定职责。

　　本案中，原告提出过申请，以及被告没有安装门牌号，这些事实并没有争议。针对被告是否具有原告申请其履行的法定职责，法院认为"原告向被告提出要求履行法定职责的申请在新法施行以前，被告的法定履职期限届满即不作为的行为发生在新法施行以后，故实体上判断被告是否具有原告申请履行的法定职责应当适用旧法。"②

　　针对此问题，最高法院行政庭在"评析"指出存在两种对立观点：第一种观点认为，在2009年5月1日前，被告虽未履行原告申请的职责，但当时法定履职期限尚未届满，因此并不构成违法，而在5月1日之后，该职责已经不属于原告，被告有正当理由不履行，因此不应判决履行。第二种观点认为，判断被告是否具有原告申请履行的法定职责，应当根据被告收到原告申请时的法律规定。

　　法院在裁判中采纳了第二种观点。其理由在于："第一，从法不溯及既往的原则出发，新、旧法法律适用的一般规则为：实体从旧、程序从新。对此，最

---

① 《行政机关负有法定职责的时间节点——原告任伟成等诉上海市公安局宝山分局大华新村派出所不履行设置道路标牌法定职责案》，《中国行政审判案例（第四卷）》，北京：中国法制出版社，2012年，第152页。

② 中华人民共和国最高人民法院行政审判庭编：《中国行政审判案例（第四卷）》，北京：中国法制出版社，2012年，第153页。

高人民法院在2004年颁布的《关于审理行政案件适用法律规范问题的座谈会纪要》中予以肯定。在本案中，原告向被告提出要求履行法定职责的申请在新法施行以前，被告的法定履职期限届满既不作为的行为发生在新法施行以后，故实体上判断被告是否具有原告申请履行的法定职责应当适用旧法。新实施的《门弄号管理办法》对原告的申请没有溯及力，被告应当自行履行职责，或者根据实际情况将职责移交给镇政府履行并给予原告答复。第二，从保护相对人合法权益的角度出发，相对人只能根据其提出申请时的法律规定来判断应当向哪一个行政机关提出要求履行法定职责的申请。要求相对人在提出申请后，了解行政机关的法定职责变更，向变更后的行政主体重新提出申请，方能使其合法诉求得到满足，这显然对相对人提出了过高要求，是不公平的。"[1]

（2）审查要点之二：不履行法定职责是否具有正当理由。

本案中，法院并不认为被告收到原告履行法定职责申请以后，法定履职期限届满之前的职责变更能够成为被告不答复的正当理由。"考虑到职责变更的现实情况，被告在2009年4月30日前未自行履行职责的情况下，应当及时将原告申请履行的相关职责移交给镇政府履行，并给予原告答复。原告存在被告理应履行法定职责产生的合理预期，如果发生阻却被告履行法定职责的正当理由，被告均应给予原告答复，说明理由。"[2]也就是说，法院认为如果存在合理事由是可以阻却被告履行安装门牌号码职责，但是合理事由并没有完全消灭被告的义务，被告应当将职责移交给镇政府履行并给予原告答复，说明理由。也就是说法律修改情况下，即使被告有不予安装门牌的正当理由，但也没有不予以答复的正当理由。

（3）审查要点之三：判令履行是否可能或具有实际意义。

对于是否应判决被告履行原告申请履行的职责，宝山法院认为"目前被告

---

[1] 中华人民共和国最高人民法院行政审判庭编：《中国行政审判案例（第四卷）》，北京：中国法制出版社，2012年，第154页。

[2] 中华人民共和国最高人民法院行政审判庭编：《中国行政审判案例（第四卷）》，北京：中国法制出版社，2012年，第154页。

已经不再具有安装的法定职责，……判决确认被告未履行相应法定职责的行为违法"，①最高人民法院行政庭也在"评析"中认同这一立场，认为"鉴于判令被告履行已不可能，故应判决确认其未履行法定职责的行为违法"，并在"运用裁判要旨应当注意的问题"中进一步解释，"判决时现行法律已经修改，考虑到被告已不再具有相应职责的情况，如判决履行，可能引起执法上的混乱，故宜判决确认违法为妥"。②可见，由于法律规范的修改，安装门牌号码的职责主体已经发生变更，虽然安装门牌号码从事实上仍然可行，并且对于原告也是具有意义的，但是因为会引起执法的混乱，所以从法律上说履职已经不可能，因此法院最终认为不应判决被告履行法定职责。

（三）"法定职责"判断时点司法立场的分析

1. 说理暗含的立场——"裁判时"

如前所述，本案中宝山法院作出了确认违法判决，并强调了没有选择履行判决的理由：鉴于目前被告已经不再具有安装弄号标牌的法定职责，故判决确认未履行相应法定职责的行为违法。最高人民法院行政庭在"评析"中也认为考虑到被告已不再具有相应职责的情况，如判决履行，可能引起执法上的混乱，故宜判决确认违法为妥。虽然法院否定了履行判决，但是在说理中指出了履行判决中法院所依据的法律是作出裁判时点下的法律，而不是申请时法律上是否成立履职的义务。

2. 判决所依据的立场——"履职期限届满时"

该案最终以确认不履行违法判决结案。宝山法院和最高院"评析"对于未履行职责的具体内容做了相同的认定，即被告既未自行履行法定职责，也未在新的规章实施后将相关法定职责移交给当地镇政府，又未给予原告任何答复，

---

① 中华人民共和国最高人民法院行政审判庭编：《中国行政审判案例（第四卷）》，北京：中国法制出版社，2012年，第152页。

② 中华人民共和国最高人民法院行政审判庭编：《中国行政审判案例（第四卷）》，北京：中国法制出版社，2012年，第154页。

故其行为违法。这说明被告负有两项义务：第一项义务是原告申请时被告所负有的安装门牌号码的实体义务；第二项是规章变更后，被告应当对内将相关法定职责移交，包括对内将申请但尚未办结的事项转移，对外给予原告答复这一程序性义务。第一项义务的来源是明确的，即《门弄号管理办法》(1998)。第二项义务并没有明文的法律依据。《门弄号管理办法》(2009)中并没有针对职权主体变更后，对已经接受但未完成的门牌号码安装申请如何处理的过渡条款。[①]在没有明文过渡条款的情况下，法院从保护相对人合理预期的原理中提炼形成了过渡时期被告应当负有程序性义务的规则。如果确认违法仅仅考虑"申请时"的法律状态，是不涉及第二项义务的。但法院是站在履职期限届满的时点上，审查第一项义务以及由第一项义务转化而来的第二项义务是否已经履行了。因此，笔者认为裁判结论中实际是以"履职期限届满时"的法律状态作出了不履行行为违法的认定。

3. 裁判要旨中强调的"申请时"并非判断基准时

最高人民法院行政庭在裁判要旨中试图提炼出本案的规范性意义："判断行政机关是否具有相对人申请履行的法定职责，应以其收到相对人申请之时为时间节点。""申请时"被认定为重要的时点节点，那么其是否具有判断基准时层面的意义？法院确立了被告负有职权移交并告知的义务，确立这一义务的要件之一是申请时被告具有相关职权，要件之二是对于新旧法的过渡，法院应当保护相对人合理预期。满足两个要件，被告应当履行对内对外的程序性义务。申请时负有法定职责只是法官创造的过渡条款的一个要件，是针对申请时之后法律变化而形成的规则，其不是"申请时"时点下的法律规则。所以法院实际适用的仍然是"履职期限届满时"之下的法律。总之，法院实际适用的是包涵过渡条款在内的履职期限届满时法律，本案诉讼法上的判断基准时和实体法上的

[①] 有关法的过渡条款的研究可参见杨登峰：《法的过渡条款的制定原理与方法——从〈劳动合同法〉的规避问题说起》，《法学论坛》2009年第6期，第59—65页；王天华：《框架秩序与规范审查——"华源公司诉商标局等商标行政纠纷案"一审判决评析》，《交大法学》2017年第1期，第168—169页。

判断时点均指向"履职期限届满时",而非"申请时"。

三、判断基准时之基本理论

(一)判断基准时的两重表现形式

在行政诉讼过程中,判断基准时理论的核心是裁判者需要明确针对什么时点之下的法律和事实基础上开展司法审查。

个案中特定行政行为合法或者违法的判断是依据实体法上的根据规范、组织规范和规制规范进行审查。在什么时点下审查特定行政行为是否合法,不仅是法院,也是作为执法者的行政机关所必须共同面对的法律适用问题。这一法律适用时点的选择,笔者称之为判断基准时中的"实体法上的判断时点"。"实体法上的判断时点"的确定应该是特定实体法立法者的任务,比如行政处罚的设定者有权确立处罚的合法要件及合法要件的判断时点。

然而,行政诉讼中法院适用法律具有特殊性,也就是说,法院能够依据行政机关作出行政行为后变化的法律和事实进行判断。同样作为法律的适用者,法院有不同于行政机关的特有的适用法律的权力。这是行政诉讼法上的特有问题,可以称为"诉讼法上的判断基准时"。当诉讼法上判断基准时确定为作出行政行为后的"裁判时"时,这实际就意味着司法裁判者可以在一定程度上超越行政机关的首次判断权,这关系到司法权和行政权的分工。因此,应当是行政诉讼法的立法者需要解决的问题。归纳而言,行政诉讼中的判断基准时问题可以分为两重表现形式:首先,是以"诉讼法上的判断基准时"规则确定司法裁判者可否以作出行政行为后变化的法律和事实来审查行政行为;其次,在确定了"诉讼法上的判断基准时"基础上进一步查找实体法上的判断时点。前者解决的是司法与行政作为有所分工的法律适用者,对判断基准时的认识是否存在差别的问题;后者解决的是无论司法还是行政,同为法律适用者,所共同遵循的判断行为实体合法性的时点。

正如本文引言中提到的,《座谈会纪要》核心要解决的是"相对人行为时"

和"行政行为时"两者间如何适用的问题，这是"实体法上的判断时点"的问题。而最高法院新近判决提出根据行政行为性质的不同，行政诉讼的判断基准时也相应有所区别的。[①]这实际上是认为在特定情形下，允许司法机关在行政行为作出后的时点上来判断行政行为的合法性。这就是一个"诉讼法上的判断基准时"的特有问题。

（二）诉讼法上判断基准时确定的影响因素

在明确了"诉讼法上的判断基准时"是具有独立研究价值的问题之后，我们需要进一步思考如何确定"诉讼法上的判断基准时"。在笔者的阅读范围内，最高人民法院虽然肯定了行政行为时之外有其他判断基准时的可能，但并没有公布关于如何确定判断基准时的相关指导案例。因此，笔者试图从比较法视角进一步分析该问题。

在德国法上，义务之诉及其他给付之诉原则上都是以"言辞辩论终结时"作为判断事实和法律状态的决定性时间节点。[②]因为义务之诉和一般给付之诉的核心在于判断裁判时原告是否具有请求行政机关作出相应行为的请求权，而不是仅在于判断拒绝或者不予答复是否违法。当然，在绝大多数情况下，请求权存在意味着拒绝或者不予答复违法。

对于确认之诉，一般认为判断基准时是根据要确认的法律关系存在时间的不同而不同的。如果要确认的法律关系存在于过去，那么就以当时的时点为基准，如果要确认一个法律关系现在存在与否，那么就以言辞审理终结时为基准。[③]

对于撤销之诉的判断基准时问题，理论上存在不同的学说，包括"行政行为时说""区别对待说"和"言辞审理终结时说"等理论。虽然上述三种学说的

---

① 最高人民法院判决（（2016）最高法行申415号。
② Hufen, Verwaktungsprozessrecht, 9. Aufl., 2013, §24 Rn. 14f.；Schenke, Verwaltungsprozessrecht, 14 Aulf. 2014, Rn. 849f.
③ Hufen, Verwaktungsprozessrecht, 9. Aufl., 2013, §24 Rn. 14f.; Schenke, Verwaltungsprozessrecht, 14 Aulf. 2014, Rn. 849f.

论点和理由各不相同，但都认为在撤销之诉中，在持续效力的行政行为或尚未执行的行政行为等特定情形下，应当以"言辞审理终结时"为基准，其余撤销之诉则应当以行政行为作出的时点为基准。这说明以"行政行为时"的法律和事实为基础作出的合法行为，也可能在裁判时被撤销。

之所以承认"行政行为时"之后的法律与事实的实质性影响，"区别对待说"的理由在于：事后违法的行政行为如果不撤销，当事人可以另行启动义务之诉请求撤销，从诉讼经济的角度出发，应以"言辞审理终结时"为判断基准时。[①]比较而言，"言辞审理终结时说"则是将撤销之诉定位于实体法上清除请求权的执行，而判断原告清除请求权的关键时点是"言辞审理终结时"。[②]而"行政行为时说"修正性承认"言辞审理终结时"的理由在于：持续效力的行政行为在法律或者事实改变后开始的那一部分行为违法了，因而应被撤销；对未执行行政行为在行政行为在裁判时点下已经不允许被执行了，因此应被撤销。[③]

不难看出，判断基准时理论之所以会承认"言辞审理终结时"，是因为行政诉讼的目的已经不再限于事后复审性的司法审查，而强调为实现相对人权利救济而作出独立的司法裁判，这不仅体现在义务或一般给付判决，还体现在撤销之诉的应用中。[④]可以认为，行政诉讼中判断基准时的确定与裁判方式以及通过裁判所要实现的诉讼的目的具有直接关联性。

当行政诉讼的立法目的不限于监督行政而以权利救济为重心，并建构了相应的裁判方式时，就不应再过分强调"行政行为时"，而以"言辞审理终结时"作为判断基准时已经具备了充分的制度基础。当然各国的行政诉讼法的规定可能有所不同，可以在不同事项上、不同程度地设定允许司法直接越过行政的首次判断进行权利救济的范围，由此也就可能导致"言辞审理终结时"的不同适

---

① Hufen, Verwaktungsprozessrecht, 9. Aufl., 2013, § 24 Rn. 16.

② Hufen, Verwaktungsprozessrecht, 9. Aufl., 2013, § 24 Rn. 16.

③ Hufen, Verwaktungsprozessrecht, 9. Aufl., 2013, § 24 Rn. 8ff.; Bosch/Schmidt, Praktische Einführung in das verwaltungsgerichtliche Verfahren, Berlin 2005, § 20 Rn. 22ff.

④ Schenke, NVwZ 1986, S. 522ff; Ehlers, in Ehlers/Schoch Rechtsschutz im oeffentlichen Recht, Berlin 2009, § 22, Rn. 88; Mager, Der Massgebliche Zeitpunkt fuer die Beurteilung der Rechtswirdeigkeit von Verwaltungsakten, Berlin 1994, S. 61ff; Baumeister, Jura 2005, S. 655.

用范围。

四、不履行法定职责案件中实体法上的判断时点

在任伟成案中，法院强调了《座谈会纪要》提出的行政诉讼中新旧法律选择适用的规则，即"实体法从旧，程序法从新"，但三类情况下除外。对此，也有学者提出了不同观点，认为应当是"原则从新，例外从旧"。①无论何者为原则，何者为例外，问题的实质均在于实体法上的判断时点不是唯一的，下文将具体讨论实体法上判断时点的确定规则。

（一）根据实体法的明文规定

如前所述，实体法上的判断时点应根据实体法的规定来确定。如果实体法上对于依据什么时点下的法律和事实作出行政行为已有明确规定，或者法律明确规定了新旧法律变更的过渡条款，那么判断时点的确定就相对简单。例如，我国《专利法》第二章就明确规定了专利授予行政行为的条件，其中包括判断专利新颖性的时点———申请日。这就在立法上明确了作出专利授予行为的判断时点。明文规定的另一种形式是立法设计了过渡条款。例如，《工伤保险条例》第67条规定，条例施行前已受到事故伤害或者患职业病的职工尚未完成工伤认定的，按照本条例的规定执行。这意味着立法者在修法时充分考虑了新旧法变更的过渡问题，明确在新法实施前的事故伤害，适用的不是工伤事故发生时，而是作出工伤认定的行政行为时的法律规范。

（二）履行法定职责的程序规范与组织规范的适用

如果实体法上没有明确规定，则需要在理论上探讨应当以什么时点的实体法律来判断行政行为的合法性或者个人请求权是否成立。笔者认为此时的问题

---

① 章剑生：《现代行政法总论》，北京：法律出版社，2014年，第283页。

可以转化为：在法律规范发生变化的情况下，新法秩序下的公益和旧法秩序之下的私益的权衡问题。

程序性规范（包括组织法规范）一般不涉及私主体的实体权利义务，所以为了维护新的法律秩序的贯彻，适用新的程序性规范并不损害旧秩序下的个人利益。以任伟成案为例，《门弄号管理办法》的修改涉及的只是法定职权在各部门间的分工，并没有涉及法定职责的具体内容，不触及个人的实体请求权。因此，应当以"行政行为时"为实体法判断时点，适用新的《门弄号管理办法》。[①]

（三）法定职责内容变更后规范的权衡适用

实体法规范会涉及公民权利义务的发生、变更、丧失，因此有观点认为如果相对人行为后实体法规范发生变更，为了保护公民的既得利益，维护正常的行政法律秩序，除法律另有规定外，应当适用相对人行为时的法律规范。[②]这种观点强调对相对人既得利益的保护，但涉及公民权利义务的实体法规范的变更是否一定触及公民的既得利益呢？例如，相对人申请行政许可，其在获得行政许可前是否有所谓的既得利益。无可否认，许可申请中涉及公民对于其利益的预期，特别是对为申请所做投入的预期。但即便如此，我们也需要承认基于公共利益所制定的新法对于私人进行正当限制的可能性。[③]

笔者认为针对行政法领域实体法上判断时点的选择，法不溯及既往理论[④]能够从一般原理上解释该问题，行政法上的信赖保护原则对其也有指导意义。具体而言，当无明确的法律规定，需要适法者（包括行政机关和司法机关）借助

[①] 当然，法院通过解释形成了过渡条款，保护了"不必再重新提出申请的利益"，确定了原职权机关的程序性义务。这一条款实际也是包含于新的《门弄号管理办法》中的，与"行政行为时"的实体法判断时点相一致。

[②] 江必新、梁凤云：《行政诉讼法理论与实务》（下），北京：法律出版社，2016年，第1539页；翁岳生编：《行政法》（2000）（上册），北京：中国法制出版社，2002年，第217页。

[③] 房绍坤、张鸿波：《民事法律的溯及既往问题》，《中国社会科学》2015年第5期，第115—124页。

[④] 杨登峰：《何为法的溯及既往？在事实或其效果持续过程中的法的变更与适用》，《中外法学》2007年第5期，第552—563页。

实定法的目的条款等，在新法秩序实现的公益和旧法秩序之下个人利益进行权衡，以推断立法者的立场，即以新法秩序对个人利益的影响程度（其中包括对个人利益的直接影响，还包括影响的可消除性），新法秩序所保护公益为主要因素进行权衡，进而确定实体法上的判断时点。①具体而言，在行政处罚领域，理论上一般都达成共识，认为应当选择"相对人行为时"的法律，除非"行政行为时"更有利于相对人。②行政处罚一方面将克减权利或增加负担。另一方面，相对人违法行为已经发生，虽然适用新法可以在一定程序上预防新法秩序再次被破坏，但处罚已无法改变法秩序已经被破坏的事实。因此，权衡之下，应以维护旧法之下的个人利益为重，适用旧法。

理论认为，在实体法判断时点的问题上，行政强制与行政处罚的原理相通。③但笔者认为不能对行政强制的新旧法适用一概而论，还是应该对新法秩序实现的公益和旧法秩序之下个人利益进行权衡。比如，相对人已经进口的产品根据进口时法律本无需强制检验，但新法为了防止传染病的扩散规定可以进行强制检验。为了防止即刻危险的发生，应当认可强制措施行为时作为该强制措施实体法上的判断时点。

在行政许可领域，理论认为行政许可是《座谈会纪要》中所指的根据行为性质应当适用新法的典型，但同时也承认了即使行政许可领域亦可以有例外。④笔者认为行政许可领域判断时点的确定关键不在于行为性质，而是依然在于许可所要实现的公益和个人为申请许可所进行的投入之间的权衡。许可实体要件的修改是为了实现特定的公共利益，原则上应该从新，但如果个人利益和公益权衡之下有绝对优势，那么可以以相对人行为时为实体法上的判断时点。

---

① 林三钦：《行政法令变迁与信赖保护——论行政机关处理新旧法秩序交替问题的原则》，《"行政争讼制度"与"信赖保护原则"之课题》，台北：新学林出版股份有限公司，2008年，第323—345页。
② 何海波：《行政诉讼法》，北京：法律出版社，2016年，第78页；江必新、梁凤云：《行政诉讼法理论与实务》（下），北京：法律出版社，2016年，第1541页。
③ 何海波：《行政诉讼法》，北京：法律出版社，2016年，第78页；江必新、梁凤云：《行政诉讼法理论与实务》（下），北京：法律出版社，2016年，第1541页。
④ 孔祥俊：《法院在实施〈行政许可法〉中的监护作用》，《法律适用》2004年第8期，第30页。

五、诉讼法上的判断基准时理论的梳理与重整

（一）履行判决中应采用"裁判时"基准

相对于撤销判决和确认违法判决，履行判决作为一种更为彻底的解决方式，实际是赋予了司法更多的权力。[①]履行判决不仅是对被告拒绝或者不予答复行为的合法性作出判断，更在于判令被告履行法定职责。[②]具体来说，履行判决的核心是判断裁判时原告的请求权是否成立，行政机关是否具有行为义务，法院需要对行政机关是否应当采取积极的行动保护个人权利作出独立判断。[③]因此，履行判决应以"裁判时"为判断基准时。

需要注意的是以下的一种情形，即形式上为要求作出履行判决，但实质上除了要求作出履行判决，还需要先消除行政机关对于其他人作出的授益行为的效果，也就是还必须撤销授益行政行为。例如，针对公用事业的特许行为，未获得该特许的竞争者要求行政机关履行对其颁发特许的义务。[④]此时，法院并不能仅用一个履行判决充分解决纠纷，该类诉讼请求的内核是撤销判决并判决重新作出行政行为，所以此类案件并不能径直以"裁判时"为判断基准时，而需要在判断是否需要撤销授益行为的问题上适用撤销判决的基准时规则。

另外，在履行判决中，裁判时有效的法律若作出了特别规定，设定行政行为应适用特定时间段内的法律，那么具体的法律适用则应从其特别规定。

---

① 杨东伟：《履行判决变更判决分析》，《政法论坛》2001年第3期，第91—97页。

② 江必新、梁凤云：《行政诉讼法理论与实务》（下），北京：法律出版社，2016年，第1666页；叶必丰：《行政法与行政诉讼法》，北京：高等教育出版社，2007年，第331页。

③ 当然，积极主动保护相对人的司法权也是有限度的。根据《最高人民法院关于适用〈中华人民共和国行政诉讼法〉的解释》第91条的解释，尚需被告调查或者裁量的，应当判决被告针对原告的请求重新作出处理。

④ Schenke, Verwaltungsprozessrecht, 14 Aulf. 2014, Rn. 849; Hufen, Verwaktungsprozessrecht, 9. Aufl., 2013, § 24 Rn. 8ff.

（二）确认违法判决应采用"行政行为时"基准

确认不履行法定职责违法判决的核心要义是对行政合法性作出判断，并不判令被告采取积极行为实现相对人权利。此时，确认不履行违法判决是以监督行政为目的的事后复审，行政行为作出后新的事实和法律不能约束行政机关，也就不能作为法院裁判的基础和依据，因此判断基准时是"行政行为时"。具体而言，不履行可分为拒绝履行的积极形式和无正当理由逾期不予答复的消极形式。积极形式的不履行适用"拒绝履行时"，而消极形式的不履行适用"拟制作出行政行为时"，即"履职期限届满时"。所以在确认不履行违法判决中以"拒绝履行时"或"履职期限届满时"为判断基准时。

这里需要注意的是，实践中存在一种形式上为拒绝履行，实质上为无正当理由逾期不予答复的情形。例如，行政机关在法定履职期限内未作出颁发抚恤金决定，而实质上行政机关是在无正当理由的情况下故意拖延至新的法律规范实施后，从而适用不利于申请人的新的法律规范并最终作出拒绝颁发抚恤金决定。在这种情形下，无正当理由逾期不答复在先，依据新的法律规范作出拒绝在后。对此，原告可以要求依有利于自己的旧的法律规范，确认无正当理由逾期不答复构成不履行法定职责。因为，此时的确认不履行违法判决应当是以"履职期限届满时"为审查基准，而不利于原告的法律修改实际上在履职期满之后，因而不予适用。应当说，《最高人民法院关于审理行政许可案件若干问题的规定》第9条的规定也正体现了以上观点。[①]

（三）诉讼法上判断基准时的弹性空间

《最高人民法院关于审理行政许可案件若干问题的规定》第9条并未限定在

[①]《最高人民法院关于审理行政许可案件若干问题的规定》第9条：人民法院审理行政许可案件，应当以申请人提出行政许可申请后实施的新的法律规范为依据；行政机关在旧的法律规范实施期间，无正当理由拖延审查行政许可申请至新的法律规范实施，适用新的法律规范不利于申请人的，以旧的法律规范为依据。

何种判决类型下以申请时法律为审判依据。这是否意味着能够依此规则作出履行判决？履行判决也存在适用"履职期限届满时"的例外？

针对此类问题，有学者从保护原告权益角度出发，认为存在着承认适用旧的法律规范的可能空间。[①]还有研究认可这种例外，并加以限定认为如果适用旧的法律规范对申请人更为有利，变更后的法律并未废止或者禁止该许可，且适用旧的法律规范并不违反公共利益的，可以适用旧的法律规范。[②]笔者认为，履行判决救济主观权利的前提是权利在判决时合法成立，理论上不能够判决行政机关作出可能违法的行为。正如任伟成案，法院顾及合法执法的要求而未作出履行判决。但是否存在例外？关键在于旧法秩序下个人利益和新法秩序下的公益进行权衡，相对人利益保护是否足够重大和紧迫到需要作出可能形式上违反裁判时现行法律的行为，但是实质上现行法律又是能够容忍这种状态的。

如何进行这种权衡，笔者认为应当从相关实体法法律规范中推断立法者的态度。当无法推断出立法者保护相对人利益明显重于新法秩序下的公益时，则还是适用"裁判时"的新法。

（四）行政公益诉讼中"履职期限届满时"或"拒绝履行时"的确定

行政公益诉讼制度在两年多的试点实验之后被正式纳入行政诉讼法之中。然而，这一全新的制度，仅在原告资格规定中以一款的形式加以规定，也使得学术界对诸多未明确问题进行了激烈讨论。

根据《行政诉讼法》第25条第4款的规定，人民检察院针对违法履职和不履行法定职责致使国家利益或公共利益受到侵害，可以提出检察建议，并针对不依法履行职责的行为提起诉讼。人民检察院提起的公益诉讼是不履行法定职责案件中的一种典型形态，根据前文分析，如果对此作出履行判决，那么应将

---

① 林三钦：《论行政诉讼之判断基准时——兼评最高行政法院94年度判字第588号判决》，《"行政争诉制度"与"信赖保护原则"之课题》，台北：新学林出版股份有限公司，2008年，第165页。
② 孔祥俊：《法院在实施〈行政许可法〉中的监护作用》，《法律适用》2004年第8期，第30页。

"裁判时"为诉讼法上的判断基准时，如果作出确认不履行违法判决则应以"履职期限届满时"或"拒绝履行时"为诉讼法上的判断基准时。个案裁判还需要依据实体法上的判断时点进一步确定特定案件中的判断基准时。

行政公益诉讼判断基准时的特殊性就在于"履职期限届满时"或"拒绝履行时"确定，是否应当考虑检察院检察建议中要求行政机关履职的期限。也就是说，是将"不依法履行职责"理解为行政机关未履行法律确定的职责，还是将其解释为未履行检察建议要求的职责？如果是前者，虽然行政公益诉讼作为客观诉讼区别于主观诉讼，但在判断基准时问题上则并无特别之处；而如果是后者，那么"履职期限届满时"或"拒绝履行时"的确定主要依据就在于检察建议确定的履职期限。

笔者倾向于认定是前者。理由在于，检察建议作为一个前置程序，核心的目的在于分流案件，节约司法成本。[①]但其实质上并不与"诉"相勾连，[②]检察建议作为法律监督的形式显然也不能超越法律，也不能改变不履行法定职责案件审查的对象。因此这里的不依法履行职责的判断基准时依然是法定的履职期限届满时，或者行政机关拒绝履行时。

六、结语

诉讼法上的判断基准时和实体法上的判断时点分别应是行政诉讼法立法者和具体实体法立法者的任务。但当立法未作出明确规定时，需要法律适用者在正确的理论指导下确定针对什么时间节点的规范和事实作出相应的法律判断。本文试图初步建立不履行法定职责案件中的判断基准时理论，并从实体法上的判断时点和诉讼法上的判断基准时两个方面分别进行理论分析，就确定实体法

---

① 沈开举、邢昕：《检察机关提起行政公益诉讼诉前程序实证研究》，《行政法学研究》2017年第5期，第45页；刘艺：《检察公益诉讼的司法实践与理论探索》，《国家检察官学院学报》2017年第2期，第12页。

② 沈岿：《检察机关在行政公益诉讼中的请求权和政治责任》，《中国法律评论》2017年第5期，第79页。

上的判断时点和诉讼法上的判断基准时给出了一般性的操作规则。当然，如何体系性地建构行政诉讼案件中判断基准时的一般理论，是需要理论研究者与司法裁判者共同推进的。本文中笔者提出行政诉讼目的以及相对应的裁判方式对于确定诉讼法上的判断基准时具有重要意义，而实体法上判断时点的确定则应采用权衡方法，也许这一基本观点可以为判断基准时的理论建构发挥引导作用。

破产法上待履行合同基础理论的省思与重构

张玉海[①]

摘 要

　　我国关于待履行合同问题的基础理论，实质上采取的是美国法上的"实质违约测试"理论，即认为，只有通过了"实质违约"测试的合同才有必要考虑对其的承继与拒绝问题。但这一理论在实践中面临判断是否属于待履行合同的标准模糊，及对于特殊类型合同难以适用等困境。为此，美国学者先后提出了替代性的"待履行"理论与"功能主义"理论。基于我国现有法制与理论空间，应以美国法上的"功能主义"理论替代当下的"实质违约测试"理论。即破产债务人于待履行合同中享有的权利自动归入破产财团，于合同中负有的义务则由破产财团承担；管理人在选择时是否属于待履行合同并无实质影响。

　　关键词：待履行合同；实质违约测试；解除

---

① 张玉海，上海师范大学哲学与法政学院讲师，法学博士。研究方向为破产法、公司法。本文是2018年上海市哲学社会科学规划青年课题"破产重整改革研究——以公司治理为视角"（批准号：2018EFX003）；上海师范大学2019年度校人文社会科学研究青年学术骨干培育项目"破产法上待履行合同问题研究"的阶段性成果。
注：本文已发表于《西部法学评论》2020年第6期。

一、问题的引出

如何处理待履行合同无疑是破产法的重要课题。待履行合同，作为非破产法（尤其是合同法）与破产法的重要交汇地带，在对其处理的过程中无时无刻不体现着不同法律价值的冲突，一旦在制度设置上出现偏差必然会引发极大的负面影响。然而，我国现行《企业破产法》的相关制度构造却显得过于简陋，典型如出租人破产时，因对以下三个问题缺乏明确规定在司法实践引起了诸多争议：① 管理人是否应该解除合同？② 承租人投入之装修费应如何处理？③ 承租人提前缴纳之租金应如何处理？[1]遗憾的是，我国学者虽对待履行合同问题多有研究，却多聚焦于管理人解除权之限制等具体问题上，鲜见对我国待履行合同基础理论的系统反思。[2]前述围绕破产管理人待履行合同解除权的争论，表面上源自破产法为管理人创设的特殊法定解除权在特定情形下造成的利益失衡，但其根源在于对待履行合同之基础理论的认知偏差，按下文将要讨论的美国法上的"功能主义"理论，破产法根本无需为待履行合同创设全新的规则，进而也便无所谓解除权是否应受限制。

相较于我国对待履行合同问题基础理论研究的忽视，域外国家或地区对此却极为重视，各自发展出了不同的理论。如在德国，传统观点认为，基于《破产法》第103条第1款的规定，破产程序的启动将带来双务合同下所有履行请求

---

① 奚晓明主编：《企业改制、破产与重整案件审判指导》，法律出版社，2015年，第199页。在我国司法实践中，涉及出租人破产后如何处理双方均未履行完毕的不动产租赁合同的案件已大量发生，破产管理人往往基于第18条的规定予以解除，并能够获得法院的支持。如"厦门兴汇源金属制品有限公司等诉杭州兆丰电池有限公司租赁合同纠纷案"（杭州市中级人民法院（2013）浙杭民终字第3086号民事判决书）、"郦可达等诉浙江枝来服饰有限公司房屋租赁合同纠纷案"（绍兴市中级人民法院（2014）浙绍民终字第550号民事判决书）、"吴刚、桐柏县五交化公司破产清算组与梁峰租赁合同纠纷案"（南阳市中级人民法院（2013）南民一终字第00585号民事判决书）等案件无不如此。就其效果看，虽有利于破产财产的变现，却严重损害了承租人的利益。

② 许德风：《论破产中尚未履行完毕的合同》，《法学家》2009年第6期；李永军：《论破产管理人合同解除权的限制》，《中国政法大学学报》2012年第6期；吴春岐：《论预告登记之债权在破产程序中的法律地位和保障》，《法学论坛》2012年第1期；庄加园：《预告登记的破产保护效力》，《南京大学学报（哲学·人文科学·社会科学）》2014年第6期。

权归于消灭的后果（即"消灭论"）。若管理人作出不履行合同的决定，该状态将维持不变，此时合同相对方仅得因债务人不履行而请求损害赔偿。相反，若管理人决定履行该双务合同，履行请求权将因之复活。由于上述观点存在诸多批评，联邦最高法院后予以放弃，转而认为相互履行请求权仅随破产程序的启动而丧失其可实现性，如果管理人选择履行，这些请求权便具有了原始财团债务和财团债权的法律性质（即"性质跳跃理论"）。不过，对于"性质跳跃理论"仍存在较多的反对观点。这些观点认为，破产程序的启动并不会对履行请求权产生任何影响：管理人选择履行合同，并未导致任何权利改变，反而表明原来的权利状态维持不变；反之，若管理人拒绝履行，则对方可因其不履行而请求破产财团支付损害赔偿。[①]在美国，待履行合同问题同样引发了长久的理论争论。由于我国在待履行合同问题上，无论是立法层面还是理论层面均有较为明显的美国法身影，本文将主要结合美国法经验，就待履行合同问题之基础理论做一系统探讨，以求教于方家，并望引起国内学者对此问题的进一步关注。

二、美国法上关于待履行合同问题基础理论的争论

在美国破产法演变过程中，待履行合同之破产法处置引发了无数争论。在这些争论中尤以 Vern Countryman 教授、Michael T. Anrew 教授、Morris G. Shanker 教授及 Jay Lawrence Westbrook 教授等学者所做贡献为巨，他们的工作奠定了现下美国学界与实务界讨论待履行合同问题的基本框架。

（一）传统"实质违约测试"理论及其现实困境

"实质违约测试"（material breach）理论由 Countryman 教授提出。Countryman 教授认为只有经过"实质违约"测试的合同才能构成待履行合同，即只有那些

① ［德］莱因哈德·波克著，王艳柯译：《德国破产法导论》，北京：北京大学出版社，2014年，第84—88页；Dennis Faber, Niels Vermunt, Jason Kilborn, and Kathleen van der Linde, *Treatment of Contracts in Insolvency*, Oxford University Press, 2013, pp.203-205.

破产人与相对人均尚有（相当）未履行的合同义务，以至于任何一方未能履行自己的义务均将构成实质违约，且使对方得以免除自己之履行义务的合同方为待履行合同。只有经过了"实质违约"测试的合同才有必要考虑对其的承继与拒绝问题。[1]Countryman教授的这一路径在此后的司法实践中被大量采用，[2]一如In re New York Investors Mutual Group, Inc案，[3]法院在分析时便采用了Countryman教授的这一分析框架，认为首先应分析涉案合同是否构造待履行合同，而评判的标准便是Countryman教授给出的定义；其次，再结合是否对破产债务人或破产财团有利决定是承继还是拒绝。

不过，正如Charles Tabb教授所指出的，虽然Countryman教授的路径被法院广泛采纳，但是由于现实中合同类型的复杂性，许多情况下采用Countryman教授的路径便会出现不公的结果，尤其是在需要拒绝的时候，此时法院便会倾向于放弃Countryman教授的路径。如在In re Booth案[4]中，为了防止合同被拒绝承继及由此产生的利益损失，Ralph Mabey法官将一项契据合同（contract for deed）重新界定为了担保交易。Mabey法官认为不应根据剩余义务的相互性，而应当根据当事人的特点以及重整的目标来判断是否构成待履行合同……因此，决定性的因素在于适用§365对当事人的后果。[5]不过，也有法院坚持认为合同首先应为"待履行"合同，否则便不得被拒绝。[6]此外，这一理论对于一些特殊类型合同也难以适用，如根据American Bankruptcy Institute Commission的观点，对于如下诸多合同便难以直接适用：期权合同及优先购买协议、竞业禁止协议、土地使用限制协议（restrictive covenants on land）、许可协议、经销协议，商标

---

[1] 关于该理论的详细论述参见 Vern Countryman, *Executory Contract in Bankruptcy: Part I*, 57 Minn. L. Rev. 439 1972-1973; Vern Countryman, *Executory Contract in Bankruptcy: Part II*, 58 Minn. L. Rev. 479 1973-1974.

[2] 目前，第三、第四、第七、第八、第九以及第十巡回法院均明确采纳了Countryman定义。See Charles J. Tabb, *The Law of Bankruptcy*, West Academic Publishing, 3d ed., 2013, p.787 note 26.

[3] See *In re New York Investors Mut. Group, Inc.*, 143 F.Supp.51 (1956).

[4] See 19 B.R. 53 (Bankr. D. Utah 1982).

[5] See Charles J. Tabb, *The Law of Bankruptcy*, Foundation Press, 2nd ed., 2009, pp.767-768.

[6] See *In re Exide Techs.*, 607 F.3d 957 (3d Cir. 2010).

（使用）协议、保证合同、雇佣合同、离职协议及仲裁条款等等。①

为解决上述困境，Michael T. Andrew教授提出了"待履行"理论（the executoriness analysis），Jay Lawrence Westbrook教授则提出了"功能主义"理论（a functional analysis）。②上述两种理论自20世纪80年代以来在美国破产法理论界及司法实践中的影响力日益增强，越来越多的法院开始采纳这两种理论，1997年的破产法审查委员会甚至明确以之作为改造第365条的理论依据。③下文将主要对"待履行"（the executoriness analysis）理论与"功能主义"（a functional analysis）理论予以重点介绍。

（二）对"实质违约测试"理论的突破之一："待履行"理论

"待履行"（the executoriness analysis）理论由Michael T. Andrew教授提

---

① 其先后列举了十余种难以直接适用"实质违约测试"的合同类型。See American Bankruptcy Institute Commission, *to Study the Reform of Chapter 11: 2012~2014 Final Report and Recommendations*, 23 Am. Bankr. Inst. L. Rev. 1, p.113 note 416.

② 需要说明的是，Westbrook教授在其最近的一篇文章中，为避免"功能主义"分析路径（functional analysis）在实践中给法院带来误导——有法院认为"功能主义"这一概念含有在处理待履行合同时应以给破产财团带来实质性收益为核心评价指标，将其改称为"现代化的合同分析路径"（Modern Contract Analysis）。不过，由于这两个概念背后所具体指向的分析方法并无本质区别，而"功能主义"分析路径（functional analysis）这一概念更具指向性，故笔者在本文中仍沿用"功能主义"分析路径（functional analysis）这一概念。See Jay Lawrence Westbrook, *The Abolition of Dysfunctional Contracts in Bankruptcy Reorganization*, note 15, from http:// ssrn.com/link/texas-public-law. html最后访问日期2016年3月24日。

③ See In re Bergt, 241 B.R. 17 (1999); National Bankruptcy Review Commission, *Final Report: Bankruptcy: The Next Twenty Years*, Oct. 20, 1997, pp.459–461.遗憾的是，前述破产法审查委员会的立法建议并未被此后的立法采纳。"美国破产协会"（American Bankruptcy Institute Commission）在其于2014年发布的"第11章改革报告"中，在待履行合同问题上仍坚持了Countryman教授的"实质违约"路径（see American Bankruptcy Institute Commission, *to Study the Reform of Chapter 11: 2012~2014 Final Report and Recommendations*, 23 Am. Bankr. Inst. L. Rev. 1, pp.112–129.）。不过，这并不能完全否定这两种理论的合理性，正如Tabb教授所言，§365之所以会成为一片几乎无法穿越的法律迷丛，部分原因在于，国会修法时的随意性及特殊利益群体的游说。See Charles J. Tabb, *The Law of Bankruptcy*, Foundation Press, 2nd ed., 2009, p.764.此外，Douglas G.Bird教授则从法经济学的视角指出，破产管理人一如破产人的新管理层，并不享有任何特殊地位，也不会给待履行合同问题的处理带来任何特殊影响。但这一主张在司法实践中并未获得太多援引，故本文不予重点介绍。See Douglas G. Baird, *The Elements of Bankruptcy*, 2006, Foundation Press, 2006, pp.127–129.

出。这一理论建立在Andrew教授对美国破产法史详尽考察的基础之上。[①]根据其考察，承继（assumption）在破产法中指破产财团将承担原债务人于合同中的义务及权利，与其在合同法中的含义并无本质区别。而第365条中的拒绝（rejection），在合同法中并无与之相对应的用语，对其含义的解释便成了关于待履行合同问题诸多争论的核心。司法实践中，法院可能会将其解读为解除（release）、撤销（repeal）、拒绝履行（repudiation）、解除（cancellation）等。Andrew教授通过对其演变历史的梳理发现了2条相互关联的原则：基本的"承继或拒绝"选择权（the basic assume-or-reject selection）与作为违约的拒绝（the rejection as breach）。[②]

前者主要来源于1818年英国的Copeland v. Stephens案[③]。在该案中法院将其表述为选择接受（accept）或拒绝（refuse）。这一除非经过选择否则合同与租约将不被纳入破产财团的做法为美国判例法所接受，并最终演变为立法上的"承继或拒绝"（assume or reject）。不过，破产财团所拒绝的是合同关系，以此使自己免受合同义务的拘束。[④]虽然，这更多的是对"承继或拒绝承继"历史内涵的回归，但正如Michael T. Andrew教授所言，只要尚未对第365条进行现代化改造，"承继或拒绝承继"的历史内涵便仍具有指导意义。

后者意在解决，破产债务人在破产之时于此类合同或租约中并无违约行为时，相对人于破产程序中享有何种权利的问题。美国联邦最高法院在1916年的Central Trust Co. v. Chicago Auditorium Assn.案[⑤]中认为，若破产财团没有承继合同（即拒绝），那么破产申请本身便构成破产债务人对合同的预期违约

---

① 关于该理论的详细论文参见 Michael T. Andrew, *Executory Contracts in Bankruptcy: Understanding "Rejection"*, 59 U. Colo. L. Rev. 845 1988; Michael T. Andrew, *Executory Contracts Revisited: A Reply to Professor Westbrook*, 62 U. Colo. L. Rev. 1 1991.本文相关论述主要建立在Andrew教授的上述文章基础之上，下文关于Adnrew教授的观点若无特殊说明均来自上述文章。

② 在美国，历史上的相关争论主要围绕拒绝（rejection）的效果展开，限于本文的主旨，对于美国法上拒绝（rejection）的历史内涵暂不涉及，详细讨论参见上注 Andrew 教授文。

③ See Copeland v Stephens, 106 E.R. 218.

④ 原文为 "what the estate refused or rejected was the transfer of title to a contract or lease, thereby protecting itself against the transfer of liability."

⑤ See *Central Trust Co. of Illinois v. Chicago Auditorium Ass'n*, L.R.A. 1917B, 580 (1916).

（anticipatory breach）。法院给出的理由如下："一般而言，破产法的目的在于允许全体债权人参与债务人财产的分配，并使诚实的债务人从先前的债务中解放出来。若在待履行合同问题上采取对破产法的狭义理解，将会带来严重后果：相对人将被要求向破产债务人继续履行合同，而无法参与破产财团的分配。由此破产债务人亦仍需承担尚未履行的义务，虽然其已丧失了支撑其将来履约的必要财产。"[①]Chicago Auditorium案，通过在合同未被承继时假定债务人于破产时违约来解决这一不确定性带来的问题。上述众规则，先后被1938年的《破产法典》及1978年的《破产法典》吸收。

基于上述对美国法制发展史的梳理，Andrew教授认为，无论合同是否属于待履行合同，结果都一样：相对人都拥有一请求权（claim）。若该合同为待履行合同，则拒绝仅在于使相对人取得一债权（违约损害赔偿请求权）以便参与破产分配；若该合同非属待履行合同，相对人本就享有这种权利，拒绝已属不必要。拒绝亦不会产生任何有害的结果，并不会导致合同义务的消灭，而违约亦不过在于创设这一权利。如此一来，待履行合同的定义实属多余。进而Andrew教授指出，未能充分认识到这一点可谓是人们在此问题上困惑不已的根源。"待履行"这一定义剩下的唯一功能在于界定何时应予承继。因承继将使得相对人取得管理费用优先顺位（administrative priority），因此仅在破产财团能够取得相对人之履行收益时方得予以承继。而借助于双方均有未履行之义务便足可达致上述目的。

（三）对"实质违约测试"理论的突破之二："功能主义"理论

根据"功能主义"理论，[②]第365条规定的破产管理人得选择承继（assume）或拒绝（reject）的权利并不是一项破产法上特有的规则，其仅仅意味着管理人

---

① See *Central Trust Co. of Illinois v. Chicago Auditorium Ass'n*, L.R.A. 1917B, 580 (1916).

② 该理论由Westbrook教授提出，相关论述详细参见Jay Lawrence Westbrook, *A Functional Analysis of Executory Contracts*, 74 Minn. L. Rev. 227 1989–1990; Jay Lawrence Westbrook, *The Abolition of Dysfunctional Contracts in Bankruptcy Reorganization*, note 15, from https://papers.ssrn.com/sol3/papers.cfm?abstract_id=2726880最后访问日期2018年11月28日。

将选择履行或违约。而属于州法的合同法原本便允许合同当事人在履约与违约并赔偿相对人的损失之间进行选择，只要相对人的损失能够得到足够的赔偿。由此，Westbrook 教授认为，管理人在选择是承继还是拒绝时，所应遵循的只能是合同法的既有规则。

具体而言，待履行合同能否纳入破产财团与《美国破产法》第 365 条无关。破产债务人于待履行合同中享有的权利基于《美国破产法》第 541 条自动归入破产财团，于合同中负有的义务则基于《美国破产法》第 502 条成为向破产财团主张的权利，且这些权利与义务相互依存，即破产人于合同下权利的实现有赖于自己对相应义务的履行。这便导致了管理人在计算待履行合同对破产财团之利弊时远较一般的财产为复杂。破产管理人代表的乃是无担保的普通债权人，其根本职责在于最大化破产财团的价值，同时也要最小化地向破产财团主张的各类权利，比如拒绝无效债权。因此，其在处理待履行合同时便须以最小的代价实现其在合同中享有的权利。此时，管理人代表的是无担保债权人——其并非该双务合同的当事人，其并不对相对人负有任何道德或法律义务，只不过应对债务人破产前的不当行为负责。①

对此，Westbrook 教授借助于一个假设的洋葱案作了进一步说明。假设破产债务人享有 500 美元的债权，不过需交付一批产自其自有土地上的洋葱。在破产债务人发生破产后，基于第 541 条，前述债权自动成为破产财团的一部分；基于第 502 条，前述交付洋葱的义务亦由破产财团承担。对于管理人而言，若能在付出少于 500 美元代价的前提下实现上述债权，便应实现该债权；同时亦须最小化自己的义务，诸如通过从别处购买便宜的洋葱，或选择违约并赔偿给相对人带

---

① Westbrook 教授基于这些基本认知，认为解决破产程序中的合同问题应立基于下述四项基本破产法政策：破产免责、对债权人的平等对待、破产财产的价值最大化、破产程序之终局性（finality）。进而在处理待履行合同问题时，应最大程度地实现破产债务人于待履行合同下的权利，而且所有的待履行合同均应得到处理，以及向相对人为必要的通知。此外，Westbrook 教授认为破产法上的"'待履行'合同"仍应保持普通法（common law）上的内涵，即 Williston 所谓的"尚有未履行完毕或未履行的将来义务，或合同当事人在将来仍需为一定行为"的合同。See Jay Lawrence Westbrook, *The Abolition of Dysfunctional Contracts in Bankruptcy Reorganization*, note 15, from http:// ssrn.com/link/ texas-public-law.html 最后访问日期 2016 年 3 月 24 日。

来的损害。

在债权、债务单独存在时，管理人对其进行处分的方式无论是否在破产程序中并无不同。就前述洋葱案而言，若作为出卖人的破产人，其于破产前已交付了洋葱，除非主张500美元债权的诉讼费用超过500美元，那么便应主张该笔债权。若作为买受人的债权人于破产前已支付了货款，那么管理人便应履行债务交付洋葱，或赔偿买受人因自己不交付洋葱而遭受的损失。

在债权与债务处于相互依存的状态时，即属于待履行合同下的债权与债务时，问题便会相对复杂许多。从原则上讲，管理人可选择的策略与非待履行合同下的当事人的策略并无不同，管理人仍需就净收益（获得的500美元债权－交付洋葱支付的成本）与不交付洋葱时的损害赔偿额进行比较。基于管理人对其他无担保债权人的职责，其显然应在二者中选择收益较大者。不过，源于破产法的平等清偿规则、比例清偿规则，无担保债权人之债权额虽仍基于州法进行全额计算，但只能于破产程序中比例清偿。由此，当管理人计算违约成本时，因破产的原因，仅须比例支付即可，而非如州法上那样全额支付，但相对人却需要全额履行自己的义务。这在实质上使得管理人较破产人在破产前于合同中的地位有利。不过，在选择履约的情况下，相对人将会取得优先权。

为了更清晰地阐释上述观点，Westbrook教授将前述假设洋葱案变更为：假设甲以500美元的价格向乙出售一批洋葱，合同尚未履行甲便陷入破产。若假设管理人选择交付洋葱的成本是550美元，而此时的市价亦是550美元，那么管理人选择履行合同交付洋葱（即选择承继）则意味着破产财团发生50美元的损失（市价550－合同价格500）。但此时管理人选择违约的成本亦是50美元，因为在不考虑其他因素的情况下，乙需要花费550美元才能获得相同的洋葱，由此乙得主张50美元的违约损害赔偿（支出的550－省下的500）。此时，若不考虑破产因素，选择履约的净值为0。但在考虑破产因素时，情况则大不同：假设清偿率为10%，那么在选择违约时实际损失为5美元（违约金50×10%）；而选择履行时实际的损失为50美元（合同价格500－实际履行成本550）。故破产财团的净收益为负的45美元，显然选择违约对破产财团更有利。由此，实践中管理人更倾向于选择违约。至于相对人的此种损失，从根本上说源于破产法的比例清偿规则。

此外，基于破产法的平等清偿原则，相对人原本享有的衡平法上的"强制履行"（specific performance）请求权于破产中不得再主张。对此，Westbrook教授解释道，若允许"强制履行"（specific performance），则意味着个别债权人会得到100%的清偿。不过，这并非如Countryman教授所认为的那样，属于"待履行"概念的构成要素。基于同样的原因，衡平法上的解除（rescission）同样对管理人无效，不过因解除而产生的损害赔偿（rescission damage）可以继续主张。即使是在那些针对损害难以计算的场合，相对人亦很少会因此而遭受不公的待遇。这在于破产法授予了破产法院相当广泛的损害评估权（estimate），使得破产法院可以不受州法上相关损害规则的限制，在个案中进行平衡。

对于相对人（非债务人）于特定财产上享有的权利，破产法仍会承认，除非上述权利可基于破产撤销权被撤销。这一规则可谓破产法平等清偿原则的最大例外，典型如担保。上述规则与所谓的"财产权"（property rights）有关，如指向财产本身的权利，或在出售该财产时得优先受偿的权利等。为避免"财产"（property）一词可能带来的混乱，Westbrook教授将其称为"就特定财产享有的权益"（Interest in the thing itself, ITI）。ITI主要由非破产法创设，破产法只不过是在破产程序中继续承认其效力。换言之，某一特定财产在被归入破产财团的同时，ITI权利人的权利并未被消灭，除非基于破产撤销权的被撤销。

简而言之，"功能主义"理论认为，于破产程序中对合同的承继或拒绝无须以"待履行"为前提。这一概念并未服务于任何破产政策，对合同须为"待履行"的要求，实乃一语义上的错误。对合同须为待履行的要求，使得人们误认为此时存在一特殊的破产法规则，进而使法院的注意力脱离了问题的核心——当事人于州一级的合同法上享有的权利。此类案件中的难点往往存在于合同法上，一旦合同法中的疑点被破解，破产法之清偿规则的适用也就变得简单了。换言之，待履行理论试图借助于判断合同是否属于待履行合同来解决该问题，而不是回到问题的本源——非破产法是否给予了相对人一ITI。

三、"待履行"理论与"功能主义"理论的本质差异及对我国的启示

（一）"待履行"理论与"功能主义"理论的本质差异

结合 Andrew 教授与 Westbrook 教授的论战来看，两人的理论在以下几个方面具有相似性：（1）破产财团仅在合同被承继时始向相对人承担管理（administrative）责任；在被拒绝的时，相对人并不取得较其他债权人为优先的地位，且被按比例清偿；（2）拒绝的效果仅在于给予相对人已就被拒绝的合同的违约损害赔偿请求权。拒绝对合同本身之继续存续与否并无影响，即合同未被终止（cancelled）、废弃（repudiated）、或撤销（rescinded）；（3）拒绝无须以合同为待履行合同为前提，相反借助于界定待履行合同的路径在实践中反而导致了诸多错误的结果；（4）对合同的拒绝并不会消灭该合同下的财产权利。

相较于上述相似性，"待履行"理论与"功能主义"理论更多地表现出差异性，即：其一，二者展开论述的基础完全不同。Andrew 教授基于历史事实，坚持认为待履行合同并不当然转移至破产财团，是否发生移转，则有待于管理人之选择权的行使——承继或拒绝的意义也便在于此。而 Westbrook 教授则认为，就《破产法》第 541 条之尽可能多地将破产债务人的财产纳入破产财团中的立法目的看，待履行合同应与破产债务人的其他财产一起自动转移至破产财团。其二，Westbrook 教授认为破产管理人从破产债务人那里继承了——霍姆斯式的违约权（a Holmesian right to breach），而破产法上的拒绝不过是对上述违约权的称谓而已。Andrew 教授则认为拒绝意味着待履行合同并未转移至破产财团。其三，在承继时是否需要以合同须为待履行合同为前提，两人的观点亦不同，Westbrook 教授认为无需此一前提条件，而 Andrew 教授则认为仍需以待履行合同问题前提。[①]

---

① Andrew 教授曾撰文回应 Westbrook 教授的质疑，相关论争本文不再介绍，详见 Michael T. Andrew, *Executory Contracts Revisited: A Reply to Professor Westbrook*, 62 U. Colo. L. Rev. 1 1991。

　　不过，笔者认为两人最本质的差异来源于两人构建各自理论时所立基的理论基础的不同。Andrew教授的"待履行"理论以破产财团具有独立地位为前提。《美国破产法》§541（a）规定，破产案件的开始会产生一"破产财团"（estate），原则上其最初由破产案件启动之时债务人的所有财产利益组成。[①]对于此处的破产财团是否为独立的法律主体，支持者与反对者均有之。[②]其中，支持其为独立法律主体的观点又被称为"新实体"理论。传统意义上的"新实体"理论认为，公司在破产之后，特别是在采用DIP模式时，将会被视为一个与破产之前的公司完全不同的主体，虽然其与破产之前的公司在办公人员及董事等的构成方面并无不同。破产之后的公司将不再继续对破产之前的债权债务承担责任，进而需要一个债权债务的移转过程，即通过管理人或DIP将公司在破产前的债权债务移转至破产后的公司。需注意的是，此处的"新实体"指的是破产之后的公司，而非破产财产。[③]由于美国最高法院在1984年的N.L.R.B. v. Bildisco and Bildisco案[④]中明确否认了这一理论，指出DIP应与破产申请前的债务人为同一主体，只不过基于破产法的授权处理此类合同。在该案之后，产生了一种新的"新实体"理论，该理论认为破产发生后，破产债务人之财产将成为一独立的法律主体，而破产

---

① 其原文为 "(a) The commencement of a case under section 301, 302, or 303 of this title creates an estate. Such estate is comprised of all the following property, wherever located and by whomever held..."

② See Stephen McJohn, *Person or Property? On the Legal Nature of the Bankruptcy Estate*, 10 Bankr. Dev. J. 465 (1994), note 59.虽然美国司法实践中反对与支持独立主体的观点同时存在，但多数学者支持"破产财产"（estate）是一个明确独立的法律主体（See Charles J. Tabb, *The Law of Bankruptcy*, Foundation Press, 2nd ed., 2009, p.373; Elizabeth Warren & Jay Lawrence Westbrook, *The Law of Debtors and Creditors* 220 (3d ed. 1996), quoted from Thomas E. Plank, *The Bankruptcy Trust as a Legal Person*, 35 Wake Forest L. Rev. 251 (2000), note 145; Donald P. Board, Retooling *A Bankruptcy Machine That Would Go Of Itself*, 72 B.U. L. Rev. 243 (1992); Douglas G. Baird & Thomas H. Jackson, Barry E. Adler, *Cases, Problems, and Materials on Bankruptcy*, Foundation Press (2001), p.171.）。

③ See Stephen McJohn, *Person or Property? On the Legal Nature of the Bankruptcy Estate,* 10 Bankr. Dev. J. 465 (1994).

④ See *N.L.R.B. v. Bildisco and Bildisco*, 465 U.S. 513 (1984).不过，Donald P. Board教授认为，美国联邦最高法院在本案中混淆了破产财团与经管债务人（DIP）间的关系。进而Donald P. Board教授认为破产财团仍为一独立的法律主体。See Stephen McJohn, *Person or Property? On the Legal Nature of the Bankruptcy Estate*, 10 Bankr. Dev. J. 465 (1994), note 81.

后的债务人与破产前的债务人仍为同一主体，在采DIP模式时，DIP将被视为破产财团这一独立主体的代表。Andrew教授所采纳的便是这一"新实体"理论。[1]

不同于Andrew教授，为解决待履行合同问题，Westbrook教授在实质上转而寻求美国破产法上的"破产财产抛弃"规则。根据该规则，虽然在破产申请之时，破产债务人所有的财产均属于破产财团，但问题是并非所有破产财产对普通债权人都是有价值的，对于那些无价值或处分成本远大于收益的财产管理人应予以抛弃。这一规则由1978年《美国破产法》在§554（a）与§554（b）中首次以立法的形式予以确认。而在此之前的判例中，法院便类比待履行合同之拒绝认为，对于那些无价值或处分成本远大于收益的财产管理人应予以抛弃。[2]从表面上看，Westbrook教授虽未直接提及第554条规定的破产财产抛弃规则，但就其观点的实质看，仍可认为其采用了这一规则。即对于那些能增加破产财产整体价值的待履行合同不得抛弃，应选择继续履行，对于那些不能增加破产财产整体价值的待履行合同则应予以抛弃，选择拒绝履行。正如Westbrook教授指出的，"破产管理人代表的乃是无担保的普通债权人，其根本职责在于最大化破产财团的价值，同时也要最小化地向破产财团主张的各类权利，比

---

[1] See Stephen McJohn, *Person or Property? On the Legal Nature of the Bankruptcy Estate*, 10 Bankr. Dev. J. 465 (1994); Matter of Durham, 87 B.R. 300 (1988)（在该案中，法院仅指出本案与N.L.R.B. v. Bildisco and Bildisco不同（"Bildisco is distinguishable"），并指出根据§541(a)的规定，破产财团是一新实体，但未对具体原因予以分析）。此外，在诸如Katz v. C.I.R.案(see 335 F.3d 1121 (2003))、U.S. v. Mitchell案(see 476 F.3d 539 (2007))等案件中法院亦认为破产财团乃一独立的法律主体。

[2] See *Midlantic Nat. Bank v. New Jersey Dept. of Environmental Protection*, 474 U.S. 494（1986）. 关于美国破产法上破产财产抛弃规则的详细讨论参见 See Charles J. Tabb, *The Law of Bankruptcy*, Foundation Press, 2nd ed., 2009, pp.422-425.此外，根据许德风教授的考察，在德国法上也存在类似制度。在德国，破产管理人在进行不动产变现时，应选择最有利于破产财产的管理方式。故在土地上的负担远高于土地本身的价值，由破产管理人变现不会给破产财产带来任何好处时（如破产土地上附有多项在先权利，或破产土地被严重污染而清理的费用非常高），破产管理人得选择放弃土地。参见许德风：《破产法论——解释与功能比较的视角》，北京大学出版社2015年版，第326页。需进一步指出的是，有美国学者认为，Countryman教授同样认为美国法上的待履行合同规则源于英国判例法上的抛弃规则（doctrine of abandonment）(see David G. Epstein & Steve H. Nickles, *The National Bankruptcy Review Commission's Section 365 Recommendations and the "Larger Conceptual Issues"*, 102 Dick. L. Rev. 679 1997-1998)。只不过，不同于Westbrook教授，Countryman教授认为，在处理待履行合同问题时，需首先判断该合同是否属于待履行合同，进而再在承继与拒绝之间进行选择。

如拒绝无效债权。"[①]待履行合同问题较一般财产的不同之处仅在于判断破产债务人于待履行合同下享有的债权价值时，需一并计算破产债务人所应承担的义务。

概言之，Andrew教授更为强调在历史经验基础上对破产财团独立性的坚守，强调待履行合同有其独特性，并非自然移转至破产财团；而Westbrook教授的观点则与此相反，否认待履行合同较破产债务人其他财产的独特性，应与其他财产自动移转至破产财团，然后由管理人按照抛弃规则进行最大化财团价值的处理。

（二）对我国待履行合同基础理论的启示

前述美国法上"待履行"理论与"功能主义"理论出现的背景在于，立基于"实质违约测试"理论的传统路径在司法实践中导致了诸多问题。如在处理诸如期权合同、优先购买协议、竞业禁止协议、经销协议，商标（使用）协议、保证合同、雇佣合同、离职协议等类型的合同时便会陷入无所适从的境地。

从我国《企业破产法》第18条的立法体例看，我国实质上采取了类似于美国法上的"实质违约测试"理论的路径。二者均认为应首先判断合同是否属于待履行合同：美国法借助于是否构成实质违约进行认定，我国则以双方是否均未履行完毕为标准。至于履行完毕与否的标准，有学者认为仅限于主义务，[②]有学者则认为应限于主义务与从义务的未履行完毕。[③]由此，我们不难怀疑，前述美国法上"实质违约测试"理论存在的不足，在我国法下亦会存在。

首先，对于诸如期权合同、优先购买协议、竞业禁止协议等美国破产协会列举的特殊类型合同能否直接予以适用不无疑虑。其次，对某一特定合同是否

---

① Jay Lawrence Westbrook, *A Functional Analysis of Executory Contracts*, 74 Minn. L. Rev. 227 1989–1990.

② 齐树洁主编：《破产法研究》，厦门：厦门大学出版社，2005年，第271页。

③ 兰晓为：《破产法上的待履行合同研究》，北京：人民法院出版社，2012年，第22页。

属于待履行合同的不同认定将直接带来结果上的巨大差异，[1]若某一特定合同被认定为待履行合同，则管理人可以选择继续履行，相对人将因此而要求管理人提供担保，其因继续履行待履行合同而取得的债权将会被视为共益债权；若未被认定为待履行合同，在事先未设定担保的情况下，相对人仅可作为普通债权人申报债权。

对于后一问题，虽然存在借助于待履行合同认定标准的统一来克服的可能性。不过，对于当前我国学者主张的《企业破产法》第18条下的待履行合同仅限于主合同义务，或主合同义务与从合同义务未履行完毕的情形，笔者持有异议。崔建远教授认为，虽然原则上足以导致合同被解除的违约行为限于违反主合同义务的行为，对从义务及附随义务的违反一般不会导致合同的解除，但是若对从义务及附随义务的违反将导致合同目的落空时，相对人亦得解除合同。[2]由此笔者认为，在前述因违反从义务及附随义务而导致解除合同的情形下，双方对从义务甚至附随义务的未履行完毕亦可构成《企业破产法》第18条下的"双方均未履行完毕"。换言之，在判断某一特定合同是否属于待履行合同时，不应仅仅局限于判断主义务与从义务是否均未履行完毕，在某些特定情形下，亦可基于附随义务的未履行完毕而判定该合同属于待履行合同。即无论是主义务的未履行完毕，还是从义务的未履行完毕，乃至附随义务的未履行完毕，都可导致《企业破产法》第18条下的"双方均未履行完毕"情形的发生。进而在判断是否属于待履行合同时，只能进行个案判断，而判断的标准不妨采纳崔建

---

[1] 在我国的司法实践中，围绕如何判断某一合同是否属于《企业破产法》第18条规定的"双方均未履行完毕"业已发生了诸多争议，如在"浙江佰利领带服饰有限公司等诉姜青峰等债权转让合同纠纷案"（参见浙江省嵊州市人民法院（2016）浙0683民初4164号民事判决书）中法院认为，"房屋租赁是履行持续性合同，在合同存续期间……出租方……尽管已经将……厂房交付给姜青峰使用，但其仍有继续提供房屋供承租人使用的义务，且合同约定出租方对承租人进行房屋装修、改造、转租等事项负有监督、管理的职责，因此出租方亦未履行完毕"。而在"杭州众意纸业有限公司诉中信富通融资租赁有限公司等融资租赁合同纠纷案"（参见天津市高级人民法院，（2015）津高民二终字第0070号民事判决书）中，法院则认为"在融资租赁合同中，出租人负有支付租赁物购买价款、将租赁物交付承租人使用的积极义务并承担保证承租人在租赁期间对租赁物占有、使用的消极义务。出租人就其中的积极义务履行完毕，即实现了签订融资租赁合同的实质性目的，应认定出租人就融资租赁合同已履行完毕。"

[2] 崔建远：《合同法》（第6版），北京：法律出版社，2016年，第193页。

远教授关于合同解除事由的判断规则，即不履行相关义务是否会导致合同目的落空。[1]这在实质上与Countryman教授的"实质违约测试"并无不同。但这一判断标准在清晰度上明显存有不足，在实践中难免会对适用结果的统一性带来负面影响，犹如美国法上表现出来的那样——法官在个案适用时存有巨大的解释空间，进而对整个社会带来司法成本的虚耗。

此外，在现有立法模式下，如何限制管理人的待履行合同解除权，乃是亟待解决的问题。破产管理人享有的这一解除权，除在司法实践中业已造成诸多不公外，还有违破产法理论的内在一致性，即在缺乏必要的破产法政策需求的前提下突破了合同法上非违约方享有法定解除权的基本法理，有违"破产法应尊重非破产法规范"的基本原则。这在于，基于现有立法构造，破产债务人一方于破产前违约时在破产程序中仍享有法定解除权。此时，破产法显然否定了合同法上的利益分配机制，却未能向相对人（破产债权人）提供足够的保障。毕竟破产财团利益的最大化不应以牺牲破产债权人的利益为代价。

四、我国待履行合同理论基础的改进路径：引入"功能主义"理论

为解决前述困扰，我国实有必要借鉴美国法上的"待履行"路径或"功能主义"路径，对我国当前的待履行合同基础理论加以改造。具体而言，基于我国的法制与理论空间，相较于"待履行"路径，"功能主义"路径对我国更具借鉴意义。

（一）我国引入"功能主义"理论的制度空间

对我国而言，由于《企业破产法》并未规定破产财团制度，[2]因此，Andrew

---

① 崔建远：《合同法》（第6版），北京：法律出版社，2016年，第193—197页。
② 关于破产财产的法律性质，曾有学者主张我国亦应建立破产财团制度，即采纳"主体说"（相关讨论参见：韩长印：《建立我国的破产财团制度刍议》，《法学》1999年第5期；刘冰、（转下页）

教授的"待履行"理论由于缺少立法依据而无太大借鉴意义。由于笔者认为Westbrook教授给出的"功能主义"理论实际上依赖于美国破产法上的"破产财产抛弃规则",故在探讨这一理论能否用来解释我国破产法上的待履行合同问题时,需要首先明确我国破产法是否存在破产财产抛弃规则或者与之相类似的规则。

就我国《企业破产法》立法来看,显然未如《美国破产法》那样明文规定管理人应抛弃破产财团无益之财产。此外,在理解美国法上的破产财产抛弃规则时,需注意的是,其以破产财团乃独立法律主体为前提,即其实际上属于确定破产财团范围的问题。而在我国,由于立法并未承认破产财产的独立法律主体地位,加之《企业破产法》第30条明确规定"破产申请受理时属于债务人的全部财产,以及破产申请受理后至破产程序终结前债务人取得的财产为债务人财产",因此,这一美国法上的规则,在我国实难谓有直接的法制空间。

那么,我国现行立法是否存在认可这一规则的实质性空间呢?美国法上的破产财产抛弃规则,其功能一方面在于避免管理人支出不必要的管理费用,另一方面可以避免某些债权取得优先于普通债权的顺位。[①]由此,对前述问题的回答,重点在于考察我国现行立法的相关规定是否具有上述两方面的效用。

其中,对前者的理解应落脚于管理人对破产财产的管理与变现上,即探

（接上页）韩长印:《论破产清算组的法律地位——兼论建立我国的破产财团制度》,《法学评论》1995年第3期)。不过,也有学者持有不同意见,如有观点认为应采"客体说",即认为破产财产只能作为权利义务的客体（参见王欣新:《破产法》,中国人民大学出版社,2011年,第108页);还有学者主张通过对信托理论的借用,将其视为信托财产（参见傅穹、王欣:《破产债务人财产制度的法律解释》,《社会科学研究》2013年第5期)。但于2006年颁布的《企业破产法》并未像《美国破产法》§541（a）那样规定,破产财产以"破产财团"的形式取得独立的法律地位,即仍坚持了"客体说",因此对于这一问题本文不再过多涉及。

① 在美国法上,这一点在涉及环境侵权问题上体现的尤为明显,如在Midlantic案中,作为少数派的反方法官便曾指出,（在本案中）禁止管理人抛弃遭破产债务人污染之土地,并强制管理人承担清理义务,实际上是将此类具有公益属性的环境侵权之债置于优先于其他债权的地位。不过,国会在第554条中显然无此立法意图。See *Midlantic Nat. Bank v. New Jersey Dept. of Environmental Protection*, 474 U.S. 494 (1986); also see In re *Chateaugay Corp.*, 944 F.2d 997 (1991); In re *Wall Tube & Metal Products Co.*, 831 F.2d 118 (1987).此外,美国法之所以会产生优先权的问题,主要在于若管理人不得抛弃则相应财产便会被归入破产财团,进而其上所负担的债务便由破产财团承担。

寻我国《企业破产法》是否要求管理人在管理与变现破产财产时应最大化破产财产的价值。这应是显而易见的，如人大法工委在对《企业破产法》第25条第6项的释义中明确指出，"管理人……要对债务人财产实施全面的管理……使破产财产得到价值的最大化，最大限度地满足债权人的债权要求……"①上述立法旨趣同样为我国学者所赞同。如许德风教授在检讨我国《企业破产法》关于担保物的管理、变现时，便以前述"使破产财产得到价值的最大化，最大限度地满足债权人的债权要求"为基础，认为《企业破产法》第43条虽然规定破产费用应从破产财产中清偿，但因为担保物权人实际上享有在破产外自行变现的权利，因而并不承担破产费用。实践中，因为企业大部分财产上附有担保权，破产程序中管理人的相当多工作是清理担保权，如核实担保物权的真实性、保管和维护担保物等，在结果上相当于是普通债权人替担保权人承担了这部分破产费用，从而会进一步降低普通债权人的受偿率。"②由此，我们可以认为，前述美国法上破产财产抛弃规则的第一项功能，同样符合我国《企业破产法》的立法旨趣。

不过，美国法上"破产财产抛弃规则"的"避免某些债权取得优先于普通债权的顺位"功能，则难以融入我国的破产法制。在美国法上，需要由破产财团承担清偿责任的债权一概具有优先于普通无担保债权的顺位，即使产生于破产申请之前。而在我国，除于破产之前业已取得担保，或在破产后根据《企业

---

① 安建主编，《中华人民共和国企业破产法释义》，北京：法律出版社，2006年，第44页。
② 许德风：《破产法论——解释与功能比较的视角》，北京：北京大学出版社，2015年，第338页。对此，我们不妨以抵押为例作一简要说明。假设抵押担保之债权的数额为100万元，抵押标的物的变现费用为30万元，在变现所得仅为110万元，即少于债权额与变现费用之和时，按许德风教授之观点便不应由破产管理人进行处置，而应允许抵押债权人自行处分。这主要在于，此时通过变现抵押标的物将不会给用于向普通债权人进行分配的财产带来任何收益，相反在破产管理人进行管理处分的过程中，还可能因财产之保管费用、保养与维修费用、保险费等破产费用的支持而进一步减少可向普通债权人分配之财产的数额。此外，根据"担保法司法解释"（法释200044号）第74条之规定，变现抵押物所得价款，在当事人没有约定时，仅应按下列顺序进行清偿：① 实现抵押权的费用；② 主债权的利息；③ 主债权。简言之，此时是否由管理人进行管理处分的实质影响在于：由管理人管理时，保管、维修等费用将作为破产费用优先获得清偿；而由抵押权人进行管理时，对于这部分费用，无论其最终是在主债权之前还是之后清偿，最终在破产程序中都将作为无担保债权参与比例清偿。

破产法》的规定的设定担保外，破产债权人若要取得优先清偿的顺位，仅限于取得共益债权。[①]根据《企业破产法》第42条、第43条之规定，由破产财产优先予以清偿的共益债务仅限于人民法院受理破产申请之后产生的债务，人大法工委在对第42条的释义中亦指出，"共益债务，是指破产程序开始后为了全体债权人的共同利益而负担的非程序性债务。"[②]

综上，我国《企业破产法》虽未明确创设美国法上的破产财产抛弃规则，但我国立法在破产财产问题上所设定的立法宗旨及与此相关的既有理论论述，为实质性引入这一规则提供了一定的空间。换言之，在处理破产财产问题上，我国立法所蕴含之立法旨趣与美国法并无本质区别，只不过由于彼此历史背景及现实基础的差异导致了具体制度构造上的不同。而这也便为我们借用Westbrook教授之"功能主义"理论理解待履行合同问题提供了相应的法制空间。此外，随着我国破产法司法实践的不断深入，我国现行立法所采取之"实质违约测试"理论将不可避免地陷入美国法上业已出现的困境，则为我们提供了引入Westbrook教授的"功能主义"理论的现实需求。进而回归到尊重非破产法规范这一破产法基本原则，即无需为处理待履行合同问题创设破产法上的特殊规则。

（二）我国引入"功能主义"理论的理论空间

我国在引入或借鉴Westbrook教授的"功能主义"理论时，还面临的一个诘

---

① 当然，根据《企业破产法》第137条之规定，属于优先于普通破产债权的职工债权、税收债权另当别论。需注意的是，在美国法上，在破产财产抛弃规则下讨论的优先顺位问题主要涉及环境侵权问题，而在我国有学者主张，在破产程序中应赋予人身侵权之债一定的优先顺位，也有学者认为这一问题更多地具有理论意义，于实践中的制度化则缺乏合理空间。由于这一个话题与本文主题并无直接联系，此处不予讨论。相关讨论参见韩长印、韩永强：《债权受偿顺位省思——基于破产法的考量》，《中国社会科学》2010年第4期；林一：《侵权债权在破产程序中的优先受偿顺位建构——基于"给最少受惠者最大利益"的考量》，《法学论坛》2012年第2期；王欣新、方菲：《破产程序中大规模人身侵权债权清偿问题探究》，《政治与法律》2013年第2期；冯辉：《破产债权受偿顺序的整体主义解释》，《法学家》2013年第2期；袁文全、马晶：《大规模人身侵权之债在破产债权中的清偿顺位考量》，《重庆大学学报（社会科学版）》2014年第2期。

② 安建主编，《中华人民共和国企业破产法释义》，北京：法律出版社，2006年，第69页。

难便是如何回应 Andrew 教授对该理论的指责，即该理论在实质上借助于效率违约理论赋予了管理人或破产债务人一项"霍姆斯式"的违约权，尤其是我国学者在效率违约问题上尚未达成共识这一基本现实。①笔者认为，对这一问题的回答，关键在于管理人在此是否享有一专属选择权？若果真存在专属选择权，那么其是否便是效率违约意义上的违约权？

我国有学者认为效率违约理论现已发展成为一"'规则—原则—精神'复合元素的制度体系"。②按此理解，本文主要涉及规则层面的效率违约，具体指"合同履行成本高于对方收益或违约成本低于履约成本时，负有履行义务的一方可以在赔偿受害人预期损害的前提下拒绝履行合同义务。"③也即限制了相对人的主张的违约救济方式，尤其是要求强制履行这一方式。其构成条件为："（1）在不存在替代者的双边垄断格局中，只有标的物为特定物时才能适用效率违约，只有因履行而遭受更大损害的一方才有权选择效率违约；（2）在有一个充分竞争和存在交易成本的市场且第三方介入是造成违约的主要因素，而标的物是否为特定物又已不是影响交易成功因素的条件下，当然会更注重产品本身的价值、交易成本和信息的充分性等因素在交易中的影响力。此时，违约的社会总益大于履约的社会总成本或违约的社会总成本小于履约的社会总成本——违约方在补偿受害方的损失仍有价值剩余。"④而这与前述 Westbrook 教授所谓的"霍姆斯式的违约权"显然存在本质区别。Westbrook 教授认为，管理人选择拒绝履行待履行合同之后，非破产方不得主张强制继续履行的原因在于破产法之平等清偿

---

① 我国学者对效率违约理论，支持者、反对者均有之。2000年后的代表文章主要有：霍政欣：《效率违约的比较法研究》，《比较法研究》2011年第1期；陈凌云：《效率违约遏制论——以完善违约损害赔偿责任为线索》，《当代法学》2011年第1期；孙良国、单平基：《效率违约理论批判》，《当代法学》2010年第6期；唐清利：《效率违约：从生活规则到精神理念的嬗变》，《法商研究》2008年第2期；孙良国：《效率违约理论研究》，《法制与社会发展》2006年第5期；滕骥：《效率违约研究》，西南财经大学2011年博士学位论文；陈路：《效率违约研究》，中国政法大学2011年博士学位论文。此外，据唐清利文，叶林教授、王利明教授、梁慧星教授、张乃根教授、李永军教授等对此多持否定性态度，相关文章，此处不再罗列。

② 唐清利：《效率违约：从生活规则到精神理念的嬗变》，《法商研究》2008年第2期。
③ 唐清利：《效率违约：从生活规则到精神理念的嬬变》，《法商研究》2008年第2期。
④ 唐清利：《效率违约：从生活规则到精神理念的嬗变》，《法商研究》2008年第2期。

原则，因此与是否承认效率违约无关。[①]

此外，采用"功能主义"路径来解决待履行合同问题，也契合了"破产法应尊重非破产法规范"的基本理念。因为，在这一理论下，管理人仅限于在是否继续履行之间进行选择。具体而言：（1）若经过利益考量认为继续履行对破产财团（即全体债权人）更为有利，便选择继续履行。此时，为避免破产债务人/管理人仅需比例给付而相对人却需全额给付导致的利益失衡，破产法需为相对人提供必要的救济措施，即为相对人提供担保以及将其因履行待履行合同而取得的债权作为共益债权。此时，虽然提高了待履行合同下相对人的清偿顺位，但因其存在在破产法上的特殊目的考量，故并未违背"破产法规范应尊重非破产法规范原则"。（2）若管理人经过利益衡量，认为不履行待履行合同对破产财团更为有利，按照"功能主义"理论的观点，此时管理人仅得选择拒绝履行，而非取得法定解除权，或者其他破产债务人在实体法上原本并不享有的权利。这正是"破产法应尊重非破产法规范原则"的应有之意。而我国现行立法，却在此时直接赋予管理人一项法定解除权，进而使得即使破产债务人在进入破产程序前存在根本违约行为管理人也得解除合同，即违约方享用解除权，明显突破了合同法上非违约方享有法定解除权的基本理论。[②]

另外，值得注意的是，日本法采取"解除权"模式处理待履行合同问题的主要考虑在于，"如果单纯地将合同相对方享有的债权全部作为破产债权，而将破产人享有的债权作为破产财团所属债权来行使，会有损实体法规定的同时履行抗辩权具有的担保功能……如果视为所有的合同应当履行……有可能给破产

---

① 对《企业破产法》第18条规定的"挑选履行选择权"，需进一步说明的是，若未发生破产，在不承认效率违约的情况下，合同关系当事人只得严格按照合同约定履约，一方拒不履行合同，则应承担违约责任，而相对人有权主张违约救济，具体包括要求损害赔偿或请求继续履行等。换言之，任何一方当事人均无拒绝履行的权利。不过，这不等于否认合同当事人得拒绝履行合同的自由，只不过这一自由的践行以相应的违约责任为代价。在发生破产时，为便利破产财产价值最大化或重整的有效开展等，破产法单方面地赋予了管理人一选择权，只不过这一选择权以对相对人的利益提供充分保障为前提。

② 限于本文主题及篇幅，对这一问题暂不作详细讨论。

财团带来过重负担。"①对此，笔者认为，在采取"功能主义"理论后，上述担心根本无必要。首先，对于同时履行抗辩权的担保功能，笔者认为只有管理人选择继续履行时才有讨论必要。很难想象在一方当事人已明确拒绝履行的情况下，同时履行抗辩权的担保功能对相对方的利益还具有实质意义。而在继续履行时，笔者认为同时履行抗辩权所提供的担保功能，破产法业已通过向相对人提供担保或将其债权作为共益债权的方式予以替代，故在破产程序进行限制。②其次，对于日本法对破产企业可能遭受过重负担的担忧，笔者同样认为大可不必。一如前文所述，根据"功能主义"理论，管理人在选择继续履行与否时的基本标准便是是否对破产财团有益。

最后，需要补充说明的是，《企业破产法》第39条规定的出卖人取回权，实际上为待履行合同问题创设了一个例外规则。出卖人的主合同义务便是将标的物的所有权转移给买受人，在构成出卖人取回权时，买受人极可能尚未取得标的物所有权，③此时该买卖合同为履行合同应属无疑。据此，笔者认为对于符合第39条之构成要件的买卖合同应优先适用该条规定，而非适用待履行合同规则。出卖人取回权的适用条件为：（1）出卖人必须已经将买卖标的物发运，并且尚未收到全部买卖价款；（2）买受人被裁定进入破产程序时，买卖标的物尚处于在运途中。④出卖人"取回权"作为出卖人之价款债权的一种特殊保护机制，不会导致买卖关系的终止。⑤取回权规则与待履行合同规则在适用效果上的差异，主要体现在管理人选择继续履行时：根据第18条，此时相对人应要求提供担保，

---

① ［日］山本和彦著，金春等译：《日本倒产处理法入门》，北京：法律出版社，2016年，第68页。

② 对于这一问题，笔者将另文讨论，此处同样不再展开。

③ 出卖人取回权也适用于那些标的物所有权因交付第一承运人或提交提单而发生转移的情形，在这些情形下，出卖人之移转标的物所有权的义务业已履行完毕。但在上述特殊情形之外，出卖人之转移标的物所有权的义务则尚未履行完毕。

④ 这里讲的"在运途中"，实际上是对买卖标的物脱离出卖人和买受人占有、控制之外的状态的客观描述，应作宽泛的理解，并不仅限于买卖标的物处于运输过程中这一种情况。即使买卖标的物已经运输到买受人所在地，存放在港口或者车站的仓库中，但买受人尚未领取，该标的物仍然没有被买受人实际占有和控制，这时，仍然应认为该标的物处于"在运途中"。参见安建主编，《中华人民共和国企业破产法释义》，北京：法律出版社，2006年，第61—62页。

⑤ 许德风：《破产法论——解释与功能比较的视角》，北京：北京大学出版社，2015年，第234页。

否则合同视为解除；而根据第39条，管理人若想继续获得标的物，应支付全部价款。

五、结语

本文结合美国法上关于待履行合同处理模式的争论，尝试探讨了我国《企业破产法》上待履行问题的基本理论构造，认为我国在实质上采取的是美国法上的"实质违约测试"理论。进而认为这一理论在美国实践中面临的诸多挑战，在我国的司法实践中同样不可避免，故有必要从根本上进行理论重构，即引入美国法上的"功能主义"理论，以便对破产法上的待履行合同问题除魅。此外，在现有理论框架下，我国《企业破产法》构建的待履行合同制度仍存在诸多不足。典型如当前已被广泛诟病的管理人待履行合同解除权。但当前我国学者在此问题上的倾向性意见——限制管理人的解除权，并不能从根本上解决问题，即无法划定管理人不得解除的边界。在管理人选择继续履行时，我国立法亦有进一步探讨的空间。限于篇幅，本文对上述两个方面未作深入探讨。

"坚持以人民为中心"的基层信访工作理念与实践研究

——基于上海市N镇的案例经验

杜立婕　刘　舜　苏东彩①

摘　要

　　《"坚持以人民为中心"的基层信访工作理念与实践研究》是上海师范大学社会学系与山东、山西、上海等地的基层信访部门联合进行的系列课题研究。本文主要是结合上海市N镇信访工作中丰富的基层信访案例实践经验，联系习近平总书记在党的十八大以来"以人民为中心"的思想体系，诠释了基层信访工作中"以人民为中心"的工作理念。主要从以下三个方面进行了研究：首先，坚持"以人民为中心"，领导干部在政治思想上高度重视；其次，坚持"以人民为中心"，实现信访工作法治化；第三，坚持以"人民为中心"，进行信访干部的职业能力建设，打造一支高素质的信访干部队伍。无论是法治化进程中的"以人民为中心"，还是综合多种工作技巧的"以人民为中心"，

---

① 杜立婕，女，博士，上海师范大学哲学与法政学院社会学系副教授。研究方向为城市社会学、都市人类学。

　　刘舜，上海师范大学哲学与法政学院社会学系2019级人类学研究生。

　　苏东彩，山东省德州市宁津中学思想政治课程教师。

　　（本文为上海师范大学文科创新团队项目（310-AC7031-21-004119）的阶段性成果之一。）

信访干部所运用的特殊矛盾化解机制来源于长期的实践探索，在应对范围和应对机制上都区别于传统意义的信访工作模式。

关键词：以人民为中心；信访工作；法治化

"坚持以人民为中心的发展思想"最初在党的十八届五中全会提出，党的十九大进一步把这一思想作为新时代坚持和发展中国特色社会主义的基本方略之一，体现在我们党治国理政和经济社会发展的各个方面和每个环节，也体现在信访工作的各个方面和每个环节之中。"以人民为中心"思想是中国特色社会主义建设新的伟大时代实践要求的理论升华。这一思想的内在要求是：党的根基在人民、血脉在人民、力量在人民，实现人民利益是党和国家一切工作的根本目标、根本出发点落脚点，党和国家工作的各个环节都要以人民为中心。习近平总书记指出，信访工作是了解民情、集中民智、维护民利、凝聚民心的一项重要工作。信访反映民生，民生关乎民心，民心连着党心。党的十九大报告字里行间始终贯穿了以人民为中心的发展思想。对于新时代推进信访工作而言，就是要坚持以人民为中心，在工作中始终站稳群众立场、贯穿群众路线、强化群众意识，把群众的小事当成自己的大事，从接待好每一次来访、处理好每一封来信、化解好每一个积案做起，面对面、心贴心、实打实地为群众排忧解难，把以习近平同志为核心的党中央对人民群众的关心爱好传递好，用实际行动诠释以人民为中心的发展思想，不断厚植党执政的群众基础。①

自2015年起至今，上海师范大学社会学系部分师生与山东、山西、上海等地的基层信访部门联合进行《"坚持以人民为中心"的基层信访工作理念与实践研究》系列课题研究。本文的资料基础在于2019年5月—2020年10月，上海师范大学哲法学院社会学硕士点的部分师生与上海市N镇信访部门合作，开展了相关课题的调研，主要对上海市F区N镇信访干部进行了访谈，调阅到F区政

---

① 张璁：《新时代信访工作踏上新征程——访国务院副秘书长、国家信访局局长舒晓琴》，《人民日报》2018年04月30日。

府信访部门内部档案资料和N镇信访干部的各类工作日志。①本文联系习近平总书记十八大以来"以人民为中心"的思想体系，结合上海市N镇的实证调查经验，对坚持"以人民为中心"的基层信访工作理念进行了研究，主要从三个方面进行了论证思考：第一，坚持"以人民为中心"，领导干部在政治思想上高度重视；第二，坚持"以人民为中心"，实现信访工作法治化；第三，坚持以"人民为中心"，进行信访干部的职业能力建设，打造一支高素质的信访干部队伍。

一、坚持以人民为中心，首先在政治思想上高度重视

坚持"以人民为中心"思想是人民主体性的深刻反映，是马克思主义人民观的现实写照，是中国共产党实现执政兴国伟大目标的重要保证。对于信访工作的重要性，习近平总书记要求各级党委政府要重视信访工作，"各级党委、政府和领导干部要坚持把信访工作作为了解民情、集中民智、维护民利、凝聚民心的一项重要工作，千方百计为群众排忧解难"，②"信访工作事关群众切身利益。当前，群众通过信访渠道反映出来的信访突出问题，既有新动向，也有老难题，但都事关群众切身利益，事关社会和谐稳定"。做好信访工作必须坚持以人民为中心的根本立场和基本原则，把维护人民群众的合法权益作为信访工作的出发点和落脚点，把坚持人民主体地位、推进国家治理体系和治理能力现代化作为信访工作的价值取向，促进党的领导、人民当家做主、依法治国的有机统一。上海市基层信访部门N镇政府信访部门会按照国家信访局的要求，定期组织学习习总书记关于加强和改进人民信访工作的重要思想，在政治思想上高度重视"以人民为中心"的理念，并贯彻在日常信访工作中。

---

① 本文的主要案例来源于某信访办，案例中的地名和人名按照学术惯例进行了处理，均为化名。

② 习近平：《习近平总书记谈信访工作》，《民心》2017年第8期。

（一）领导干部深入基层，被动接访变为"主动下访"。

2007年3月，中共中央、国务院《关于进一步加强新时期信访工作的意见》提出要在全国大力实施领导干部大接访，2009年4月，中共中央办公厅、国务院办公厅发布《关于领导干部定期接待群众来访的意见》《关于中央和国家机关定期组织干部下访的意见》，几个文件的出台标志着"领导接访"开始步入常态化。"变群众上访为领导下访，不是信访工作的唯一形式，也不是越俎代庖取代基层工作，而是代表着一种思想观念的转变，一种工作思路的创新，一种行之有效的机制，一种发扬民主、体察民情、联系群众的重要渠道。这有利于进一步畅通于基层群众交流沟通的渠道，有利于面对面地检查督促基层信访工作，有利于发现倾向性问题，深化规律性认识。"[1]习近平同志指出："变群众上访为领导主动下访，是我们党的优良传统和作风，是每个领导干部应尽的责任和义务。各级领导干部，都是人民的勤务员。我们的责任，就是向人民负责，为群众解难。""领导上门走访，可以倾听群众呼声，自觉接受群众监督。""对于人民群众正确的意见，要及时采纳，以推进当前工作；对于不正确意见，要分别情况，进行耐心细致的解释教育。"[2]N镇信访部门领导在实际工作中增加沟通渠道，定期主动下访，围绕群众关切的诉求解决百姓的实际生活困难。

案例：从2017年开始，上海市N镇推出了"四百活动"，即"串百家门、听百家言、知百家情、解百家难"。信访干部老邱同志到百姓的家中直接听取百姓的呼声，被动接访变为"主动下访"，及时发现不稳定因素，若有必要的直接汇报领导后由信访办召集召开相关部门协调会，立即商量方案并化解矛盾，及时高效地解决矛盾。这种直接下访到村民家里，听取百姓呼声，切实为百姓解决实际问题的做法得到老百姓的欢迎。老程，系N镇某村的书

① 习近平：《之江新语》杭州：浙江人民出版社，2007年。
② 习近平：《摆脱贫困——习近平谈信访工作》首义在于时刻把心贴近人民.人民网—中国共产党新闻网2015.05.24.

记，现在担任村宅基信访代理员的工作，共接待各类动迁纠纷、矛盾120多起，司法调解60多起。为了不影响白天的工作，他总是利用早上和晚上的时间走家串户，满腔热情地向广大干部群众普及法律法规知识，把法律送到千家万户。在这位老同志老党员的带领下，村里干部为民服务意识增强，村民矛盾、纠纷等明显减少，村里各项工作均依序、依法开展，受到村民和上级领导的赞誉。

信访部门如果将自身工作性质定位成"上传下达"的中转站，使得一些问题得不到有效解决，对上访者的"围追堵截"就会时有发生。[①]在上面的案例中，信访工作者在工作中不急于定性维稳，而是深入基层了解群众的生活真实要求，解决实际生活困难，许多看似困难的问题就能够迎刃而解。扎根基层，心系群众，解决老百姓急难愁的问题，让百姓有更多的获得感、幸福感是基层信访工作的重要目标。这些事情虽然没有轰轰烈烈，有的只是在平凡岗位上的默默付出，但正是这些基层干部的默默付出，把群众的一件件"小事"做实，把群众一个个问题化解，把信访人一个个心结打开，才赢得了群众的认可，架起了党和政府联系群众的桥梁，凝聚了党心民心。只有坚持以人民为中心，积极回应人民群众诉求，不断保障和改善民生，让人民群众获得实实在在的利益，才能赢得人民群众的认可和支持。

（二）信访工作以人为本，有效化解群体性矛盾

从社会发展规律上看，信访工作关系到最广大人民群众的切身利益和社会安宁。随着我国改革进入攻坚期和深水期，必然会触及现有的体制机制和各种利益关系，引发一些新的利益矛盾，加上个别地方和部门还不同程度地存在损害群众利益、伤害群众感情的现象，引发了大量信访问题，尤其是在征地拆迁、

---

① 王震，杨荣：《个案管理应用于信访社会工作的实践与研究》，《社会工作与管理》2016年第3期，第53—58页。

劳动社保、教育医疗、涉法涉诉、企业改制、环境保护等方面的信访问题比较突出，利益诉求类信访总量居高不下，既有新动向，也有老难题。对这些群众信访问题，如果不认真加以解决，就容易形成矛盾叠加，影响社会大局稳定。只有切实加强信访工作，正确处理好这些人民内部矛盾，协调好各方面利益关系，才能最大限度激发社会创造力、最大限度增加和谐因素、最大限度减少不和谐因素，保持社会和谐稳定。

案例：上海市N镇益村有效化解群体性信访矛盾。

2017年11月，因"大叶公路—田字绿廊"动迁项目暂停，造成益村部分村民直接经济财产损失，16名村民代表先后到街道信访办和区信访办，要求政府部门给予说法，并宣称如果得不到满意答复将会阻挠大叶公路拓宽工程施工等。在街道信访办牵头下，街道动迁部门和益民村随即派人前去区信访办开展解释劝返工作。在初次与村民的交流和沟通后，了解了村民的利益诉求为翻建新房，宅基地置换，租房补偿，已征地继续动迁等。

针对益民村部分村民的上访诉求，益民村在街道主要领导、分管领导及职能部门支持下成立了专项工作组。工作组成员多次与村民进行宣传解释，耐心听取群众意见。同时，组织召开村民户代会与村民多次沟通，多次讨论研究，制订出关于停滞"田字绿廊"项目，对涉及村民进行补偿的方案，并将此方案报街道备案。补偿方案根据所涉村民的宅基地房屋有证有效建筑面积，予以每平方米50元补偿费和每平方米15元奖励费（即在2018年1月10日前达成协议的进行奖励）。村民对补偿方案表示满意和认可，至此，涉及村民全部签订补偿协议，无其他异议，村民群体性信访矛盾得到圆满解决。

群体性事件直接影响社会的和谐稳定，N镇信访干部坚持"以人为本"的工作理念，迎难而上解决基层矛盾，树立"群众利益无小事，群众信访无小事"的观念，坚决维护社会和谐稳定，维护群众利益，使群体性事件得到很好的解决，社会矛盾日益减少。信访是群众反映利益诉求的一种主要方式，做好信访工作是维护基层社会稳定的重要内容和有效途径。民惟邦本，本固邦宁，党的一切工作必须以最广大人民群众根本利益为最高标准。"习近平以人民为中心的领导目标注重实绩，经得起实践、人民、历史的检验。坚持以人民为中心的领导目标，关键是目标要实实在在。"①

二、坚持"以人民为中心"，实现信访工作法治化

党的十九大对新时代全面推进依法治国提出了新任务，明确到2035年，法治国家、法治政府、法治社会要基本建成。在全面推进法制建设的背景下，实现信访法治化是信访制度发展的必然趋势以及任务要求。中共十八届三中全会提出，要"把涉法涉诉信访纳入法治轨道解决，建立涉法涉诉信访依法终结制度"，这为深化信访工作制度改革指明了方向。信访，就是人民群众的来信来访，在本质上是维护人民群众合法权益的路径，也是我国特有的政治表达方式。从治国理政规律上看，信访工作关系到公民基本权利的行使和国家治理现代化。"以人民为中心"的信访制度要求公民的合法权利不受侵犯，全面依法治国要求民众可以在法律条框内通过上访活动来行驶舆论监督和社会监督权利，同时也要求权力机关依照法律有效履行自己的职责与义务，这样才会最终构建起和谐、有序、健康的信访法治秩序。

（一）以人民为中心，保护群众的合法权利不受侵犯

信访工作架起一座党和政府与人民群众的连心桥，为群众排忧解难，维护群众的合法权益，同时也担负着维护社会和谐稳定的重任。2014年1月7日，习近平同志在中央政法工作会议上深刻阐明了维护群众合法权益与维护社会大局稳定的关系，他指出："维权是维稳的基础，维稳的实质是维权。对涉及维权的维稳问题，首先要把群众合理合法的利益诉求解决好。单纯维稳，不解决利益

---

① 李锡炎：《"以人民为中心"是习近平领导思想的核心和主线》，《中共四川省委党校学报》2017年第2期。

问题，那是本末倒置，最后也难以稳定下来。"①

案例：上海市N镇信访干部帮助员工解决欠薪问题

2017年4月上海某中药有限公司因企业经营不善，造成资金紧缺拖欠员工资金117万元，企业员工向信访办反映情况，信访干部老沈一边安抚疏导员工情绪，一边立即联系镇受理中心、镇总工会、庄行工业园等相关部门与企业法人见面协调此事，给企业法人做思想工作，建议企业法人筹备资金将拖欠的工资尽早兑现。但由于法人在短期内无法筹备足够的资金兑现给员工，为防止员工情绪激动而做出过激行为，老沈又多次联系镇相关部门协商此事，并建议企业法人开职工大会在职工面前表态，同时引导通过仲裁走法律程序。在走司法途径中，老沈时刻关心着官司的进展情况，把得到的相关信息及时告诉企业员工，让他们安心。通过法律途径将部分欠款兑现给了员工，有效地维护了企业员工的切身利益。

面临群众上访时，N镇信访各部门不视群众为对立面，而是站在群众的角度设身处地去理解其利益诉求，坚决维护群众的合法权利。人民群众在政府部门面前属于弱势，信访部门在这里的窗口作用就显现出来，能够大有作为，不逃避责任，不敷衍人民群众。协助信访人明确仲裁、起诉、信访等不同路径，协调各部门维护群众的合法权利，争取合法利益，真正做到诉访分离，实现信访法制化。

案例：上海市N镇信访办处理小区绿地案例

N镇领导在接访的过程中，有一个居民董某前来反映母亲住宿地N镇西闸公路1575号20号，未经业主同意，物业擅自将小区内绿化改为停车场，信

---

① 孟建柱：《新形势下政法工作的科学指南（深入学习贯彻习近平同志系列讲话精神）——深入学习贯彻习近平同志在中央政法工作会议上的重要讲话》，中新网，www.chinanews.com 2014年01月29日。

访人认为物业公司涉嫌违法，要求恢复绿地。

信访办工作人员经核查，认为信访人反映情况属实，并根据相关法规进行了处置。信访人母亲王某某居住在西渡街道西闸公路1575号20号某小区（祥和花园），该小区建成时间较早，小区内停车位紧张，为缓解小区停车矛盾突出问题，该小区业主委员会在听取业主意见建议后，制定祥和花园小区有关改造方案（包括停车位改造等项目），在小区业主中进行书面征询，征询时间为2019年2月27日—3月3日，征询同意率为99.73%（附征询结果及信访人母亲征询票），征询结果于2019年3月7日—3月12日在小区公示栏公示，后实施改造。

根据《上海市居住区绿化调整实施办法》第十一条："占用建成的居住区绿地，应当在所占绿地周边地区补建完成相应面积的绿地。"因祥和花园小区现没有合适的空间补种被占用的绿化，故该改造项目应该停工，信访办进一步与物业协商推进绿化补种工作事宜，后来该小区内重新补种了绿化。

信访工作制度，对维护群众切身利益具有重大作用。认真解决信访反映的涉及群众切身利益的突出问题，把人民群众的小事当作自己的大事，从人民群众关心的事情做起，从让人民群众满意的事情做起，带领人民不断创造美好生活，使群众由衷地感到合法权益受到了公平对待、利益得到了有效维护，成为社会稳定的基石。

（二）信访法治化要求信访部门严格按照程序推进信访工作

国家法治化进程是信访法治化推进的制度大环境。在国家层面，"依法治国"这一理念作为一种意识形态已经形成了一个新的制度传统，即构建一种基于法律的秩序、实现基于法律对社会的治理，以此全面推进依法治国。在这一制度大环境背景下，信访的法治化改革问题日益凸显

法治的根本是程序之治，有两层含义：一是国家机关行使权力、处理事件

先要制定程序，程序设置要科学、合理、民主、公开，以确保处理结果的公平公正；二是严格按照程序推进信访工作，特别是涉及人民群众根本利益的矛盾问题，要保障公民的知情权、参与权、监督权和救济权。程序既是实现公正的手段，更是防止、限制权力滥用，保障公民合法权利的重要机制。信访的"法治化"指向之一就是要以法治为核心，运用法治思维和法治方式解决信访问题，依据规则和规范来解决冲突与矛盾，在法治化进程中以信访的程序法治为基础，并贯穿于信访的"入口""过程"和"终结"等全过程。①

案例：上海市N镇信访办处理丁某某等20人的集体信访事件

2018年6月，信访人反映其是N镇某保洁服务社员工代表。现在服务社未经信访人同意强制签订合同，导致今后工作时间加长，路段加长，没有车贴、饭贴、公休和随意调动岗位。要求：增加车贴、饭贴、年休、需要稳定的岗位，以及支付之前应得的节日费。

6月23日上午9点，西渡街道信访办会议室，由街道信访办牵头环卫所、群欣市政公司负责人和10位环卫员工代表，就信访人提出信访诉求进行协调沟通，由群欣公司对诉求作出回应。群欣市政公司作出解释说明：上班期间，公司是严格按照规章制度管理执行的，实际情况会酌情考虑。对于工作量问题，群欣公司表示在一周内核实工作量后做出调整。目前工人每月发放基本工资，年终有考核奖，包括安全稳定奖、按照实际工作量发放奖金等。关于饭贴等，群欣市政公司作为环卫一体化中标企业对原有环卫工作人员按照招标文件要求进行接收并做好相应管理工作。关于要扣除节日费，经向上海某服务社联系后确认，该服务社没有发放相关节日费。群欣市政公司按劳动法相关条例执行国假日上班享受加班工资，不存在扣除节日费或国假日加班费的问题。

街道信访办在协调过程中始终站在公正公平立场上，未偏袒任何一方。

---

① 王剑华主编：《法制化进程中信访工作机制创新》，上海：上海人民出版社，2018年。

> 街道信访办给出的意见：一是群欣公司与久美公司协商沟通，是否可以发放未在固定节假日加班工人的加班费，否则会引起群欣公司其他性质环卫工人的质疑；二是让劳动部门宣传解释一下相关政策法规，以劳动部门解释为主，确实应该由群欣公司、久美公司支付的费用，必须兑现。

在上面这个案例中，一方面按照程序处置，依法及时就地解决群众的合理诉求，同时信访工作的"法治化"又有其"自主性"，虽然在治理规则上可以依照法律来管理国家、治理社会，但也需要特定的法律之外的价值指导，尤其是中国传统的社会良知与正义的政治守护，仅仅依赖于形式上合法往往难以实现。而信访的设置目标不仅仅是实现一般意义上的合法性，而要确保实现社会良知和社会正义，这恰恰是对法治化的缺位补充。从这一点来看，信访的法治化更多的强调是一种法治思维和法治方式，是对信访运行模式和机制提出的程序化要求。①

三、坚持以"人民为中心"，进行信访干部的职业能力建设

随着经济和社会发展，基层社会矛盾日益复杂化，作为倾听群众呼声、反映群众意愿窗口的信访工作面临重重压力，信访干部的职业能力建设显得尤为重要。基层的稳定需要的是人民群众的配合，更离不开政府职能部门的协助。其中信访部门是听取社会矛盾的主要职能部门，因此，努力提高信访工作的水平和效率至关重要，坚持以"人民为中心"，进行信访工作职业能力建设，打造一支高素质的信访干部队伍势在必行。虽然目前一线基层工作人员各自背景不同，分别来自不同行业和岗位，也吸纳了来自不同专业的年轻的大学毕业生，但他们对待来访人员有着共同的理念，那就是在为信访者提供服务的过程中视

① 王剑华主编：《法制化进程中信访工作机制创新》，上海：上海人民出版社，2018年，第162页。

生命个体平等，充分尊重每一个公民的权力和诉求。

基层信访工作十分复杂，很多时候，一件平常看来细小的事情，对于基层信访干部来说一旦不予以重视，很容易激化出群体性事件，而相对的一件看来涉及面很广的群体性事件，通过基层信访干部"细雨润无声"的处理方式，矛盾可能瞬间就迎刃而解。

> 2017年7月，信访人陶某某反映社区居民收养流浪狗，影响其他居民生活。他自称是某小区的居民，反映隔壁邻居老太太收留流浪狗多年，影响了他和周围居民的日常生活。经过调查，信访人反映的情况属实，该小区业主王阿姨确实收养了五条流浪狗，因其平时不常住此地，狗气味难闻，特别是夏天，更是扰民。居委多次上门做工作劝阻，希望留下1~2条流浪狗，但不能影响周边居民正常生活，收效甚微。6月15日，由居委牵头，社区民警和分局治安支队民警一起上门，经做业主工作，准备先收留两条，但因种种原因捕捉均告失败。居委联系相关部门，落实周边环境消毒等相关措施，尽量减少对居民的影响。7月27日上午，社区民警协调区公安分局治安支队打狗办民警等，在街道职能部门、居委干部的配合下，继续对王阿姨和其女儿进行说服教育工作。终于将4只流浪狗成功捕捉，为附近居民赢来了满意的居住环境。

这起邻里矛盾案例看上去简单，但是处理起来并不容易。起初信访干部跑了几次去做老人的思想工作，一直不能说服，内心充满矛盾：一方面，他人家里养的宠物被疏忽和遗弃是社会问题，老人出于爱心帮助社会收养流浪狗是一种善举，理应得到鼓励，但是另一方面，收养数量太多，老人对动物照顾不周，的确影响了邻居的日常生活，应该制止。因为老人的思想较为固执，做通工作比较困难，工作人员多次上门，并对其女儿进行说服，老人才答应留下一只，其他可以被收走，最终将此事处理好，避免了社区邻里矛盾进一步恶化。对于什么是"信访"，基层信访干部自己总结要坚持八个字：讷直守"信"，接"访"

无悔。讷直守"信",讲究的是作为一名基层信访干部,要有一颗刚正不阿的心,处理纠纷做到不偏不倚,做事公道。接"访"无悔,讲究的是对待居民,对待各种烦心和委屈,始终要以维护群众利益为根本出发点,无怨无悔。

四、结语

综上所述,坚持"以人民为中心"的基层信访工作理念在实践中的体现为三个方面:坚持"以人民为中心",领导干部在政治思想上高度重视;坚持"以人民为中心",实现信访工作法治化;坚持以"人民为中心",进行信访干部的职业能力建设。无论是法治化进程中的"以人民为中心",还是综合多种工作技巧中的"以人民为中心",上海市N镇信访干部所运用的特殊矛盾化解机制来源于长期的实践探索,在应对范围和应对机制上都区别于传统意义的信访工作模式。以上海市N镇为代表的基层信访制度实践诠释着"以人民为中心"的发展思想,践行着全心全意为人民服务的宗旨,信访工作实践中也充分发挥信访工作密切联系政府与公众以及民主政治建设的巨大作用。

政策实践观念及其构建的认识论探析

王礼鑫①

摘 要

政策及其制定过程，作为人类的一种认识现象，其属性、特征、过程等，有待在认识论层面予以阐明。根据马克思主义认识论，并吸收认识论新成果，本文把政策这种改造社会的方案、计划等称为政策实践观念。政策实践观念的本质属性是价值、知识、创新的综合体：一方面，政策实践观念是价值、知识合而为一；另一方面，政策实践观念是价值与知识合而为一基础上发挥主观能动性的创新，而创新是"政策企业家"推动的从命题性知识到能力之知的转化。政策实践观念的特征包括预见性、发展性、专属性、集成性、能动性等。政策实践观念的构建包括对象化、工具化、合理化、匹配化等环节，构建活动具有集体性、调适性等，构建中的从一般到特殊、从抽象到具体，是"第二种"从抽象上升为具体。对政策实践观念的探讨，还有助于准确把握毛泽东对马克思主义认识论的贡献。

关键词：政策；政策实践观念；马克思主义认识论；理性具体

---

① 作者简介：上海师范大学哲学与法政学院，教授、副院长，研究方向为政策过程理论。

一、导言

"政策实践观念"是政策这个术语在认识论中的对应词。其前提是承认政策是"实践观念"的一种类型。这一做法的初衷是把政策研究引入认识论领域，强化政策研究的社会科学哲学根基。长期以来，无论是认识论还是政策科学，都忽视了政策作为一种观念形态、政策制定过程作为一种认识活动的属性。在政策实践观念被充分探讨后，将有助于更好地揭示马克思主义认识论的中国化。

就"实践观念"而言，马克思主义经典作家并没有使用过这一术语，但他们的许多论述以及阐述的类似概念，对这一概念的内涵与外延都做了讨论。如，马克思认为，人掌握世界的方式中包含"实践精神的掌握"；①另外，在讨论人类劳动时，他在例举建筑师与蜜蜂、蜘蛛后写道："劳动过程结束时得到的结果，在这个过程开始时就已经在劳动者的表象中存在着，即已经观念地存在着。"②这种观念存在，如建筑师头脑中建成的"蜂房"，即实践观念。恩格斯曾使用"理想的意图"③、毛泽东使用的"图样""蓝图""预想的目的"④"科学预见"⑤等，都指向实践观念。

马克思主义研究史上，夏甄陶等曾命名并阐述了"实践观念"，并对实践观念的属性、内容、特点以及实现过程等进行了探讨。⑥也有学者使用"价值理性

---

① 马克思：《〈政治经济学批判〉导言》，《马克思恩格斯选集》第2卷，北京：人民出版社，2012年，第701—702页。

② 马克思：《〈资本论〉第一卷（节选）》，《马克思恩格斯选集》第2卷，北京：人民出版社，2012年，第170页。

③ 恩格斯：《路德维希·费尔巴哈和德国古典哲学的终结》，《马克思恩格斯选集》第4卷，北京：人民出版社，2012年，第238页。

④《实践论》，《毛泽东选集》第1卷，北京：人民出版社，1991年，第293页。

⑤《读苏联〈政治经济学教科书〉的谈话（节选）》，《毛泽东文集》第8卷，北京：人民出版社，1999年，第103页。

⑥ 夏甄陶：《论实践观念》，《哲学研究》1985年第11期。

认识"①"实践理性"②等术语。关于实践观念,本文认同的定义是:"作为一种在本质上仍然属于观念领域对世界的掌握方式,实践观念以动机、意志、愿望、要求、方针、政策、路线、纲领、战略、战术、计划方案、设计蓝图、模拟图形等形式出现。它以改造外部世界对象和创造外部世界所没有的崭新的客体为直接目标,是直接支配人的实践活动的观念。"③有学者初步阐述了实践观念的构建过程的本质等。④关于实践观念的讨论成果,已吸收进重要著作如《马克思主义认识论研究》⑤等。

在实践—认识—实践的过程中,实践观念位于"认识—实践"的"认识"环节。不过,这里的"认识",主要不是解释世界时所获得的那种认识,而是改变世界过程中那种认识;主要不是关于"原理"的认识,而是"应用原理"的认识。就是说,在"认识"的诸类型中,实践观念是应用原理以改造世界的认识。实践观念与原理比较而言,原理通常是对客观过程的反映,揭示规律、共性、可能性,结论具有通用性;实践观念,是对即将开展的行动方案的说明,设定目的、现实性,对设计、方案进行选择与优化,成果专用,具有个性或独特性。如果说原理回答的是"是什么""为什么""应如何"的话,那么,实践观念回答的是"做什么""如何做"。⑥⑦

实践观念的类型,可根据多种标准来划分。如以实践活动领域为标准,可以区分为改造自然的实践观念、改变社会的实践观念、改造主观世界的实践观念。改造自然的实践观念,例如三峡工程的设计蓝图、图纸等;改变社会的实践观念,如某一政党的革命战略;改造主观世界的实践观念,如引导树立社会

① 陈铁民:《价值理性认识初探》,《求索》1986年第4期。
② 王炳书:《实践理性问题研究》,《哲学动态》1999年第1期。
③ 赵家祥:《"实践观念"属于"观念领域"还是属于"实践领域"——对列宁〈哲学笔记〉中一个观点的理解》,《新视野》2015年第1期
④ 欧阳康:《马克思主义认识论研究》,北京:北京师范大学出版集团、北京师范大学出版社,2017年。
⑤ 欧阳康:《马克思主义认识论研究》,北京:北京师范大学出版集团、北京师范大学出版社,2017年。
⑥ 王永昌:《论实践观念》,《中国社会科学》1993年第3期。
⑦ 陈昌曙:《从哲学的观点看科学相技术的转化》,《哲学研究》1994年第11期。

主义核心价值观的行动纲要。又如，以实践观念的正式化程度，可分为正式的实践观念、非正式的实践观念，正式的实践观念，即该观念的创立者和持有者，能够通过体系化的语言尤其是文字、符号等方式展现出实践观念，如设计图纸、政策文件等，非正式的实践观念，即零散、不系统的计划，或难以通过语言表达出来的设想、行动计划等。

政策是政府或执政党制定的用于改变社会的愿景、目标、计划、措施、手段等，是实践观念的一种形式。首先，政策是人的认识活动的产物，是一种观念，是实践等反映到人的头脑中并经过头脑加工的成果。就是说，政策活动，就其制定过程来说，是一种认识活动，而不是实践活动或其他什么活动。在政策制定这一认识活动中，既卷入认识主体的情感、价值、愿望、意图等，也运用了人们对相关事物规律性的知识，还包含了认识主体对具体客观实际的分析等。其次，政策这一观念形式，不同于一般理论或原理，它将直接指导实际活动，是认识中最接近实践的那部分观念。一般理论或原理，主要是描述、解释事物或揭示事物改变的机理等知识。理论、原理固然重要，但无法承担起直接指导改变事物的功能。比如，改变资本主义社会，要靠无产阶级反对资产阶级的阶级斗争，这是原理。而要指导一个国家的无产阶级的阶级斗争，只有原理还不够，还需要把无产阶级组织起来、根据实际情况和条件来制定战略路线方针等。第三，政策的目的是改变社会，将通过政策实施等实践活动全部或部分地实现其目的。政策是人的有目的的、有意识的、能动的认识活动的产物。

对政策实践观念的聚焦，需要打破认识论、政策科学两个领域目前存在的相互隔绝状态。此前，马克思主义认识论关于实践观念的研究，虽然涉及政策现象，但未予以聚焦，缺少专门探究政策实践观念的成果；而政策科学的研究者，很少从认识论出发对政策开展研究，学者们似乎遗忘了政策作为认识成果、政策制定作为认识过程的事实。由此，"政策实践观念"研究确有必要。在理论上，一是通过马克思主义认识论来揭示政策的属性、特征、构建过程，将增强公共政策的哲学基础；二是通过探讨政策这一认识论关注不够的领域，将推动关于实践观念的研究。而政策实践观念如果是中国化马克思主义认识论所讨论的实践观念的主要形式的话，那么，将有助于深化马克思主义认识论。这种研究的现实意义在于：借助于政策实践观念，有利于辨析何为优质政策，有利于探寻通往优质政策的途径与方法。杰出建筑物的设计图纸是天才的而非蹩脚的建筑师所设计出来的，对天才建筑师思维过程的观察和总结，更可能发现关于如何成长为天才建筑师的知识。

二、政策实践观念的属性：价值、知识、创新的综合体

就实践观念的属性而言，学界已讨论了一个属性：内在尺度和外在尺度的统一性。①② 实践观念、政策实践观念二者为一般与特殊的关系，一般蕴含于特殊之中。吸收政策科学、马克思主义认识论研究中关于实践观念的观点，本文认为，政策作为一种实践观念，本质属性是价值、知识、创新综合体。因为，作为一种实践观念，政策承载了制定者等的情感、意图、价值，反映并运用了关于客观实际的知识，最关键的是，它被要求能能动地、创造性地解决某种问题、实现某种目的。图 1 是对政策实践观念本质属性的简单刻画。

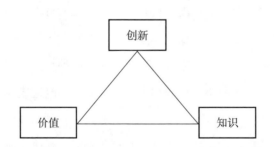

图 1　政策实践观念：价值、知识、创新的综合体

所谓本质属性，是政策实践观念内生的、与生俱来的属性；价值、知识、创新与政策实践观念是建构关系，离开这一属性，无法给政策实践观念作出界定和说明。本质属性意味着政策实践观念的构建过程，就是价值、知识、创新

①　夏甄陶：《论实践观念》，《哲学研究》1985 年第 11 期。
②　王永昌：《论实践观念》，《中国社会科学》1993 年第 3 期。

的获得或生产过程。就是说，评判构建过程的标准就是看这一过程能否、多大程度上促进价值、知识、创新的产生。

这一属性具体体现在：第一，政策实践观念是价值（内在尺度）、知识（外在尺度）的合而为一；第二，政策实践观念是价值与知识合而为一基础上的发挥主观能动性的创新，创新是杰出人物（"政策企业家"）推动从原理到应用、从理论到实践或从命题性认识到能力之知的转化。

（一）价值与知识合而为一

价值与知识合而为一，是指战略、策略、政策等，既包含了制定者的情感、动机、需求、意图、价值取向、目标要求，也包含了制定者对事物现状、特征、本质、规律、前景等方面的认识。

这是实践观念内含的要求——内在尺度与外在尺度的统一性——在政策中的体现。价值、知识在政策实践观念中合而为一，即内在尺度与外在尺度的统一性，是历史唯物主义原理的具体观点。在马克思主义看来，人的所有活动都要求两种尺度的统一。"动物只是按照它所属的那个种的尺度和需要来构造，而人却懂得按照任何一个种的尺度来进行生产，并且懂得处处都把固有的尺度运用于对象；因此，人也按照美的规律来构造。"[①]所谓内在尺度，也称主体尺度，就是人从自己的需要出发，把需要、要求等作为一种尺度运用到对象上去，人打算按照自己的需求、愿望、目的和意志把客观事物改造成能全部或部分满足自己的新客体。"世界不会满足人，人决心以自己的行动来改变世界。"[②]外在尺度，即人关于所欲改造的客体的现状、特征、本质、规律、前景等的认识。客体的本质、规律等，外在于人，具有不以人的意志为转移的客观规律，人只有认识并遵循客观规律才能利用它，让客体服务于人，实现人的目的。只有实现了两种尺度的统一的实践观念及其实施活动，才能成功地实现对象的改变、满

---

① 马克思：《1844年经济学哲学手稿》，《马克思恩格斯选集》第1卷，北京：人民出版社，2012年，第56—57页。
② 《列宁专题文集论辩证唯物主义和历史唯物主义》，北京：人民出版社，2009年，第138页。

足于人。如果两者尺度不统一，政策实践观念要么徒具良好愿望而陷入空想，要么徒具知识但盲人骑瞎马。"在实践观念中，必须把反映外部事物的认识和反映人们需要的愿望结合起来。"①价值、知识在政策实践观念中的统一，总的要求是，政策既要满足政策受众等的愿望、要求、意愿，也要从实际出发即符合事物发展客观规律。

价值、知识合而为一的过程，是马克思主义认识论已经包含的观点。毛泽东在《实践论》等著作中阐述认识过程时，多次以外来考察团考察延安为例，在说明从感性认识到理性认识时，特别强调了一个条件："如果他们对于团结救国也是真实的话"，即外来考察团这个认识主体的情感、价值等（具有真实的团结救国意愿），然后才能作出"抗日民族统一战线是能够成功的"。②显而易见，毛泽东认为，如果不具备团结救国的情感、价值、愿望，难以作出抗日民族统一战线是能够成功的这个结论；即没有正确的价值观，也不能获得"理性认识"，不能提出正确的政策实践观念。

政策是价值与知识合二为一的观点，也得到经典政策理论的认同。现代政策科学奠基人美国学者拉斯韦尔定义政策为：一种含有目标、价值和策略的大型计划。③罗伯特·达尔着重指出，国家的统治既需要科学知识，也需要伦理、道德判断。他说，我们在对政府政策意图达到的目的（比如，正义、公平、公正、幸福、健康、生存、安全、福利、平等诸如此类的事情）进行决定的时候，是在作伦理的判断。④

价值、知识在政策实践观念中合而为一，体现在政策制定的不同环节中事实、价值的实然判断与应然判断上。理想情况（优质政策）要求：对现状或事实有准确的判断，即历史的系统的判断；对现状或事实的价值判断正确无误；对将要实现的目标判断准确；对实现目标的手段、步骤的合理性可行性等判

① 夏甄陶：《论实践观念》，《哲学研究》1985年第11期。
② 《实践论》，《毛泽东选集》第1卷，北京：人民出版社，1991年，第285页。
③ 谢明：《公共政策导论》，北京：中国人民大学出版社，2015年，第7页。
④ 罗伯特·达尔：《论民主》李柏光、林猛译，北京：商务印书馆，1999年，第79—80页。

断正确。反之，不满足上述任一要求的，如对现状或事实的了解不充分，对现状或事实的价值判断不当，对将要实现的目标判断不准，对实现目标的手段或工具判断错误等都无法构成科学、正确的政策实践观念。这说明了政策实践观念形成不易，通往优质政策的道路上到处都是泥淖。上述各种错误，即所谓主观主义错误。政策实践观念构建活动的主体，常常不是个人，而是群体或集体（后文对此将有阐述），主观主义错误更加难以避免。正是在这个意义上，可以说，主观、客观如何相一致，是政策实践观念构建中的永恒问题。

在政策实践观念构建过程的末端，价值、知识作为结果都是为政策制定者而掌握的。但是，最终的政策中的价值、知识，不是一开始就作为结果而存在的，它们经历了构建过程。就是说，政策制定过程，包含或体现为价值、知识的生产过程。在生产过程的起点，从价值方面来看，需求、愿望、目的等常常是不清晰的、分散的、冲突的；从知识方面来看，也常常是粗糙的、零散的、模糊的；从价值与知识的关系来看，二者很可能是不匹配的，价值超前于知识、价值滞后于知识的情况都存在。价值、知识的形成以及二者匹配，内含于政策实践观念的构建过程。这要求，需要有合理的方法来推动价值、知识的构建以及二者相互匹配。进而，能否很好地锚定价值、促进知识生产，就成为政策制定方法的重要评价标准。

（二）创新：主观能动性、命题性认识向能力之知转化

创新的本质到底是什么？——截至目前，这个问题还缺乏科学回答。而只有说明创新属性，才能准确、全面把握政策实践观念及其构建过程等。

政策、实践观念的创新性，源于实践观念的构建者对现状的不满足，表现为超前性意识，实质是在思维、观念中设计了一个理想客体。[1]如果客观现实能满足主体的需要，那主体就不会产生改变现状的动机、意图。就是说，实践观念意味着主体对客观现实的否定性的批判。超前性指实践观念这一认识先于

---

[1] 王永昌：《论实践观念》，《中国社会科学》1993年第3期。

实施它的实践活动而产生，就是构建者对结果、目标及计划进度等的预先提出的设想。理想客体相对于构建者不满足的现实客体而言，尽管停留在观念层面，但比较具体、详细。原理、理论当然也具备创新性，但创新的特性不同：原理直接针对的是对已有理论的不满，是对客观存在的反映，故常常滞后于实践，原理中如果涉及对未来的构想，一般都比较抽象。

一方面，创新是政策实践观念构建者发挥其主观能动性的结果。创新需要发挥人的主观能动性，具有创新能力的人往往成为政策实践观念的主要构建者。由于主客观条件的限制，不同人的创新能力是不同的。从事社会变革的事业中，杰出人物所以"杰出"，就在于提出了改造社会的合理、正确的战略策略政策。"党组织的作用和名副其实的党的领袖的作用，也正在于通过本阶级一切肯动脑筋分子所进行的长期的、顽强的、各种各样的、多方面的工作，获得必要的知识、必要的经验、必要的（除了知识和经验之外）政治嗅觉来迅速而正确地解决各种复杂的政治问题。"[1]参照企业家理论，发挥了主观能动性的政策实践观念构建者，可以称之为"政策企业家"，[2]他们具备特定潜质，包括在捕捉新信息、新知识等的基础上具备新想法，更富想象力，对未来的判断更准确，能识别和发现机会等，具备关于行为限制及如何打破限制的知识，即具有企业家式创新理性。[3]

另一方面，创新的本质是实现了从价值、知识等"命题性"认识到能力之知的转化。实践观念，即思维中的理想客体，其形成过程并非一蹴而就。正如任何一幅建筑图纸都要经历一个设计过程。"创新的精髓是根据具体理想或愿景来重新创造一个世界"。[4]创新的起点常常只是一个粗糙的"新想法"，还需要发展为完善的"理想客体"。过去，实践观念的构建过程被概括为从原理到应

① 列宁：《共产主义运动中的"左派"幼稚病》，《列宁选集》第四卷，北京：人民出版社，2012年，第178页。

② 王礼鑫、冯猛：《地方政府创新中政策企业家知识创造的一个分析模型——以K市公益基金招标改革为例》，《公共行政评论》2020年第1期。

③ 柯武刚、史漫飞：《制度经济学》，北京：商务印书馆，2000年，第66、70页。

④ 野中郁次郎、竹内弘高著，李萌译：《创造知识的企业——日美企业持续创新的动力》，北京：知识产权出版社，2006年，第10页。

用、从书本知识到实践知识等。这种概括为政策实践观念的构建提供了一种刻画，但"原理""书本知识"等术语，侧重于强调"知识"，而忽略了"价值"等在政策实践观念中的功能和机理。借鉴赖尔提出的Knowing that与Knowing how，笔者认为，创新的本质是从命题性认识到能力之知的转化，即从"知道什么"到"知道如何"的转化。[①]命题性认识既包括陈述性的知识，也包括假言性的、范导性的认识；能力之知，即知道如何、操作性知识、程序性知识、技艺知识等，指用活动/行动来表达的、体现了智力的能力之知，包括观察力、理解力、应用能力、技能等。[②]可见，"命题性"认识，不仅包括了原理、书本知识等，还包括"价值"。所以，"从命题性认识到能力之知的转化"包含或兼容了从原理到应用、从书本知识到实践知识等观点，而且包含了愿望、要求、意图等价值的融入过程，准确反映了创新从新想法到理想客体的实质。

三、政策实践观念的特征

作为改造社会的各种方案、计划等的综合体，政策实践观念在时间维度上具有预见性、发展性，在空间维度上具有专属性，从认识与实践关系看具有集成性、能动性。

预见性主要指实践者对拟采取的改变客观情况的行动方案的实施过程、结果等方面的设计、预想，即"图样"、路线图、蓝图。预见的本质是具有现实性的意图。预见包含了主体对客体的新的形态的构想，包含了对实践过程的超前设计。预见源于对事物发展规律的认识、对具体情况的调查，源于提出者在使主观符合客观过程中的主观能动性。预见与科学预测的区别在于，预测主体通常作为旁观者一般不参与事物的发展过程，而预见主体作为实践主体常常介入到事务发展过程。预见性是体现政策实践观念本质及其属性的重要特征。因此，

① 王礼鑫、冯猛：《地方政府创新中政策企业家知识创造的一个分析模型——以K市公益基金招标改革为例》，《公共行政评论》2020年第1期。

② 郁振华：《人类知识的默会维度》，北京：北京大学出版社，2012年，第88—99页。

在毛泽东那里，预见等同于实践观念。"思维是一种特殊物质的运动形态，它能够反映客观的性质，能够反映客观的运动，并且由此产生科学的预见，而这种预见经过实践又能够转化成为事物。"①可见，预见处于认识与实践之间，即实践观念。正是基于对预见即实践观念的强调，毛泽东把预见作为"领导"的重要内容。"为着领导，必须有预见""没有预见就没有一切"。②

发展性指政策实践观念的不断调整、变化的属性。政策实践观念是应用原理于改造社会的设计，即使原理已知，但由于社会实践本身变动不居，所以政策实践观念不得不经常调整、变化。就是说，政策实践观念的发展性，从根本上取决于它所意图改变的实际的发展变化属性。这一属性与原理等理性认识的相对稳定性形成鲜明对比，是政策实践观念的显著特征。人的认识运动，总体上持续不断，从低级向高级发展。但就"原理"而言，尤其是基本原理，在提出后的一段时间内、在特定范围内具有稳定性；而且，如果旧原理被新原理所替代，原因在于旧原理不符合科学标准。这一属性也与改造自然的实践观念的相对稳定性不同。建造房子、修筑水电站等，设计师根据原理、自然条件、需求、可行性等，一旦设计出图纸（实践观念），常常可以不作重大修改、调整，通过施工，即变成房子、水电站——建筑物设计图纸这一实践观念具有相对稳定性。另外，发展性还受到实践主体认识能力等主观因素的影响，如认识能力一般从低到高——一开始的时候，认识能力低，既没有弄懂原理，也没有弄清客观实际，所提出的政策实践观念必然简单、粗糙，甚至错误。发展性还包括一种类型，即由于认识主体的主观方面的错误，而导致政策实践观念的变化。主观方面的错误，即主观主义，包括教条主义、经验主义等。

专属性说明的是政策实践观念在空间维度的特征，即政策实践观念在特定国家或地域中的专用性等。专属性源于原理应用的国别、地域的社会特殊性。

① 《读苏联〈政治经济学教科书〉的谈话（节选）》，《毛泽东文集》第8卷，北京：人民出版社，1999年，第103页。
② 《在中国共产党第七次全国代表大会上的结论》，《毛泽东文集》第3卷，北京：人民出版社，1996年，第396页。

人类社会的历史、现实，存在多样性；在某一社会，即为特殊性。而致力于改造特定社会的实践观念，不得不适应该社会的特殊性。这是原理、应用原理之间"一"与"多"关系的表现。原理是一元的、通用的，但实践观念具有专用性以及多样性。强调专属性，不是否定原理的指导价值。改造自然的实践观念，即技术等，也具有专有性，而社会自身的特殊性、复杂性高于（至少不低于）自然，所以，政策实践观念的专属性更加明显。

集成性指政策实践观念在原理与应用、价值与手段、整体与部分等方面的一贯性、完整性、同一性、协同性等。从原理到应用，具体包括工具、手段、方法、步骤以及相应的资源配置等，要求工具、手段等服从于原理。只有服从原理的应用才能达到原理所预计的目的、效果，反之则不能。价值与手段，一方面是价值的贯通性，即实践观念的根本意图、基本愿望等要体现为技术、工具的意图；另一方面是手段服从于价值，工具、手段、方法、步骤以及相应的资源配置等服从服务于根本意图、愿望。整体与部分，一方面体现为政策实践观念的不同层次，如战略、策略或路线、方针、政策；另一方面体现为不同层级的实践主体的任务，如中央、地方、基层等。整体与部分的集成性要求不同层次的方案计划的协同性、不同层级的实践主体的行动的协同性。在整体与部分中，如果策略不服从战略、政策不服从路线，或者地方、基层不服从中央，那么，不可能有协同性、完整性。

能动性指政策实践观念的创造与控制属性。政策实践观念的目的是改造社会，这里的"社会"不是纯粹的认识对象，而是将被改造的对象；实践观念构建中，认识主体、实践主体二者合而为一，创造出改变社会的方案，又将根据方案去付诸实践。因此，不仅实践观念在一定程度上由主体所创造，而且实践过程在一定程度上也由主体所控制。当然，这种控制的实质不是改变客观规律，而是加快或延缓客观规律的过程，减少或丰富客观规律的具体表现形式等。

需要说明的是，政策实践观念的各种特征，相互关联；这些特征，都是对政策实践观念理想状态的概括。现实中，这些特征都是在政策实践观念的构建过程中逐渐具备的。

四、政策实践观念的构建：过程、特点、本质

应用原理构建改造世界的实践观念，是一种构建者的复杂认识活动。其过程即大脑活动属性以及不同领域实践观念过程的差异性，使得揭示实践观念构建是一桩研究难题。建筑师设计房子的活动、工程师设计水电站的活动、革命家规划革命战略策略的活动，比较而言，主体的知识与能力、结果的评估标准等均有所不同。从原理或理论到制定出改造社会的方针、政策，是一个艰难的过程。参考已有研究成果，本节对以战略、策略和政策等形式表现出来的、以改变社会为目的的政策实践观念的构建过程及其特点、本质等加以分析。将着重指出，与理论原理的研究过程等比较而言，实践观念构建的主要环节是对象化、工具化、合理化、匹配化，构建过程具有集体性、调适性，其认识过程本质是"第二种"从抽象上升为具体，构建过程中主客体关系具有独特性并对主体提出了不同要求。

（一）政策实践观念的构建过程

其一，对象化。对象化指构建者将原理中涉及目标、目的等与其情感、意图、价值等连接起来，将原理中涉及的因果关系、机制等与其观察到的客观实际连接起来，促使原理在地化。对象化包括价值维度的明确化，时间维度的时代化，空间维度的国别化或地方化。例如，无产阶级通过阶级斗争推翻资产阶级统治这一原理，应用于一个国家时，需要革命战略与策略的提出者（即实践观念构建者）搞清楚的问题至少是：该国处于资本主义发生的哪一阶段（资本主义发展程度），在资本主义体系中位于什么位置，工人阶级的数量、结构、分布、特点、斗争情况、组织程度等，资本家、统治阶级及其集团的情况，阶级力量对比，其他社会阶级的基本情况，工人阶级等是否受到剥削、被剥削程度等。这些既涉及情感、意图等价值问题——同情谁、支持谁，也涉及发展阶段等时代问题，还涉及某国阶级力量对比等区域特殊性问题，以及期待何种改变等。

之所以需要对象化，是因为原理应用于一个国家或社会时，目标或目的、时空条件、历史文化等均有所不同。意图改变社会的行动方案，必须从具体情况出发。从目标维度看，原理中"为了谁、为了什么"的立场，要落实到具体所指；从时间维度看，原理在其应用时的情况，已不同于原理产生的时刻；从空间维度看，按国别或地区来看，既有一般性，也有特殊性，原理应用必须考虑该国特殊性。情况不同，实践活动的使命、任务以及目标、计划、方案等存在差异，所以政策实践观念构建的重要一步即对象化。

其二，合理化。在对象化的基础上，需要从抽象的原理转化为整套方案，包括过程、阶段、条件、手段、技术等。而包括过程、阶段、条件、手段、技术等整套方案中，既反映了实践主体的情感、需求、动机、目的、知识，也反映了实践客体的属性、特点、规律等。从原理转化为方案，即原理向对象应用化，要求合理、适当，可概括为合理化。

合理化一方面体现为以文字、语言等呈现出来的方案本身，另一方面体现为设计者关于合理化的说明，即就方案为何如此的论述。合理化的标准包括：感情或价值相通、手段与目的相适应、回报与投入比合理等。感情或价值相通，指方案中显性或隐性的情感、动机、愿望等，与原理中蕴含的情感、动机、愿望等相一致；手段与目的相适应，指方案中关于过程、阶段、条件、技术等方面的设计，服从于目的，有利于目的实现；回报与投入比合理，指方案规划中的资源等投入，与预期回报相适应、可接受。

其三，工具化。政策实践观念体现为实施方案。从原理转化为实施方案，具体包括流程化、操作化、标准化等。流程化，就步骤、环节等加以确定；操作化，就"如何做"的方式、技术等加以确定；标准化，就结果或效果等衡量等加以确定。

其四，匹配化。合理化等确保了政策实践观念的科学性，但还需要与各种因素、情况等相匹配。首先是与政策实践观念落实相关的人员、物资、资金等的匹配；其次是纵向维度中，战略、策略等不同层次的内容相匹配，不同层级的主体行为之间相匹配；最后是该政策实践观念与其他领域的相匹配。

实践观念不是一蹴而就的，在过程上一般要历经从无到有、由少到多、由点到面、从简到繁、从碎片到体系。其一，从某一实践观念自身看，其构成要素，愿景、战略、目标、计划、手段、步骤、措施等，必须相互匹配，通常是手段、计划、措施等要适应愿景、战略、目标等。如果不匹配，无法指导产生有序的行动，达不成目标。其二，从不同领域看，各个实践观念也需要相互配套，彼此互补、相互促进。如果相互冲突，轻则造成矛盾，重则导致失败。其三，从实践观念体系与社会环境（国内、国际）、自然环境等关系看，体系具有适应性。

（二）政策实践观念构建过程的特点

政策实践观念作为运用原理设计来改造社会的方案，其价值、知识、创新合而为一这一属性以及预见性、发展性、专属性、集成性、能动性等特征，决定了其构建过程的特殊性。这种特殊性，集中体现为构建主体的集体性、构建过程的调适性。

集体性，指的是政策实践观念构建活动的主体是群体而非个体。当然，这个群体，有其结构特征。其中，结构中心即杰出人物或政策企业家。主体维度的这种以政策企业家为中心结构的集体性，源于政策实践观念是应用原理改造社会的方案这一本质属性。即使最小规模的改造社会行动，也是一项系统工程，这意味着改造方案是一套整体设计。这个整体，既是一个由创意、将创意合理化操作化等构成的整体，也是一个由战略、策略、工具等构成的整体，还是一个由不同领域、层次具体方案所构成的整体。整体必然要求设计活动的集体性。改造自然的工程方案设计过程，与原理提出过程比较而言，设计活动的集体性已然显著，何况改造社会的方案，通常比改造自然的方案要复杂。政策实践观念构建过程的集体性，具体来说，首先，承认且强调杰出人物、政治家即政策企业家的独特作用与贡献。天才的设计师与平庸的设计师之间的差别，主要不是后者设计的是不能施工的建筑图纸，而是前者凭借对美、"用"等的灵感而设计出科学、美观、实用、经济合理的建筑图纸。其次，群体包括不同层级的认识主体、实践主体。最后，客观上，作为实践观念对象的群体，也能发挥影响力。复杂的政策实践观念中，理想的情况是，群体中的不同主体，或在观念的横向维度上形成互补，或在纵向维度上融为一体。

调适性即政策实践观念是在与实践活动的互动关系中发展、完善的。这种调适，既包括情感、愿望等的调适，也包括目标、目的等的调适，还包括步骤、手段、技术等调适。调适是主观、客观相一致的过程。这个跟原理创立过程不一样。原理创立中，在原理生成后，原理中的科学发现、观点等认识与材料相一致；虽然也经历了从不一致到一致的过程，但在过程终结时，结论已出，调适过程即告结束。改变自然的实践观念，在自然被成功改变的时候，调适过程即宣告结束。但政策实践观念是一个永无止境的过程——因为实践是无止无休的。"认识规律，必须经过实践，取得成绩，发生问题，遇到失败，在这样的过程中，才能使认识逐步推进。要认识事物发展的客观规律，必须进行实践，在实践中必须采取马克思主义的态度来进行研究，而且必须经过胜利和失败的比较。反复实践，反复学习，经过多次胜利和失败，并且认真进行研究，才能逐步使自己的认识合乎规律。只看见胜利，没有看见失败，要认识规律是不行的。"[①]

（三）政策实践观念构建过程的本质：第二种从抽象到具体

政策实践观念构建、运用原理形成改造社会的方案形成过程，到底是一个什么样的认识过程？在马克思主义认识论来看，从政策实践观念构建在认识过程中的定位来看，具体所指即从认识到实践、由精神到物质过程中的一个环节：在观念中构建实践的活动。这意味着，政策实践观念构建，主要是从抽象的理性认识到具体的理性认识，即从理性抽象到理性具体。但是，这不是说，政策实践观念构建没有从实践到感性认识、从感性认识到理性认识的过程。

总体上看，政策实践观念构建，有两个认识的起点：原理、客观实际。认识过程是从这两个起点出发，最后统一于从抽象的理性认识到具体的理性认识的过程。就是说，认识过程包括两个步骤，首先是从两个起点出发形成两种理

---

① 《读苏联〈政治经济学教科书〉的谈话（节选）》（1959年12月—1960年2月），《毛泽东文集》第8卷，北京：人民出版社，1999年，第104页。

性认识。一方面，人们对原理——主要是改造社会的原理——的学习或研究，形成"应当如何"等理性认识；另一方面，人们对客观实际加以认识——从感性认识到理性认识，主要形成了关于客观实际"是什么样""如何形成"等方面的知识。认识过程的第二步骤，是将两种理性认识合而为一，规划、设计出社会改造方案的过程，是理性认识的具体方案化。

第一步，对原理的认识，主要是掌握事物及其发展的本质、规律、法则等。这是一个形成关于普遍、一般知识的理性认识的过程。如果原理是既定、先在的，那么，通过学习、钻研来掌握；如果原理不是既定的，那么，需要通过研究提出或发展原理。另一方面，由客观实际这个起点出发的认识过程，主要是一个形成关于个别、特殊的理性认识的过程。这个理性认识，不追求获得关于认识对象的普遍性、一般性特征，追求的是关于认识对象的个别性、特殊性。当然，个别性、特殊性必须建立在客观事实的基础上，任何脱离客观性的特殊性，不可能提供准确的理性认识。但是，以个别性、特殊性体现出来的理性认识及其过程，受认识主体的情感、知识以及认识能力等的影响。就是说，理性认识中，对客观实际的特殊性所作出的概念、判断等，是认识主体在事实基础上融入了价值、知识等。针对同一客观实际的理性认识，存在价值与知识之间的张力——针对同一事实，既可能存在由于情感、价值等不同而产生不同判断，也可能存在价值相同但由于认识能力或知识不同而产生不同判断。这个理性认识的目的是要跟改造社会的那个原理认识相结合，然后具体化为改造方案。

第二步，从两种理性认识到改造方案，即将改造社会的原理与关于拟改造社会的理性认识结合起来，运用原理设计改造计划。即从抽象理性到具体理性。与马克思所主张的理论体系构建过程是"从抽象上升到具体"比较，政策实践观念构建是"第二种"从抽象上升到具体。一方面，政策实践观念的构建，也是从抽象到具体。因为，政策实践观念，是在客观实际的基础上运用原理形成的改造社会的方案。对客观实际的认识也好，原理也好，是理性认识，即抽象认识；方案，是具体。政策实践观念是典型的"具体"——"具体之所以具体，因为它是许多规定的综合，因而是多样性的统一。因此它在思维中表现为综合的过程，表现为结果，而不是表现为起点，虽然它是现实中的起点，因而也是直观和表象的起点。"①另一方面，政策实践观念构建中的从抽象到具体，与理论体系构建中的从抽象到具体存在差别。理论体系构建中的从抽象到具体，指的是，一位研究者经过材料收集、运用抽象力分析材料、捕捉到各形式之间的内在联系等，基于一般抽象或最一般的抽象，头脑中构建了关于研究对象的总体性的知识体系。这种形成总体性知识体系的过程、即构建体系的方法，马克思称之为"从抽象上升为具体"。政策实践观念中的从抽象到具体，目的不是构建理论体系，而是构建指导实践的计划、方案，主体的情感、价值等直接融入从抽象到具体的过程中。第二步中，具体是否符合抽象、方案是否符合客观实际与理性认识等，主要取决于主体的能力——把改造社会原理与对客观实际的理性认识结合起来、创造性地提出具体方案的能力。而且必须发展地理解主体能力，一方面，某一改造方案的形成过程中，主体能力有一个由低到高的发展过程；另一方面，环境、条件变化导致改造对象变更后，主体能力也需要发展，重新经历从无到有、由低到高的过程。

表1扼要展示了政策实践观念构建中的从抽象到具体（第二种）与理论体系构建中的从抽象到具体（即马克思的从抽象到具体）的区别。

表1　政策实践观念构建中的"第二种"从抽象到具体

	第一种从抽象到具体	第二种从抽象到具体
目的/结果	原理或理论体系构建	改造方案、实践观念构建
认识活动的环节	从实践到认识的一环	从认识到实践的一环
认识主体的价值观	不直接融入	直接融入
创新的本质	发现	创造、发明

注：本表为作者自制。

---

① 马克思：《〈政治经济学批判〉导言》,《马克思恩格斯选集》第2卷，北京：人民出版社，2012年，第701页。

（四）政策实践观念构建中的价值与知识关系及对主体的要求

政策实践观念是主体（既是认识主体也是实践主体）在认识客观实际基础上运用原理提出改造社会的方案。其本质属性、特征等不是一开始就具备的，是否具备取决于主体的主观能动性。

主观能动性是主体的价值、知识、能力的综合体现。就是说，主观能动性发挥的好，即主体基于合适的情感、愿望、价值等，对客体形成正确判断，发挥其将原理转化为具体方案的"政策企业家"能力，然后设计出改造社会的方案，并在方案的实施中根据结果对方案加以调整——认识过程周而复始。就是说，政策实践观念能否成功构建，取决于主体处理价值与知识关系的能力。价值、知识的关系，在实践中对应的是主观、客观的关系问题。而众所周知的是，理论联系实际，主观符合客观，这是正确的思想方法。

政策实践观念构建中的价值、知识间关系的复杂性远超原理创立、改造自然的实践观念构建。原理创立中，认识主体的价值因素可能存在，但不与实践活动直接联系；而改造社会的政策实践观念构建中主体的价值等，要通过具体步骤、措施等变成实践并产生预期后果。改造自然的实践观念构建中价值针对的主要是自然物。另外，与原理创立的不同还在于：政策实践观念构建并非发生于单一个体认识过程，而是发生于群体认识过程。在群体中，价值、知识或主观、客观之间的关系变得错综复杂。理想状况——价值与知识相符，政策实践观念具有创新性，并能成功地推进社会变革——当然也存在，但非理想状况比比皆是。

因此，政策实践观念构建对主体的要求，对"个体"具体包括：价值与使命坚守、掌握原理、熟悉实际、适应更新。对"群体"的要求包括：孕育政策企业家、基于政策共识的一体化。个体，通过改造主观世界来满足要求；群体，通过组织建设来满足要求，既能促成杰出人物出现，也能促进群体内达成一致。

五、结语

本文提出"政策实践观念"这个概念，并初步探究了其属性、特征、构建过程等。这一尝试从认识论上审视政策，提出了一些关于政策研究"元问题"的观点，如政策的属性是价值、知识、创新的综合体，政策制定过程包括对象化、工具化、合理化、匹配化等。至于本文探讨对于政策科学的具体价值，此不赘述。

需要注意的是，本文的探讨提供了这样一种可能性：通过总结中国共产党人的、基于政策制定实践的理论，而进一步澄清中共在何种意义上发展了马克思主义认识论。笔者认为，以中共认识论的最重要成果即毛泽东的认识论观点而言，他对认识论的独特贡献是：关于政策实践观念构建过程、方法等的理论。

晚年毛泽东曾经指出，哲学就是认识论。[1]"一个正确的认识，往往需要经过由物质到精神，由精神到物质，即由实践到认识，由认识到实践这样多次的反复，才能够完成。这就是马克思主义的认识论。"[2]而关于这个道理，"马克思和恩格斯都没有讲清楚，列宁也没有讲清楚"。[3]这些论断代表了毛泽东本人对自己发展马克思主义认识论的自我评价，是展示中共发展认识论的论断。

问题在于，之前对毛泽东论断的阐述，很少有人注意到并聚焦于毛泽东所使用的"认识"概念，在很多时候指的是战略、策略或路线、方针、政策。"社会的人们投身于变革在某一发展阶段内的某一客观过程的实践中，由于客观过程的反映和主观能动性的作用，使得人们的认识由感性地推移到了理性的，造成了大体上相应于该客观过程的法则性的思想、理论、计划或方案，然后再应用这种思想、理论、计划或方案于该同一客观过程的实践……"[4]显而易见，《实

---

① 《关于人的认识问题》，《毛泽东文集》第8卷，北京：人民出版社，1999年，第390页。
② 《人的正确思想是从哪里来的》，《毛泽东文集》第8卷，北京：人民出版社，1999年，第321页。
③ 《关于人的认识问题》，《毛泽东文集》第8卷，北京：人民出版社，1999年，第389页。
④ 《实践论》，《毛泽东选集》第1卷，北京：人民出版社，1991年，第293页。

践论》里这段经典论述中的"思想、理论、计划或方案",不是"原理"那种认识,而是改造社会的行动计划意义上的认识,即本文所谓政策,即政策实践观念。由此,综观毛泽东关于认识论的论述,富有创造性的部分是关于政策实践观念构建过程、方法等的理论。对这一观点,笔者有其他文章作了专门探讨。

一旦承认毛泽东对于认识论的重要贡献是关于政策实践观念构建的观点,就可以解释毛泽东的认识论与他的调查研究理论之间的互为表里关系。因为,调查研究是中共制定政策的方法。这意味着,调查研究在认识论意义上,就是构建政策实践观念的方法。由此,可以进一步发掘调查研究这一政策制定方法的特色与优势。

以政策实践观念及其构建为独特内容的认识论论说,还能够为梳理马克思主义认识论中国化历程、澄清其与西方认识论以及中国传统认识论的区别与联系等,提供新的立基点。因为,以政策实践观念为基础的认识论,不同于以原理创立、以显性知识形成或以命题性知识生产为基础的认识论或知识论。

慢性病时代我国医卫政策的再完善

——健康不在场的视角

周幼平[①]

摘　要

"健康不在场"是慢性病时代的重要根源。本应作为内生变量的健康，实际上并没有出现在决策分析过程之中，导致个人对自身健康资源的消耗超过了健康生态的承载力，从而内生生产健康风险。因此，建构一种内在可持续的医疗卫生体制——健康在场的医疗卫生政策，让对健康行为的选择内在包含在体制中，从而实现健康融入所有政策的医疗卫生政策。

关键词：慢性病时代；医卫政策；健康不在场

2009年启动的新一轮医改取得了诸多实质性进展和明显的成效，赢得了国际社会的广泛赞誉。然而，随着社会经济和人口的快速转型，一个新的挑战正

① 作者简介：周幼平，上海师范大学哲学与法政学院讲师，法学博士，主要方向为社会治理与社会政策。本文获得上海师范大学校级课题"基于社会公平的我国社会政策理念基础创新研究"（A-0230-14-001061）的资助。

迎面而来——慢性病高发已呈"井喷"[1]态势。由国家卫生计生委组织专家，根据权威数据[2]编写的《中国居民营养与慢性病状况报告（2015）》显示，十年间我国居民高血压、糖尿病等主要慢性病的患病和癌症的发病均呈上升趋势，心脑血管疾病、癌症和慢性呼吸系统疾病已成为主要死因。2019年我国因慢性病导致的死亡占总死亡人数的88.5%[3]。我国慢性病"井喷"还体现在慢性病的年轻化趋势上。原国家卫计委发布的第五次国家卫生服务调查结果显示，15岁及以上人口慢性病患病率由24.1%增加至33.1%。[4]中国癌症中心公布的研究数据显示，30~44岁期间很多疾病出现了一个数量级的改变，比如结肠癌发病率增加了10倍。[5]而据估计，未来20年，40岁以上中国人中，慢性病病例数量会翻一番，甚至会增至现在的3倍。[6]如不采取强有力措施，未来20年，慢性病导致的负担将增长80%以上。"[7]

显然，我国已进入慢性病时代。世界经济论坛2010年全球风险报告显示，与金融危机、自然灾害、贪污腐败或传染性疾病相比，慢性病会对全球经济发展产生更大的威胁。[8]"未富先老、未老先病"必将严重影响我国政治、经济和社会的可持续发展，甚至危及中华民族伟大复兴的中国梦。如何促进人们的健

---

① 中国人群疾病谱在很短的时间内已经由传统的传染性疾病为主转为慢性非传染性疾病为主，所以卫生部前部长陈竺形象地将其描述为"井喷"。参见傅年，李洋，彭伟霞等：《转变思维模式积极应对我国慢性病"井喷"的挑战，《复旦学报（医学版）》，2012年第4期，第331—334页。

② 指中国疾病预防控制中心、国家心血管病中心、国家癌症中心近年来监测调查的数据，结合国家统计局等部门人口基础数据。

③ 国务院新闻办公室《中国居民营养与慢性病状况报告（2020）年》

④ 李优：《中国慢性病患5年增近1亿人农村增长显著》，http://china.caixin.com/2016-06-08/100952669.html，2016年06月08日.

⑤ 网易健康：《阻止慢性病井喷"治未病"从源头做起》，http://jiankang.163.com/16/0715/14/BS16PUJT0038002N.html，2016-07-15.

⑥ Wang, S, P. Marquez, and J. Langenbrunner. 2011. "Toward a Healthy and Harmonious Life in China: Stemming the Rising Tide of Noncommunicable Diseases. Human Development Unit. East Asia and Pacific Region, The World Bank. Washington, DC.

⑦ 齐海山：《我国居民慢性病发病率呈现"井喷"态势》，见：国务院新闻办公室网站，http://www.scio.gov.cn/xwfbh/xwbfbh/wqfbh/2015/33038/xgxwfbh33044/Document/1439398/1439398.htm，2014年7月11日。

⑧ World Economic Forum: Global Risks 2010-A global risk network report. Geneva: World Economic Forum，2010.

康行为从而抑制直至扭转慢性病的爆发势头，已是摆在全社会面前的一项重大议题。

　　然而，研究发现，大多数人都会倡导健康生活，但并不是每个人都会将这种对健康的态度带到日常的行为中。[①]明知故犯的不健康行为及患者不依从现象[②]的普遍存在警示研究者重视如何解决意愿与行为的背离现象。基于此，本文尝试从健康不在场的视角探索如何让健康传播产生效果，引导人们真正践行健康生活方式。

一、文献综述

　　慢性病时代要求从诊疗到健康促进的转变，这一点已经成为学术界的共识。科学研究已经证实，大多数慢性病都可以预防，如果加以合理干预，这一现状就能获得极大改善。[③]因此，随着对疾病的关注点从诊疗转向健康维持和健康促进，行为干预作为目前预防和控制生活方式相关疾病的有效途径，成为慢性病时代医卫政策改革的主要方向[④]。健康行为以及健康行为改变理论越来越为研究者所重视。

（一）健康信念理论

　　健康信念模式由罗森斯托克于20世纪50年代提出并由贝克和梅曼加以修订。该模型运用个体的态度和信念来解释和预测各种健康行为，其核心部分包括四种与行为转变紧密相关的信念：（1）感知到的疾病易感性，即个体认为不健康行为给他带来的总体危害，以及该行为导致其自身出现疾病的概率和可能

---

① 李丽：《高血压患者心理一致感、健康促进行为与服药依从性的关系》，山东大学硕士学位论文，2012年.

② 世界卫生组织：《慢性病创新照护——行动的基础材料》，2005年.

③ 田雅婷：《阻止慢性病井喷中医药大有可为》，《光明日报》2016年9月13日第8版.

④ 如世界卫生组织建议，为大幅减少非传染性疾病导致的过早死亡，政府可以采取有关政策，减少烟草使用、有害使用酒精、不健康饮食和缺乏身体活动现象，并提供全民卫生保健服务.

性。（2）感知到的疾病严重性。即个体认为不健康行为所导致的疾病会给他带来多大程度的身体、心理和社会危害。（3）感知到的行为转变的好处，即个体对改变不良行为所带来的好处的认识和评价。（4）感知到的行为转变的障碍。即个体感知到的行为改变可能带来的身体、心理和金钱方面的不良影响[1]。当感知到的行为转变的好处大于坏处或障碍时，行为的转变成为可能；否则个体则可能依旧维持原有的不健康行为。

（二）保护动机理论

保护动机理论是健康信念理论的升华。该理论认为环境和个体中有关健康威胁的信息引发个体出现威胁评价和应对评价两个认知过程。而在应对过程中，反应有效性和自我效能感可以有效地促进个体出现健康行为，自我效能感是避免个体身处威胁情景中的最重要的元素，而反应代价则降低健康行为出现的可能性。该理论模式认为，个体的威胁评价和应对评价共同形成保护动机，继而促进行为的发生或保持[2]。

（三）合理行动 / 计划行为理论

菲什拜因和阿耶兹于20世纪70年代提出合理行动理论。该理论引入社会因素对个体行为的影响，指出人类的行为具有理性的特点，行为意图是影响行为发生转变的最重要的预测因素，是行为改变的直接决定力量。同时，行为意图又受到行为态度和主体规范的影响[3][4]。其中，行为态度是个体对行为的总体评价；主体规范是个体感知到的对其重要的他人对其行为改变的认可程度。

在合理行动理论的基础上，阿耶兹等人扩展了合理行动理论的内容，增加

---

[1] Sanderson C A. Health Psychology. John Wiley & Sons, Inc.2004.

[2] Rippetoe PA，Rogers RW.Effects of components of protection—motivation theory on adaptive and maladaptive coping with a health threat.Journal of Personality and Social Psychology, 1987, 52(3): 596—604.

[3] Sanderson C A.Health Psychology.John Wiley & Sons, Inc.2004.

[4] Sheeran P, Conner M, Norman P. Can the theory of planned behavior explain patterns of health behavior change? Health Psychology, 2001, 20(1): 12–19.

了感知到的行为控制变量，形成了合理行动／计划行为理论。这里，行为控制与班杜拉的自我效能感相似，是指个体对自我能在多大程度上成功地改变行为的能力进行判断和评价。

（四）跨理论模型

跨理论模型是近年来健康行为转变领域的主流。该理论模型提出，个体的行为变化是一个连续的过程而非单一的事件，人们在真正做到行为改变之前，是朝向一系列动态循环变化的阶段变化过程发展。这些阶段包括前意向阶段、意向阶段、准备阶段、行动阶段、维持阶段。对所处不同阶段的个体应采取不同的行为转换策略，促使其向行动和保持阶段转换。

该理论模型试图去解释行为变化是如何发生的，而不仅仅是为什么会发生。它认为行为的变化是渐进、分阶段、螺旋式的复杂发展过程，这种改变可能会呈前进式特点，从一个阶段向下一个新阶段发展，但也可能出现后退问题，行为依此螺旋式特点不断发展直至完成所有的改变过程[①]。

以上四种健康行为改变理论大大深化了对健康促进的研究，并为慢性病时代的医卫政策提供了以健康教育为主的政策工具。然而，这些理论的发展只是基于单目标单阶段决策这一简化的理想情境[②]。不可否认，情景的简化为理论研究的推进贡献诸多，但同时它也造成了相当的误区。

一方面，简化的情境强化了理性主义的"迷思"，以至于四种健康行为改变理论忽视了这样一个基本的事实——人在收集信息、推断和进行复杂计算的能力是有限的，这种有限在复杂环境下更是突出。许多研究已经表明，特别是在复杂的决策环境中，个体的决策制定显著地偏离了传统的理性行为假设。

另一方面，绝大多数健康行为决策是一种多阶段多目标决策[③]，这一决策与

---

① Sanderson C A.Health Psychology.John Wiley & Sons，Inc.2004.
② 虽然健康信念理论也有对个体感知行为改变可能带来的身体、心理和金钱方面不良影响的分析，但其是从投入的成本角度而非从多个目标之间的收益进行的分析。
③ 在多个存在着矛盾和冲突的决策目标下进行有效和科学决策的问题。

单目标单阶段决策不同，最终的行动选择不仅要求在多种正效用的备选项之间进行比较，而且要求在时间上进行排序。这就导致严重性、好处、可行能力和紧迫性等都是相对的，而非简单的绝对取值。

理论和实际的脱离，其结果是现有健康行为改变理论对健康意图的形成具有较强的解释力，但对普遍存在、明知故犯的不健康行为及严重的患者不依从现象[1]的解释并不能令人满意。正如一些研究者对合理行动/计划行为理论的质疑——"该理论仅是一种行为目标设置的模型，而不是目标实现的模型。也就是说，合理行动、计划行为理论只解释了态度、主体规范、行为控制以及性别等变量对行为意图形成的预测机制，而没有直接说明这些认知变量如何真正促使行为发生变化以及如何保持改变后的行为不再复发等。由于行为意图不是行为本身，因此很多个体只产生了较强的改变不良健康行为的意图，却并不一定会真正付诸行动改变行为本身，由此导致该模型存在重大的理论缺陷。"

不仅如此，这些误区还导致对不健康行为的内在生成逻辑认识不足，从而导致对健康教育等外部干预手段的片面强调。在慢性病时代，这样外生式的健康促进方式显然会因为干预人力成本过高而无法满足全人群覆盖的需要，而近几年健康教育造假的频频曝光，更是凸显出这一方式所面临的窘境[2]。

显然，若行为改变理论建构继续沿用这些假设，就无法全面、深入地考察影响行为改变的因素，并进而有效地促进健康行为的形成和维持。因此，笔者在下文提出"健康不在场"概念，将健康行为决策中的不完全理性甚至非理性现象纳入分析视野，解释不健康行为的内在生成逻辑，继而为医卫政策的再完善提供思路。

二、注意力、健康不在场与健康行为

与健康行为转变理论的假设不同，人们在现实生活中的绝大部分决策场景

---

[1] 世界卫生组织：《慢性病创新照护——行动的基础材料》，2005年。

[2] 除此以外，干预者的行为监督困难。

都并非孤立地考虑与健康直接相关的信息。相反，绝大部分情况下，人们是在多目标（且往往健康不被列入所欲）、多阶段的复杂问题（不确定）情境下，附带的考虑（如果有的话）健康问题，这就导致很多时候健康没有（或不充分）出现在决策的场域中，即（行为决策时）健康不在场。这种情况是注意力选择机制导致的。

（一）注意力

注意力指"生物体内决定一个特定刺激的效用的过程或条件"[1]。从认知心理学的定义出发，注意力定义的本身就意味着稀缺性和选择性。莫里[2]详细地说明了这个术语的七种用法，所有这些意思暗含的一个基础是选择性，就是选择环境的某一方面作进一步的处理。[3]安德森也指出，注意力也经常被认为是分配有限的信息处理资源的机制。[4]可见，注意力是选择性地关注主观或客观信息的一个特定方面，同时忽视其他感知信息的行为和认知的过程。

也就是说，虽然信息是决策主体发现问题、确立决策目标的前提和基础，但引起决策者的注意，则是信息能够发挥作用的前提。因此，分析决策主体注意力的运用对理解行为的发生至关重要。

早在1890年，美国心理学之父威廉·詹姆士将注意力描述为"人人都知道注意是什么。注意就是，对于几个可能同时出现的物体或思路，人的精神以清晰鲜明的形式占领其中一种。注意的本质就是意识的集中。注意意味着将关注点从某些事物上撤离，以便有效处理其他事情。"[5]

---

[1] Berlyne, D. E. 1974. Attention. In Edward C. Carterette and Morton P. Friedman, eds., Handbook of Perception. New York: Academic. pp.124.

[2] Moray, Neville. 1970. *Attention: Selective Processes in Vision and Hearing*. New York：Academic. pp.6.

[3] 布赖恩·琼斯著，李丹阳译：《再思民主政治中的决策制定：注意力、选择和公共政策》，北京：北京大学出版社，2010年，第58页。

[4] Anderson, J.R.(2004).*Cognitive Psychology and Its implications*. New York：Worth Publishers.

[5] JAMES W. *The principles of psychology*. Holt, 1890: 403-404.转引自：西蒙：《管理行为》.北京：机械工业出版社，2004年，第94页。

1947年，赫伯特·西蒙就在《管理行为》一书中提出了"有限理性"概念，当今世界，信息海洋将我们团团围住甚至淹没，而决策者的信息处理能力存在约束，只能注意其中无穷小的一部分。决策过程中最关键的缺乏因素不是信息而是注意力。1978年，他进一步指出，"在一个信息相对稀缺的社会中，在一个问题较少而又较为简单的社会中，信息几乎总是一种积极产品，而在一个注意力是主要稀缺资源的社会中，信息可能成为昂贵的奢侈品，因为它可能使我们的注意力从重要的事情上转移到不重要的事情上去。"[1]在此基础上，西蒙提出人类信息加工的"够好"决策——决策"满意"的结果是"够好"而不是"最好"。[2]

西蒙的观点也得到了进化心理学的支持，后者发现人类的"再认启发式"和"一个理由"等决策方式与"满意解"有异曲同工之妙。在进化心理学看来，这种迅速、高效的决策是人类长期进化过程的自然选择。而注意力的存在和重要作用还证明了进化心理学的一个观点——人类认知存在系统的偏向。

注意力不仅是组织行为学和管理学研究的核心问题，在经济学和金融学领域，注意力也得到了越来越多的关注。丹尼尔·卡内曼指出，有限关注是在一个具有大量信息环境下的必然结果，当个体需要同时处理多个任务时，注意力会受到扰乱，关注的有限性会导致其对信息的处理效率降低。[3]行为金融学对投资者注意力的研究发现：注意力局限使投资者有可能忽略某些影响价格变化的信息，甚至是公开信息，从而使投资者的信息集小于参与定价的信息集；如在股票市场上，有限关注具体表现为由于时间和精力的有限性，使得投资者不可能考虑所有的股票投资，对信息的分析能力会受到一定的约束；投资者因不具备充分的处理和吸收所有可得信息的精力和能力，会导致对联系股票基本面的相关信息反应不足。

---

① Simon, Herbert A, 1978. "Rationality as Process and as Product of Thought," *American Economic Review*, American Economic Association, vol. 68(2), pages 1–16, May.

② Simon, H .A, "Rational choice and the structure of environments," *Psychological Review*, 1956, 63: 129–138.

③ Kahneman D., 1973，*Attention and Effort*, Published by Prentice-Hall.

在对政策议程以及决策模型的研究中，布莱恩·琼斯教授也继承了西蒙的有限理性思想。他指出：在决策过程中，人们所面对的环境往往高度复杂，但注意力却是稀缺的，因此，人们只能注意到有限的因素，一些被认为不重要的因素在这一过程中就经常被有意无意地忽略。所以说，在信息泛滥和注意力稀缺的约束条件下，政府的政策制定就成为分配决策者注意力和选择信息的过程。而由于其在官僚体系中的特殊地位，决策者注意力的变动往往对政策产出的变化至关重要。①

由上可见，在与客观理性行为不同的真实行为中，决策是由能够指导注意力方向的刺激引发的。②由于注意力的稀缺，对注意力的竞争就直接关系到最终的决策。对健康行为而言，由于注意力的限制，人们在有关健康行为的决策过程中，健康信息是否被注意到以及是否以恰当的程度被注意，关系到健康行为是否会出现并维持下去。因此，有必要从注意力选择机制的角度剖析健康因素在决策过程中的地位。

（二）注意力选择机制与健康不在场

对注意力的研究揭示出人类选择性接收和处理信息的特点。关于行为和广告传播的研究则进一步关注了注意力的选择机制。在此基础上，王瑞等人将其归纳为信息特征、个人特征及情境因素三大方面③。下文以此框架为基础，从信息特征和情境因素④两方面对健康因素在注意力竞争中的情况进行分析。

1. 健康信息特征

健康因素本身的特点显然是健康信息的一个重要维度⑤。从注意力竞争的角

---

① 布赖恩·琼斯著，李丹阳译：《再思民主政治中的决策制定：注意力、选择和公共政策》，北京：北京大学出版社，2010年。
② 西蒙著，詹正茂译：《管理行为》，北京：机械工业出版社，2004年，第95页。
③ 王瑞，冯宝莹，黎明：《选择性注意的发生机制及影响因素》，《心理技术与应用》2017年第9期，第567—573页。
④ 本文主要关注普遍性的健康不在场，因而对个体差异暂时不纳入分析。
⑤ 由于生活中健康因素的考虑，往往只是作为其他目标的成本出现，并没有外部信息的传播过程，因而基本不存在信息的形式、信息的情绪和信息的渠道三个方面的问题。

度而言，健康信息具有如下特点：

（1）隐性。健康的隐性特征表现在健康是无形且不易感知的。首先，健康是无形的。它并没有实物形态或特征可以被人轻易辨认。正是因为这个原因，人们在很长一段时间都只是在疾病中感受健康的存在，从而形成了"无病即健康"的观点。例如，牛津字典就曾将"health"定义为"没有疾患和损伤的状态"。其次，健康还是不易感知的。健康通常由个体先天获得。由于人们习惯以能否满足工作和生活的基本需要为判断健康与否的参照点，而这是大多数时候（包括部分已经生病的状态下）都能够达到的。因此，大部分时候人们并不会清晰地感知到它的存在，有时甚至当身体状态不能达到基本的工作生活需要时，都难以区分是体力上的疲劳还是失去健康的缘故。最后，健康资源的阈值是隐性的。虽然理论上可以说消耗健康资源超过某一阈值会导致甚至不可逆的健康损害。但由于伤害一般不可见且存在较长的发展过程，再加上个体间存在差异，这一阈值基本上是不可感知的。

（2）可再生性。与生态环境类似，健康资源在一定范围内是一种可再生资源。人体内部也是一种生态系统，它同样具备生态系统的自我维持、自我调节及抵抗各种压力与扰动的能力。只要提供一些基本的条件，健康资源就能够在一定周期内重复形成，这种自我更新的、自我复原的特性使健康资源可以在短期内恢复储量从而被持续利用。这也是健康承载力的前提条件。

（3）滞后性。除了表面的伤害，身体内部的健康伤害在发生之初常常是潜在的，并不会立即显现，经过日积月累之后，健康的损害才逐渐显现。例如，慢性劳损虽然对颈椎病的发生、发展、治疗及预后等都有着直接关系，但由于其并不会立即出现症状，所以易被忽视，经过很长时间后，颈椎退行性改变发生后才会以病痛的形式被人察觉。此外，健康促进行为的结果也具备滞后性。以体育锻炼为例，人们往往需要经过较长时间的正确锻炼才能比较清晰地感到健康的促进。

（4）不确定性。健康的不确定性包括不健康发生的不确定和健康促进效果的不确定。由于个体自身的变化和个体间差异的存在，同样行为的结果往往并不一样，从而模糊了健康（不健康）行为和结果之间的联系。

健康的这些特点会对个人的心理产生四种影响：第一，由于健康隐性的特点，个体在决策过程中甚至没有意识到健康问题的存在；第二，因为健康资源的可再生性，人们容易产生偶尔放纵一下，以后再通过健康促进行为弥补回来的想法，从而将大大低估了甚至忽视了当前健康的价值；第三，由于健康的滞后性，再加上贴现率的作用，个体往往更加重视当前的满足，严重忽略未来的需要，进行长期健康投资的可能性降低；第四，丹尼尔·卡尼曼和阿莫斯·特沃斯基在前景理论中指出，决策者在与仅具可能性的结果相比，往往对确定性的结果以较大的权重，而对可能性结果的赋值，通常都以较低的权重，即确定性效应。实际生活中也正是如此，因为健康的不确定性，人们往往存在侥幸或悲观心理，认为即使存在不健康的行为，后果也可能不会出现；或者认为即使存在健康促进行为，也可能不会有效促进健康程度[①]。健康信息的这些特征，最终使得健康在大部分时候都只是一种软约束，往往会被忽视。

2. 情境因素对选择性注意的影响

人们对信息的选择性注意不仅会受到信息特征和个人特征的影响，还会受到情境因素的影响。

消费社会引致的生活压力导致单方面强调奋斗的文化，从而使得注意力收窄，导致健康不在场。消费主义是资本主义文明演化的产物。随着资本主义社会化大生产的发展，社会产品相对过剩，"出自同样一个对生产力进行扩大再生产并对其进行控制的巨大逻辑程序"[②]，消费超越了仅被视为资本运行环节之一的角色，成为主导生产和生活的根本力量。消费偏离了传统意义上生存需要的满足，而是被消费文化刺激起来的欲望的满足。人们消费的也不只是商品和服务的使用价值，还包括甚至更多的是它们在一种文化中的符号象征价值（即示差性，通过符号显示与其他同类商品的不同）。作为某种身份和社会认同的辨别符

---

① 最极端的情况就是讳疾忌医，一项研究发现被试越感知到艾滋病的严重性，越不愿意参加艾滋病检测。

② ［法］波得里亚著，刘成富，全志钢译：《消费社会》，南京：南京大学出版社，2000年，第74页。

号，消费成为展示身份、获得社会认同的主要方式。"在收入和幸福之间存在的任何联系都是相对的而非绝对的，人们从消费中得到的幸福是建立在自己是否比邻居或他们的过去消费得更多的基础上。"① 不仅如此，由于人对于社会意义的需要是无止境的，追赶、超越和维持的竞争就会形成一种"消费螺旋"，人们始终处于一种"相对匮乏"状态，不得不不断地对生活用品更新换代，而要做到这一点又必须拼命地去赚钱，这就给人们带来了越来越大的生活压力。符号消费凭其感官刺激对"丰裕社会"中的人们具有极大的诱惑力，使人们的自我认同趋于感官化、物质化，越来越把当下欲望的满足、感官的享受作为人生的追求，而忽略了健康的价值。这种"不甘落于人后的"、以落后为"耻"的心理情景，引发社会大众对稀缺、昂贵资源的不合理追求，使得过度劳动成为恒常性现象。

显然，由于上述心理影响的存在，在一般个体②的决策过程中，普遍存在对健康的认知局限，健康的价值被大大贬低甚至无视，结果分配到健康上的注意力显著降低，健康基本处于一种被遮蔽的状态，不进入个体的计算或赋权较低，从而表现为健康不在场③。即在日常生活中，个人在做出一些决策时，虽然这些决策与健康相关，但与健康相关的信息等并没有被注意（考虑）或者并没有以应有的重要程度被注意（考虑）。

"健康不在场"属于进化心理学所提出的人类认知的系统偏向之一。现实生活中存在大量"健康不在场"现象。对比老年人和年轻人在涉及健康问题的决策中对待健康的不同态度，可以发现在年轻人的决策过程中经常存在"健康不在场"现象。此外，对医学生健康相关行为的研究可以较好地表明这一点：虽然医学生对健康影响因素的认知水平较高；但在促进健康行为方面能保

---

① ［美］艾伦·杜宁:《多少算够：消费社会与地球的未来》，长春：吉林人民出版社，1997年，第19—20页。
② 一般个体指身体状况较好（未越过不可逆的阈值）的个体，即没有进入老年以及不处于生病状态中的个体。作出这一区分，是因为在不同状态下，同一个人对健康的注意（重视）程度是不同的。
③ 实际上，不同年龄的人对健康的重视程度不同，健康不在场的程度也有不同。为了简化说明，本文不做进一步区分。

证积极休息和睡眠的学生只有29.8%，适度锻炼的只有36.9%，能杜绝药物乱用的仅为19.1%，能参与定期体检的为0%。而在危害健康行为方面如疑病、瞒病、讳疾忌医高达19.9%，明显高于其他专业的大学生；吸烟、饮酒、网瘾、熬夜、喜欢重口味饮食的分别为3.5%、31.9%、10.6%、22.7%、59.6%。而且这些行为的暴露率基本与近年来其他学者的调查结果一致。[①]医学生作为接受一定医学教育的特定群体，他们对健康相关行为对身体健康有影响的知晓率高，但实际生活行为仍存在很大问题。对健康影响因素理论的理解和其实际行为并不能保持高度的一致性，这从侧面证明了决策过程中健康不在场现象的存在。又如，日本的企业内工会并没有将"缩短劳动时间"作为劳动争议的核心，因此，即使在延续至今的"春斗"中，争议仍主要围绕"提高薪金水平"展开，工会对于劳动质量的忽视与现实"过劳"问题的凸显构成了不合理的鲜明对比。[②]

与工作、娱乐或者美食等相比，健康在注意力的竞争过程中显然处于下风。

（三）"健康不在场"内在生产健康风险

个人的行为选择是影响健康的最重要决定因素。世界卫生组织（WHO）调查认为：在人类健康长寿的影响因素中，即使一流的医疗设备，一流的医疗水平，100%的努力，也只有8%的结果；其余92%，父母的遗传因素占15%，气候占7%，社会占10%，个人生活、心理状态等个人因素占到60%。不仅如此，作为可控的因素，人的行为还是各种健康影响因素交互作用的桥梁，将各种健康影响因素联系起来。因此，研究医疗卫生体制困境，就需要从个人行为决策着手。下面用健康资源的供给和需求曲线来分析消费社会中个人面对过度消费或生活、工作压力时的选择（见图1）。

[①] 薛志林，范利国，曹霞：《医学生健康相关行为现状分析》，《现代预防医学》2013年第12期，第2293—2295页。

[②] 吴迪：《日本学者"过劳"问题研究述评》，首都经济贸易大学硕士学位论文，2014年。

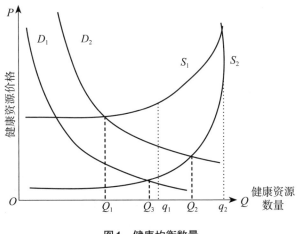

图1　健康均衡数量

图中横轴表示健康资源的数量，纵轴表示健康资源的价格。曲线 D_1 表示消费主义产生前的健康需求曲线，曲线 D_2 表示消费主义下的健康需求曲线（受消费主义的影响，同样价格下对健康资源的需求量更大，所以曲线右移），曲线 S_1 表示假设健康在场时的健康资源供给曲线，曲线 S_2 表示健康不在场情况下的健康资源供给曲线（由于健康不在场，一开始健康资源的价值被大大低估，供给弹性无限大；直到身体出现不适，对健康的价值开始有所重视，供给弹性开始变小；当身体出现严重不适时，供给弹性进一步降低；直到完全缺乏弹性，此时为失能或死亡状态）。

q_1 表示健康资源的阈值。在0到 q_1 区间内，健康资源的消耗能够自我更新和自我复原，即这一段为健康生态可持续区；在 q_1 到 q_2 区间内，健康资源的消耗超出了健康生态的承载力，健康生态自我更新和复原的能力被破坏，开始对身体造成伤害。显然，对健康资源的消耗应该尽量避免超过 q_1。

q_2 表示健康资源被耗尽，人处于失能或者死亡状态。这一阶段感知到的疾病严重性因素在行为改变中的作用非常微弱，而一些研究发现该因素的作用与健康信念模式的理论假设相矛盾。例如，一项研究发现被试越感知到艾滋病的严重性，越不愿意参加艾滋病检测，由此使该因素的作用受到很大质疑[1]。

① Jennifer Zak-Place PhD, MarilynStern PhD. Health belief factors and dispositional optimism as predictors of STD and HIV preventive behavior. *Journal of American College Health*, 2004, 52(5): 229-236.

Q_1 表示在消费主义市场经济条件下，假设健康在场时，达到供需平衡的健康资源消耗（供给）数量。由于个体行为充分考虑了健康的实际价值，故此时的健康资源消耗数量可以被视为健康资源的合理供给量。由图可见，此时对健康资源的消耗没有超出健康生态的承载力。即位于 0 到 q_1 区间内。

Q_2 表示在消费主义市场经济条件下，健康不在场时达到供需平衡的健康资源消耗数量。由于健康不在场，同样价格下健康资源的供给数量大大增加，健康需求曲线右移，$Q_2 \rangle\rangle Q_1$。由图可见，此时消耗的健康资源超出了健康生态的承载力。这意味着健康资源的实际消耗量过大，健康的长期损害容易导致疾病出现，即健康风险大增。

Q_3 表示在消费主义产生前的市场经济条件下，健康不在场时的健康资源的均衡数量。由图可见，由于此时消费的是商品的使用价值，需求相对有限，所以对健康资源的消耗没有超出健康生态的承载力。即位于 0 到 q_1 区间内。

由上图可知，在消费社会的背景下，健康不在场导致健康资源的价值没有在经济社会系统中得到体现，这一系统性的认知偏差使个人决策偏离合理的健康资源消耗数量，造成对人类活动所赖以进行的基础——健康生态的破坏，使人患病的可能性大大增加。[1]英国时间专家格斯勒说："我们正处在一个把健康变卖给时间和压力的时代。"而且，这种变卖是不需要任何契约的，以一种自愿的方式把我们的健康甚至幸福抵押出去。在健康不在场的情况下，经济体系内生不健康因素。这使得被动、不协调的外部干预健康措施难以发挥作用，无法走出卫生改革困境。

三、医疗卫生政策再完善的选择——健康在场的医疗卫生政策

传统的医卫政策从某种意义上可以说是对文明风险的"次级工业化"。这一选择在"健康不在场"的背景下为慢性病时代埋下了伏笔。因此，"我们需要

---

[1] 除此以外，可行能力不足也会导致同样的结果。篇幅原因，本文暂不讨论这个问题。

一种科技活动的客观约束的理论，它可以将客观约束的生产和科技活动'不可预测的副作用'置于关注的中心"。这就是建立一种内在可持续的医疗卫生体制——健康在场的医疗卫生政策，即继续提高供给效率和公平性的同时，从需求入手，通过健康价值的显性化使其回到决策过程中，直接作为经济社会再生产过程的内生变量而融入所有政策，从而实现内在可持续。

（一）广泛开展健康教育，提高全社会健康意识——注意力普及

认知是理性行动的必要条件，因而健康教育对于慢性病防控至关重要。一部分人的行动选择中之所以健康不在场，正是因为相关知识的匮乏。所以，广泛开展健康教育便成为使健康在场的开端。2014年8～12月，国家卫生计生委组织开展了第四次全国城乡居民健康素养①监测。监测结果显示，2014年中国居民健康素养水平为9.79%，比2013年的9.48%提高0.31个百分点，比2012年的8.80%提高0.99个百分点，居民健康素养水平呈持续上升趋势。不过整体来看，我国居民健康素养水平仍不容乐观，每100个15～69岁的人中具备健康素养的人数不足10人。②可见，除了健康知识的积累，健康知识的传播也极为重要。

健康教育要求社会提供广泛、持续、科学可信、通俗形象的健康传播，传递疾病防治、健康促进理念。更重要的是，政府、社会和市场协调合作，共同规范健康教育，避免各种虚假宣传造成的信息混乱，并及时更新健康信息。

（二）建立可以冲抵医保费用的健康行为账户——注意力强化

知晓健康知识固然重要，但诸多研究表明：知识和实际行动不仅不能保持高度的一致性，而且还有较大的偏离。健康信息能否发挥作用，最终取决于它能否被注意到。即在决策过程中，使健康在场。

---

① 健康素养是指个人获取和理解健康信息，并运用这些信息维护和促进自身健康的能力。
② 中华人民共和国国家卫生和计划生育委员会：《把健康的"金钥匙"交给群众》，http://www.nhfpc.gov.cn/zhuzhan/mtbd/201608/c5d19669f89d4c7790215e70566c916e.shtml，2016年8月26日。

鉴于健康目前还较难测量，而对健康行为的测量则要容易得多。因此，在可穿戴式智能设备日益普及的今天，可以通过设立健康行为资产账户，对个人的健康行为[①]记账，健康促进或维护行为（如跑步锻炼等）计入账户借方，而损害健康的行为（熬夜、长期加班等）按照一定系数递增计入账户贷方。然后，设定规则使个人可以用健康行为账户的余额冲抵医保费用（如果是负值则需要多缴医保费用）。这样为个人的健康行为"明码标价"，从而使健康回到个人的决策过程中。

日本和法国已经有类似的做法。日本政府2008年4月起实施新法律，强制地方政府和企业定期量40岁到74岁人士的腰围，目标是在7年内将肥胖人口减少25%。政府还为有关机构定下居民和雇员的减肥指标，无法达标的机构将被罚款。日本厚生劳动省指出，推动减肥运动有助预防糖尿病和中风等疾病个案增加，也可减轻国家医疗开支压力。法国则对过度节食亮起红灯。2008年4月，法国政府出台一项反对过度节食的法律提案，规定凡是鼓动他人过度节食以取得病态减肥效果，因而危及受众生命安全的宣传者将受到2.4万英镑的罚款和2年的监禁，如果受众因此丧命，罚金则上升到4.5万英镑，监禁期限也涨到3年。[②]

（三）构建大病医保权交易市场——注意力增权

组织环境对个体决策有很大影响。所以，除了让健康回到个人决策的过程中，还需要让健康回到组织决策的过程中。这可以通过构建大病医保权交易市场实现：

首先，由卫生部门在对企业（或政府/事业单位）的人数规模、医保承受力、大数据基础上的整体健康监测和对个人的健康风险评估等因素综合考虑的基础上，每年规定其可以使用大病医保的人数；然后，在社会医疗保险的运作中，没有超出规定人数的部分由医保支付，超出部分则由其参加的行业协会医

---

① 可以考虑引入健康风险评估，对个体不同的健康行为赋予不同的权重。

② 赵光瑞：《日本立法强迫减肥的启示》，《羊城晚报》，2008年6月23日。

保承担。如果没有参加行业协会的医保，则由其自行承担。最后，设立大病医保权交易市场。如果其年度大病医保权有剩余，则可以在市场上自由出售或者累计到下一年。

同时，对小病不限定可以由医保支付的人数，但设定较低的自付比例并通过健康教育引导个人理性选择是否到医院就诊。

这样可以避免道德风险导致的医保经费滥用，倒逼行业和组织考虑成员健康成本，避免组织压力滥用健康资源；二来有助于健康价格的显现，而且还可以促进组织引入和发展健康管理，从而提高健康水平；三来可以避免由于小病不治，拖成大病，最后健康和医疗资源双亏的情况。

（四）通过社会营销和市场培育，打造"健康市场"——注意力赋值

培育健康市场和人们的健康消费观念，是实现健康社会的关键。

医疗产业是一个非常特殊的产业，其满足的需求通常是"缺乏支付能力而又必须满足的需求"。在健康和生存面前，每一个人都没有退路。因此，医疗卫生领域的消费不能完全遵循一般商品和服务的"有支付能力的有效需求原则"。医疗卫生领域产品的特殊性导致在这一领域的市场化往往不能够发挥作用。此外，"在经济利益的驱使下，全球制药公司系统性地创造出多种疾病，不惜把健康人变成病人，甚至对人们的身体健康构成极大威胁"。[1]可见，医疗产业追求利润最大化的方式是医疗卫生资源生产和销售的最大化。这显然偏离甚至有害于健康的目标。

因此，通过社会营销的方式，在社会上培育健康价值的观念，并逐步培育健康市场，使健康的价值在市场价格上得以体现，从而逐步影响人们的行为和制度设计，从而实现健康经济和健康社会，是打造可持续性医疗卫生模式的关键一环。此外，健康行业从业者的收入问题也可以从健康市场中得以解决。

---

① 王靓：《外媒披露称制药公司创造疾病——将健康人变成病人》，《东方早报》，2006年4月12日。

（五）重建自我认同支柱——包容多元评价机制

"认同在社会生活中是如此重要，以致我们是以我们的认同而存在于社会，并通过认同与他人进行社会交往的"①。在作为消费社会的现代社会中，个体的自我认同日益成为一个突出问题，传统认同基础的瓦解使人们不得不通过对商品符号价值的占有来凸显自我，以此作为意义缺失的补充。但是，当消费成为个体自我认同的重要支柱时，对健康资源的无止境消耗就成为一个普遍的社会现象。不仅如此，它还导致了焦躁、自怨自艾的消极心态和疏离、冷漠的物化的人与人之间的关系。因此，把人的发展摆在突出位置，在扩大个体可行能力的基础上，通过媒体重建社会的自我认同支柱，形成多元包容的社会评价机制，发展健全个人的自我人格，从而使消费回归本真，是心理健康和社会健康的重要一环，也是摆脱"健康不在场"的困境，建设健康社会的重要一环。

---

① 王宁：《消费与认同——对消费社会学的一个分析框架的探索》，《社会学研究》2001年第1期，第4—14页。

就业正规化能否缓解流动人口工资性别歧视？

张娟 郝勇[①]

摘 要

本文基于2017年卫生计划生育委员会开展的全国流动人口动态监测调查数据，应用工资差异分解方法分析就业正规化对流动人口工资性别歧视的影响。分析结果表明，流动人口中的工资性别歧视现象普遍存在，性别歧视能够解释流动人口工资性别差异的84.78%，是导致流动人口工资性别差异的主要因素；就业正规化能够显著提升流动人口的工资水平，随着工资水平的提升，就业正规化对流动人口的工资提升效应逐渐降低，存在"粘胶地板效应"；就业正规化能够缓解流动人口的工资性别歧视，有助于保障女性劳动者的合法权益。因此，政府部门应着力规范劳动力市场，促进流动人口的就业正规化，这将有助于提升流动人口的工资水平，缓解我国劳动力市场的工资性别歧视，缩小我国的收入差距。

关键词：流动人口；正规就业；工资；性别歧视

---

① 张娟（1989— ）：上海师范大学哲学与法政学院讲师，经济学博士，主要研究方向为劳动经济学。郝勇（1960— ）：上海师范大学哲学与法政学院教授，主要研究方向为社会保障。

本文获得国家社科基金项目"农民工过度劳动与劳动报酬规制研究"（15CJY022）和上海市哲学社会科学规划课题青年课题"'全面二孩'政策背景下生育行为对城镇女性就业的影响机制研究"（2019EJL004）的资助。

一、引言

改革开放以来，中国经济体制由计划经济逐步向市场经济转型，在此过程中劳动力市场的发育带来了新的就业机会和灵活的就业形式，并伴随着中国工业化进程的推进，中国大量农村劳动力从繁重的农业生产中解放出来，涌向城镇劳动力市场，导致城镇劳动力市场中的非正规就业人口激增，非正规就业的规模逐渐扩大，成了一种普遍的就业形式（蔡昉和王美艳，2004）。基于此，非正规就业作为一种就业形式引起了学者们的广泛关注和讨论，并对非正规就业产生的经济效应展开研究。

国外关于正规就业与非正规就业的经济效应相关研究的开展较早，主要集中在发展中国家。Marcouiller等（1997）应用工资方程回归估计正规部门和非正规部门之间工资差异，结果发现，在萨尔瓦多和秘鲁，正规部门的工资水平高于非正规部门；在墨西哥，两部门之间并不存在显著的工资差异。Tansel（2000）使用1994年土耳其家庭支出调查数据分别估计了男性和女性劳动者在正规就业和非正规就业中的工资差异，结果表明，男性劳动者在正规部门和非正规部门之间工资差异较大，而女性劳动者则不存在差异。Pagan等（2000）基于墨西哥微观调查数据研究发现，非正规部门中女性工资惩罚的程度显著高于正规部门，即非正规部门中性别歧视现象更加严重。

Gong和van Soest（2002）发现，对于墨西哥而言，正规部门和非正规部门之间的工资差异对于受教育程度较低的人通常很小，随着教育水平的提高而变得更大。另外，Pratap和Quintin（2006）发现，在控制选择偏差之后，在阿根廷正规部门和非正规部门之间不存在工资差异，且非正规部门中的工作满意度也不会更低。Badaoui和Strobl（2008）应用南非男性调查数据，研究发现正规部门和非正规部门中工资差异的75%是由工作特征和人力资本差异导致的，控制了可观测的工作特征、人力资本特征以及不可观测的不随时间变化的特征后，正规部门和非正规部门的工资差异为18%左右。但是，重要的是，将单身男性作为研究对象，发现他们的税后净收入和在非正规部门不纳税时的收入无差异。

然而，Bargain和Kwenda（2011）基于巴西、墨西哥和南非的面板数据，应用分位数回归方法研究正规部门和非正规部门的工资差异。研究结果表明，在所有国家和几乎所有的条件分位数中，正规部门的工资都高于非正规部门的工资；Deininger等（2013）基于工资方程回归和工资差异分解的方法对印度非正规部门的性别工资差异问题进行研究，研究结果表明非正规部门的工资性别歧视高于正规部门的工资性别歧视。

近年来，国内学者也对中国劳动力市场中非正规就业经济效应进行了较丰富的研究。常进雄和王丹枫（2010）研究发现1997—2006年我国正规就业与非正规就业的工资差异逐渐扩大；薛进军和高文书（2012）应用OLS回归和工资差异分解方法发现，正规就业者工资是非正规就业者工资的1.65倍，其中1/4是由劳动力市场歧视造成的；同样，屈小博（2012）的研究也得出类似的结论，其研究发现正规就业与非正规就业的工资差异的79.3%是由两类群体间的特征差异导致的，仅有20.7%是由劳动力市场分割导致的，在此基础上，该研究发现非正规就业中的自我经营者与正规就业者的工资并未表现出显著差异性，说明非正规就业者内部存在较大的异质性；杨凡（2015）指出OLS回归方法会高估正规就业对劳动者工资的干预效应，其应用倾向值匹配方法发现正规就业对劳动者工资依然具有显著的提升作用；王庆芳和郭金兴（2017）同样应用倾向值匹配方法发现非正规就业劳动力的工资水平仍然显著低于正规就业者，并且工资差异呈现不断扩大的趋势。

然而，张延吉和秦波（2015）的研究却表明在控制了由就业"自选择"导致的样本选择偏差后，非正规就业劳动力的小时工资和月工资并未显著低于正规就业劳动力，但是非正规就业劳动力内部表现出明显的异质性，非正规受雇者，特别是女性受雇者存在显著的低收入现象，意味着非正规就业群体内部存在异质性问题，即受雇者与自营劳动者或者雇主存在异质性，而且非正规就业对劳动力工资的影响可能存在性别差异。但是，鲜有学者关注中国正规就业和非正规就业群体工资差异中的性别差异问题。

　　综上所述，本文将聚焦中国正规就业和非正规就业中的性别工资差异问题，准确度量正规就业对性别工资差异和性别歧视的影响。由于一些学者的研究表明正规就业与非正规就业的工资差异普遍存在，但随着工资水平的提升，市场歧视程度越来越低，存在"粘胶地板效应"（魏下海和余玲铮，2012；王学军，2017；丁述磊，2017；张抗私等，2018）。因此，本文还将进一步研究在不同的工资分布下正规就业和非正规就业流动人口的工资差异和性别工资歧视的大小，期望能够为中国劳动力市场制度的改进提供一定的政策建议。本文的结构安排如下：第二部分介绍数据的来源，并对数据的总体情况进行描述；第三部分给出正规就业的工资效应的分析结果；第四部分对正规就业和非正规就业流动人口的工资性别差异进行分解，并进行详细的分析；第五部分得出本文的研究结论及建议。

二、数据来源与统计描述

　　本文选取的数据为2017年全国流动人口动态监测调查数据，该数据对全国范围内的流动人口采用多层次、PPS抽样方法，抽取全国31个省市的流动人口共计169 989个样本，其中农业户籍样本132 555个，非农业户籍样本37 434个，数据筛选后剩余样本78 629个。[①]该数据具有数据量较大、覆盖范围广以及数据信息详尽（包括了流动人口的人口统计学信息、人力资本、就业等）的特征，为流动人口的相关研究提供了数据基础。依据样本的分布情况可知，在男性流动人口中，正规就业人数为26 859，非正规就业人数为17 375，正规就业比例为60.72%；在女性流动人口中，正规就业人数为21 553，非正规就业人数为

---

① 如前文所述，由于自营劳动者和雇主与受雇者的工资决定机制存在较大的差异性，且不同学者对正规就业和非正规就业的工资差异的研究结果存在不同，也大抵是因为对正规就业和非正规就业的划分标准存在差异性。因此，本文仅将研究对象锁定为受雇者，剔除自营劳动者和雇主身份的个体。

12 842，正规就业比例为62.66%。[①]

表1给出了正规就业和非正规就业流动人口的月工资、周工作时间和小时工资的统计结果。在流动人口中，正规就业的流动人口占总体的61.57%。依据统计结果可知，正规就业流动人口的月工资较非正规就业流动人口的月工资高25.59%，说明正规就业可能对流动人口的工资获得具有显著促进作用；正规就业和非正规就业流动人口的周工作时间均超过我国《劳动法》规定的44小时的周工作时间，普遍存在过度劳动的现象，具体而言，正规就业流动人口的周工作时间较非正规就业流动人口的周工作时间低9.31%，说明正规就业可能有助于规范劳动力市场，起到缓解流动人口的过度劳动的作用；剔除正规与非正规就业流动人口周工作时间的差异后，可以发现正规就业和非正规就业流动人口的小时工资差异进一步扩大，流动人口中正规就业的小时工资较非正规就业流动人口的小时工资高35.88%。

表1　正规和非正规就业流动人口工资与工作时间均值

就业类型	月　工　资	周工作时间	小　时　工　资	样　本　量
正规就业	4 346.180（2 419.493）	50.679（13.160）	21.631（14.321）	48 412
非正规就业	3 460.711（1 766.314）	55.880（115.853）	15.919（10.833）	30 217

注：括号内为标准差，下同。

表2给出了男性和女性流动人口的月工资、周工作时间和小时工资的统计描述数据。从样本分布情况看，男性占总体的56.26%，女性占43.74%，男性流动人口和女性流动人口的分布较为均衡，说明我国劳动力的流动已从单个劳动力的流动转变为举家迁移的模式，女性流动人口在劳动力市场中所起的作用越来越大。由表2可以发现，男性流动人口月平均工资比女性高34.11%，说明

① 关于非正规就业的划分标准，国际劳动组织（ILO）为了衡量发展中国家尤其是转型国家劳动力市场的变化态势，对非正规就业进行长期研究，并在第17届国际劳动统计会议上对非正规就业进行重新定义，建议发展中国家政府通过“岗位特征”而不是传统的“单位特征”来统计非正规就业人口的数量，为制定必要的干预政策做准备，因此本文主要依据就业的稳定性将受雇者划分为正规就业者和非正规就业者，正规就业者为签订劳动合同的有固定雇主的个体，其他为非正规就业者。

在流动人口群体中，存在着较大的性别工资差异；男性的周工作时间较女性多5.84%，这可能与中国传统的家庭分工状况有关，女性投入家庭生产的时间多于男性，因此用于生产性劳动的时间少于男性；为了消除周工作时间差异的影响，本文仍然考虑小时工资的情况，流动人口中男性的小时工资较女性高25.59%。

表2　男性和女性农民工工资和工作时间均值

性　别	月　工　资	周工作时间	小　时　工　资	样　本　量
男性	4 507.345（2 381.854）	53.981（14.587）	21.338（14.051）	44 234
女性	3 361.002（1 835.545）	51.002（14.161）	16.990（12.037）	34 395

由于本文旨在考察就业正规化能否缓解流动人口的性别歧视问题，因此表3给出了正规和非正规就业形式中男性和女性流动人口的月工资、周工作时间和小时工资的统计结果。正规就业流动人口中月平均工资性别差异为30.68%，而非正规就业的月平均工资性别差异为43.47%，正规就业的性别工资差异显著低于非正规就业的性别工资差异，说明就业正规化可能有助于缩小流动人口的性别工资差异；正规就业中，男性的周工作时间比女性多5.36%，而非正规就业中，周工作时间的差异为6.05%，剔除周工作时间差异后，正规就业和非正规就业中小时工资性别差异分别为23.77%和32.23%，正规就业和非正规就业群体间的性别工资差异仍然存在，且非正规就业流动人口的工资性别差异显著高于正规就业群体。

表3　正规和非正规就业中男性和女性流动人口工资和工作时间均值

就业类型	月　工　资		周工作时间		小　时　工　资	
	男　性	女　性	男　性	女　性	男　性	女　性
正规就业	4 853.529（2 595.502）	3 713.930（2 008.401）	51.854（13.474）	49.215（12.606）	23.653（15.149）	19.111（12.777）
非正规就业	3 972.200（1 886.268）	2 768.675（1 301.672）	57.268（15.598）	54.002（16.001）	17.759（11.259）	13.430（9.689）

表4给出了流动人口的人口统计学特征、人力资本状况、就业情况以及流入

地的区域变量的均值及频数分布状况。由统计结果可知，流动人口的受教育程度仍然较低，仅有10%左右的流动人口接受过大学本科及以上的学校教育，普遍的受教育程度为初中、高中或者中专；从健康状况来看，流动人口整体的状况较好，"不健康"的占比仅为1.05%；流动人口主要从事的职业为服务人员和工人，均为技能水平要求较低、可替代性较强、流动性较强的工作，并主要在非国有部门就业；从行业分布可知，流动人口主要集中在制造业、服务业和建筑业等劳动密集型行业；在流动人口中，农业户籍的个体占总体的76.07%，大多数为城乡流动群体（即农民工），城城间流动的比重较小；从流入地的角度可知，有55.76%的流动人口流入到东部地区，符合流动人口的流动规律。

表4　流动人口特征变量的均值及频数分布

变量	类别	均值/频数分布	变量	类别	均值/频数分布
年龄（周岁）	均值	34.458（9.650）	企业所有制形式	①机关、事业单位	3,097（3.94%）
务工经验（年）	均值	5.289（4.966）		②国有企业	6,013（7.65%）
婚姻状况	①已婚	57,831（73.55%）		③集体企业	1,268（1.61%）
	②未婚	20,798（26.45%）		④股份制企业	4,876（6.20%）
受教育程度	①小学及以下	10,138（12.89%）		⑤外资企业	5,492（6.98%）
	②初中	31,265（39.76%）		⑥私营企业	35,613（45.29%）
	③高中/中专	18,142（23.07%）		⑦个体企业	14,628（18.60%）
	④大学专科	11,040（14.04%）		⑧其他企业	7,642（9.72%）
	⑤大学本科及以上	8,044（10.23%）	行业类型	①农林牧渔业	1,068（1.36%）
健康状况	①健康	67,461（85.80%）		②采矿业	1,076（1.37%）
	②基本健康	10,338（13.15%）		③建筑业	8,095（10.30%）
	③不健康	830（1.05%）		④金融房地产业	4,213（5.36%）
职业类型	①管理者	602（0.77%）		⑤批发零售业	6,938（8.82%）
	②专业技术人员	11,180（14.22%）		⑥交通运输业	3,486（4.43%）
	③一般职员	1,996（2.54%）		⑦住宿餐饮业	7,931（10.09%）
	④服务人员	33,101（42.10%）		⑧服务业	11,159（14.19%）
	⑤工人	27,036（34.38%）		⑨教育文体业	3,990（5.07%）
	⑥其他职业	4,714（6.00%）		⑩制造业	27,678（35.20%）

续 表

变量	类别	均值/频数分布	变量	类别	均值/频数分布
流入区域	①东部地区	42,512（55.76%）	户籍类型	⑪其他行业	2,995（3.81%）
	②中部地区	14,641（19.20%）		①农业	59,810（76.07%）
	③西部地区	19,084（25.03%）		②非农业	18,819（23.93%）

注：括号内为标准差或百分比。

由于工资水平受到流动人口自身特征、就业特征以及区域分布等因素的影响，因此要想准确地度量就业正规化对流动人口工资的影响以及对流动人口工资性别歧视的影响，需要对其他特征差异进行控制。

三、正规就业的工资效应分析

（一）Mincer 工资方程回归

为了估计正规就业对流动人口工资获得的影响，依据 Mincer（1974）提出的工资方程形式，本文将流动人口的工资方程设定如下：

$$\text{In}w_{ij}=\alpha+\beta*formal_i=yX_{ij}+\varepsilon_{ij} \tag{1}$$

其中，$\text{In}w_{ij}$ 表示性别为 j（j=1 代表男性，j=0 代表女性）的个体 i 的小时工资对数，$formal_i$ 表示就业形式的二元变量（$formal_i$=1 表示正规就业，$formal_i$=0 表示非正规就业）。X_{ij} 表示控制变量，包括流动人口的人口统计学特征、人力资本特征、就业特征及区域分布特征等。β 为待估计的系数，表示正规就业对流动人口工资获得的影响，ε_{ij} 为随机误差项，且满足 $\varepsilon_{ij}\sim N（0，\sigma^2）$。

表 5 分别给出了男性和女性流动人口的工资方程的回归结果。通过比较男性和女性流动人口工资方程回归结果可知，正规就业对男性和女性流动人口的工资获得都具有显著的提升作用，正规就业使得男性流动人口的工资提升 10.23%，女性流动人口的工资提升 13.50%，且正规就业对女性流动人口工资的提升作用显著高于男性流动人口。

在人口统计学特征方面，年龄越大和务工经验越丰富，流动人口的工资水平越高，但是年龄和务工经验的平方项都显著为负值，因此，年龄和务工经验对流动人口的工资的影响呈现倒"U"形特征。根据生命周期理论，劳动者事业初期，工资水平随着年龄的增长和务工经验的增加不断上升，到中年阶段劳动者事业发展至顶峰，劳动者的工资也相应达到最高值，在该阶段之后，由于劳动者年龄的增加、体力的下降以及职业发展空间的缩小，劳动者的工资水平出现不断下降的趋势，且男性的倒"U"形较女性更加陡峭；已婚男性的工资显著高于未婚男性，但是对于女性流动人口而言，恰好相反，这符合我国传统"男主外女主内"的家庭分工模式，已婚男性承担更多的家庭经济负担，因此更加努力工作，获取更高的工资，而已婚的女性承担更多的家务劳动、老人及子女的照料工作，因此获得相对较低的工资。

表5　流动人口工资方程回归结果

解释变量	男性	女性	差异	解释变量	男性	女性	差异
正规就业	0.102***	0.135***	−0.033***	其他企业	−0.064***	−0.053***	−0.011
年龄	0.044***	0.029***	0.015***	管理人员	0.239***	0.220***	0.019
年龄平方/100	−0.061***	−0.042***	−0.019***	专业技术人员	0.172***	0.151***	0.021
已婚	0.104***	−0.024***	0.127***	一般职员	0.112***	0.116***	−0.004
务工经验	0.015***	0.021***	−0.007***	服务人员	0.011	0.077***	−0.066***
经验平方/100	−0.028***	−0.051***	0.023***	其他职业	−0.018*	0.085***	−0.103***
健康	0.191***	0.148***	0.043	农林牧渔业	−0.079	−0.030***	−0.049
基本健康	0.139***	0.104***	0.035	采矿业	0.186	0.040***	0.146***
初中	0.073***	0.103***	−0.030***	建筑业	0.141***	0.132***	0.008
高中/中专	0.175***	0.225***	−0.050***	金融房地产业	0.129***	0.151***	−0.022
大学专科	0.342***	0.370***	−0.027**	批发零售业	0.012	−0.042***	0.053***
大学本科	0.557***	0.596***	−0.039**	交通运输业	0.081***	0.035***	0.047***

续　表

解释变量	男性	女性	差异	解释变量	男性	女性	差异
农业户籍	−0.048***	−0.058***	0.011	住宿餐饮业	−0.016	−0.068***	0.052***
机关、事业单位	−0.223***	−0.082***	−0.141***	服务业	−0.023***	0.002	−0.025**
国有企业	−0.062***	−0.015	−0.046***	教育文体业	−0.011	−0.090***	0.079***
集体企业	−0.023	0.005	00.029	其他行业	−0.037**	−0.064***	0.028*
外资企业	0.035***	0.081***	−0.046***	东部地区	0.161***	0.220***	−0.059***
股份制企业	0.008	0.032***	−0.024*	西部地区	−0.003	0.046***	−0.049***
个体企业	−0.046***	−0.055***	0.009	常数项	1.498***	1.572***	−0.074

注：***、**和*分别表示1%、5%和10%的显著水平，下同。

在人力资本方面，身体越健康，流动人口的工资水平越高，而且，健康对男性流动人口的影响较女性更大，自身体力差异影响着男性和女性的工作选择，相比于女性，男性在体力方面具有一定的优势，因此，健康对男性的影响更大，尤其是流动人口群体，大多从事劳动密集型工作，健康对工资的影响相对更大；受教育程度越高，流动人口工资水平越高，且女性流动人口的教育回报率高于男性流动人口，说明提升受教育水平不仅能够整体上提高流动人口的工资水平，而且能够在一定程度上缓解流动人口的性别工资差异。

在企业所有制形式方面，与私营企业相比，男性在外资企业中工资水平较高，在机关事业单位、国有企业、个体企业和其他企业中的工资较低，女性在外资企业、股份制企业的工资较高，在机关事业单位、个体企业和其他企业的工资较低，这与不同所有制企业的工资分配方式有关，男性和女性表现出一定的差异；在职业方面，相比于工人，男性管理人员、专业技术人员、一般职员工资更高，女性管理人员、专业技术人员、一般职员、服务人员其他职业均高于工人，在服务人员和其他职业中，男性和女性表现出显著的差异；在行业方面，相比于女性，男性在批发零售业、交通运输业、教育文体业具有一定的工资优势。

在户籍类型及流入地方面，农业户籍流动人口的工资水平显著低于非农业户籍流动人口，说明我国劳动力市场上仍然存在一定的"户籍歧视"，在农业户籍流动人口的工资较城镇户籍流动人口的工资低0.048至0.058个百分点，但性别之间并未表现出差异。与中部地区相比，东部地区流动人口的工资水平显著更高，这也为过半数的流动人口流向东部地区提供了合理的解释。对于男性而言，西部地区与中部地区的工资水平无显著差异，女性在西部地区的工资水平显著高于中部地区。

以上的分析结果，与以往的研究结果基本一致（张世伟和张娟，2018）。这验证了模型设定的合理性。同时，从回归结果可以看出，男性和女性流动人口的工资决定因素及各因素的影响程度方面存在一定的差异。

（二）分位数回归

Koenker和Bassett（1978）提出分位数回归方法，相比于最小二乘（OLS）回归方法，分位数回归方法不容易受到极端值的影响，能够解决被解释变量分布有偏、异方差较大的问题。因此，分位数估计系数更为稳健。更重要的是，分位数回归方法能够将解释变量对被解释变量不同区间的影响充分显示出来，因此，本文将使用分位数回归方法研究就业正规化对不同工资水平的流动人口工资获得的影响。在解释向量$X_{j\theta}$及$\theta \in （0，1）$给定时，$Q_{j\theta}（\ln w_j|X_{j\theta}）$表示性别为$j$（$j=1$表示男性，$j=0$表示女性）的流动人口对数工资的$\theta$分位数，本文设定流动人口工资方程分位数回归方程如下：

$$Q_{j\theta}（\ln w_j|X_{j\theta}）=X'\beta_{j\theta}+\mu_{j\theta} \tag{2}$$

其中，$\beta_{j\theta}$表示在θ分位数下的回归系数，$\mu_{j\theta}$表示随机误差项。OLS的古典"均值回归"系数估计值是通过最小化残差平方和得到的，分位数回归系数估计值是通过最小化（3）式的函数得到的：

$$\beta_{j\theta} \in \arg_{\beta_{j\theta}} \min \left\{ \sum_{\ln w_j \geq X'_{j\theta}\beta_{j\theta}} \theta_j \left| \ln w_j - X'_{j\theta}\beta_{j\theta} \right| + \sum_{\ln w_j < X'_{j\theta}\beta_{j\theta}} （1-\theta_j） \left| \ln w_j - X'_{j\theta}\beta_{j\theta} \right| \right\} \tag{3}$$

263

对男性和女性流动人口的工资对数在各个分位数上进行回归，限于篇幅，本文仅给出25%、50%和75%分位数上的回归结果（见表6）。

表6　流动人口工资方程分位数回归结果①

解释变量	男　性			女　性		
	25%	50%	75%	25%	50%	75%
正规就业	0.119***	0.098***	0.096***	0.157***	0.140***	0.131***
年龄	0.043***	0.045***	0.046***	0.027***	0.027***	0.029***
年龄平方/100	−0.061***	−0.062***	−0.063***	−0.039***	−0.040***	−0.042***
已婚	0.100***	0.099***	0.109***	−0.034***	−0.021***	−0.019**
务工经验	0.011***	0.014***	0.016***	0.019***	0.023***	0.025***
经验平方/100	−0.020***	−0.024***	−0.029***	−0.062***	−0.062***	−0.049***
健康	0.244***	0.213***	0.184***	0.180***	0.183***	0.139***
基本健康	0.187***	0.161***	0.138***	0.127***	0.143***	0.097***
初中	0.088***	0.077***	0.072***	0.091***	0.111***	0.116***
高中/中专	0.177***	0.183***	0.186***	0.207***	0.230***	0.241***
大学专科	0.327***	0.340***	0.367***	0.344***	0.376***	0.389***
大学本科	0.517***	0.563***	0.634***	0.541***	0.593***	0.672***
农业户籍	−0.039***	−0.038***	−0.046***	−0.045***	−0.047***	−0.055***
机关、事业单位	−0.190***	−0.187***	−0.254***	−0.050***	−0.063***	−0.092
国有企业	−0.037***	−0.042***	−0.059***	−0.002	−0.002	−0.002
集体企业	−0.021	−0.041**	0.001	−0.018	−0.013	0.001***
外资企业	0.046***	0.034***	0.015	0.092***	0.074***	0.058***
股份制企业	0.003	0.005	0.004	0.012	0.021**	0.021*
个体企业	−0.043***	−0.043***	−0.041***	−0.052***	−0.052***	−0.053***
其他企业	−0.085***	−0.078***	−0.037**	−0.050***	−0.066***	−0.057***
管理人员	0.192***	0.199***	0.255***	0.180***	0.199***	0.265***
专业技术人员	0.145***	0.162***	0.200***	0.109***	0.151***	0.184***
一般职员	0.084***	0.101***	0.131***	0.107***	0.129***	0.131***
服务人员	−0.025***	−0.003	0.039***	0.029***	0.062***	0.099***
其他职业	−0.052***	−0.052***	0.006	0.007	0.054***	0.131***
农林牧渔业	−0.122***	−0.085***	0.011	−0.081***	−0.029	0.037
采矿业	0.141***	0.181***	0.202***	−0.091**	−0.023	−0.008

① 由于篇幅限制，本文仅列出25%、50%和75%分位数上的回归结果，如若需要，其他分位数工资方程的回归结果可向作者索取。

解释变量	男　性			女　性		
	25%	50%	75%	25%	50%	75%
建筑业	0.122***	0.151***	0.178***	0.062***	0.099***	0.233***
金融房地产业	0.105***	0.144***	0.186***	0.081***	0.138***	0.216***
批发零售业	−0.003	0.024*	0.038***	−0.042***	−0.029***	−0.021*
交通运输业	0.087***	0.098***	0.100***	0.013	0.029	0.034
住宿餐饮业	−0.006	−0.017	−0.020	−0.063***	−0.066***	−0.076***
服务业	−0.047***	−0.023***	0.008	−0.037***	−0.005	0.041***
教育文体业	−0.037**	−0.025	0.019	−0.118***	−0.114***	−0.096***
其他行业	−0.040***	−0.038**	−0.038**	−0.113***	−0.075***	−0.055***
东部地区	0.162***	0.153***	0.148***	0.194***	0.212***	0.245***
西部地区	−0.018***	−0.011	−0.007	0.021***	0.022***	0.046***
常数项	1.209***	1.472***	1.711***	1.389***	1.560***	1.734***

根据分位数回归结果可以看出，不仅影响男性和女性流动人口工资获得的因素不同，而且在不同工资分布上的同一性别的流动人口内部，工资的影响因素也存在差异。表6给出了25%、50%和75%分位数水平流动人口工资方程的回归结果。对男性而言，随着工资分布的上升，正规就业对流动人口工资的影响逐渐降低，但回归系数的差别并不显著，对女性而言，正规就业的工资促进效应随着工资水平的上升呈现显著降低的趋势。具体而言，在男性流动人口中，25%分位数上正规就业的系数为0.119，50%分位数上系数为0.098，75%分位数上的系数为0.096，随着分位数的提高，正规就业对工资提升中发挥的作用逐渐降低；在女性流动人口中，25%、50%和75%分位数上的回归系数分别为0.157、0.140和0.131，同样随着分位数的提高，正规就业的工资效应逐渐下降。因此，本文认为就业正规化对中低收入的流动人口工资提升作用更大，其原因一方面可能是由于正规就业有助于用人单位对流动人口进行人力资本投资，提高流动人口的劳动生产率；另一方面可能是正规就业有助于企业激励员工更加努力工作，从而获得更高的工资；而对于高收入群体而言，他们具有职业选择方面的更大优势，因而对正规就业的偏好相对较低，对就业

的灵活性有较高的偏好，因此，正规就业对高收入群体的工资提升作用相对较小。

为了直观地了解正规就业对不同工资水平流动人口工资的影响，图1具体给出了分位数回归中正规就业系数的变化情况，可以清晰地发现，在各分位数水平上正规就业对男性和女性流动人口均具有显著的促进作用，但随着工资水平的上升基本呈现出逐渐下降的趋势，同时，正规就业对男性的工资提升作用小于女性。

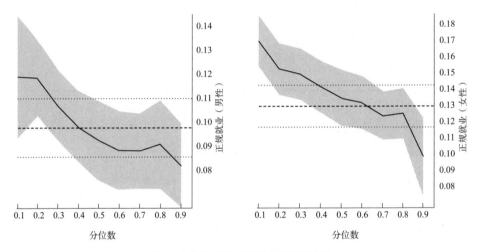

图1 分位数回归正规就业系数的变化

从分位数回归结果还可以看出，年龄对男性和女性流动人口的工资获得具有显著的正向作用，并呈现倒"U"形特征，同时，男性的倒"U"形相对女性更加陡峭；已婚对男性工资具有显著的促进作用，对女性工资具有显著的抑制作用，在"女性工资的25%分位数上"，已婚对女性工资的抑制作用（−0.034）显著高于50%（−0.021）和75%（−0.019）分位数。

在人力资本特征方面，务工经验对男性和女性的工资获得均具有显著的促进作用，并随着对数工资分位数的提高，务工经验的作用略微上升；各分位数水平上，女性的教育回报均高于男性，具体而言，男性中小学及以下的个体，初中对流动人口工资的影响随着工资的上升而下降，高中及以上教育对工资的影响随工资水平的上升而上升，但随着对数工资水平的提高，教育对男性的工资促进作用呈下降的趋势，而教育对女性工资的提升作用逐渐增加，可能是因为在就业选择时，低教育程度的个体难以获得高工资的工作岗位，其工资主要是以其劳动量为主，受教育程度对"计件式"的工资影响较小，而高收入者的教育回报较高，说明其从事的工作更多为脑力劳动，教育水平起到更为重要的作用，因此教育回报率较高。健康能够显著提升男性和女性流动人口的工资水平，随着工资水平的上升，健康对男性工资的影响逐渐下降，而对女性工资的影响在25%分位数（0.180）和50%分位数（0.183）上明显高于75%分位数（0.139），可能缘于收入水平较低的流动人口从事的多为重体力劳动，因此健康状况对工资的影响程度更高，而工资水平较高的流动人口更多从事脑力劳动，健康状况对工资的影响程度相对较小，男性和女性的差异可能是由女性流动人口整体工资水平低于男性导致的。

在户籍方面，农业户籍流动人口的工资水平在不同工资分布中均显著低于城镇户籍流动人口，说明我国城镇劳动力市场上仍存在着明显的户籍工资歧视；在较高工资群体中，户籍工资歧视略高于中低工资群体。

在企业所有制类型方面，相对于私营企业而言，机关事业单位和国有企业对高工资群体的工资抑制作用高于中低工资群体，而外资企业的工资提升作用逐渐下降。在高工资群体中，外资企业与私营企业无显著差异，其他企业的工资抑制作用逐渐下降。这主要缘于不同所有制类型企业的工资分配方式存在差异，机关事业单位和国有企业的工资分配相对于私营企业更加平均，体现出"共享式"工资决定模式，而其他企业的工资分配方式更大程度地取决于市场的作用。

在职业类型方面，随着工资水平的提高，管理人员、专业技术人员和一般职员与工人之间的工资差距显著上升，这与不同工资层级中的职业分布有关；在较低工资流动人口中，服务人员的工资显著低于工人，在中等收入群体中两者无显著差异，而在较高工资的群体中，服务人员的工资显著高于工人；在中低收入群体中，其他职业的工资显著低于工人，而在较高工资群体中，其他职业与工人的工资无显著差异。

在行业类型方面，随着工资水平的提高，采矿业、建筑业、金融房地产业、批发零售业、交通运输业与制造业间的工资差异呈现出扩大的趋势；农林牧渔业、服务业和教育文体业与制造业间的工资差异逐渐缩小，在高工资群体中，行业间的工资差异消失；在不同工资水平下，住宿餐饮业与制造业均未表现出显著的工资差异，而其他行业的工资始终显著低于制造业，但未随着工资水平的变化而发生显著性改变。

在流动人口就业所在区域方面，随着工资水平的不断提升，东部地区与中部地区的工资差异逐渐下降，而西部地区的低工资群体工资显著低于中部地区，而中高工资群体工资与中部地区无显著差异，可能缘于工资水平较高流动人口群体的流动性较强，因此高工资群体的区域差异相对较小。

由Mincer工资方程的回归结果可以发现，男性和女性流动人口工资决定因素以及各因素对工资的影响程度存在一定的差异；由男性和女性流动人口的分位数回归结果可知，不同工资分布上男性和女性的工资决定因素和各因素的影响程度也表现出明显的差异，那么哪些因素导致了男性和女性流动人口的工资差异？这些差异对流动人口的性别工资差异的影响程度如何？不同工资分布上，流动人口的工资差异如何？不同工资分布上的工资差异决定因素是否相同？为了解答以上问题，本文进一步对男性和女性流动人口的工资差异进行分解。

四、正规和非正规就业流动人口性别工资差异分解

（一）平均工资差异分解

关于不同群体之间工资差异的分解是在传统Blinder（1973）和Oaxaca（1973）的框架下展开的，该方法将工资差异分解为两个部分——一部分是有特征差异导致的工资差异，称为"特征差异"，为工资差异的可结实部分；另一部分是有回报差异导致的工资差异，称为"系数差异"，为工资差异的不可解释部

分。本文将男性和女性流动人口的工资差异分解为如下形式：

$$\Delta \ln w = \ln w_1 - \ln w_0$$
$$= \underbrace{\left(\overline{X}_1 - \overline{X}_0\right)\beta_1}_{①} + \underbrace{\left(\beta_1 - \beta_0\right)\overline{X}_0}_{②} \qquad (3)$$

其中，$\Delta \ln w$表示男性和女性流动人口的平均工资的对数差异，X表示平均特征向量，β表示Mincer方程OLS估计中的特征回报向量，① 项表示男性和女性流动人口的特征、禀赋差异导致的性别工资差异，这一部分为可解释的工资差异，是市场作用的结果；② 项表示男性和女性流动人口的特征回报差异，为工资差异中不可解释的部分，通常理解为由非市场因素导致的，称为"工资性别歧视"。

表7给出了流动人口性别工资差异的分解结果，男性和女性流动人口对数工资的总差异为0.232 0，意味着男性流动人口的工资比女性高26.11%[①]，由男性和女性流动人口的个体特征差异导致的工资差异为0.035 3，占总差异的15.22%，由特征回报差异（即非市场因素）导致的工资差异为0.196 7，占总差异的84.78%，说明导致流动人口性别工资差异的主要因素为非市场因素，即性别歧视。

表7 流动人口性别工资差异分解结果

解释变量	总差异	特征差异	系数差异	解释变量	总差异	特征差异	系数差异
年龄	0.631	0.101***	0.530***	其他企业	−0.000	−0.000***	−0.000
年龄平方/100	−0.350	−0.103***	−0.248***	管理人员	−0.000	−0.000	−0.000
已婚	0.095	0.002***	0.093***	专业技术人员	0.008	0.005***	0.003*
务工经验	−0.005	0.030***	−0.035**	一般职员	−0.002	−0.002***	−0.000
经验平方/100	−0.001	−0.012***	0.011***	服务人员	−0.035	−0.005***	−0.030***
健康	0.037	0.001	0.037	其他职业	−0.006	−0.000**	−0.006***

---

① 具体的计算方法为EXP（＊）−1。

将学术写在祖国大地上

解释变量	总差异	特征差异	系数差异	解释变量	总差异	特征差异	系数差异
基本健康	0.004	−0.000	0.005	农林牧渔业	−0.001	−0.000***	−0.001
初中	−0.006	0.006***	−0.012***	采矿业	0.004	0.003***	0.001*
高中/中专	−0.008	0.003***	−0.012***	建筑业	0.017	0.018***	−0.001
大学专科	−0.016	−0.012***	−0.004	金融房地产业	0.001	0.002***	−0.001
大学本科	−0.013	−0.009***	−0.004**	批发零售业	0.006	0.001*	0.005***
正规就业	−0.023	−0.002***	−0.020***	交通运输业	0.005	0.004***	0.001
农业户籍	0.007	−0.001***	0.008	住宿餐饮业	0.008	0.002***	0.005***
机关、事业单位	−0.003	0.003***	−0.006***	服务业	−0.004	−0.000	−0.004*
国有企业	−0.005	−0.002***	−0.003***	教育文体业	0.006	0.003***	0.004***
集体企业	−0.000	−0.000	−0.000	其他行业	0.002	0.001***	0.001
外资企业	−0.004	−0.000***	−0.003***	东部地区	−0.035	−0.003***	−0.032***
股份制企业	−0.002	−0.000	−0.001	西部地区	−0.011	−0.000***	−0.012***
个体企业	0.005	0.003***	0.002	常数项	−0.074	0.000	−0.074

　　正规就业导致的性别工资歧视为−0.020 2，说明正规就业流动人口中的性别工资歧视显著低于非正规就业流动人口中的性别工资歧视，因此，促进流动人口的就业正规化有助于缓解我国城镇劳动力市场中的性别工资歧视，降低性别工资差异，有助于保障女性劳动者的合法权益，并提高经济运行效率。

　　男性和女性年龄导致的工资差异为0.280 4，已婚导致的性别工资差异为0.094 9，年龄和已婚是导致流动人口性别工资差异的主要特征变量；务工经验导致的性别工资差异为0.006 3，其中特征差异为0.017 5，系数差异为−0.023 8，说明男性的工作经验多于女性，但是女性的务工经验的回报高于男性，说明务工经验的积累有助于缓解我国城镇劳动力市场的性别工资歧视；健康状况对性别工资差异无显著影响；教育程度的系数差异均为负值，说明提升教育水平有助于缓解工资性别歧视；在机关、事业单位、国有企业和外资企业中，女性的工资水平显著高于男性，而在私营企业、股份制企业、个体企业和其他企业中，男性和女性的工资无显著差异，整体职业因素导致的性别工资差异为-0.035 4，其中特征差异为-0.002 3，系数差异为-0.033 1；行业导致的男性和女性流动人口的工资差异为-0.045 0，其中特征差异为-0.034 4，系数差异为-0.010 6；区域分布因素导致的流动人口性别工资差异为-0.046 7，其中特征差异为-0.002 7，系数差异为-0.044 0；常数项差异为-0.074 2。

基于均值回归结果，假定各个解释变量对工资分布的不同区间对工资具有相同的影响程度，但是事实上在不同工资分布上，同一变量的影响程度可能存在显著的差异，基于分位数回归结果，本文对分位数层面的工资性别差异进行分解。

（二）分位数反事实分解

和 Mata（2005）提出的分位数分解方法对男性和女性流动人口的工资差异进行分解。将男性和女性流动人口的工资差异分解如下：

$$\Delta \ln w_\theta = Q_\theta \left(\ln w_{1\theta} \right) - Q_\theta \left(\ln w_{0\theta} \right)$$
$$= \underbrace{\left[Q_\theta \left(\ln w_{1\theta} \right) - Q_\theta \left(\ln w_{1-0} \right) \right]}_{③} + \underbrace{\left[Q_\theta \left(\ln w_{1-0} \right) - Q_\theta \left(\ln w_{0\theta} \right) \right]}_{④} \quad （4）$$

其中，$Q_\theta \left(\ln w_\theta \right) - Q_\theta \left(\ln w_{0\theta} \right)$ 为 θ 分位数男性和女性流动人口的工资差异，$Q_\theta \left(\ln w_{1-0} \right)$ 表示反事实的工资分布条件下的 θ 分位数，其中，③ 项表示特征差异，是由于男性和女性流动人口在各个工资决定因素上的不同所导致的工资分布差异，④ 项为系数差异，由于男性和女性流动人口的回归系数不同所导致的工资分布差异。利用 Bootstrap 方法重复抽样 100 次，对男性和女性流动人口在不同分位数的工资差异进行分解，分解结果如图 2 所示。

271

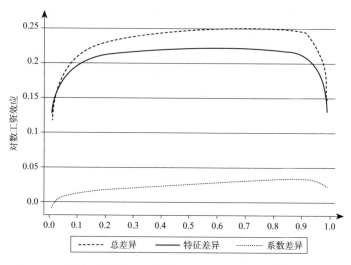

图2 流动人口工资性别差异的分位数分解①

图2中纵轴表示男性和女性流动人口的对数工资差异，横轴表示流动人口工资分布的百分位数，三条曲线则分别表示男性和女性流动人口性别工资的总差异、特征差异及系数差异部分。总体而言，在各个分位点上，流动人口的性别工资差异主要是由系数差异导致的，即由性别工资歧视导致的，特征差异导致的性别工资差异占比非常小。

具体而言，总差异曲线表现出先上升后下降的总体趋势，男性和女性流动人口的工资差异在低分位数上由1分位点的0.118 3逐渐扩大至78分位点的0.251 7，在78分位点之后出现迅速下降的趋势，下降到0.149 0，但仍然高于1分位点的性别工资差异值。特征差异曲线同样呈现先上升后下降的变动趋势，在工资分布的1和2分位点特征差异为−0.009 6和−0.000 2，说明在极低工资群体中存在"反向歧视"，但并不显著，特征差异上升至89分位点的0.034 2之后开始下降，下降至99分位点的0.020 9；系数差异曲线同样呈现先上升后下降的趋势，但是变动的速度低于总差异曲线，由1分位点的0.128 0迅速上升为20分位

---

① 限于篇幅，本文中未给出数据形式的各分位点流动人口工资性别差异的分解结果，如有需要，可向作者索取。

点的 0.211 0，在 20 分位点至 90 分位点之间，系数差异基本维持不变的状况，在 90 分位点之后发生迅速的下降，最终下降至 99 分位点的 0.128 0，与 1 分位点的系数差异相同。

由此可见，流动人口的性别工资歧视基本呈现出对称的倒"U"型特征。因此，中等工资水平的流动人口中工资歧视的现象更加严重，而低工资和高工资群体的工资歧视相对较小，由于低工资群体的工资决定基本遵循"计件工资制"，因此性别工资歧视程度相对较低，而高工资的群体基本以技能型岗位为主，工资水平更能够体现劳动力的生产率水平，通过本文分位数回归结果中教育的回报率可以看出，因此，高工资群体中性别歧视相对较低。

五、结论与建议

本文基于 2017 年卫生计划生育委员会组织的全国流动人口动态监测调查数据，应用 Mincer 工资方程的均值回归和分位数回归方法，分别对流动人口中的男性和女性群体的工资方程进行回归，并且在回归分析的基础上，进一步应用相对应的 Oaxaca-Blinder 分解方法和 Machado-Mata 分解方法对流动人口的性别工资差异进行分解，最终本文得到的主要研究结论如下：

（1）依据上文 Mincer 工资方程的回归结果可知，整体上流动人口中男性和女性的工资水平存在显著差异，且男性和女性的工资决定因素也存在差异。本文重点关注正规就业对流动人口中男性和女性工资的影响程度是否存在显著差异，研究发现，正规就业能够使得男性流动人口的工资水平提升 10.23%，女性流动人口的工资提升 13.50%，因此促进流动人口的就业正规化，能够显著提升流动人口的工资水平，降低我国整体的收入差距水平，促进全体劳动力共享经济繁荣的成果。

（2）依据分位数回归结果可知，不同工资分布上男性和女性的工资决定因素存在差异，随着工资水平的提升，正规就业对流动人口工资的提升作用基本上呈现下降的趋势，说明正规就业对流动人口的工资提升作用具有"粘胶地板效应"。因此，促进我国流动人口的就业正规化不仅有助于整体上提升我国流动人口的工资水平，而且有助于改善我国流动人口内部的工资差距，更大程度上促进收入公平，更加有利于我国劳动力市场的发展。从性别的角度出发，我们可以发现，在1至95分位点处，正规就业对女性工资的促进作用均大于男性。

（3）由工资方程回归结果可知正规就业对女性工资的提升作用显著高于男性，为了准确度量正规就业对流动人口性别工资差异的影响，本文应用经典Oaxaca-Blinder工资差异分解方法对流动人口中男性和女性的工资差异进行分解。计算得出，男性和女性的工资差异为0.232 0，其中个体特征差异导致的工资差异占总差异的15.22%，由系数差异导致的工资差异占总差异的84.78%，说明流动人口中性别工资差异主要是由性别工资歧视导致的。这体现了我国劳动力市场上"女不如男"的传统观念以及企业对女性家庭和工作之间冲突的担忧等。依据分解结果可知，在剔除流动人口男性和女性群体中正规就业比例的差异后，正规就业导致的性别工资歧视为-0.020 2，并且在1%的水平下显著，说明就业正规化能够显著降低流动人口的性别工资歧视。因此，相关部门应更大程度地促进流动人口正规就业，有助于缓解流动人口的性别工资歧视，提高我国劳动力市场的运行效率。

（4）通过分位数层面反事实分解结果可知，假定男性流动人口按照女性流动人口的各个特征回报率取得工资，男性和女性流动人口的工资差异绝大部分是由性别工资歧视导致的，随着工资水平的提高，流动人口中的性别工资差异曲线、个体特征差异曲线和特征回报差异曲线均呈现先上升后下降的变动趋势。即中等工资群体的流动人口中工资歧视的现象更加严重，而低工资和高工资群体的工资歧视相对较小。因此，促进流动人口的普遍就业能够有效地缓解我国劳动力市场上的性别歧视，尤其是中等收入群体的性别工资歧视。

综上所述，正规就业不仅能够在整体上显著提升流动人口的工资水平，而且能够促进流动人口内部收入差距的缩小、缓解流动人口的工资性别歧视。此外，我们还无法研究其他与工作场所相关的特征的差异，例如稳定性、安全性和附带福利，这些差异在正规和非正规就业之间可能会有所不同。显然，不考虑这些因素往往会低估正规就业的"真正"价值，尤其是对于养老金、医疗保障和失业保障等方面，非正规就业损害了劳动者福利体系中的长期利益。同时，多项研究表明，正规就业还能够提升劳动者的主观幸福感、促进流动人口的社会融合、提升工作满意度，提升流动人口的居留意愿等（王海成和郭敏，2015；杨凡，2016；张抗私，2016、2017；刘翠花和丁述磊，2017；杨凡和林鹏东，2018；陆万军和张彬斌，2018）。

因此，从企业角度，政府有关部门应着重致力于促进流动人口的就业正规化，严格贯彻执行《劳动合同法》并实施有效的监督。从流动人口的角度，政府应提升流动人口对正规就业的认知，充分了解正规就业在工资获得方面的即时经济效益，在社会保障、工作安全性等方面的长期经济效益，以及与工作满意度、城市融入感和幸福感等方面的社会效益。相关部门应加大宣传力度，提升流动人口的法律意识，促使流动人口主动要求与用工单位签订劳动合同，实现稳定就业、正规就业。

后疫情时代如何在员工关系管理专业课程教学中植入企业社会责任的教育

李秋香[①]

摘　要

目前高校人力资源管理专业普遍关注将面临如何平衡商业成功和企业社会责任的问题，努力提供相关专业培训，进一步提高和增强企业人才职业道德和社会责任感，大力培养造就一批有助于提高企业自主创新能力的高层次经营管理人才。本文基于人力资源管理专业应用型人才培养目标的专业培养需要，针对目前高校人力资源管理教学的薄弱环节，努力尝试通过加强课程教学环节设计，探讨在员工关系管理课程教学中植入企业社会责任培育，以期培养出能够在组织人力资源鼓励体系中通过拟定和实施各项人力资源政策和管理行为，具有社会责任理念与实务能力的毕业生。

关键词：企业社会责任；员工关系管理；情景模拟

后疫情时代，针对世界经济发展几近停滞，企业妨碍员工各种权益现象频繁出现，如有的企业劳动合同管理不规范，有的企业在高利润面前采取不正当

---

① 作者简介：上海师范大学教师，研究方向为员工关系管理。

的劳动标准，有的企业任意拖欠职工的工资，种种现象都表明企业管理环节的缺失、企业员工关系管理和可持续发展的缺失，企业要获得成功，社会要获得进步，学校人力资源管理专业必须培养出具有社会责任理念和实务能力的人材，这是国家战略和企业战略的重要组成部分。

一、人力资源管理专业进行企业社会责任教育的必要性

企业的社会责任是指企业管理者在做出培育、保护、提高、促进利益相关者乃至全社会福利的决定时，所肩负的义务和职责。它包括以下三个方面：1. 社会义务，即组织仅仅达到法律的最低要求；2. 社会响应，即组织适应社会变化的要求；3. 社会责任，即组织志愿不做有损社会的事情。一般认为，企业社会责任主要包括人权、劳工权益和环境三个方面，其中劳工权益是核心。其具体内容主要包括：职工安全卫生、劳动条件、工资报酬、工作时间、禁用童工、禁止性别歧视、保障人权以及环境保护等。美国人力资源管理协会特别专家小组进行的"全球人力资源趋势报告"调查小组对参与调查的企业认为：制定正式社会责任战略的企业，由人力资源管理部门或组成的专门小组负责企业CSR战略的执行。我国的企业社会责任已受到高校师生的关注，到目前为止大概有一半以上的MBA培养院校已经把学生责任商业道德引入教学环节，有将近一半的学校设立了有关企业社会责任课程，高校本科阶段也普遍设立相关课程。这表明提高员工与其自身的职业道德水准是人力资源管理发展的重要趋势之一，而职业道德水准与企业社会责任感密不可分。例如，劳动立法上的重大变化，贯穿于劳动合同的订立、履行、变更、解除以及终止，这些变化将对企业人力资源管理的各个方面甚至企业的经营管理带来巨大影响。目前，面对劳动立法如此巨大的变化，企业人力资源管理活动应如何适应劳动关系法律的新调整，已成为企业人力资源管理人员一个迫在眉睫而又无法规避的现实问题。

二、我国企业在社会责任方面的缺失

1. 政府因素

（1）一些地方政府追求地方经济的片面增长，为了处于有利的竞争地位较多地考虑对资本的吸引力，在招商引资过程中擅自制定"低劳动力成本的土政策"，地方保护主义严重，特别是经济欠发达地区，企业职业病防治工作薄弱，地方政府却对企业加以保护，对相关社会政策与劳工权益的维护较为忽视。有些地方政府为了所谓的投资环境，忽视企业违反劳动法规的行为，甚至为厂商侵犯职工权益"开脱"，在对私营小企业、对外来工的生产环境缺乏相应的劳动安全生产、防护措施。

（2）安全管理不到位，执法监督不力，监管责任不落实。为了进行劳动安全保护与职业病防范，我国出台了一些法律法规，如两部重要的法律，即《职业病防治法》和《安全生产法》。执法机构包括劳动监察部门，也包括司法部门、建筑部门，可以在各自的权限范围内，加强执法力度，对用人单位和劳动者执行情况实施监督。但是，各个基层政府执法机构之间常常缺乏相互配合，在安全生产方面，劳动安全部门由于专业执法人员不够，执法队伍力量薄弱，劳动监察乏力，普遍存在行业管理弱化，一些地方的安全管理传统丢失，基层监管薄弱，相互推诿责任或越位管理，安全监管责任难以落到实处，对侵害劳动者合法权益的事件存在"不诉不理"现象，对企业劳动违法处罚不及时或力度偏轻，往往使事故得不到高效、及时处理。

（3）政府各个负有安全生产、职业卫生监管职责的相关职能部门间的协调不够。我国劳动安全保护涉及卫生部门、安全生产监督部门和劳动保障等各个部门，按照国务院职责分工，职业卫生管理涉及政府卫生部门多个部门，职业病防治和管理工作涉及《职业病防治法》《劳动法》《安全生产法》等多部法律。在许多发达国家，职业安全与职业卫生的监管职能是融为一体的。目前，我国的职业安全卫生监管工作比较复杂，相关职能部门在日常管理过程中没有根据法律规定切实履行好自觉的工作职责，在教育培训、信息采集与监测、科技研究、政策制定和监督管理等方面相互独立，职能交叉，分工不够明确，不仅造成工作上的不便，而且由于资源不能共享，重复劳动多，办事效率低，直接影响我国职业安全卫生工作的顺利开展。

2. 企业因素

（1）劳动安全管理资金投入较少。一些生产企业为追求利润最大化压缩安全生产成本，不愿在劳动安全卫生、劳动保护上投资。工人身处恶劣的劳动环境和高强度的工作中，工伤事故频频发生，使职工劳动安全卫生保护的权利受到了严重的侵犯。为了保护改善国有企业劳动条件的资金，国务院曾规定"企业每年在固定资产更新和技术发行中提取10%到20%（矿山、化工、金属冶炼企业应大于20%）用于改善劳动条件。"但一些企业为了一味追求高额的利润，节省开支，不肯为职工提供安全卫生设施，导致企业的生产设备不符合劳动安全卫生的要求，不依法保证安全生产和职工健康所必须的资金投入、不依法为职工提供必要的安全卫生设施、防护用品、不对职工进行定期的体检，大多数企业员工的健康监护体检率较低。目前，绝大多数亏损企业均无力按规定发放劳动保护用品和保健费，安全防护设施大多简陋，无相应特殊劳动防护措施，达不到国家规定的防护标准。

（2）劳动安全生产基础脆弱、安全生产制度极不完善、安全卫生管理松懈混乱。一些企业为了追逐利益，存在企业工伤保险制度、职业卫生管理制度缺失，不主动申报职业危害项目、职业卫生管理状况差、安全管理混乱等问题。另外，一些企业缺乏卫生管理人员，没有赋予安全管理机构必要的职权，难以承担繁重的安全管理工作。

（3）企业法规制度建设相对滞后，法制观念淡薄。有的经营管理者法制观念淡薄，对国家有关政策法规知之甚少，违反国家法律、法规，置国家有关劳动安全卫生保护方面的法律、法规于不顾，任意践踏职工合法权益，甚至与职工签订无效合同，对员工提出一些违法要求，影响极为恶劣。据《中国青年报》报道，工人因病被解雇在涉外企业中也司空见惯，在被诊断为职业病的509例患者中，18.6%的患者被解雇。不少患者回到家乡后才发现自己患上了职业病，即想求助法律保护，却苦于无法支付旅费、医疗检查费而只能放弃。

3. 企业员工因素

我国一些企业员工缺乏安全法律知识，安全意识淡薄。劳动者个人自身防护意识不强，缺乏安全防护的自觉性。另外，职工群体处于弱势，为保住饭碗敢怒不敢言，好不容易找份工作，对恶劣的工作环境敢怒而不敢言。大量农村剩余劳动力和贫穷地区的打工者进入了工业企业，他们虽然从事着具有高度危险性的工作，但本身文化水平相对较低，没有接受过安全卫生知识教育，缺乏劳动安全意识和相应的安全卫生知识，安全意识和自我保护能力差，操作技能低下，往往成为工伤事故以及苯中毒、硫化氢中毒、尘肺病死亡等事故的主要群体。

4. 工会因素

工会作为员工的利益代表要为职工争取和维护合法权益，应制定科学有效的安全卫生条例，积极加强对员工的安全教育，发动和组织他们积极参与企业安全生产的监督和管理。虽然职工和单位处于不对等的地位，但职工可以通过职代会来争取权益，要求单位配备安全措施，发放防护用品。

三、通过员工关系管理课程植入企业社会责任教育

员工关系管理课程是一门由理论知识和实务技术两大模块构成的应用性学科，学校教育和企业所需相脱节的现象是一个世界现象，在中国，这种现象更为明显，本门课程的设立是为了通过讲授我国劳动政策与劳动法律法规，训练学生正确分析企业管理中出现的劳动纠纷，培养学生不仅掌握劳动法和劳动合同法的基本内容、操作劳动法律所需的知识，并能正确分析实际劳动争议案件并提出相应的企业管理意见，正确分析诊断劳动关系状况，处理员工之间的冲突和变革中的劳资冲突，培养熟悉劳动法律规范的专业管理人才，培育人力资源管理岗位专业人员的企业社会责任观念与实务操作能力。但目前高校在课程

体系构建方面依然按照传统学科型培养学生，忽视工作岗位对学生的能力需要，无法实现将毕业生的专业能力与工作岗位需求的对接。同时在课程内容方面偏重理论教学环节，过于强调员工关系基本理论学习，过于偏重理论知识的完整性、系统性，教师在课堂教学中习惯于按照教材授课，追求学究式的理论教学，没有充分将授课内容与培养目标、学生毕业后的工作结合起来，忽略了知识的实用性与针对性，忽略了对学生专业技能的培养。基于此种现状，为培育学生的企业社会责任，可将"劳动法"部分、"劳动合同法"部分、"劳动争议处理"部分、"集体谈判部分"进行实验课程设计，在教学环节将教学内容模块化，对课程内容进行如下的选取与重组：在理论教学上，从教学的针对性和适用性出发，将理论教学内容确定为两大模块：劳动关系理论与劳动关系实务，并将劳动关系实务分为四个部分：劳动法实务、劳动合同实务、劳动保险实务与劳动争议处理实务。本文认为，应将理论教学与实践教学有机结合，课堂讲授方法为主，启发式教学和讨论式教学为辅，"以学生为主体，教师为主导"的实验教学理念，灵活运用辩论式、研讨式、互动式等多种教学方法，进行课程教学中的企业社会责任设计：

（一）静态教学方法的设计

我国政府为了改善劳动条件，保护劳动者在劳动过程中的安全、健康，至今已发布和实施职业安全卫生法律法规和规章150多项，职业安全卫生标准500多项，对改善劳动条件、保障劳动者的健康和安全起到了积极的作用。在课程教学过程中可以通过案例教学法进行讨论学习。例如，涉及招聘问题，必须按照法律要求签署劳动合同。专业教师应根据企业对人力资源管理人员的实际要求，有针对性地对人力资源管理专业的学生进行技能的培养。

（二）动态情景模拟教学的设计

1. 案例教学法
案例讨论与分析具有操作简便、成本低、学生参与性高、教学效果好的特点，是教学中最常用也最易用的方法。例如，在"集体谈判"部分内容的课堂教学中，如果让雇主内心平静地、平等地与法律平台另一端的劳动者进行劳资谈判，进而成为习惯是比较艰难的，而夹在雇主和劳动者中间的HR们，要想适应这种管理的新情况和新角色，恐怕也非常不容易。"干活不由东，累死也无功"的理念和刻骨铭心的教训，让HR们考虑任何问题之前，都会下意识地看看雇主的脸色，以决定行否，而不是首先看法律，这就需要对学生进行企业社会责任教育。教师通过录像机、投影仪、网络等现代教学工具，提供真实的企业集体谈判实例，通过师生之间、学生与学生之间讨论的方式，对案例所提供的材料和问题进行分析研究，进一步反观、反思自己的想法和认识，提出见解，做出判断和决策。这是激励学生主动参与学习，借以提高学生分析问题和解决问题能力的一种教学方法，能够有效培养学生的分析能力，表达能力，自信心等。

2. 通过情景模拟的体验式教学

运用角色扮演法，让学生不出校门也能在短时间内亲身感受到较为系统、全面的人力资源管理的各个环节，从教学需要和教材出发，引入、制造或创设与教学内容相适应的具体场景或气氛，让学生在方案设计角色扮演中真实地感受到管理艺术的真谛，帮助学生迅速而正确地理解教学内容，提高决策水平，培养分析、解决实际问题的能力。情景模拟教学法是目前管理专业强化实践教学环节、提高管理者综合素质、培养实践应用型和复合型经营管理人才的最佳方式。教师利用人力资源管理实验室的设备进行情景模拟，通过模拟劳动争议仲裁的实验室教学活动，使学生通过由理论到实际的逐步实现，最终达到培养学生创新精神的目的，促进学生知识、能力、情感、素质的协调发展。例如，在模拟"劳动争议调解与仲裁处理"部分内容的课堂教学中，可进行如下的设计：首先，训练由理论知识探讨与实践情境体验构成，给予情境模拟；其次，采用团队或分组实验教学的方法，依据小组参与的实验项目，以团队或组的形式进行实验；第三，进行专题案例讨论与分析；最后，撰写经典案例和阶段论文的形式对此部分进行考核。

3. 构建实践平台

通过校外实训基地有计划地组织学生到企业了解情况和进行市场调查，使学生贴近社会、贴近企业，了解企业履行社会责任的现状，以增加学生的感性认识；与企业人力资源管理者座谈，参加人力资源协会活动，了解企业实践；聘请相关单位的人力资源主管进行专题演讲、座谈、答疑、研讨等针对性的实践活动，保持学生与社会专业人士之间交流，参与企业社会责任、人力资源方面调查，通过调查问卷、调查方案的设计、调查报告的撰写，培训学生的动手能力。通过这些活动，使学生对人力资源管理工作的基本情况有直观的了解，使其真正认识到学习这门课程的重要性，提高学生的学习兴趣，从而为课堂学习奠定必要的基础，也可以弥补实验室实习中的直观感觉不足。

四、结语

企业对员工关系管理的关注对企业人力资源管理工作正产生越来越重要的指导意义，员工关系管理对员工责任、员工士气和雇用品牌等人力资源管理的重要任务——人才的吸引、保有、激励等人才管理的内容密不可分。具体讲，员工关系管理涉及人力资源管理的诸多方面，例如员工健康管理、劳动保护、公平收入、员工解雇和聘用等内容。企业人力资源管理人员是企业CSR战略的执行者，HR人员需要积极参与到创建企业社会责任的各项活动中，进行超出以往事务性操作工作更大的责任，需要将和谐员工关系理念融入人力资源管理工作中，使人力资源管理的各项活动与企业社会责任战略保持一致，并落实到人力资源管理的各项工作中。员工关系管理需要在课程中进行渗透，大学应该肩负起给将要从事管理工作的学生灌输理念的任务，提升学生的责任意识和使命感。

创新型企业高管团队跨界行为对团队创造力的影响

——团队自反的调节效应

荣鹏飞 王 超 张 岚[①]

摘 要

在文献梳理基础上提出创新型企业高管团队跨界行为、团队自反与团队创造力关系的系列研究假设，通过问卷调查收集研究数据，利用42家创新型企业高管团队的498份有效问卷，采用多元回归分析方法验证研究假设，结果表明：创新型企业高管团队跨界行为对团队创造力呈现出先正向影响后负向影响的倒U形曲线关系，团队自反在创新型企业高管团队跨界行为与团队创造力间具有调节效应，即在跨界行为正向影响创新型企业高管团队创造力的过程中，团队任务自反能够强化创新型企业高管团队跨界行为对团队创造力的正向影响，而在跨界行为负向影响创新型企业高管团队创造力的过程中，团队情感自反能够弱化创新型企业高管团队跨界行为对团队创造力的负向

① 作者简介：荣鹏飞，博士后，副教授，硕士生导师，研究方向为高管团队、企业创新管理。
王超，上海师范大学哲学与法政学院硕士生，研究方向为组织行为。
张岚，上海师范大学商学院副教授，硕士生导师，研究方向为组织行为。
基金项目"教育部人文社会科学研究青年基金项目（20YJC630117）"；上海市哲学社会科学规划一般项目（2019BGL025）；上海师范大学"城市基层治理法治化与精细化"工作坊资助。

影响。

关键词：创新型企业；高管团队跨界行为；团队创造力；团队任务自反；团队情感自反

创新型企业是拥有自主知识产权和知名品牌、具有较强竞争力、依靠创新获取市场竞争优势和持续发展的企业[1]，创新型企业高管团队是创新型企业高层经理的相关小群体，由创新型企业的CEO、总经理、副总经理及直接向他们汇报工作的高级经理组成。在复杂多变的经营环境中，创新型企业要培养持续创新能力，保持竞争优势，需要充分利用并广泛吸收、借鉴企业内外部各种资源。尤其是对于创新型企业的高管团队而言，仅依靠团队内部的知识和资源并不足以使高管团队有效应对环境变化，因此在团队运行过程中获取外部资源是高管团队面临的重要任务[2]。为此，创新型企业高管团队必须和外部行为主体建立关系并不断进行团队互动。团队跨界行为就是创新型企业高管团队为实现团队任务目标所采取的、与各外部主体建立关系并保持互动的行为[3]。就团队跨界行为而言，以往学者们主要从学习视角、协调视角和网络视角探究团队跨界行为的前因、维度和效能[4]。例如，徐建中和曲小瑜（2014）从团队学习视角将团队跨界行为划分为使节行为、协调行为和侦测行为三个维度，研究了跨界行为、知识交易和团队创造力的关系[5]；Lee和Sawang（2016）基于团队协调视角考察了建筑工程项目团队的跨界行为[6]；Taheri和Geenhuizen（2016）从网络视角探究了高校团队的跨界行为和跨界

① 王玉梅，蒋启凯：《创新型企业成长研究现状综述》，《劳动保障世界》，2018年第8期：第74页。

② Ancona D G, Caldwell D F. Demography and design: Predictors of new product team performance. Organization Science, 1992年第3卷第3期：第321—341页。

③ Choi J M. External activities and team effectiveness: Review and theoretical development. Small Group Research, 2002年第33卷第2期：第181—208页。

④ 薛会娟：《国外团队跨界行为研究回顾与展望》，《外国经济与管理》2010年第32卷第9期：第10—15页。

⑤ 徐建中，曲小瑜：《团队跨界行为、知识交易与团队创造力关系研究——基于装备制造企业的实证分析》，《科学学与科学技术管理》2014年第35卷第7期：第151—161页。

⑥ Lee S, Sawang S. Unpacking the impact of attachment to project teams on boundary-spanning behaviors. International Journal of Project Management, 2016年第34卷第3期：第444—451页。

能力①。此类研究均以一般工作团队为对象,忽略了不同类型团队的跨界行为在动机、内容和效果上的差异性,且鲜有涉及对企业高管团队跨界行为的研究,尤其是缺乏对跨界行为如何影响创新型企业高管团队内部运行过程的探讨,致使团队跨界行为能否以及如何影响创新型企业高管团队创造力的问题悬而未决。

团队创造力是团队成员提出新颖且实用的想法的能力②。创新型企业高管团队创造力是创新型企业高管团队成员对企业管理实践和战略决策等进行创造性思维,提出创新思想或发表创新观点及看法的能力,以推动企业实现创新发展。在现代企业经营管理过程中,创新型企业高管团队担负着把握市场变化、制定执行战略决策、加强创新型企业内部管理、引领企业持续健康发展的重要使命③;由于创新型企业高管团队的决策过程需要整合利用企业内外部资源,且大多包含风险性和不确定性,因此与一般工作团队相比,创新型企业高管团队的团队成员需要具有创新意识,能够更加积极主动地与内外部主体建立紧密关系,以便于获取知识、资源和信息,创造性地提出解决问题的新思路和新方法,推动创新型企业实现创新发展④。创造力是高管团队必须具备的重要特质,已有研究主要关注家长式领导⑤-⑥、战略型领导⑦和变革型领导⑧对高管团队创造力的

---

① Taheri M, Geenhuizen M. Teams' boundary-spanning capacity at university: Performance of technology projects in commercialization. Technological Forecasting and Social Change, 2016年第111卷第10期: 第31—43页。

② Shin S J, Zhou J. When is educational specialization heterogeneity related to creativity in research and development teams? Transformational leadership as a moderator. *Journal of Applied Psychology*, 2007年第92卷第6期: 第1709—1721页。

③ 荣鹏飞, 葛玉辉:《科技型企业高管团队决策绩效评价的ELMAN神经网络模型研究》,《现代情报》2014年第34卷第3期: 第110—114页。

④ Rong P F, Li C Y, Xie J Q. Learning, trust, and creativity in top management teams: Team reflexivity as a moderator. Social Behavior and Personality: An international journal, 2019年第47卷第5期。

⑤ 陈璐, 高昂, 杨百寅, 井润田:《家长式领导对高层管理团队成员创造力的作用机制研究》,《管理学报》2013年第10卷第6期: 第831—838页。

⑥ 常涛, 刘智强, 景保峰:《家长式领导与团队创造力: 基于三元理论的新发现》,《研究与发展管理》2016年第28卷第1期: 第62—72页。

⑦ 陈璐, 杨百寅, 井润田:《战略型领导与高管团队成员创造力: 基于高科技企业的实证分析》,《管理评论》2015年第27卷第3期: 第142—152页。

⑧ 陈璐, 柏帅皎, 王月梅:《CEO变革型领导与高管团队创造力: 一个被调节的中介模型》,《南开管理评论》2016年第19卷第2期: 第63—74页。

影响，尚未揭示其他前因变量的作用机制。尽管科学的领导行为能够激发团队创造力[①]，但在强调协作与效率的创新型企业高管团队运行过程中，激发团队创造力既需要创新型企业高管团队内外部资源、知识和信息的输入，又需要创新型企业高管团队成员相互学习，彼此经验分享，为改善现状勇于针对决策问题提出建设性意见和创新性思路[②]。由此可见，通过团队跨界行为与外部主体建立关系并获取外部资源、知识和信息，对于激发创新型企业高管团队创造力具有重要作用。此外，也有学者研究发现，尽管团队跨界行为有助于获取外部资源，但也会增加团队成员的角色负担，引起团队成员焦虑、沮丧，对团队产生不满情绪，甚至阻碍团队任务的完成，对团队生存能力产生负向影响[③]。因此，在开展跨界行为过程中通过公开的团队自反，调适、更新或重构创新型企业高管团队内部运行机制，使团队成员能够协调有序地开展跨界行为，以减轻角色负担，提升团队创造力，显得尤为重要。

团队自反的概念最早由 West 于 1996 年提出，用于描述团队成员根据环境变化做出适应性调整和处理团队内部情感冲突的能力。荣鹏飞（2015）和刘喜怀等（2016）将团队自反划分为团队任务自反和团队情感自反两个维度分别加以研究，其中团队任务自反是团队成员对团队目标、策略和工作程序进行公开反思，进而使其适应当前或预期环境变化的程度[④]；团队情感自反是团队成员处理情感冲突的能力，彼此互相关爱、关注成员个人成长以及成员幸福感的程度[⑤]。已有研究发现，团队自反不但能够直接影响组织绩效，而且在真实型领导与团

① Rosing K, Frese M, Bausch A. Explaining the heterogeneity of the leadership-innovation relationship: Ambidextrous leadership. Leadership Quarterly, 2011 年第 22 卷第 5 期：第 956—974 页。

② 梁建，唐京：《员工合理化建议的多层次分析：来自本土连锁超市的证据》，《南开管理评论》，2009 年第 12 卷第 3 期：第 125—134 页。

③ Marrone J A, Tesluk P E, and Carson J B. A multilevel investigation of antecedents and consequences of team member boundary-spanning behavior. Academy of Management Journal, 2007 年第 50 卷第 6 期：第 1423—1439 页。

④ 刘喜怀，葛玉辉，赵丙艳：《TMT团队过程、团队自反性对决策绩效的影响》，《管理评论》2016 年第 28 卷第 1 期：第 130—140 页。

⑤ 荣鹏飞：《科技型企业高管团队自反性、行为整合与企业创新绩效关系研究》，《研究与发展管理》2015 年第 27 卷第 5 期：第 147—158 页。

队绩效间发挥中介作用[20]，在团队学习与团队信任间发挥调节效应[11]。尤其是在高管团队运行过程中，团队成员就团队任务、目标等进行公开的团队自反，既有助于明确团队运行方向，统一高管团队成员的思想认识，又有助于团队成员积极面对各种矛盾和问题寻找解决办法[19]。因此，在创新型企业高管团队跨界行为过程中开展团队自反性行为，将有助于高管团队成员寻找减轻角色负担的有效方法，并采取措施，确保高管团队跨界行为顺利开展。基于此，本研究在团队运行层面上探究创新型企业高管团队跨界行为对团队创造力的影响，同时关注团队自反的调节效应，以期揭示创新型企业高管团队跨界行为、团队自反与团队创造力间的内在关系，拓展团队跨界行为理论研究空间，弥补对团队创造力前因变量研究的不足，使其能够更加有效地指导创新型企业高管团队跨界行为和团队创造力实践。

一、理论分析与研究假设

（一）创新型企业高管团队跨界行为对团队创造力的影响

为满足自身发展要求，团队需要通过跨界行为与外部环境中的各利益相关主体建立联系并开展管理互动过程①。跨界行为的实质就是团队与外部主体间的行为交互和资源交换，Ancona 和 Caldwell（1992）将新产品开发团队的跨界行为划分为使节行为、任务协调和侦测行为三个维度，并被学者们广泛使用②。其中，使节行为反映团队为获取外部支持、免受外部干扰或是提高能力结构而向外部高级管理者或参谋人员开展的纵向沟通行为；任务协调是团队为强化工作流结构，弥补组织系统缺陷而与外部平行单元保持密切关系，或与外部人士协调和讨论问题、获取外部反馈信息等横向沟通行为；侦测行为是为了优化团队

---

① Ancona D G. Outwardbound: Strategies for team survival in an organization. The Academy of Management Journal, 1990 年第 33 卷第 2 期：第 334—365 页。
② Ancona D G, Caldwell D F. Bridging the boundary: External activity and performance in organizational teams. Administrative Science Quarterly, 1992 年第 37 卷第 4 期：第 634—665 页。

信息结构、巩固知识基础而开展的，包括密切关注竞争对手动向、搜集技术信息与创意等在内的市场搜寻行为。张大力和葛玉辉（2016）研究发现，高管团队跨界行为的特有内涵是以建立、维护和应用企业外部关系为主要内容的关系管理[①]。对于创新型企业高管团队而言，激发团队创造力，保持决策工作有效性，既需要高管团队成员在制定、执行企业战略决策过程中，通过使节行为寻求外部专家智囊的支持和指导，借助于"外脑"提供的专门知识，有效规避决策风险，降低外部环境中的不确定性对创新型企业经营管理过程的消极影响，又需要通过任务协调与供应商、客户、投资者和债权人等利益相关者加强沟通联系，寻求积极的外部信息反馈，确保实现团队任务目标。此外，根据信息搜寻理论，为准确掌握竞争对手的竞争战略，或是处理专业性较强的决策问题，高管团队也需要通过侦测行为及时了解市场竞争状况，广泛搜集与创新型企业战略决策相关的技术信息，寻求突破性创新。例如，闫帅等（2019）研究发现，使节行为有助于高管团队获得董事会、投资人等对企业商业模式创新计划的认同，从而获得资源支持，任务协调可以通过横向沟通使商业模式创新过程运行良好，侦测行为则有助于精准捕捉市场机会和环境信息，提高商业模式创新成功率[②]。

　　尽管跨界行为能够帮助创新型企业高管团队从外部获取多样化的知识、资源和信息，促进高管团队成员进行创造性思维，激发团队创造力，但跨界行为是发生在多个层次上的复杂现象，随着跨界活动的增加，跨界行为本身会变得极具挑战性，需要消耗创新型企业高管团队成员大量的时间和精力，分散高管团队注意力，特别是当任务要求超过所能获取的资源时，团队成员往往会感知到较大的角色压力，导致团队成员沮丧、焦虑和对团队工作不满，从而使创新型企业高管团队决策效率低下，决策质量和决策工作满意度降低，团队任务也无法正常完成[18]。首先，为了获取更多外部资源，持续开展跨界行为需要创新

---

① 张大力，葛玉辉：《高管团队跨界行为与企业创新绩效关系：基于团队学习的视角》，《系统管理学报》2016年第25卷第2期：第235—245页。
② 闫帅，胡保亮，汝醒君：《高管团队跨界行为对商业模式创新的影响：创业导向的中介作用》，《科技进步与对策》，2019年第36卷第13期：第105—111页。

型企业高管团队充分利用各种社会关系，通过多种渠道与外部主体建立更加复杂的人际关系网络，这需要创新型企业高管团队成员投入大量时间和精力用于社会公关和社会服务工作，从而使其很难集中精力关注团队内部决策过程；其次，维护社会关系网络，协调和处理与外部主体间的复杂社会关系，既要占用创新型企业高管团队成员较多时间、精力，又会转移创新型企业高管团队成员关注的焦点，使其工作重心由高管团队内部转向高管团队外部[①]；最后，从复杂的社会关系网络中搜集、获取和甄别对决策工作有用的资源和信息是一项艰巨的任务[②]，尤其是在大数据背景下面对海量决策信息，如何通过侦测行为识别对决策工作有用的信息并充分加以利用，具有较大挑战性，在此过程中创新型企业高管团队成员往往会因为专业背景不同和价值观念差异等对决策信息产生认知偏差，使团队陷入无休止的激辩过程，降低团队效能。

由此，本研究提出以下假设：

假设1：创新型企业高管团队跨界行为对团队创造力呈现出先正向影响后负向影响的倒U形曲线关系。

（二）团队自反在创新型企业高管团队跨界行为与团队创造力间的调节

以往研究表明，团队自反作为一种能够对环境变化做出快速反应的有效机制，有助于在高管团队内部强化公开、有效的信息沟通，并通过对团队沟通的积极作用间接影响组织绩效[20]；Rong等（2019）研究发现团队自反是调节高管团队内部人际关系冲突和组织绩效间关系的重要变量[11]。对于创新型企业高管团队而言，在开展跨界行为过程中只有实现团队内、外部活动的协调与平衡才可能取得最优绩效，也只有当团队成员协调有序地参与跨界活动时，高管团队

---

① 刘松博、李育辉：《员工跨界行为的作用机制：网络中心性和集体主义的作用》，《心理学报》2014年第46卷第6期：第852—863页。

② Zheng G Y, Zhu L, Liu C, and Chen Y. TMT social capital, network position and innovation: The nature of micro-macro links. *Frontiers of Business Research in China*, 2019年第13卷第3页。

才能够从外部获取更多资源支持，从而减轻团队成员的角色负担，顺利完成团队任务，提高团队绩效和团队生存能力[4]。为此，创新型企业高管团队需要通过积极的团队任务自反和团队情感自反及时协调团队内外部各种社会关系，妥善处理团队所面临的内外部压力，并根据环境变化快速做出适应性调整，确保团队工作协调、有序。

1. 团队任务自反的调节

由于团队任务自反鼓励创新型企业高管团队成员对战略制定和战略实施过程中遇到的问题进行公开反思，发现和认识更多新问题，形成不同观点并进行公开讨论，因此有助于创新型企业高管团队成员相互理解对方观点，在决策进程中考虑对方立场，从团队合作大局出发维护创新型企业高管团队的整体利益。在开展跨界行为过程中，面对复杂的社会关系网络和多样化的决策信息，创新型企业高管团队成员往往会形成不同意见，尽管认知异质性能够为创新型企业高管团队在战略决策中发现机会和危险提供不同视角，有助于高管团队提出更多问题解决方案，但意见相左也会使高管团队成员对决策问题的看法僵持不下，使团队决策进程放缓①。而具有高度团队任务自反的创新型企业高管团队可以通过对团队目标、策略和程序的公开反思，及时查找、发现和解决妨碍团队高效率运行的团队成员认知偏差问题，进一步明确团队使命和努力的方向，帮助创新型企业高管团队成员理顺复杂的社会网络关系，使跨界行为中的使节行为更具目标导向性，并维护团队决策运行过程的规范化和协调性，以便于促进创新型企业高管团队成员的创造性思维，提升团队决策效率。此外，信息加工理论认为，认知过程就是对信息的加工处理过程，涉及如何注意、选择和接收信息，对信息进行编码、内在化和组织，以及如何利用这些信息做出决策和指导社会行为等②。根据信息加工理论，团队任务自反既是创新型企业高管团队成员在决

① Carmen C O, Joaquín G C, Elena S G. The influence of top management team conflict on firm innovativeness. Group Decision and Negotiation, 2015年第24卷第6期：第957—980页。
② Tohidi H, Namdari A, Keyser T K, Drzymalski J. Information sharing systems and teamwork between sub-teams: A mathematical modeling perspective. Journal of Industrial Engineering International, 2017年第13卷第4期：第513—520页。

策中产生动机去识别、讨论、减少错误和认知偏差的主要原因，又是创新型企业高管团队成员积极主动的信息加工方式。在高度团队自反的调节下，创新型企业高管团队的侦测行为也会根据团队使命和目标灵活调整，确保搜集到的信息资料符合团队决策需要，满足高管团队成员在制定创新决策时对多样化信息搜集、检索，进而实现有效加工的迫切要求，为其提供创新决策导向，以便于协调创新型企业高管团队应对企业内外部环境变化的复杂性[①]。由此，本研究提出以下假设：

假设2：在跨界行为正向影响创新型企业高管团队创造力的过程中，团队任务自反能够强化创新型企业高管团队跨界行为对团队创造力的正向影响。

2. 团队情感自反的调节

Dreu 和 Carsten（2010）研究发现，具有高度情感自反的团队轻易不会将团队成员的建设性观点看作挑衅，而是更倾向于将这种不同意见视为团队成员发自内心的真诚观点，这种观点没有幕后动机支撑，或者是针对个人的蓄意攻击，因此在高度情感自反的团队中，团队成员更愿意接受和自己不同的观点，彼此坦诚相待[②]。角色理论认为，当外部角色期望与自身角色构想使团队成员无法完成既定团队目标时，团队成员就会感觉到明显的角色压力，尤其是当跨界活动中能获取的外部资源不足且团队成员能力有限时，更容易产生角色负担[③]。随着跨界活动的持续开展，创新型企业需要高管团队能够获取更多的外部资源，从而使团队成员的角色负担加重，由此引发的焦虑和沮丧等负面情绪也会给创新型企业高管团队的决策运行过程带来消极影响[18]。而在高度情感自反的调节下，出于对创新型企业战略决策所承担的责任和风险，高管团队成员更倾向于摒弃个人偏见，注重加强团队合作，积极参与创新型企业战略决策运行过程，充分发挥高管团队整体认知异质性功效，勇于发表不同见解，共同为提高决策

---

① Shin Y, Kim M, Lee S H. Reflection toward creativity: Team reflexivity as a linking mechanism between team goal orientation and team creative performance. Journal of Business and Psychology, 2017年第32卷第6期：第655—671页。

② De Dreu, Carsten K W. Team innovation and team effectiveness: The importance of minority dissent and reflexivity. European Journal of Work and Organizational Psychology, 2010年第11卷第3期：第285—298页。

③ 樊骅，刘益，韩冰：《角色压力与共享领导力对跨界员工创造力的作用研究》，《软科学》2015年第29卷第12期：第77—81页。

质量和决策工作满意度群策群力，贡献集体智慧[①]。由此可见，高度情感自反有助于创新型企业高管团队在开展跨界行为时理顺复杂社会网络中的人际关系，妥善处理跨界行为中的社会关系维护、外部资源获取和团队内部决策运行间的内在关系，将创新型企业高管团队注意力由处理各种人际关系问题转向关注于团队内部决策运行上来，从而减轻或消除团队成员的角色负担，以及由此引发的各种负面情绪对创新型企业高管团队决策运行的消极影响，使创新型企业高管团队成员相互理解和尊重，彼此关爱，共同致力于攻克决策难题，实现创新型企业的创新式发展。由此，本研究提出以下假设：

假设3：在跨界行为负向影响创新型企业高管团队创造力的过程中，团队情感自反能够弱化创新型企业高管团队跨界行为对团队创造力的负向影响。

二、研究设计

（一）样本与数据

本文采用问卷调查法收集数据，调查问卷经小规模预调确保无误后进行正式调查。为保证问卷回收率，正式调查以长三角地区创新型企业高管团队为对象，通过在上海高校攻读MBA或EMBA学位且担任创新型企业高管的学员进行，并通过受试学员请其所在单位的其他高管团队成员填写问卷，然后统一回收。通过该方式，本文研究累计发放问卷638份，回收514份，共获得44家创新型企业高管团队的基本信息、跨界行为、团队自反和团队创造力等数据，剔除填错、漏填等无效问卷后，有效问卷回收率为78.06%，涉及42家创新型企业高管团队，团队规模平均12人。在498位创新型企业高管团队成员中，男性占61.45%，女性占38.55%；年龄在30至40岁者占20.28%，41至50岁者占43.78%，50岁以上者占35.94%；大专及以下学历者占16.06%，本科学历者占43.78%，硕士及以上学历者占40.16%；担任高管任期3年以下者占10.64%，3

[①] 杨卫忠，葛玉辉：《TMT认知异质性、自反性对决策绩效的影响——基于中国企业的实证研究》，《预测》2012年第31卷第2期：第23—30页。

至5年者占22.69%，6至10年者占37.55%，10年以上者占29.12%。

（二）变量测量

为确保信、效度，各变量均参照已有研究，采用国内外广泛使用的成熟量表设计调查问卷，按照Likert 5点量表计分，从1到5分别代表从"非常不同意"到"非常同意"，且分值越大，说明题项所代表的情况越强或越高。

1. 创新型企业高管团队跨界行为

参照闫帅等（2019）[24]的研究，本文借鉴使用Ancona和Caldwell（1992）[22]开发的团队跨界行为量表，包括使节行为、任务协调和侦测行为三个维度，每个维度包含3个测量题项，示例题项如："创新型企业高管团队经常向董事会、外部智囊和政府管理部门等汇报工作进展"。利用问卷调查数据对跨界行为三因子结构进行CFA分析后发现，9个题项在其对应因子上的标准化载荷均大于0.6（$p < 0.001$）。此外，通过CFA检验比较创新型企业高管团队跨界行为三因子模型与单因子和双因子模型适配度，结果发现三因子模型拟合效果最好（$\chi2/df$=2.53，$p < 0.001$，RMR=0.01，GFI=0.91，IFI=0.93，CFI=0.95，RMSEA=0.06），各维度Cronbach's α值分别为0.83、0.82、0.80，说明使节行为、任务协调和侦测行为代表创新型企业高管团队跨界行为变量不同构念，具有辨别效度。

2. 团队自反

本文采用刘喜怀等（2016）[19]使用的团队自反量表，包括团队任务自反和团队情感自反两个维度，每个维度包含3个测量题项，示例题项如："创新型企业高管团队经常在一起审视团队目标"。利用问卷调查数据对团队自反双因子结构进行CFA分析后发现，6个题项在其对应因子上的标准化载荷均大于0.6（$p < 0.001$）。此外，通过CFA检验比较团队自反双因子模型与单因子模型适配度，结果发现双因子模型拟合效果更好（$\chi2/df$=2.65，$p < 0.001$，RMR=0.02，GFI=0.94，IFI=0.91，CFI=0.94，RMSEA=0.07），各维度Cronbach's α值分别为0.82、0.84，说明团队任务自反和团队情感自反代表团队自反变量不同构念，具有辨别效度。

3. 团队创造力

本文采用Shin和Zhou（2007）[9]使用的团队创造力量表，包括4个测量题项，示例题项如："创新型企业高管团队成员经常产生新主意和新想法"。利用问卷调查数据对团队创造力进行CFA分析后发现，4个题项的标准化因子载荷均大于0.6（$p < 0.001$），且团队创造力模型的总体拟合情况良好（$\chi2/df$=2.28，$p < 0.001$，RMR=0.04，GFI=0.91，IFI=0.93，CFI=0.90，RMSEA=0.06），说明团队创造力各题项代表不同构念，具有辨别效度。

4. 控制变量

以往研究表明，高管团队成员的性别、年龄、任期和教育程度会影响创新型企业高管团队运行过程[①]，因此本文把创新型企业高管团队上述人口特征变量作为控制变量，并通过问卷调查获取研究数据。

三、数据分析与结果

（一）共同方法偏差分析

由于自变量和因变量数据均由被调查者提供，且可能会存在社会期许问题，因此为降低共同方法偏差对数据统计结果的影响，本文的调查问卷被设计成反向题项，以减轻被试在答题时的主观随意性；采取匿名调查并将测量题项随机放置，以消除被试的自我防卫意识；同时使用心理间隔法减轻被试受社会期许的影响。此外，本文采用Harman单因素法检验共同方法偏差对研究结果的影响，通过因子分析后发现特征值最大的因子累计方差解释率只有22.47%，且不同维度上的测量条目间无交叉，表明共同方法偏差影响研究结果的可能性较小。

（二）数据聚合检验

本文需要将来自个体评价的创新型企业高管团队跨界行为、团队自反和团

---

① 钟熙，宋铁波，陈伟宏，翁艺敏：《CEO任期、高管团队特征与战略变革》，《外国经济与管理》2019年第41卷第6期：第3—16页。

295

创新型企业高管团队跨界行为对团队创造力的影响

队创造力数据聚合至团队层面。经检验，创新型企业高管团队跨界行为的Rwg指标中位数是0.94（均值为0.92），团队自反的Rwg指标中位数是0.92（均值为0.91），团队创造力的Rwg指标中位数是0.95（均值为0.92），显示组内成员对创新型企业高管团队跨界行为、团队自反和团队创造力的评价均具有较高一致性。创新型企业高管团队跨界行为ICC（1）和ICC（2）的值分别为0.22、0.67，团队任务自反ICC（1）和ICC（2）的值分别为0.23、0.66，团队情感自反ICC（1）和ICC（2）的值分别为0.21、0.63，团队创造力ICC（1）和ICC（2）的值分别为0.21、0.64，均高于阈值。因此，本研究可以将个体变量数据聚合至团队层面。

（三）描述性统计分析

主要变量的描述性统计结果见表1。其中，创新型企业高管团队跨界行为与团队任务自反显著正相关（$r=0.31$，$p<0.01$），与团队情感自反显著正相关（$r=0.23$，$p<0.05$），与团队创造力显著正相关（$r=0.36$，$p<0.01$），为检验研究假设提供初步支持。

表1　描述性统计与相关系数（$N=42$）

	1	2	3	4	5	6	7	8
1 性别								
2 年龄	0.03							
3 任期	−0.06	0.10						
4 教育程度	0.08	−0.11	0.03					
5 创新型企业高管团队跨界行为	0.05	0.12*	0.06	0.10				
6 团队任务自反	−0.10	0.07	0.11*	0.04	0.31**			
7 团队情感自反	−0.07	0.05	0.04	0.09	0.23*	0.26**		
8 团队创造力	0.09	−0.11*	−0.08	0.12*	0.36**	0.40***	0.33***	
均值	1.05	3.13	3.28	3.05	3.34	3.58	3.44	3.61
标准差	0.26	0.70	1.12	1.31	0.86	1.12	1.27	1.45

注：* 表示 $p<0.05$，** 表示 $p<0.01$，*** 表示 $p<0.001$，下同。

（四）假设检验

本文通过多元回归分析验证研究假设，并在多元回归分析前对主要变量进行中心化处理，以消除变量间多重共线性；同时参照戴万亮等（2016）的调节效应检验方法[①]，检验团队自反的调节效应。假设检验结果如表2所示。

模型1检验性别、年龄等控制变量对团队创造力的影响，结果不显著；在模型1的基础上，模型2考察"创新型企业高管团队跨界行为"的影响，结果表明创新型企业高管团队跨界行为显著正向影响团队创造力（$r=0.35$，$p<0.001$）；模型3进一步考察"创新型企业高管团队跨界行为的平方"的影响，结果表明创新型企业高管团队跨界行为的平方显著负向影响团队创造力（$r=-0.26$，$p<0.01$），因此假设1获得支持。

在模型2和模型4的基础上，模型6考察"团队任务自反"的调节效应，结果表明团队任务自反与创新型企业高管团队跨界行为的乘积显著正向影响团队创造力（$r=0.23$，$p<0.01$），且创新型企业高管团队跨界行为与团队任务自反的调节效应系数和为0.49，明显高于不存在调节效应时的0.35，因此假设2获得支持，团队任务自反对创新型企业高管团队跨界行为与团队创造力关系的调节效应曲线如图1所示，即在跨界行为正向影响创新型企业高管团队创造力的过程中，团队任务自反程度越高，创新型企业高管团队跨界行为对团队创造力的正向影响越大，反之则创新型企业高管团队跨界行为对团队创造力的正向影响越小。

在模型3和模型5的基础上，模型7考察团队情感自反的调节效应，结果表明团队情感自反与创新型企业高管团队跨界行为的平方的乘积显著正向影响团队创造力（$r=0.19$，$p<0.05$），且创新型企业高管团队跨界行为的平方与团队情感自反的调节效应系数和为-0.03，明显高于不存在调节效应时的-0.26，因此假设3获得支持，团队情感自反对创新型企业高管团队跨界行为与团队创造力关系的调节效应曲线如图2所示，即在跨界行为负向影响创新型企业高管团队创造力的过程中，

---

① 戴万亮，杨皎平，李庆满：《和气生财？内部社会资本对团队成员创造力的倒U型影响》，《科学学与科学技术管理》2016年第37卷第10期：第142—152页。

表 2 回归分析结果

变 量	团队创造力						
	模型 1	模型 2	模型 3	模型 4	模型 5	模型 6	模型 7
控制变量							
性别	0.03	0.06	0.02	0.03	0.04	0.02	0.01
年龄	-0.02	-0.03	0.04	-0.01	-0.02	-0.05	0.02
任期	-0.03	-0.02	-0.05	0.02	-0.02	-0.03	-0.01
教育程度	0.04	0.04	0.01	0.03	0.01	0.02	0.04
自变量							
创新型企业高管团队跨界行为		0.35***	0.29**			0.26**	0.21**
创新型企业高管团队跨界行为的平方			-0.26**				-0.22**
调节变量							
团队任务自反				0.33***	0.30**	0.27**	
团队情感自反							0.24**
乘积项							
团队任务自反 × 创新型企业高管团队跨界行为						0.23**	
团队情感自反 × 创新型企业高管团队跨界行为的平方							0.19*
R^2	0.13	0.24	0.25	0.11	0.17	0.25	0.27
ΔR^2	0.08	0.13	0.12	0.05	0.12	0.13	0.15
F	2.23	2.30	2.77	2.26	2.69	3.17	3.09

团队情感自反程度越高，创新型企业高管团队跨界行为对团队创造力的负向影响越小，反之则创新型企业高管团队跨界行为对团队创造力的负向影响越大。

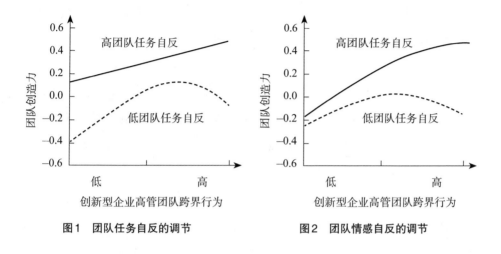

图1　团队任务自反的调节　　　　　图2　团队情感自反的调节

四、结论与讨论

（一）研究结论

本文通过对42家创新型企业高管团队，共498位高管团队成员的实证研究发现，创新型企业高管团队跨界行为对团队创造力呈现出先正向影响后负向影响的倒U型曲线关系，且团队自反在创新型企业高管团队跨界行为与团队创造力间具有调节效应，即在跨界行为正向影响创新型企业高管团队创造力的过程中，团队任务自反能够强化创新型企业高管团队跨界行为对团队创造力的正向影响；而在跨界行为负向影响创新型企业高管团队创造力的过程中，团队情感自反能够弱化创新型企业高管团队跨界行为对团队创造力的负向影响。

（二）理论价值

首先，通过深入探讨创新型企业高管团队跨界行为内涵，探究其对团队创造力的影响。创造力是创新型企业高管团队集体智慧的结晶，已有文献仅关注具有不同领导风格的团队领袖对高管团队创造力的影响，而对创新型企业高管团队自身如何培养和维持团队创造力尚未给出明确阐释。本文从使节行为、任务协调和侦测行为三个维度，探究了创新型企业高管团队跨界行为与团队创造力间的倒U形曲线关系，从团队过程视角揭示了产生创新型企业高管团队创造力的动力来源及其内在的作用规律，推进了创新型企业高管团队跨界行为与团队创造力关系的探讨。

其次，通过深入分析团队自反的调节效应，识别创新型企业高管团队跨界行为影响团队创造力的关键情境要素。尽管Rong等（2019）[11]和刘喜怀（2017）①均对团队自反的调节效应做了相关探讨，但上述研究均未能揭示团队自反作为情境要素，是否在创新型企业高管团队跨界行为影响团队创造力的过程中具有调节作用。本文发现，在创新型企业高管团队开展跨界行为过程中，高管团队如能就团队任务、目标等的完成情况进行公开的团队自反，将有助于调节创新型企业高管团队跨界行为影响团队创造力的倒U形曲线关系，从而丰富了创新型企业高管团队内部运行过程的理论内涵。

最后，通过系统剖析团队自反的调节效应，揭示了团队任务自反和团队情感自反在创新型企业高管团队跨界行为与团队创造力间的具体调节作用。本文研究结果表明，在跨界行为正向影响创新型企业高管团队创造力的过程中，团队任务自反能够强化该影响过程，而在跨界行为负向影响创新型企业高管团队创造力的过程中，团队情感自反能够弱化该影响过程，进一步验证了Shin和Zhou（1992）[9]与杨卫忠和葛玉辉（2012）[32]的观点，说明团队任务自反和团队情感自反在不同管理情境下均具有显著调节作用，推进了对团队自反发挥积极效应的边界条件的理解和对创新型企业高管团队跨界行为影响团队创造力关键情境的认识。

（三）管理启示

首先，对于创新型企业高管团队而言，怎样团结性别、年龄、任期和教育

---

① 刘喜怀：《新常态下TMT外部团队过程对战略决策绩效的影响——团队自反的调节作用》，《系统工程》2017年第35卷第1期：第38—45页。

程度不同的高管团队成员，妥善处理团队内外部关系，激发团队创造力，是非常棘手的问题。本文研究结果表明，适度的创新型企业高管团队跨界行为对于营造良好的外部环境、获取外部资源，提升团队创造力具有一定贡献。在经营环境复杂多变、市场竞争日益激烈的背景下，创新型企业高管团队应充分发挥不同团队成员特长，注重通过使节行为、任务协调和侦测行为与团队外部的投资者、债权人、客户和供应商等建立良好的合作关系，积极获取各种有效的外部资源，在创新型企业高管团队内部产生知识和信息的流动，形成不同观点的激荡，促进创意产生，从而提升创新型企业高管团队成员的创造性思维能力，提高团队创造力水平。

其次，由于创新型企业高管团队跨界行为也会使团队成员产生焦虑、沮丧等负面情绪，造成团队角色负担，给创新型企业高管团队内部决策运行带来不利影响，因此创新型企业高管团队应妥善处理团队内外部关系，根据使节行为、任务协调和侦测行为的具体情况采取适当控制措施，防止创新型企业高管团队成员跨界行为过度或产生无效的跨界行为，分散高管团队在内部决策运行方面的注意力，使创新型企业高管团队能够建立起内外部协调机制，妥善处理团队内外部各种社会关系，规避角色负担，确保创新型企业高管团队富有创新活力和快速、高效运行。

最后，创新型企业高管团队应特别关注跨界行为过程中团队任务自反和团队情感自反情境要素的调节效应，在高管团队成员开展使节行为、任务协调和侦测行为过程中，开展积极的团队任务自反和团队情感自反，就创新型企业高管团队任务目标的设置和完成情况，以及创新型企业高管团队内部决策运行过程中所产生的人际关系冲突和情绪问题等进行积极的公开反思，并通过制定具体可行的行动计划，及时调整和修正团队任务目标，规范化创新型企业高管团队内外部运行过程，有效化解创新型企业高管团队成员在跨界行为过程中因为对团队任务、目标理解的不一致而产生的各种有害冲突，增强团队成员间的相互理解和信任，提高团队凝聚力和创造力，使创新型企业高管团队朝着既定的团队目标有序运行。

（四）研究局限和展望

尽管本文研究对创新型企业高管团队跨界行为、团队自反和团队创造力等领域发展做出了贡献，但也不可避免地存在一些研究局限，由此也给未来研究指明方向。

首先，中国情境下创新型企业高管团队跨界行为和团队创造力的内涵与构思有待于进一步完善。受高管团队内部过程研究不足的影响，本文沿用了西方学者对跨界行为和团队创造力的构思与测量，缺乏对我国本土环境下创新型企业高管团队跨界行为和团队创造力具体内涵的考察，尤其是在中国文化背景下，创新型企业高管团队跨界行为和团队创造力的影响因素与西方相比可能会存在较大差异，因此针对中国本土文化背景下的创新型企业高管团队跨界行为和团队创造力测量量表亟待开发。

其次，采用横截面数据反映创新型企业高管团队跨界行为、团队自反等团队过程变量的方法有待改进。尽管本文通过问卷调查的方法搜集横截面数据证实了理论研究假设的合理性，但创新型企业高管团队跨界行为对团队创造力的影响及团队自反的调节效应均是动态过程，其在不同时间点的表现可能存在差异，且本文研究仅揭示团队任务自反和团队情感自反在创新型企业高管团队跨界行为对团队创造力影响的分段式调节效应。因此未来研究有必要采用纵向研究范式，进一步动态化揭示创新型企业高管团队跨界行为影响团队创造力的内在作用机理及团队任务自反和团队情感自反对该全过程可能存在着的调节效应。

最后，仅从团队层面上对过程变量作用机制的探究缺乏对创新型企业高管团队成员个体层面作用机理分析的支撑。本文从团队层面探究了创新型企业高管团队跨界行为对团队创造力的影响和团队自反的调节效应，并未考虑创新型企业高管团队跨界行为如何通过团队成员个体层面上的心理反应对团队创造力产生影响，以及团队自反如何通过团队成员的个体行为影响整个团队运行。因此，构建分析团队层面上的创新型企业高管团队跨界行为和团队自反对团队成员个体心理和行为状态反应的跨层次影响模型是后续研究有待深化的方向。

防疫也要防"抑"

——关于后疫情时期高校大学生心理健康状况的调研

廖纮亿[①]　瞿彦哲　高卓颖　倪佳颖　谈　洁　杨心怡

摘　要

　　我们正处于一个防疫兼防"抑"的后疫情时期。本文主要探讨后疫情时期高校大学生的心理健康状况，通过问卷对194位上海师范大学的大学生进行实地调查。调研结果表明：在后疫情时期的背景下，大学生自身内部的积极心理资本普遍较高，外部感知到的社会支持则普遍较低，而大学生的积极心理健康普遍较高，消极心理健康则普遍较低。此外，积极心理资本和社会支持分别与积极心理健康呈正相关，与消极心理健康呈负相关。最后，社会支持在积极心理资本与心理健康之间起到了调节作用，会替代积极心理资本对心理健康的影响作用。调研结论可以为大学生在后疫情时期维持自身心理健康，以及推动高校心理健康教育提供参考借鉴。

　　关键词：后疫情时期；积极心理资本；社会支持；心理健康

---

① 作者简介：廖纮亿，上海师范大学哲学与法政学院讲师，研究方向为组织行为和人力资源管理。

一、引言

随着全国先后入冬，各地新增了不少本土病例，一些国民对疫情反复产生了担忧、焦虑等负面情绪，可见我们正处于一个防疫兼防"抑"的后疫情时期。另外，根据2020年世界精神卫生日的主题"弘扬抗疫精神，护佑心理健康"，并结合"构建全国青少年心理健康服务体系"的要求，正处在后疫情时期的我国，如何建立保障大学生心理健康的维护机制、培养大学生的积极心理资本、为高校对大学生的心理健康教育提供新思路，是目前义不容辞和刻不容缓的任务。综上所述，在后疫情时期防疫任务仍然重要，而大学生群体的心理健康也备受关注。本文将深入了解后疫情时期大学生的心理健康状况及其影响因素，帮助大学生在后疫情时期维持自身的心理健康，也为高校推动心理健康教育提供参考借鉴。

本文主要是在后疫情时期的背景下，对高校大学生的心理健康状况及其影响因素进行实地调研，并且达成以下调研目的：（1）了解后疫情时期大学生的心理健康状况；（2）了解后疫情时期影响大学生心理健康的关键因素；（3）探究积极心理资本、社会支持与大学生心理健康之间的关系；（4）分析不同人口背景特征的大学生，其心理健康状况是否存在差异。

本文具有以下重要的意义：第一，符合当下疫情的事实背景，丰富相关的研究成果。本次调研有助于丰富后疫情时期大学生心理健康的研究成果，并且具备实际应用价值，可将调研结论应用于实践，完善国内目前已有的大学生健康教育体系。比如，增加大学生面对社会突发状况时心理应对能力的培养内容；同时也可以为未来，高校在遭遇类似的特殊时期时，在制定更迅速完善的对策方面提供参考。第二，保障大学生的心理健康，为高校的大学生心理健康教育提供启发。对于大学生，本次调研以保障大学生心理健康为基础，帮助大学生增强辨别有可能影响自身心理健康的因素的判断能力；帮助大学生调节情绪导向，避免向心理问题发展。对于高校管理者，可借助本调研开发针对大学生的心理健康的疏导措施；帮助其密切关注大学生的心理健康状况，及时向大学生提供有关问题和相关服务的信息，开展健康宣教。

二、相关概念和相关研究

（一）积极心理资本

积极心理资本（positive psychological capital）这一概念是由Luthans等人（2004）在积极心理学和积极组织行为学的研究基础下提出的，并将其定义为"个体在成长和发展过程中表现出来的一种积极心理状态"。

Luthans、Youssef和Avolio（2007）提出了积极心理资本的四个核心维度：① 自我效能感，意指有自信去成功实现有挑战性的任务；② 乐观，意指对于已发生的事情归因积极，并且对现在和未发生的事情持态度积极；③ 韧性，意指遇到困境时，可以继续保持韧劲迅速恢复，甚至摆脱危机积极转变并成长）；④ 希望，意指通过各种方式努力实现预期目标的积极动机状态。

有关积极心理资本的相关研究，张小艳（2013）探讨积极心理品质与心理健康之间的关系，开发积极心理品质培养的干预方案，并验证干预方案的效果，对四所高校的400名大学生进行问卷调查，研究结果表明：积极心理品质的各个因子与消极心理健康的各因子之间存在显著的负相关，积极心理品质对心理健康有重要的预测作用。王良纯（2014）探讨大学生积极心理资本、社会支持与校园生活满意度的关系，对五所本科院校的433名大学生进行问卷调查，研究结果表明：大学生群体的积极心理资本和社会支持水平较高，但校园生活满意度则处于中等水平；此外，积极心理资本可以直接影响校园生活满意度，也可以通过社会支持的中介作用间接影响校园生活满意度。张阔等人（2010）开发积极心理资本问卷（PPQ），同时考察了心理资本与心理健康水平的关系，对223名大学生进行问卷调查，研究结果表明：积极心理资本问卷（PPQ）具有良好的信度和效度；积极心理资本及其子维度与个人的自尊、自我效能、内控性、正性情感、情感平衡等指标呈正相关；积极心理资本及其子维度与个人的外控性、负性情感、焦虑、抑郁、偏执、敏感等指标呈负相关。

（二）社会支持

社会支持（social support）是指个体和社会的各个方面在精神领域上以及物质领域上的联系程度，包括朋友、亲戚、同事等社会人，以及家庭、单位、党团、等社会组织。社会支持是处于一定的社会网络的个体通过与社会中的群体交流交往的方式，以使个体满足自己社会需求的程度。

社会支持主要可以体现在客观支持、主观支持和支持利用度三个方面：① 客观支持，是指实际存在的、可视化的支持，包括物质资源上的直接资助以及社会组织、社会团体的存在以及直接参与；② 主观支持，是指个体主观上感受到的体验或情感，包括个体感知到的尊重、被他人所支持所拥护、受到理解、感到满足以及愉悦等；③ 支持利用度，是指个体对于源自外部的社会支持的利用程度以及关于社会支持利用的考虑程度。另一方面，人与人之间的支持是相互作用的关系。人们在支持他人的同时，也促进了他人去给予支持。

有关社会支持的相关研究，宋绪林（2013）探讨高校大学生的生活事件和社会支持与其心理健康之间的关系，对武汉的483名在校大学生进行问卷调查，研究结果表明：大学生的生活事件和社会支持对心理健康有直接的预测作用，也会通过心理一致感的中介对心理健康产生影响。阳红（2015）探讨大学生的心理弹性过程，调查压力事件、自我差异、社会支持、积极应对方式对大学生学校适应的影响，对重庆、湖南两地的414位大学生进行问卷调查，研究结果表明：对于大学生而言，压力事件和自我差异会负向预测其学校适应，社会支持和积极应对方式会正向预测其学校适应。

（三）心理健康

心理健康（psychological health）是指在身体、智能以及在感情上与他人心理不相矛盾的领域内将个人的心境发展到最优的状态。心理健康不仅仅是指身体上没有残缺和疾病，也指在身心和社会适应能力上都处于完好状态，是面向个体的全面健康，需要综合的考量。此外，心理健康大致可以区分为消极心理健康、积极心理健康和完全心理健康三种类型：消极心理健康，是指心理障碍、心理问题的有无；积极心理健康，是指幸福感的有无、心理状态是否积极；完全心理健康，是指在身心和社会功能上都具备的一种完好状态。

有关心理健康的相关研究，苑新群（2014）探讨媒体多任务与心理健康之间的关系，对首都师范大学的318名在校生进行问卷调查，研究结果表明：看印刷媒体与消极心理健康负相关，与积极心理健康正相关；看电视和听音乐与积极心理健康正相关；玩游戏和上网与消极心理健康正相关；发电子邮件与消极心理健康负相关；媒体多任务指数与焦虑、压力正相关。江永燕等（2020）探讨疫情期间大学生心理健康状况的影响因素，对四川地区5所高校的7 423名大学生进行问卷调查，研究结果表明：男生心理健康状况好于女生；低年级学生健康状况优于高年级；心理专业学生的心理健康状况比其他专业差；居住地的疫情程度高（确诊人数多）或家人在疫情一线工作的条件下，学生的心理健康状况相对较差。汪媛等（2020）探讨疫情防控常态化阶段武汉地区大学生的心理健康状况，对武汉地区的3 179名大学生进行问卷调查，研究结果表明：疫情防控常态化期间武汉地区大学生的焦虑症状在性别、病毒接触史、现生活省市、居住地上不存在显著差异；应届毕业生的焦虑水平高于其他年级学生；女性的抑郁症状高于男性；人文社科专业、理工科专业学生的抑郁症状要显著高于艺术类及其他专业学生；另外，在疫情防控常态化期间，武汉地区大学生心理异常表现出焦虑、抑郁与躯体化等典型精神症状，比普通时期大学生的焦虑和抑郁检出率要高。

三、调研设计

（一）调研模型与假设

本文是对后疫情时期高校大学生心理健康状况及其影响因素进行探究。在调研初期，先梳理了有关高校大学生心理健康的一些期刊论文和学位论文，在这些研究文献的基础上，根据我们的调研目的，构建出了后疫情时期高校大学生心理健康状况的调研模型。如图1所示，模型中共包括了积极心理资本、社会支持、心理健康（积极心理健康、消极心理健康）四个研究变量，以更好地探究高校大学生的心理健康状况，以及积极心理资本和社会支持与心理健康之间的关系，全面了解后疫情时期大学生的心理健康状况及其影响因素。

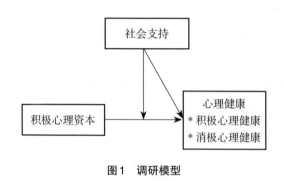

图1　调研模型

根据调研模型，本文提出了以下假设：

假设1：积极心理资本会正向预测积极心理健康。

假设2：积极心理资本会负向预测消极心理健康。

假设3：社会支持会正向预测积极心理健康。

假设4：社会支持会负向预测消极心理健康。

假设5：社会支持在积极心理资本与积极心理健康之间有调节作用。

假设6：社会支持在积极心理资本与消极心理健康之间有调节作用。

（二）调研对象和数据收集

本文的调研对象主要为上海师范大学的大学生。调研取样采用便利取样，调研对象不限性别、年级和所学专业，以求调研的范围能够尽可能覆盖学校内的所有大学生。调研方法采用问卷调查，使用线上问卷的形式。我们将设计好的纸质问卷导入到问卷星平台得到线上问卷，然后生成线上问卷的二维码与访问链接，再将问卷的二维码与访问链接发送到校内大学生的线上QQ群、微信群里，进行问卷数据的收集。调研的时间为2020年12月28日至2021年1月13日，共计17天，共收回了200份线上问卷，扣除无效问卷6份，有效问卷为194份，有效回收率为97.0%。

（三）问卷设计

问卷的题目基本上是参照过去已发展成熟的量表，并且依据调研对象的特征，自行编制修改而成。

积极心理资本的测量采用张阔等（2010）开发的量表，包括自我效能、希望、乐观、韧性四个子维度，共计26道题。自我效能的例题有"我的见解和能力超过一般人"，希望的例题有"情况不确定时，我总是预期会有很好的结果"，乐观的例题有"我知道自己的生活目标是什么"，韧性的例题有"身处逆境时，我会积极尝试不同的方法"。量表采用符合程度（1=完全不符合—5=完全符合）计分。

社会支持的测量采用肖水源（1994）开发的量表，包括客观支持、主观支持和对支持的利用度三个子维度，共计10道题。主观支持的例题有"您有多少关系密切，可以得到支持和帮助的朋友：① 一个也没有 ② 1~2个 ③ 3~5个 ④ 6个或6个以上"，客观支持的例题有"近半年来您：① 远离家人，自独居一室 ② 住处经常变动，多数时间和陌生人住在一起 ③ 和同学、同事或朋友住在一起 ④ 和家人住在一起"，对支持的利用度的例题有"您遇到烦恼时的倾诉方式：① 从不向任何人诉说 ② 只向关系极为密切的1~2人诉说 ③ 如果朋友主动询问时说出来 ④ 主动诉说自己的烦恼，以获得支持和理解"。

消极心理健康的测量采用苑新群（2014）的量表，包括抑郁、焦虑和压力三个子维度，共计21道题。抑郁的例题有"我感到生命毫无意义"，焦虑的例题有"我感到呼吸困难（比如不是做运动时，也感到气促或透不过气来）"，压力的例题有"我感到很难放松自己"。量表采用符合程度（1=不符合—4=总是符合）计分。

积极心理健康的测量采用苑新群（2014）的量表，共计9道题，例题如"我感觉我能处理好生活和生活中出现的困难"。量表采用符合程度（1=完全不符合—5=完全符合）计分。

本次调研还控制了调研对象的性别、年级、学院、生源地、家庭所在地、是否是独生子女等个人基本信息变量，以更好地研究积极心理资本、社会支持和心理健康之间的关系。

四、调研数据分析

（一）描述性统计分析

1. 调研对象的情况

如图2所示，在性别方面，男生占21%，女生占79%，女生多于男生。在年级方面，大一占76.29%，大二占17.01%，大三占4.12%，大四占2.58%，大一的

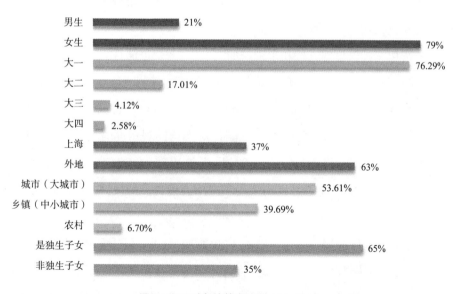

图2 调研对象的基本信息（N=194）

人数最多，大四的人数最少。在生源方面，上海生源占37%，外地生源占63%，外地生源多于上海生源。在家庭所在地方面，城市（大城市）占53.61%，乡镇（中小城市）占39.69%，农村占6.70%，城市（大城市）的人数最多，农村的人数最少。在独生子女方面，独生子女占65%，非独生子女占35%，独生子女多于非独生子女。

2. 研究变量的情况

如表1所示，在积极心理资本方面，均值为3.61，可知大学生拥有的积极心理资本普遍较高。在社会支持方面，均值为2.88，可知大学生拥有的社会支持普遍较低。在积极心理健康方面，均值为3.81，可知大学生的积极心理健康普遍较高；在消极心理健康方面，均值为1.81，可知大学生的消极心理健康普遍较低。在子维度方面，压力的均值为2.07，可知大学生的压力情况普遍不明显；抑郁的均值为1.73，可知大学生的抑郁情况普遍不明显；焦虑的均值为1.63，可知大学生的焦虑情况普遍不明显；其中，在消极心理健康的三个子维度中，又以大学生的压力情况最为严重，实有必要进一步了解与关注。

表1　各研究变量的描述性统计（N=194）

变　量	人　数	最 小 值	最 大 值	均　值	标 准 差
积极心理资本	194	1.00	5.00	3.61	0.64
社会支持	194	1.40	4.10	2.88	0.56
积极心理健康	194	1.00	5.00	3.81	0.89
消极心理健康	194	1.00	4.00	1.81	0.74
压力	194	1.00	4.00	2.07	0.77
抑郁	194	1.00	4.00	1.73	0.81
焦虑	194	1.00	4.00	1.63	0.80

（二）差异分析

1. 性别对积极心理资本和积极心理健康的差异分析

如表2所示，在积极心理资本方面，男生和女生存在显著差异（t=3.99，

$p < 0.001$）。其中，男生的积极心理资本（均值=3.96）显著高于女生（均值=3.52）。由此可知，男生较女生拥有更多的积极心理资本。另外，在积极心理健康方面，男生和女生存在显著差异（$t=3.20$，$p < 0.01$）。其中，男生的积极心理健康（均值=4.20）显著高于女生（均值=3.71）。由此可知，男生较女生有更高的积极心理健康。

表2　性别对积极心理资本和积极心理健康的差异分析（N=194）

变　量	性　别	人　数	均　值	标　准　差	t值
积极心理资本	男	40	3.96	0.62	3.99***
	女	154	3.52	0.61	
积极心理健康	男	40	4.20	0.69	3.20**
	女	154	3.71	0.91	

注：*** 表示在0.001水平下显著；** 表示在0.01水平下显著。

2. 生源地对积极心理资本和积极心理健康的差异分析

如表3所示，在积极心理资本方面，上海生源和外地生源存在显著差异（$t=2.45$，$p < 0.05$）。其中，上海生源的积极心理资本（均值=3.75）显著高于外地生源（均值=3.53）。由此可知，上海生源较外地生源拥有更多的积极心理资本。另外，在积极心理健康方面，上海生源和外地生源存在显著差异（$t=2.80$，$p < 0.01$）。其中，上海生源的积极心理健康（均值=4.04）显著高于外地生源（均值=3.68）。由此可知，上海生源较外地生源有更高的积极心理健康。

表3　生源地对积极心理资本和积极心理健康的差异分析（N=194）

变　量	生　源　地	人　数	均　值	标　准　差	t值
积极心理资本	上海	72	3.75	0.66	2.45*
	外地	122	3.53	0.61	
积极心理健康	上海	72	4.04	0.84	2.80**
	外地	122	3.68	0.90	

注：* 表示在0.05水平下显著；** 表示在0.01水平下显著。

（三）相关分析

如表4所示，在积极心理资本与心理健康方面，积极心理资本与消极心理健康呈显著负相关（$r=-0.17$，$p<0.05$），积极心理资本与积极心理健康呈显著正相关（$r=0.65$，$p<0.01$）。另外，在社会支持与心理健康方面，社会支持与消极心理健康呈显著负相关（$r=-0.17$，$p<0.05$），社会支持与积极心理健康呈显著正相关（$r=0.38$，$p<0.01$）。

表4　各研究变量的相关分析

变　　量	均　值	标　准　差	1.	2.	3.	4.
1.积极心理资本	3.61	0.64	1			
2.社会支持	2.88	0.56	0.39**	1		
3.消极心理健康	1.81	0.74	−0.17*	−0.17*	1	
4.积极心理健康	3.81	0.89	0.65**	0.38**	−0.21**	1

注：* 在0.05水平下显著；** 在0.01水平下显著；*** 在0.001水平下显著。

（四）假设检验

如表5所示，在直接效应的检验方面，在控制了调研对象的性别、年级、生源、家庭所在地、独生子女后，积极心理资本显著正向预测积极心理健康（$\beta=0.60$，$p<0.001$），积极心理资本显著负向预测消极心理健康（$\beta=-0.18$，$p<0.05$），假设1和假设2得到支持。另外，社会支持显著正向预测积极心理健康（$\beta=0.35$，$p<0.001$），社会支持显著负向预测消极心理健康（$\beta=-0.14$，$p<0.05$），假设3和假设4得到支持。

在调节效应的检验方面，积极心理资本与社会支持的交互作用显著负向预测积极心理健康（$\beta=-0.19$，$p<0.001$），假设5得到支持。另外，积极心理资本与社会支持的交互作用也显著正向预测消极心理健康（$\beta=0.25$，$p<0.01$），假设6得到支持。

表5　积极心理资本、社会支持与心理健康的层级回归分析

变　量	积极心理健康				消极心理健康			
	模型1	模型2	模型3	模型4	模型5	模型6	模型7	模型8
控制变量								
性别	−0.05	−0.19**	−0.07	−0.06	−1.16*	−0.12	−0.15	−0.15*
年级	−0.10	−0.09	−0.10	−0.12*	0.03	0.02	0.03	0.06
生源地	−0.01	−0.03	−0.02	−0.02	−0.11	−0.10	−0.11	−0.11
家庭所在地	−0.13	−0.25	−0.13	−0.10	0.22*	0.25**	0.22*	0.18*
独生子女	0.01	0.02	0.00	−0.04	−0.07	−0.07	−0.06	0.00
自变量								
积极心理资本	0.60***		0.53***	0.51***	−0.18*		−0.14	−0.11
调节变量								
社会支持		0.35***	0.15*	0.18**		−0.14*	−0.09	−0.12
交互作用变量								
积极心理资本 × 社会支持				−0.19**				0.25**
R^2	0.46	0.27	0.46	0.51	0.09	0.08	0.10	0.15
调整 R^2	0.44	0.25	0.46	0.49	0.06	0.05	0.06	0.12
R^2 变更	0.31***	0.12***	0.02***	0.03***	0.03**	0.02*	0.01**	0.06***
F	26.09***	11.70***	24.04***	23.92***	3.01**	2.78*	2.79**	4.13***

注：* 在0.05水平下显著；** 在0.01水平下显著；*** 在0.001水平下显著。

进一步绘制交互作用图（见图3和图4），在社会支持高的情况下，积极心理资本对积极心理健康的正向影响会较弱，积极心理资本对消极心理健康的负向影响也会较弱，这表明了积极心理资本与社会支持两者之间具有替代效果，当内部的积极心理资本不足时，外部的社会支持可以有效地替代积极心理资本，促进大学生的积极心理健康，抑制大学生的消极心理健康。

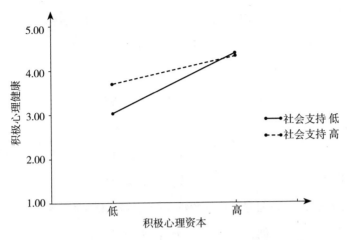

图3 积极心理资本与社会支持对积极心理健康的交互作用

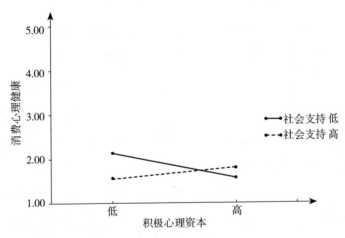

图4 积极心理资本与社会支持对消极心理健康的交互作用

五、结论与建议

（一）调研结论

根据调研数据分析的结果，本文得出以下结论：

描述性统计分析结果表明，在后疫情时期的背景下，大学生的积极心理资本普遍较高，社会支持普遍较低，积极心理健康普遍较高，消极心理健康普遍较低，其中大学生的压力情况最为严重。根据分析，我们认为在后疫情时期，全国疫情趋缓到防疫阶段，各方面不确定性降低，因此在心理资本的各子维度上表现较好，所以积极心理资本普遍较高；而因进入防疫阶段，防疫需求的提升如避免外出、聚会、保持社交距离、限制人流等措施，导致大学生获取外部支持减少，所以社会支持普遍较低；在疫情得到有效控制后，民众的恐慌、担忧情绪得到平息，社会基本恢复正常秩序，整体环境向好发展，特别是大学生已经复课了一段时间，各校园的管控工作平稳进行中，因此大学生的积极心理健康普遍较高，消极心理健康普遍较低，结合大学生生活、学习等有关因素影响，如疫情对经济的重创，或疫情限制跨国求学等因素，部分大学生可能对未来的就业形势、学习方向感到担忧，所以其压力情况最为严重。

方差分析结果表明，**男生的积极心理资本和积极心理健康都显著高于女生。上海生源的积极心理资本和积极心理健康都显著高于外地生源。家庭所在地为城市和乡镇的大学生积极心理资本和积极心理健康都显著高于农村的大学生。**根据分析，我们认为在后疫情时期，由于疫情时有反弹，前一波疫情给人们带来了精神和物质上的重创仍在慢慢缓解中，因此不同类别的大学生在积极心理资本和积极心理健康上有显著的差异。其中，男生的心理抗压能力和获取心理资源的能力普遍较强，女生的性格相对男生较为敏感，且在诊断分析心理问题时，性别特性的行为模式会起到一定作用，女生遇心理问题时的外显行为更加明显，容易分辨或确诊，因此，男生在积极心理资本和积极心理健康的各个子维度上表现得比女生更好，所以男生的积极心理资本和积极心理健康都显著高于女生。上海生源的大学生对于本地的防疫措施以及疫情信息更加了解，并能够每周末回到家中休整，在当地有更多的亲朋好友，因此获得各方面支持较多，在心理资本的各子维度上表现较好，心理健康状态较为积极，而外地生源的大学生对上海较为陌生，需要同时承受长时间异地求学的压力以及疫情可能反弹的压力，还需适应远离家人、亲友的校园生活，所以上海生源的积极心理资本和积极心理健康都显著高于外地生源。

相关分析结果表明，**积极心理资本与消极心理健康呈显著负相关，与积极心理健康呈显著正相关。社会支持与消极心理健康呈显著负相关，与积极心理**

健康呈显著正相关。根据分析，我们认为在后疫情时期，由于全国疫情趋缓到防疫阶段，各方面稳定向好的态势下，大学生的积极心理资本更加充足，由于积极心理资本的各个子维度的提高可使大学生在面对困境时能更快调整心态并保持乐观积极的态度，相应其恐慌担忧等情绪减少，则大学生的积极心理健康升高，消极心理健康降低，所以积极心理资本与消极心理健康呈显著负相关，与积极心理健康呈显著正相关。同时，在后疫情时期，适当为大学生增加社会支持的来源和强度，如随着疫情态势逐渐稳定，政府稍微放宽防控限制后，大学生的活动范围和项目变得丰富，能够缓解其由疫情带来的心理压力，则大学生的积极心理健康升高，消极心理健康降低，所以社会支持与消极心理健康呈显著负相关，与积极心理健康呈显著正相关。

回归分析的结果表明，**积极心理资本显著地负向预测消极心理健康，显著地正向预测积极心理健康。社会支持显著地负向预测消极心理健康，显著地正向预测积极心理健康**。也就是说，在后疫情时期的背景下，大学生自身内部的积极心理资本和外部的社会支持，均有助于促进其积极心理健康，并且抑制其消极心理健康。另外，**积极心理资本与社会支持的交互作用对心理健康具有预测作用，而且是一种替代作用，当内部的积极心理资本不足时，外部的社会支持可以有效地替代积极心理资本**。这进一步说明了大学生自身所拥有的这两种内外部资源（积极心理资本、社会支持）可以相互替代，有效地帮助大学生维持自身的心理健康。根据分析，我们认为积极心理资本与社会支持虽然都可以促进积极心理健康，抑制消极心理健康，但后疫情时期，大学生仍需要保持防疫意识，因此在要求大学生保持社交距离的同时，外部的社会支持可能减少，而积极心理资本在支持积极心理健康的方面偏向内部作用，因此积极心理资本与社会支持这两种内外部资源的作用可以相互替代，所以在后疫情时期，有效把握积极心理资本与社会支持的交互作用能够进一步促进积极心理健康，缓解大学生的压力。

（二）管理建议

根据前面的调研结论，本文基于积极心理资本、社会支持、心理健康等变量，结合后疫情时期的背景特殊性，分别对高校管理者和大学生提出以下建议：

1. 对高校管理者的建议

（1）**学校应当设法培养大学生的积极心理资本，以协助大学生维持良好的心理健康**。在培养大学生的积极心理资本方面，学校可在全校范围内开设一些有关后疫情期间保持良好情绪的心理讲座，并科普当前的防疫情况和疫情形势，同时积极开展个体心理教育辅导，如辅导员定期与学生进行一对一的心理谈话，随时关注每位学生的心理状态；学校应增加心理健康测试的发放频率，及时了解同学们的心理健康状态并增加积极心理健康的宣传，如公众号的推送，传单的分发，开展主题班会等；建立网上心理咨询系统，或在宿舍园区内放置咨询信筒，方便学生咨询心理问题，给学生提供一个完善的心理健康保障机制来保证积其极心理健康的培养，避免负面情绪扩散。

再者，根据调研数据显示，在积极心理资本和积极心理健康方面，男生和女生存在显著差异；其中，男生的积极心理资本和积极心理健康显著高于女生，说明上海师范大学大学生在后疫情时期保持心理健康的程度在性别上有所差异。所以需要对在校女大学生采取针对性地宣传鼓励，如以宿舍楼层为单位开展心理小组交流活动，利用同性之间交流方便、易相互理解鼓励的优势，达到释放心理压力，增加集体感的目的。此外，上海生源和外地生源也存在显著差异；其中，上海生源的积极心理资本和积极心理健康显著高于外地生源，说明上海师范大学的大学生在后疫情时期保持心理健康的程度在生源上有所差异。所以需要对在校的外地学生采取针对性关照鼓励，如在校内举办同乡交流会，开展家乡文化节活动，或建立各个生源省的微信交流群，以交流彼此日常学习生活，使外地学生在全校范围内找到对应的家乡组织；学校还可以构建上海学生与外地学生共同组成的心理互助小组，后疫情时期疫情形势有所缓和的情况下，小组中的上海学生可利用周末时间陪同外地学生参观上海市的景点，促进学生之间友好交流，使外地学生更加适应异地的大学生活，能够放松身心保持心理健康。

（2）**学校应当设法加强大学生的社会支持来源及强度，以协助大学生维持良好的心理健康**。在加强大学生的社会支持来源及强度方面，学校可以带头塑造弘扬正能量的校园氛围、为学生提供更多展现自我的平台、对积极参与校园防疫工作的学生进行表彰，从而增加主观的社会支持来源。学校还可以开设"后疫情时期的防疫"等相关课题调研比赛，以优厚的奖金、物质奖励来激励学生；学校还可优化校园的基础设施、增强校园管理，为大学生物质生活提供保障，从而增加客观的社会支持来源。学校在提供平台和竞赛机会时，也应当加强宣传、提高活动的知名度，吸引更多的学生主动参加，从而增加社会支持的利用度。

结合大学生积极心理资本和社会支持的共同作用，学校应当增强大学生的积极心理资本与社会支持交互作用。当积极心理资本较低或社会支持的来源较少和强度较小时，另一方能够弥补其不足。如面对大学生对于参加学校活动的兴趣、热情不高，或此类活动对提高大学生积极心理资本的作用较小时，建议学校积极干预并主动了解学生的需求，以设置多方面的、有针对性的社会支持，其内容可以包括证书、礼品、德育分加分、活动名额、适量奖金等。在这种情况下，增加大学生对于相关社会支持的兴趣，提高其参与活动的积极性，并主动接受积极心理健康的培养，即社会支持在一定程度上可弥补积极心理资本的缺失。同时，积极心理健康知识的科普也弥补了大学生对于社会支持有利于开展积极心理健康的认知不足，使大学生意识到凭自己的努力和条件去争取一些社会支持，可以在一定程度上缓解内心的负面情绪，弥补社会支持的缺失。

2. 对大学生的建议

（1）**大学生应当设法积累自身的积极心理资本，以维持良好的心理健康。**在积累自身的积极心理资本方面，大学生应时刻关注自己的身心健康，保证规律的作息时间，并根据自身情况增加一定的运动量，保证生活状态的积极健康；大学生还应主动丰富自己的大学生活，多参与团体活动，如社团、学生会、班级、宿舍等集体活动，培养兴趣爱好，以保证心情愉悦；大学生应主动与家人、辅导员、朋友交流，拒绝刻意独行，应多与他人互动、交流；大学生应具备心理防护意识，给予自己积极的心理暗示，做到不传谣、不信谣，若看到模糊不能确定的信息应立即向辅导员或老师确定真伪，特别是在后疫情时期下勿主动制造谣言与恐慌，勿亲信没有证据和官方证实的消息；大学生应配合学校关于心理健康方面所开展的教育活动，主动学习一些积极心理健康方面的相关知识，更好地衡量当前的心理健康状况，特别是在后疫情时期下，大学生应及时发现自身心理上的波动，主动找心理老师或辅导员进行沟通。

（2）**大学生应当设法开发自身的社会支持来源及强度，以维持良好的心理健康。**在开发自身的社会支持来源及强度方面，大学生应主动参与集体活动，如社团、学生会、班级、宿舍聚会等，调动积极心理资本发挥自身能力，达到自我认可；大学生应主动关注学校提供的精神上的支持，如学校开设的心理咨询渠道、提供的心理健康测试等，从而增加主观的社会支持来源。大学生还应关注学校提供的物质资源、帮助，包括物质上的支持，应随时关注如助学金、补贴等辅助政策，根据自身需要努力获取，从而增加社会支持的客观来源。此外，大学生在接受各类社会支持并保证自己良好的心理健康状态后，应积极帮助他人，为身边的亲朋好友提供主观、客观的社会支持，或积极参加志愿者活动等，努力成为被他人所需要的人，从而增加社会支持的来源度。

结合大学生积极心理资本和社会支持的共同作用，大学生应当增加积极心理资本与社会支持交互作用，当积极心理资本较低或社会支持的来源较少和强度较小时，另一方能够弥补其不足。当大学生的积极心理资本较低时，大学生应明确自己的心理状态和心理需求，主动寻找社会支持，如积极参与学校开设的心理健康讲座，或向学校心理咨询室的心理老师或辅导员寻求心理上的帮助，大学生还应多参加集体活动，如社团、学生会等以结交更多志同道合的朋友，互相给予社会支持以塑造一个积极向上的校园环境，培养积极的心理健康状态，即社会支持在一定程度上可弥补积极心理资本的缺失。当大学生的社会支持强度较小或来源较少时，应首先保证心理状态稳定，适当增加积极心理资本。大学生应提高自己的心理承受能力，多阅读一些心理健康方面的书籍，或多接触一些积极向上的作品，以增加自己的人生阅历，面对突发状况能够从容不迫地面对，即积极心理资本在一定程度上可弥补社会支持的缺失。

绩效管理实践关键策略辨析与选择

张伟强[①]

摘 要

绩效管理是推动企业经营目标达成的最重要方法或系统，同时其复杂性使得企业界对于绩效管理实践的诸多关键问题依然困惑不已。本文致力于对绩效管理实践的一些关键策略进行专业的分析与辨析，以期推动企业绩效管理的实践发展。

绩效管理是推动企业经营目标达成的最重要方法或系统，其重要性不言而喻。同时，绩效管理的复杂性使得人力资源管理领域乃至整个企业界对于绩效管理实践的诸多关键问题依然模糊困惑、反复迷茫并由此导致了一系列的错误运作，究其根源还是在于缺乏准确的理解与熟练的操作。因此，亟须对绩效管理实践的关键策略，进行深刻的专业辨析进而做出正确的实践选择。

---

① 作者简介：张伟强，硕士，人力资源管理系副教授，主要研究领域为企业人力资源管理、绩效管理、招聘与甄选等。

一、绩效考核指标维度或指标结构策略

绩效管理实践关键策略的一个重大困惑或迷茫，是关于绩效考核指标维度或绩效指标结构，即绩效考核的实际内容构成与组合。放眼四周，我们可以发现为数众多的企业至今在设定绩效考核的指标维度或指标结构时，内容选择实在"五花八门"，比如业绩、结果、态度、能力、素质、价值观、品德、知识、技能、公司规章执行、或"德、勤、能、绩、廉"等等，没有真正明确的选择逻辑与指向。

理论学术界与实践领域多年来一直在探究绩效考核指标的应有维度或结构。比较被人了解的绩效考核指标结构是：关键绩效指标（KPI）+关键能力指标（KCI），但一些疑问随即产生，"关键绩效指标"与"关键能力指标"属于对应关系吗？逻辑上，"关键绩效指标"对应的应该是"非关键绩效指标"。还有的理论或实践视角，把绩效指标划分为"任务绩效"与"周边绩效"两个维度或"过程指标"与"结果指标"两个方面等等。显然，绩效考核指标维度或指标结构的过于"五花八门"，直接导致了企业绩效考核表格设计的"千奇百怪"，并成为人们对绩效管理"爱恨交加"的一个重大困惑或迷茫点。

那么究竟应该如何选择并构建绩效考核的指标维度或指标结构呢？对此，我们需要非常认真思考企业经营中的核心衡量维度，通常在商业领域只有两种事物可以被真正的观测、衡量和监督。① 产出：指一个组织或团队/个人所提供的产品或服务，如生产的手机数量，投资项目的投资收益率等，产出是定量的；② 行为：指组织/团队/个体的具体工作行为，行为是定性的。就员工绩效而言，笔者非常推崇关于"绩效"内涵的下列定义：绩效是指员工围绕其岗位，通过一定时期工作后，所完成或达成的组织期望的阶段性工作结果，以及在完成或达成结果过程中的工作行为表现。据此，笔者强烈地建议，最为完整、清晰的绩效考核指标应该包括两个维度：

（1）工作结果。指员工基于岗位职责履行以及经营目标/任务分解所产出的

企业期望的商业结果，可以用工作数量、工作质量、工作成本、工作时限等方式量化表述（一般占绩效考核指标权重的70%~80%）。

（2）工作行为。指企业倡导或要求员工在工作过程中遵守并呈现的行为规范或行为准则，其提取可以有三个来源选项：公司倡导的核心价值观（如阿里巴巴的"六脉神剑"）、公司倡导的工作态度或职业化要求（如"积极主动"）、胜任能力要求（如"计划协调能力"）等（一般占绩效考核指标权重的20%~30%）。在管理学范畴，核心价值观或工作态度或胜任能力，其根本呈现方式都是"行为化"的。

企业构建"工作结果"与"工作行为"组合的绩效考核指标两个维度（然后应该由指标的实际权重高低决定是否属于KPI），不仅能够将绩效考核的根本要求直接、具体、明确的表达并加以考核/衡量，而且可以将关键绩效指标（KPI）、关键能力指标（KCI）以及"任务绩效与周边绩效"等各种不同视角的理论与方法加以有效融合，正因为此，"工作结果"与"工作行为"两个维度的绩效考核指标结构，已成为阿里巴巴、华为、腾讯、飞利浦、脸书、上海建工、中国人寿等一大批优秀企业绩效考核指标构建的普遍选择，其中阿里巴巴集团的绩效管理最佳实践极具标杆价值，阿里巴巴在绩效考核指标方面设立了两大维度的指标，一类是与其他公司相似的"工作结果指标"（即通俗表达的"业绩指标"），还有一类是公司积极倡导强化、来源于公司"核心价值观"（"六脉神剑"）的"工作行为指标"。

绩效考核指标维度或指标结构策略的专业辨析，非常有助于企业真正明确绩效考核指标的选择逻辑与内容构成，从而帮助一大批企业尽快摆脱绩效考核指标选择的困惑混沌以及绩效考核表格设计的"千奇百怪"混乱状态。

二、绩效考核结果等级划分及强制分布策略

绩效管理实践关键策略的另一个极为常见的困惑或迷茫，是如何准确理解并实施绩效考核结果的等级划分以及强制分布。

（一）实行绩效考核结果的等级划分

现行的绩效管理实践中，绝大部分的企业都实施了绩效考核结果的等级划分（比如华为公司的绩效考核结果分5个等级），但是与此同时还有为数不少的企业并没有实行员工绩效考核结果的等级划分，这些企业通常直接将绩效考核的实际得分转换成相应的绩效奖金系数（比如考核得分93分，该员工的绩效奖金系数即为0.93）。

我们积极倡导对绩效考核结果进行等级划分，主要是基于下列两个重要原因：（1）确保绩效区分度。如果企业只是以绩效考核实际得分作为依据，那么我们只能勉强判断员工绩效贡献水平的差异（即分数的差异），但区分度并不明确也不清晰，而将员工的绩效考核结果划分成不同的等级，则可以非常明确地判断出员工绩效贡献水平的差异；（2）有效实施激励性奖惩。以绩效考核实际得分转换成绩效奖金系数的实践做法，也有一定的激励作用，但难以实现真正的激励或惩罚效果，而将绩效考核结果划分成不同的等级，然后依照不同等级实施相应的激励性奖惩（增加奖惩幅度或强度），就会实现更有强度的激励或惩罚，进而更加有效地激励到高绩效员工。

（二）设定合理的绩效考核结果等级数量

究竟应该设定多少数量的绩效考核等级才是合理并有效的？对此，美国著名的人力资源管理专家保罗·法尔科内在《绩效评估工具箱》一书中分析指出，有些企业通常设定3个等级包括：（1）优秀；（2）合格；（3）不合格。如果仔细思考，你会发现3个等级的系统为员工个人和整个企业提供的信息反馈是非常有限的，相比之下，使用具有5个等级的系统，企业可以有更大的自由发挥空间，更准确地评估历史绩效，制定更有意义的发展计划（但10个等级则覆盖太宽并加大了绩效跟踪与趋势分析的难度）。

对于到底应该如何设定合理的绩效考核结果等级数量，一些极具创新力量及商业影响的知名高科技公司，也是在不断的实践、解惑中探索总结并日趋合理化的。以著名的高科技公司谷歌为例，2013年之前，谷歌员工在每个季度的绩效考核周期中，考核量表总共分为41级（源自谷歌公司的工程师基因），绩效考核评分从1.0（表现糟糕）到5.0（表现惊人），员工平均得分在3.3到3.4之间，对此谷歌内部抱怨这种做法过于烦琐，2013年底开始，谷歌公司经过分析思考与变革试验，最后选定采用了更为简要的5级考核量表，分别为：（1）需要改进；（2）持续达到期望值；（3）超过期望值；（4）大幅超过期望值；（5）表现杰出。调整并重新确定合理的绩效考核结果等级数量，是谷歌公司绩效管理优化实施的重要举措之一。

基于上述分析并结合国内外大量优秀企业的绩效管理最佳实践，笔者建议，企业在制度设计层面将绩效考核结果数量设定为4~5个等级，可能是最为合理与适用的，而如果是5个等级，我们可以将其分别定义为：优秀、良好、合格、有欠缺（需改进）、不合格，当然各企业可以采用不同的符号方式（比如A、B、C、D、E）加以区分表述。

（三）实行绩效考核结果等级的强制分布

在绩效管理实践中，企业还对"是否一定要实行绩效考核结果等级的强制分布"，存有认知分歧与实践迷茫，甚至有一些著名企业也会陷入现实结果与变革理想严重背离的残酷窘境。

实施绩效考核结果等级的强制分布有两个重要的必然性理由：一是可以有效规避绩效考核评定中可能存在的主观误差，包括"宽大误差"（给予所有员工较高评分）、"严格误差"（给予所有员工较低评分）、"居中趋势误差"（给予员工评分居中积聚以避免矛盾）等，如果企业没有规避这些普遍存在的主观误差，极易导致绩效考核真实结果的扭曲；二是可以真正确保企业对于员工绩效贡献水平评价的区分度，进而实施分级、分类的激励性奖惩。

在实施绩效考核等级的强制分布方面，最为大家所熟知的是"世界第一经理人"杰克·韦尔奇曾经在通用电气（GE）大力倡导并推进实施的著名的"活力曲线"制度（即把员工绩效考核等级划分成A、B、C三类，并按照20%、70%、10%强制分布），极大促进了通用电气经营战略目标的实施与出色达成。

2001年（杰克·韦尔奇退休离任）以后，通用电气高层管理者逐渐对长期被封为标杆的绩效管理模式进行了"变革与创新"，其核心内容包括：（1）推行"绩效发展-PD"模式，强调绩效考核的重点不在于考核员工做得如何，而在于持续沟通及不断改进；（2）改变公司原先严格的绩效考核等级强制分布模式，不再要求经理人员必须把下属员工强制分布成哪个等级，团队中可以有更多的人得到"优秀"的等级，或者不会有人再得到"不合格"的评价；（3）改变奖惩实施方式，放弃"末位淘汰制"，绩效考核结果也尽量不与奖金及薪资直接挂钩。

毋庸置疑，通用电气推动实施的绩效管理模式"变革与创新"，其愿望和出发点一定都是美好的。然而，笔者认为，通用电气实施的绩效管理模式"变革与创新"，实际导致的是过于人性化的绩效管理松散机制、强制分布（即绩效区分度）的缺失以及激励性奖惩的弱化。纵观通用电气最近10多年企业经营的残酷现实，公司经营战略失误以及所谓的绩效管理模式"变革与创新"等，几乎彻底葬送了公司原有的竞争优势，美国华尔街对通用电气实际经营状况的痛彻评价是"一家偶像级的美国公司陷入令人震惊的混乱局面"。客观地说，通用电气实施的所谓的绩效管理模式"变革与创新"，为我们辨析绩效管理本质规律提供了一个绝佳的教训范例。

与此同时，我们又普遍发现，在全球商业竞争环境中脱颖而出的优秀企业无论是中国的阿里巴巴、腾讯、华为还是美国的谷歌、脸书等，无不坚决实施着绩效考核结果的强制分布以及严格意义上的"末尾淘汰"，阿里巴巴严格实行绩效考核结果等级的强制分布（A，30%；B，60%；C，10%），并坚决实行"末尾淘汰"制度，华为公司则严格实行5个等级的强制分布，并且"将末位淘汰融入日常绩效考核工作体系，实现末位淘汰日常化"。

因此，在真正专业、有效的绩效管理体系中，其制度设计一定应该包含有实行绩效考核结果等级的强制分布等关键设计。客观地说，强制分布方式并不完美，也不一定是"至善"策略，但是缺失强制分布制度的企业，则一定会陷入绩效考核评定的各种主观偏差，也难以确保员工绩效贡献水平的区分度，进而无法实施分类、分级的员工激励性奖惩。

三、绩效考核结果全面应用与员工激励对接策略

如何实现绩效考核结果的全面应用并与员工激励机制有机对接，则是绩效管理实践关键策略的又一个重大困惑或迷茫。

著名的管理学者杨国安与现代人力资源管理之父戴维·由里奇在联合出版的《组织革新》一书中，对"管理机制"中的"绩效激励：如何让员工对结果负责并激励他们全力以赴"进行了专门的分析，突出强调"对绩效问责和奖金仍旧是塑造人们行为和决策的强有力工具"，然后又进一步深刻提醒我们，那种把绩效考核结果与员工奖惩进行有限或少量对接的制度"从未给企业带来过成功"。

我们大力倡导实行绩效考核结果的"全面应用"，是因为它会在很大程度上影响到企业绩效管理实施的实际成效。这里的"全面应用"，是指将绩效考核结果广泛应用于薪酬福利奖惩、员工培训计划编制、员工绩效改进、劳动关系处理等诸多方面，并特别注重与员工激励机制进行对接，构建基于绩效考核结果的全面激励体系。

致力于满足员工的关键激励需求，并借鉴优秀企业实施基于绩效考核结果的全面激励的成功经验，笔者建议企业应该在以下四个方面努力构建基于绩效考核结果的全面激励机制：

（1）绩效奖金发放的激励性设计。绩效奖金发放的激励性设计，是指依照员工绩效考核结果的不同等级（而不是考核分数）赋予不同的绩效奖金系数，比如"优秀"（A）绩效奖金系数1.5、"良好"（B）1.2、"合格"（C）1.0、"有欠缺"（D）0.8、"不合格"（E）0.5或0.0等等，员工实际的绩效奖金总额＝绩效奖金基数*绩效奖金系数。绩效奖金发放的激励性设计，其最大益处是能够真正激励绩效贡献突出（"优秀"或"良好"）的高绩效员工，使高绩效员工可以获得更有强度的有效激励，进而实现真正的激励效果。

而将绩效考核的实际得分直接转换成绩效奖金系数的做法，有一定的奖励

327

作用，但肯定无法实现真正的激励或奖惩效果。

（2）年度加薪（调薪）比例的差异化。这是指企业在测算与设计下一年度加薪（调薪）计划时，基于员工绩效考核结果等级差异赋予不同的加薪（调薪）比例，比如绩效"合格"等级员工加薪基本比例是5.6%，"良好"员工则是7.0%，而绩效"有欠缺"（需改进）员工则是3.0%，等等。

（3）作为员工评优/评先进的重要资格因素。绩效等级水平是员工对于企业绩效贡献（功劳）水平的最具体呈现方式，而"论功行赏"又是员工激励的核心原则，因此企业在设计员工评优/评先进制度体系时，应该把绩效等级水平（通常是"优秀"或"良好"）作为评选优秀员工/先进员工的重要资格或硬核条件之一，以确保员工激励与员工贡献逻辑方向的高度一致。

（4）作为员工内部晋升及职业发展的重要资格条件。这是指企业在专业化设置员工职业发展双重通道（管理通道与专业通道），并设定员工内部晋升的资格条件时，将员工最近一段周期（比如2年，多个绩效考核周期）的绩效考核等级要求（通常是"良好"或"优秀"），作为员工内部晋升及职业发展的重要资格条件之一。这种制度设计能够实现员工绩效贡献与员工内部晋升及职业发展激励机制的有机对接，并非常明确地向全体员工阐释企业的价值导向。华为公司在绩效管理制度体系中明确规定，只有绩效等级排名前25%（即"优秀"或"良好"）的员工，才有资格获得内部晋升的机会，就是非常专业、有效的制度设计与成功实践。